朝鲜—韩国研究丛书 9

教育部人文社会科学重点研究基地

延边大学朝鲜韩国研究中心

韩国刑法总论

金昌俊 著

A Study of Korean Criminal Law

延边大学朝鲜韩国研究论集
（第Ⅸ辑）

社会科学文献出版社

SOCIAL SCIENCES ACADEMIC PRESS (CHINA)

前 言

———❧❦❧———

现行的韩国刑法典制定于 1953 年，至今已施行了 60 多年。韩国的刑法既有制定法（刑法典、特别刑法和附属刑法）也有判例法，其内容可谓非常丰富。韩国的刑法及刑法理论起初主要受日本的刑法及其理论的影响，但是自 20 世纪 80 年代以后直接受德国的刑法及其理论的影响。在这一过程中韩国的刑法与刑法理论日臻成熟及发达，已经走入了世界上先进的刑法及其理论的行列。因而韩国的刑法及刑法理论不仅具有日本、德国等发达的大陆法系国家刑法与刑法理论的共同特征，而且具有适合韩国风土人情以及独特法律文化的鲜明特色。韩国先进的刑法制度和丰富的理论发展成果，无论是对改革与发展我国现行的刑法制度还是对完善我国目前的刑法理论，无疑都具有较大的参考或借鉴的意义。

本书在体系和结构方面，努力体现韩国自有的刑法理论体系的主要特征，同时也努力避免就像某些刑法专著或刑法教科书那样因过于追求各个理论之间的逻辑性联系而忽视刑法典总则的体系性要求。本书的体例结构分为四个部分：第一，刑法论（第一章）；第二，犯罪论（第二章至第八章）；第三，刑事制裁论（第九章至第十章）；第四，附件（刑法典）。本书在具体的内容方面，除了力图正确解释或阐述韩国刑法规定和刑法制度以外，尽可能做到客观而全面地反映刑法学界和司法界对各个理论问题的争议焦点及争议的观点，包括通说、多数说、少数说和判例的立场等。此外，保安处分制度在韩国的刑事制裁体系中占有较大的比重，对刑罚制度起着重要的补充或替代作用。韩国的刑法专著或刑法教科书虽然都会触及保安处分制度，但对其具体的制度内容避而不谈，只是将其作为刑事政策的内容之一。笔者认为韩国这些现行的保安处分制度对我国改革和完善相关法律制度具有不容忽视的借鉴意义。因此，作者在"第十章　保安处分"中较为详细地介绍了在韩国的保安处分制度中具有典型意义的"治疗监护"、"保护观察"和"保护处分"。韩国于1953年制定并施行刑法典以来至今已经修订13次，特别是自2010年开始几乎每年都修订过刑法典，使得刑法典的内容变化不少。而据作者了解，在我国国内自20世纪90年代后半期以来没有出版发行过有关韩国刑法典的翻译书册。而且刑法总论各个具体问题的阐述和分析方面，在多数情况下要结合刑法分则各本条的规定来予以解释或说明。为了使读者更好地理解和把握有关内容，作者把韩国刑法典的总则和分则内容一并进行翻译作为本书的附件内容。

在韩国刑法或刑法理论中不少用语（或术语）与我国不一致，但是其绝大部分用语的含义是相同的（尽管其具体内容有些不同）。例如"执行犹豫"、"假释放"、"承继的共同正犯"，或者"终了"、"惩役"、"定役"等。恰恰这些用语与日本刑法及刑法理论中的用语相同，考虑到国内早已出版的有关韩国刑法总论专著的译著已经使用过这些用语，估计这些用语对广大读者或学者来说不会太陌生。更重要的是，为了能够充分体现韩国刑法及其刑法理论的语言特色，决定使用这种用语而没有使用"缓刑"、"继承的共同正犯"、"完毕"、"徒刑"等用语。

本书的出版得到了教育部人文社会科学重点研究基地（延边大学朝鲜韩国研究中心）、吉林省社会科学科重点领域（朝鲜韩国法）研究基地和吉林省高校创新团队（朝鲜韩国法研究）发展规划的资助。借此特表谢意。同时也向为了撰写和解决出版经费问题给过大力支持的延边大学朝鲜半岛研究院的领导以及延边大学法学院的领导表示由衷的感谢。希望本书对于学习和研究韩国刑法及其理论的教师和学生、研究人员和专家提供有用的学习资料和研究资料，也希望本书的内容能够为正在进行的我国刑法制度的改革与刑法理论的完善提供有价值的参考资料。

目录
CONTENTS

第一章

刑法论

第一节　刑法的意义

一　刑法的意义

（一）刑法

刑法是指规定以犯罪为条件、以刑罚与保安处分为其法律后果的法律规范的体系。

犯罪是处以或应处以刑罚的行为，而刑罚是以犯罪为根据对犯罪人科处的刑事制裁。因此，犯罪和刑罚是具有相互不可分割关系的相对的概念。

关于保安处分，一直存在着两种对立的观点。按照传统的观点，刑罚是对于已然的犯罪行为的制裁，因而受制于责任主义要求；保安处分是对未然的危险性行为的防范措施，因而受制于比例性原则的要求，这样一来两者具有本质的区别。但是，如今大多数学者认为保安处分在限制或剥夺个人自由方面与刑罚没有本质的区别，因而也是犯罪的一种法律后果。

（二）刑法的分类

刑法分为形式意义上的刑法和实质意义上的刑法：

1. 形式意义上的刑法，是指狭义上的刑法即刑法典；

2. 实质意义上的刑法，是指广义上的刑法，包括刑法典、特别刑法和行政刑法。

二　刑法的性质

刑法的性质，是指刑法在国家法律体系中的地位、与其他法律规范在存在方式上的差异特征以及作为一般法律规范的性质等。

1. 刑法的体系性地位

刑法在国家法律体系中具有公法、司法法（裁判法）、实体法的地位。

（1）公法

在法学理论上以①调整的法律关系是上下级的权力关系还是对等的平衡关系，②是有关公共利益的法律还是私人利益的法律，③是有关国家、公共团体与私人之间关系的法律还是单纯私人相互之间关系的法律为标准把所有的法律分为公法、私法、社会法等。刑法作为有关处罚犯罪人的国家刑罚权力的法律，在国家法律体系中具有公法的地位。

（2）司法法

如果把法律分为立法法（有关立法的法律）、司法法（有关司法的法律）、行政法（有关行政的法律）等三种类型，刑法作为适用于司法裁判的法律，在国家法律体系中具有司法法的地位。

（3）实体法

司法法又可分为实体法和程序法。实体法是有关作为裁判对象的案件实体的法律，程序法是有关进行裁判的形式和程序的法律。由于刑法是调整把何种行为作为犯罪、对犯罪处以何种刑罚等这种实体关系的法律。因此，刑法在国家法律体系中具有实体法的地位。

2. 刑法存在方式上的独有特征

刑法属于假言型规范也是命令型规范，即以一定的犯罪行为作为条件并对其规定一定的法律效果的"假言型规范"，同时又是禁止或要求一般的国民一定行为的"命令型规范"。

（1）假言型规范

在社会规范中道德规范或宗教规范采用"不允许撒谎"或者"应帮助弱者"等形式，属于断言型、定言型规范。但是刑法采用"窃取他人财物的人，处6年以下的惩役"（刑法第329条）的形式，即采用以一定的行为作为条件并在具备这一条件时处以作为其法律效果的刑罚的假言型（假设型）判断形式。这说明刑法具有假言（假设）型规范的特征。

（2）命令型规范

刑法禁止人们实施一定的行为或要求人们实施一定的行为，具有命令型规范的特征。例如："杀害他人的，处死刑、无期或5年以上的惩役。"（刑法第250条）。这一规定的意思是禁止人们实施杀人行为。"负有防止危险发生的义务或因自己的行为引起危险发生原因的人，未防止其危险的发生时，依所发生的结果处罚。"（刑法第 18 条）。这是基于不作为犯的作为义务要求其履行由先前行为引起的法律义务的规定。因此，刑法具有命令型规范的特征。

3. 作为一般法律规范的性质

刑法作为一般法律规范的性质，包括评价规范、决定规范、行为规范和裁判规范的性质。

（1）评价规范

刑法以一定的行为作为犯罪并对此处以刑罚，反映了刑法是通过刑罚对一定的行为进行评价的。由于只有对行为做出价值性或无价值性判断以后才能要求其他各种合理性行为，故刑法首要的规范性质为评价规范。

（2）决定规范

刑法因其作为评价规范的性质使人们决意不实施刑法已做出无价值判断的行为，所以刑法具有决定意思规范的性质。即刑法明示何为因有价值被允许的行为、何为因无价值被禁止的行为，以此来向个人提示决定意思中的规范。

（3）行为规范

从刑法的评价规范、决定规范的性质中自然会引导出不允许或避免实施被做出否定性评价、否定性决定的行为这种行为规范的性质。

在行为规范中既包括不允许实施一定行为的"禁止规范"，也包括要求实施一定行为的"命令规范"（要求规范）。由于刑法属于假言型规范，并非直接做出对一定行为的禁止或要求的表述，但是通过法律条文的表现来提示行为规范。例如在刑法第 250 条（杀人罪）中"杀害他人的，处死刑、无期或 5 年以上的惩役"这一表述来提示"不允许杀人"这一禁止规范。在第 319 条（退去不应罪）中"在他人的住居被要求退去而不应的人，处以与前项相同的刑罚"这一表述来提示"如被要求退去就应退去"这一要求规范。

（4）裁判规范

刑法规定了犯罪行为及其对犯罪应科处的刑罚种类、范围等，所以刑法对裁判当事人尤其是法官来说具有"裁判规范"的性质。

三 刑法的功能

1. 人权保障的功能

刑法人权保障的功能，是指刑法明确规定国家的刑罚权及其行使范围，以此限制刑罚权的滥用并保障国民的自由和权利的功能。

罪刑法定主义明示着只有在刑法所规定的范围内才能对犯罪人予以处罚。"刑法是犯罪人的大宪章"或者"刑法是刑事政策无法逾越的屏障"等法谚说明了这一点。因此,只要是没有被规定为刑法中犯罪构成要件的行为,即便是在道德上或伦理上多么受非难的行为也都不能成为刑事处罚的对象。进而不仅在构成要件的领域而且在责任领域和其他处罚条件领域,只有在法律规定的范围内才能适用。

2. 法益保护的功能

刑法法益保护的功能,是指刑法以一定的行为作为犯罪标准,并处以刑罚,以此从犯罪的侵害或威胁中保护由法律保护的利益或价值的功能。这种由法律保护的利益被称为法益,所以刑法的保护功能被称为法益保护的功能。

刑法中的保护法益是多种多样的,至于刑法保护何种利益是基于其利益的性质和重要性,根据国家认定的保护性价值、保护的必要性而决定的。

3. 社会保护的功能

刑法社会保护的功能,是指刑法使用刑罚等手段制裁妨害国家社会秩序的犯罪以维持国家生活与社会共同生活秩序的功能。

刑法具有以刑罚、保护处分等手段制裁侵害国家与社会秩序的犯罪来维持国家、社会的共同生活秩序的目的。即防止犯罪保全社会,使国民的社会生活安全是刑法重要的功能之一。

自19世纪以来,传统的刑法理论强调了刑法保障的功能而忽视了刑法防止犯罪的社会保护的功能。但是到19世纪末20世纪初,随着犯罪的激增尤其是累犯的增加,作为刑法本质功能的社会保护即社会防卫的思想成为刑法理论的前沿理论。从此,刑法如何调和社会利益与个人利益之间的冲突,即如何既最大限度地行使刑法社会保护的功能又尽其所能发挥刑法人权保障的功能,就成为现代刑法及刑法理论中的重要课题。

第二节 刑法理论

一 刑法学派

(一)古典学派(旧派)

古典学派是以建立在启蒙哲学基础上的个人主义、自由主义为背景并从 18 世纪下半叶开始形成的刑法学派，又称为旧派。其主要思想为针对当时的君主专制而提出，它强调了个人的人权保障。其主要特征是设定了具有理性的抽象人进行刑法理论的研究。

古典学派在犯罪理论上采取客观主义，在刑罚理论上采取报应刑主义和一般预防主义。古典学派的代表人物为贝卡利亚、康德、黑格尔、费尔巴哈等。

1. 贝卡里亚（客观主义犯罪论者）

旧派刑法理论的研究，首先是从意大利贝卡里亚（1738～1794 年）的著书《犯罪与刑罚》（1764 年）开始的。贝卡里亚受当时卢梭、孟德斯鸠等启蒙哲学家思想的影响，立足于社会契约论和三权分立学说说明了刑罚权的依据。他认为，刑罚权是以正义和整个社会的必要为其限度，超过这一限度行使刑罚权是一种滥用也是不合理的。不合理而严酷的刑罚违反正义和理性，刑罚应仅限于犯罪人本人而不能株连其他无辜的人。只有法律才能规定刑罚，法律是由主权者（即立法者）制定的，但适用法律者应是法官，犯罪事实与刑罚之间应具有均衡性（罪刑均衡论）。贝卡里亚的罪刑均衡论成为客观主义刑法理论的基础，他的刑罚法定化的主张其后被体现为作为近代刑法基本原则的罪刑法定主义。

2. 康德和黑格尔（报应刑论者）

康德（1724～1804 年）设计了有关自然法的理论，主张法律和刑罚是实践理性所要求的至高无上的命令。康德认为犯罪是具有自由意思的人违反道德律的行为，刑罚不是实现其他目的的手段，而是对犯罪即违反道德律的逻辑性必然，是等价的报应（同害刑罚论）。对康德来说刑罚的报应性是绝对的、先验的。因而"杀害他人的，应当被处死。在此情形下为了实现正义不容许存在任何代替物"。

黑格尔（1770～1831 年）主张刑罚具有辩证法的必然性。他认为犯罪是对作为"正"的法律的侵害，因此法律为了证明自己的实在性和必然性需要科处刑罚。在辩证法意义上分析：法律为"正"、犯罪为"反"、刑罚为"合"，即犯罪是对法律的否定，而刑罚是对作为法律之否定的犯罪的再否定，是法律恢复其本身立场的必然的过程。因而刑罚虽然在形式上表现为否定和破坏，但是实质上是调和与建设。在此，刑罚作为否定之否定具有积极的意义，而且具有理性的、现实的意义。

3. 费尔巴哈（一般预防论者）

以贝卡利亚为先驱的古典学派的刑法理论，后来由被称为"近代刑法学的创始人"的费尔巴哈（1775～1883年）确立了客观主义的理论体系。费尔巴哈以基于制定法主义的心理强制说为中心形成了刑法理论。他认为人具有追求快乐、回避不快乐的本性。为了抑制犯罪有必要告诉人们比起通过犯罪得到的快乐因其被处以刑罚的不快乐（痛苦）则更大。即以预告刑罚所带来痛苦的方法强制一般人的心理以求阻止其实施犯罪。这就是在学说史上著名的心理强制说。心理强制说主张向一般人预告刑罚以防范于未然，因此属于一般预防主义；主张以预先法定刑罚来抑制法官的恣意性，与罪刑法定主义连接在一起。表明罪刑法定主义的法谚"没有法律就没有犯罪，没有法律也没有刑罚"，就是费尔巴哈的杰作。

旧派的刑法理论其后由很多学者如麦兹格、宾丁、迈耶、贝林格所继承和发展。尤其是德国的迈耶（1847～1920年）与新派李斯特的论争为著名。

（二）近代学派（新派）

产业革命以后西方资本主义的社会矛盾日益加深，刑事犯罪尤其是累犯以及少年犯急剧增加。鉴于传统的旧派理论对此无力有效应对而试图在理论上解决累犯与少年犯问题的学派，就是近代学派（又称为新派）。其主要特征是设定了受素质和环境支配的具体人而进行犯罪理论与刑法理论的研究。

19世纪后半叶自然科学快速发展，开始使用自然科学的方法论对犯罪人进行实证性研究，查明犯罪原因并研究出其预防对策，以求提出刑事政策的方向。近代学派在犯罪论上与主观主义结合、在刑罚论上与特别预防主义结合在一起。近代学派的理论由龙布罗索、菲利、加罗法洛（意大利学派）等犯罪人类学派所提倡，由李斯特等犯罪社会学派所确立。

1. 龙勃罗梭、菲利、加罗法洛（犯罪人类学派）

首先树立新派理论的是意大利的医学专家龙勃罗梭（1836～1909年）。他从医学中引进了实证的方法，从生物学和人类学的角度研究犯罪人，认定了犯罪人的生物学方面的特征。他主张"天生的犯罪人"的理论，即他测定多数犯罪人的身体结构（尤其是着眼于头盖骨的特征）后认为具有一定身体特征的人当然会陷于先天性犯罪的宿命。因而犯罪如同疾患属于来自人的素质的必然现象；在处理犯罪人的方法上应排斥过去观念性的自由意志论，对犯罪也应把重点放在作为其主体的犯罪人本身去理解。他认为只凭犯罪事实这一根据处以刑罚是没有意义的，应当根据犯罪的具体原因适当处罚犯罪人。龙勃罗梭的著书《犯罪人论》（1876 年）奠定了新派理论的基石，为科学而实证地研究有关犯罪与刑罚的理论提供了契机。

菲利（1856～1929 年）将犯罪原因区分为人类学的原因、自然的原因以及社会学的原因，尤其是重视犯罪的社会学原因。他认为对犯罪的社会防卫与其说是依靠刑罚莫不如说是依靠社会政策。他主张社会的责任论，进而广泛地研究除刑罚之外"可以替代刑罚的制度"。他的著书《犯罪社会学》（1880 年）非常有名，该书的主要内容为犯罪固然与犯罪人的个人原因如遗传、性格等有关，但更重要的是气候、风土等自然的影响和政治组织、经济状态等社会的原因，而且这是必然的现象。因此要防止犯罪应当采取对应于犯罪人个人原因的措施，同时还应研究引起犯罪的诸多社会原因，去除其根源。

加罗法洛（1852～1934 年）把犯罪区分为自然犯和法定犯来进行考察。即把无须等待法律的规定也能成为犯罪的行为称为自然犯，因法律做出规定才能成为犯罪的行为称为法定犯。他主张对于自然犯应着眼于犯罪人的犯罪性质、恶性，主要以犯罪人的恶性（而不是犯罪事实）为标准决定作为社会防卫方法的刑罚。而且作为对自然犯的处置方法应根据犯罪人的性格对其进行矫正或改善以便其顺利地重返社会，或者对不能改善的人永久地从社会生活中隔离。

上述三位意大利的实证学派学者之后，刑法学的研究方法从观念的、哲学的方法转向了实证的方法，刑法理念从犯罪中心的思想转向了犯罪人中心的思想、从事实主义转向了人格主义。由于意大利的实证学派主要以人类学的角度研究犯罪的原因和对策，因此被称为犯罪人类学派。对此，主要以社会学的立场研究犯罪原因和对策的学派称为犯罪社会学派。这一学派由德国、法国的学者以意大利犯罪人类学派的研究为基础，主要以社会学的方法来进行犯罪的实证研究而著称。属于这一学派的学者中最著名的是德国的李斯特。

2. 李斯特（犯罪社会学派）

李斯特（1851～1919 年）于 1882 年发表了具有划时代意义的论文《在刑法中的目的概念》。他针对过去观念性的报应刑主义强调了作为实体性的目的刑主义的必然性，认为应成为刑罚对象的不是犯罪（行为）而是作为行为人的犯罪人，即"应受处罚的不是行为而是行为人"。李斯特把犯罪理解为社会现象的一种，在实证的考察犯罪和刑罚方面强调应查明犯罪的社会原因和刑罚的社会效果。而且他强调行为人的反社会性或危险性，应以反社会性的种类与性质为标准对犯罪人进行分类处遇。这种观点必然要站在主观主义的立场，主张特别预防主义以及刑罚的个别化，进而强调刑事政策的重要性。

（三）两派对立的主要观点

1. 古典学派

第一，以意思自由为前提；第二，追究犯罪人道义上的责任；第三，责任的判断应根据犯罪行为的客观事实尤其是结果；第四，刑罚具有对一般人预防的功能和效果；第五，站在作为实现正义的报应刑论的立场。

2. 近代学派

第一，否定意思自由；第二，犯罪人作为社会的一分子具有承受刑罚的责任即社会责任；第三，责任的判断应当根据行为人的性格而不是行为的结果；第四，刑罚作为对特定犯罪人的对策具有特别预防的功能；第五，刑罚的目的在于对犯罪人的改善。

可以把上述5种具有特色的对立观点归结为以下5种关系：①意思自由论与意思决定论；②道义责任论与社会责任论；③客观主义与主观主义；④一般预防主义与特别预防主义；⑤报应刑主义与目的刑主义（教育刑主义）。

刑法学派之间的争论，也使得韩国的刑法学者们在刑法的立法论以及解释论方面提出了诸多问题。但是如何调和旧派"个人本位"的立场与新派"社会本位"的立场即"个体"与"全体"的立场，将会决定能否扬弃两大学派之间的对立并走上折中的道路。

二 刑法理论

刑法理论是有关刑法的基本观念（何为犯罪以及如何处罚等问题）指导性原理的法哲学理论。刑法理论可分为犯罪理论和刑罚理论。犯罪理论是关于如何看待作为刑罚前提的犯罪之本质的理论；刑罚理论是研究刑罚的本质、目的、根据、对象、效果等基本观念以及其意义的理论。

（一）犯罪理论

犯罪理论又分为客观主义犯罪论和主观主义犯罪论。

1. 客观主义犯罪论

客观主义犯罪论将刑法性评价的侧重点放在犯罪（主客观统一体）的客观方面即作为犯罪外部事实的行为及其结果，以求在客观事实中寻找刑事责任的根据。因此，被称为行为主义。

客观主义犯罪论主张，以个人的自由意志为前提并基于自由意志的行为对于社会造成否定性影响时就构成犯罪（自由意志论），因而刑罚的种类及其范围应当根据犯罪事实的情状而决定（罪刑均衡论）。客观主义犯罪论在刑罚理论中主张报应刑主义或一般预防主义。

2. 主观主义犯罪论

主观主义犯罪论将刑法性评价的侧重点放在犯罪的主观方面即行为人的反社会性和犯罪危险性，主张以行为人为中心，重视其性格、素质等主观要素并将其作为刑法评价的对象。因此，被称为行为人主义。

根据主观主义犯罪论，所谓犯罪只不过是通过犯罪人行为表露出来的"反社会性"的表征（犯罪表征主义）。主张刑罚种类应根据行为人的反社会性确定，刑罚的轻重也应根据犯罪人的主观恶性或社会危险性决定（刑罚个别化）。主观主义犯罪论在刑罚理论中与目的刑主义（教育刑主义）、特别预防主义结合在一起。

3. 评价

从历史上看，客观主义犯罪理论信奉启蒙思想中的个人主义、自由主义，虽然以限制国家刑罚权、保障人权为目标，但是因过分重视个人的自由保障而忽视了刑法的社会防卫功能。与此相反，主观主义犯罪理论基于社会本位的集体主义思想，过分强调刑法的防卫社会的功能而忽视了保障人权的功能。

犯罪是客观性要素和主观性要素的有机结合体。作为犯罪的基本观念，应当把行为、结果这些客观性要素和犯罪意思、反社会性等主观性要素结合起来。在客观要素和主观要素中，偏向哪一方都不妥当。

（二）刑罚理论

根据如何看待刑罚的本质，将刑罚理论分为报应刑主义和目的刑主义。

1. 报应刑主义

报应刑主义是把刑罚的本质视为基于正义要求的报应性恶害，即犯罪是对法益的恶害，刑罚又是对犯罪相应恶害的观点。报应刑主义不承认报应以外的其他目的，将刑罚作为自己本身的目的，因此被称为绝对主义。

2. 目的刑主义

目的刑主义认为刑罚不过是为实现预防犯罪、保护社会这一目的的手段，因此刑罚并不是其本身的目的，而是为实现刑罚以外目的的手段。它将刑罚视为实现其他目的的手段，所以被称为相对主义。

根据看待刑罚目的的角度不同，目的刑主义又分为一般预防主义和特别预防主义。

（1）一般预防主义

一般预防主义主张刑罚的目的在于以威吓、警示一般社会人（潜在的犯罪人）来预防其将来可能实施的犯罪。这一观点是基于以处罚一个犯罪人来警示其他一般社会人不敢造次的所谓杀一儆百的思想。费尔巴哈的"心理强制说"就是这一观点。根据心理强制说，如果通过刑罚承受的痛苦比通过犯罪所得到的快乐大，那么作为能够合理而适当地追求快乐的人们，自然会在心理上形成抑制犯罪的动机。

（2）特别预防主义

特别预防主义主张刑罚的目的在于对犯罪人进行威吓、改善或隔离防止其再次犯罪并使其能够正常地回归社会。其代表人物为德国的李斯特，他主张对犯罪人进行分类并对其适用个别化的刑罚（刑罚个别化思想）。

3. 结合说

报应刑主义和目的刑主义以及一般预防主义和特别预防主义，在各自解释刑罚的本质与目的方面都具有片面强调某一方面的问题。可以说从20世纪20年代以来，克服这两种学说中存在的问题而把两者的优点结合起来并逐渐走向融合，成为不可逆转的趋势。

刑罚在其本质上是对犯罪的报应，责任主义要求对应于犯罪行为的责任（行为责任）；所谓正当的刑罚，意味着相当于犯罪与行为责任的刑罚。旧派的优点在于，认为刑法只有在以行为责任为其限度时才能正常地发挥其人权保障的功能。以行为人的犯罪危险性为根据的性格责任（行为人责任）和单纯以社会防卫为目的的刑罚，具有在不知不觉中走向过剩刑罚的危险性。但是，刑罚不能以自己本身作为其目的。刑罚只有在贡献于从犯罪中防卫社会的目的时才具有其实践性意义。刑罚应当以行为责任作为其限度范围，结合在一般预防与新派所主张的特别预防这一刑罚目的当中。

从"正当的"刑罚这一观念出发以行为责任（报应刑主义）为刑罚的"上限"，从"有效的"刑罚这一观念出发以一般预防目的与特别预防目的

（目的刑主义）为刑罚的"下限"，把刑罚充分地加以运用。这一折中立场的观点称为"结合说"，成为如今的通说。

三 现行刑法

韩国的现行刑法采取了折中的立场，即一方面站在客观主义（报应刑主义）基本立场上，另一方面又大量采用主观主义立场（目的刑主义）。

在犯罪论方面，现行刑法并不是处罚单纯的犯罪意思或行为人的危险性，而是以"实施行为……"的人为要件进行处罚，就是行为刑法即采取了客观主义的基本立场。但是例外地处罚预备和阴谋，就是近似于主观主义立场。刑法第10条第1款、第2款作为判断责任能力的标准提示了辨别事物、决定意思的能力，这是认定自由意思的道义责任论所主张的，属于客观主义。但是根据《监护治疗法》，即便是无责任能力人，只要其存在再犯的危险性而且具有监护治疗的必要性，也可以判处监护治疗。这体现了社会责任论的主张，是采用主观主义立场的表现。主观主义否认正犯与共犯的区分，而客观主义主张区分正犯与共犯。现行刑法第31条第1款以规定"实行犯罪的人"、"教唆他人实施犯罪的人"的方式区分了正犯与共犯，在共犯问题上基本采取了客观主义立场。在处罚教唆犯的问题上主观主义要求处以与正犯相同的刑罚，客观主义则要求有必要减轻刑罚，而刑法第31条规定对教唆犯处以与正犯相同的刑罚，因此站在了主观主义立场。尤其是现行刑法例外地处罚未遂犯（第29条）就是客观主义表现，对未遂犯的处罚是任意减轻的事由而不是必要减轻的事由（第25条第2款），是主观主义立场的表现。

在刑罚论方面，在刑法第41条中规定的刑罚种类都以痛苦或不利后果为其内容，因而可以说现行刑法采取了客观主义的基本立场。但是监护治疗法中的保安处分未必是以痛苦或不利后果为内容，因此这是主观主义立场的表现。

现行刑法规定的刑罚的宣告犹豫制度（第59条）和执行犹豫制度（第62条）、假释放制度（第72条）、保护观察、社会奉仕命令和受讲命令等保安处分制度（第62条之2等）、累犯的加重处罚（第35条）、常习犯的加重处罚（第264条等）、酌量减轻刑罚（第53条）等，是采用特别预防主义的表现。

第三节　罪刑法定主义

一　罪刑法定主义的意义

（一）罪刑法定主义

罪刑法定主义，是指要将一定的行为作为犯罪并对此处以一定的刑罚就必须以成文法规（即制定法）为其条件的原则。

罪刑法定主义的原有含义为，如果要将一定的行为作为犯罪并对此处以特定的刑罚，就以已经存在成文法规为条件。即便是多么不道德或者在社会上受非难的有害行为，但只要是法律没有将其规定为犯罪就不受处罚；即使由法律规定为犯罪并予以处罚，但是不会以事先由法律规定刑罚以外的其他刑罚来处罚。罪刑法定主义以"没有法律就没有犯罪"、"没有法律也没有刑罚"这两个命题来体现。这两个命题通常由拉丁语来表述但并非来源于古代罗马法的原则，而是由德国的刑法学者费尔巴哈在1801年出版的刑法教科书《德国普通刑法教科书》中首次以拉丁语表述的。

（二）罪刑法定主义的意义

罪刑法定主义是以近代的自由主义人权思想为基础产生、确立的。罪刑法定主义是与在中世纪专制国家盛行的罪刑擅断主义相对立的原则。在罪刑擅断主义之下不是事先明文规定犯罪和刑罚的关系，而是能否将一定的行为作为犯罪并对此处以一定的刑罚，仅凭国王或裁判官的恣意性裁量来处断。因国家刑罚权的滥用导致了不当侵害个人的权利、自由的结果。但是近代各国的刑法采用罪刑法定主义为基本原则，以事先明文规定犯罪和刑罚的方式排斥罪刑擅断主义，罪刑法定主义成为人权保障的铁律。时至今日，近代各国的刑法几乎无一例外地明文规定罪刑法定主义，即使没有明文规定罪刑法定主义的国家，也将其视为当然的基本原则。罪刑法定主义是近代刑法为限制国家刑罚权的滥用、保障国民自由和权利的最高指导性原理。

在韩国，宪法第12条第1款规定："所有国民都拥有人身自由权。任何人非依法律不受拘留、逮捕、扣押、搜查或审讯，非依法律和合法程序不受刑罚处罚、保安处分或强制劳役。"宪法第13条第1款规定："所有国民非依行为当时法律构成犯罪的行为不受追诉，不因同一犯罪受双重处罚。"

刑法第 1 条第 1 款规定："（犯罪的成立和处罚）犯罪的成立和处罚依照行为时的法律。"这一规定体现了罪刑法定主义。

二　罪刑法定主义的沿革及法理基础

（一）罪刑法定主义的沿革

在世界上由法律来规定罪刑法定主义，是 1789 年法国革命中人权宣言以后的事情。其思想的起源可以在 1215 年的英国大宪章中找到。众所周知，英国大宪章是反抗英国国王约翰（1167～1216 年）苛捐杂税等暴政的民众最终迫使国王约翰签署并承认国民的权利及自由的产物。该大宪章在英国被称为"自由的基石"，成为近代英国宪法的基础。大宪章第 39 条规定："任何自由人非依具有与其同等身份的人合法的裁判或者非依国家的法律不受逮捕、监禁，领地不被剥夺，法律保护不被剥夺、不被放逐……"这在英国无疑成为"保障适正的法定程序"的起源，但是其基本的思想还是通过限制国王的王权来确保国民的自由。可以说，这就是罪刑法定主义的渊源。

其后，这一思想作为罪刑法定主义的原则被美利坚合众国的宪法所继受。第一，可以说是罪刑法定主义重要的派生原则之一的"禁止刑事事后法"的条款，即 1787 年的美利坚合众国宪法第 1 条第 9 节第 3 款规定："禁止制定任何刑事事后法。"同条第 10 节第 1 款规定："禁止任何州制定任何刑事事后法。"第二，"法律适正的程序"的条款，即修订的 1791 年美利坚合众国宪法第 5 条规定："任何人非依法律适正的程序不被剥夺生命、自由或财产。"同法第 14 条第 1 节规定："任何州非依法律适正的程序剥夺任何人的生命、自由或财产。"这些条款的规定就是体现了罪刑法定主义。在这里有关"适正的程序"的条款规定不满足于实体的、抽象的保障，为了追求程序的、具体的保障把侧重点放在了程序上，但也要求在内容上的适正。而且由于英国和美国并非成文法国家，所以根据禁止刑事事后法以及适正的程序的条款来表现了罪刑法定主义的实现。

另一方面，这一思想在欧洲大陆由 1789 年法国革命中的人权宣言所表现。即人权宣言第 8 条规定："任何人非依犯罪之前制定、公布且合法适用的法律不受处罚。"因而罪刑法定原则才真正由法律制度上确立，该原则由 1810 年的法国刑法典第 4 条所规定。此后欧洲大陆的诸多国家受法国革命的人权宣言第 8 条和法国刑法典第 4 条的影响，几乎无一例外地在宪法和刑法典中规定罪刑法定主义，罪刑法定主义也由此成为近代刑法的基本原则。

（二）罪刑法定主义的法理背景

罪刑法定主义的思想背景，是近代启蒙的自由主义思想。但是罪刑法定主义的主要法学理论基础，为孟德斯鸠的三权分立学说和费尔巴哈的心理强制说。[①] 根据三权分立学说将国家权力的作用区分为立法、司法和行政，对这三种权力作用应由各个独立的国家机关分别掌管。要求作为司法机关的法院对于立法机关制定的法律在具体情况下机械地加以适用；法院通过解释法规扩张其适用范围实质上是对立法权的侵害；对法官以事先由立法者制定的法律约束并防止其擅断，从国家刑罚权的滥用中保障个人的权利和自由。因而从三权分立学说的初衷推导出为了保障个人的权利和自由，事先应由法律规定犯罪和刑罚之间关系的这一罪刑法定主义原则。心理强制说通过向所有人预先告知实施犯罪的快感和对犯罪处以刑罚的痛苦，以求人们依照合理的判断从心理上抑制犯罪的理论。为此，国家应当事先以刑罚法规明确规定何种行为是犯罪，对此的刑罚（痛苦）是什么。因而作为心理强制说必然的结论，要求罪刑法定主义原则。

三 罪刑法定主义的派生原则

罪刑法定主义包括五个派生原则：1. 禁止习惯刑法的原则；2. 禁止类推解释的原则；3. 禁止溯及效的原则；4. 明确性原则；5. 适正性原则。

（一）禁止习惯刑法的原则

这一原则是指禁止将习惯法作为刑法的法源。因为在社会生活中习惯性规范具有法律的效力，但又不是像成文法那样制定出来并以文书表示的。如果肯定习惯法可作为刑法的法源，那么就会以其存在不明的法律进行处罚，最终否定应事先以法律规定犯罪和刑罚的关系这一罪刑法定主义的意义。

韩国宪法第 11 条第 1 款要求有关处罚的事项依照法律的规定，刑事诉讼法第 323 条第 1 款规定宣告刑罚应当明示法令的适用，以此明确了罪刑法定主义的原则。在这个意义上，现行刑法站在要求以成文法规定犯罪和刑罚关系的罪刑法定主义基础之上。而且刑法的法源限于成文法，习惯法以及其他成文法以外的其他要素不能成为刑法的法源。因而在现行法中直接

---

① 郑永锡：《刑法总论》（第 5 全订版），法文社，1987，第 54~55 页。

以习惯或条理等作为内容的刑罚法规是不存在的。

但是在现行法中规定犯罪的构成要件时，间接地依据成文法以外的要素确定其内容的情况还不少。例如刑法第 354 条业务上横领罪中业务的根据、刑法第 355 条背任罪中处理他人事务的原因等包括于习惯中发生的情况；刑法第 184 条妨害水利罪中水利权的内容根据习惯法认定的情况较多。因而在此种情况下习惯法间接地影响着处罚。而且在总则的解释中习惯法、条例等起着重要的作用。即在决定违法性的内容上如刑法第 20 条（正当行为）不违背社会常规的行为其范围可能要立足于习惯、条理等超法规性的法秩序精神。尤其是在不作为犯中作为义务的根据，虽然存在根据法令、法律行为等形式的标准发生的情况，但也有鉴于社会常规在习惯、条理上发生的情况。

总之，在罪刑法定主义中禁止习惯刑法的原则只意味着习惯法不能直接成为刑法的形式性法源；为了决定犯罪的成立或不成立（即决定犯罪的实质性内容）也可以间接地适用习惯法。因而当作为犯罪构成要件要素的法律关系的内容由习惯（或条理）决定的时候，其习惯（或条理）可以间接地成为刑罚法规的法源。

（二）禁止类推解释的原则

这一原则是指在刑法的解释中不能采用类推解释的方法。所谓类推解释，是虽然没有被任何法律的文言所明示但适用与此类似的事实进行解释的情况。因为如果在刑法的解释中允许类推解释，那么刑法没有明示的行为也会受到处罚，使个人的权利和自由变得岌岌可危。罪刑法定主义，从人权保障的立场要求刑法的解释限于只依照文言作严格的解释，在解释上存在疑问时应做出对被告人有利的解释。

虽说刑法的解释依照文言严格进行解释而且不允许类推解释，但是刑法也是千变万化的社会生活的规范之一，在其解释上也不可能不受这种来自不断变化的社会生活的影响。因而即使刑法条本本身没有任何变化，而社会生活的变迁使其条文的内容发生变化这一事实是无法回避的。原来社会生活的现象纷繁复杂，随着时代的变迁而出现立法者未曾预期的新的现象；刑法不可能包罗这些现象而对将来的变迁一一做出规定。因此，此种情况下成文法的文言即使在其可能的范围内允许对法律的一般问题及刑法目的做出较为合理的类推解释，也不会违背罪刑法定原则的。这种类推解释在对犯罪的社会防卫上是必要的，而且也不会不当地侵害被告人的利益。

例如刑法第 186 条妨害交通罪中规定，即使出现同条所列举以外的新的交通工具，也应类推适用第 186 条规定。

（三）禁止溯及效的原则

禁止溯及效的原则是指不能溯及刑法效力的原则，即刑法（刑罚法规）只能适用于其制定、施行后的行为，不允许把刑法的效力溯及适用于其刑法制定、施行之前的行为。因为如果允许刑法的溯及效，那么行为当时没有成为犯罪的行为根据行为后的法律受处罚，会动摇应事先以法律规定犯罪和刑罚的关系这一罪刑法定主义的根基。[1]

宪法第 13 条第 1 款规定："所有国民非依行为当时法律构成犯罪的行为不受追诉，不因同一犯罪受双重处罚。"刑法第 1 条第 1 款规定："（犯罪的成立和处罚）犯罪的成立和处罚依照行为时的法律"。现行法以此来宣言不能根据事后的法律对法律实施之前的行为予以处罚这一刑法效力不溯及的原则。这里有一个问题，禁止刑法溯及效的原则对行为当时为合法在其后却变为违法（或犯罪）的这种事后法的态度是怎样的。根据宪法第 13 条第 1 款前段规定和刑法第 1 条第 1 款的精神，应解释为在因事后法律的变更对行为人变得刑罚更重或更为不利的情况下，禁止对行为人变得刑罚更重（或更为不利）的事后法效力的溯及。但是，因事后法律的变更对行为人更为有利时允许刑法的溯及效。这是对禁止刑法溯及效原则的一个例外。现行刑法中的立法例就是第 1 条第 2 款、第 3 款的规定。"犯罪后依法律之变更其行为不构成犯罪或新法比旧法处罚轻，适用新法。"（第 1 条第 2 款）"裁判确定后依法律的变更其行为不构成犯罪的，免除其刑罚的执行。"（第 1 条第 3 款）在这个意义上，禁止重的刑法效力溯及的原则，就是在现行法中罪刑法定主义的实质性要求。

（四）明确性原则

1. 明确性原则的含义

明确性原则是指应当明确规定犯罪和刑罚的内容的原则。因为即使在法律上规定了犯罪和刑罚但如果其内容不够明确，就会使人无法了解和掌握何种行为被禁止、何种行为被允许，而且实施犯罪人也不能了解自己应受何种刑罚。因而国民将会失去对将来的预测可能性以及对法律的信任，导致刑法无法正常行使其作为国民行为准则的规范功能和保障性功能。

---

[1] 郑永锡：《刑法总论》（第 5 全订版），法文社，1987，第 57 页。

2. 构成要件的明确性

罪刑法定主义的明确性原则要求明确规定构成要件，以至于任何人都能够对何为法律要处罚的行为以及对其的刑罚如何等做出预测并以此来决定自己的行为。

为了使构成要件明确，构成要件中的用语应当是任何人容易理解的而且是没有争议的。因而对于抽象的概念、不确定的概念、专业性用语、规范性用语来说，具体的概念、确定的概念、日常性用语、记述的用语相对更值得使用。不过，这仅仅是一种理想而已。在日常生活中使用的大部分用语也由于其具有多种含义的而自然的语言属性以及简洁表现共同适用于复杂事实的法规范性属性，不可避免地使用着抽象性、不确定性、专业性、规范性用语。因此，"对于构成要件要明确到何种程度，不能千篇一律地做出规定。应当考虑到制定其法律的目的、各个构成要件的特殊性与成为这种法律规制原因的条件、处罚的程度以及与其他法律条款的关联性等，只能依据能否做出合理的解释而决定"。①

3. 刑罚规定的明确性

明确性原则要求刑法中的刑罚规定应当明晰和确定。明确性原则排斥绝对的法定刑。绝对的法定刑包括绝对确定的法定刑和绝对不确定的法定刑。绝对确定的法定刑不给法官任何的自由裁量权，不利于法官根据案件的具体情况酌量判处。1810 年的法国刑法典采用了绝对确定的法定刑，现代的刑法典一般采用相对（确定）的法定刑。

绝对不确定的法定刑又称为绝对的不定期刑，明确性原则要求在刑法中不允许使用不定期刑尤其是绝对的不定期刑制度。不定期刑是相对于定期刑而言的，是指法院在宣告自由刑时不决定具体刑期，例如"判处惩役"（绝对的不定期刑）或者"判处短期 1 年、长期 3 年的惩役"（相对的不定期刑）等。绝对不确定的法定刑赋予法官过大的自由裁量权，不能保证刑罚处罚的适当性。如果在刑法中采用不定期刑甚至绝对的不定期刑制度，会违反刑罚应当是相对确定的这一罪刑法定主义的要求。

---

① 大判 2000. 11. 16. 98 DO 3665. 宪法裁判所也认为："现行刑法采用就像第 16 条中'正当的理由'、第 20 条中'社会常规'、第 21 条以下的'相当的理由'等抽象的、不确定的概念。而且人们的知识水平是千差万别的，难以使用任何人都易懂的用语。所以只能以具有通常判断能力的国民或者具备正常的事物辨别能力的一般人为标准，判断其有无明确性。"（宪裁 1997. 9. 25. 96 宪 GA16）

但是刑罚不仅仅作为一种报应给犯罪人（受刑人）带来痛苦，更重要的是对其进行教育，使之重返社会。因此对于特殊的犯罪人如常习犯、少年犯需要采用不定期刑制度。最近各国立法例的倾向是对特殊犯罪人采用相对的不定期刑制度。韩国的刑法典并没有设置有关不定期刑的规定，但是少年法规定了相对的不定期刑制度（少年法第60条）。

（五）适正性原则

1. 适正性原则的意义

这一原则也在韩国宪法第37条但书规定的禁止过剩原则、比例原则中得以体现。现代意义上的罪刑法定主义不仅约束法官等法律解释者而且要求约束制定刑法的立法者。即不能因为是立法者就可以随心所欲地规定犯罪和刑罚，应当将值得处罚的行为规定为犯罪，也应当规定与犯罪相适应的刑罚而不能规定过度的刑罚。

犯罪和刑罚的范围被扩大，就意味着国民的自由等基本权的范围会相应地被缩小。因而有必要限制过度地行使刑事立法权，这就是现代实质意义上的罪刑法定主义内容。所谓过剩犯罪化或者过剩刑罚化，也许能够符合形式意义上的罪刑法定主义，但是违反了实质意义上的罪刑法定主义。

2. 犯罪规定的适正性

将一定的行为规定为犯罪时应当有其合理的根据。对于有害于社会的行为以行政处罚、民事制裁等其他的法律制裁已无法或难以控制，而只有刑罚能够抑制时才能把该行为规定为犯罪（补充性原理）。所谓有害于社会的行为，应当是直接地造成他人损害的行为。故不能把单纯违反道德伦理规范的行为或者间接地造成他人损害的行为规定为犯罪。[①]

3. 刑罚规定的适正性

即使已经将一定行为规定为犯罪但不能对其随意处以任何刑罚。刑罚应当与犯罪的不法或社会恶害性相适应。对较轻的犯罪处以较重的刑罚，有悖于宪法规定的禁止过剩原则及实质意义上的罪刑法定主义（比例性原理）。[②]

适正性原则源自形式意义上罪刑法定主义根据不合理、不适当内容的法律追求"法律的不法"，其结果未能实质地保障国民的自由这一历史性反

---

① 吴永根：《刑法总论》（第2版），博英社，2009，第65页。
② 吴永根：《刑法总论》（第2版），博英社，2009，第65页。

思。这一原则体现了对法治国家提出的"没有适正内容的法律，就没有犯罪也没有刑罚"之要求。

第四节　刑法的适用范围

一　时间上的适用范围

这是有关于刑法适用于什么时期行为的问题，尤其是行为时和裁判时之间刑法内容有变更时，存在究竟适用行为时法（旧法）还是适用裁判时法（新法）的问题。

刑法原则上采用了行为时法主义，即刑法第 1 条第 1 款规定："（犯罪的成立和处罚）犯罪的成立和处罚依照行为时的法律。"为了保护行为人刑法还例外地采用裁判时法主义。同法第 1 条第 2 款规定："犯罪后依法律之变更，其行为不构成犯罪或新法比旧法处罚轻，适用新法。"第 3 款规定："裁判确定后依法律的变更其行为不构成犯罪的，免除其刑罚的执行。"

二　场所上的适用范围

这是指刑法适用于在什么场所发生的犯罪的问题。这会涉及国际刑法中的一些问题。

刑法在第 2 条、第 4 条规定中明确规定了属地主义。所谓属地主义，是指不论犯罪人的国籍如何，对发生在自国领域内的任何犯罪都适用本国刑法的原则。刑法第 2 条规定："（国内犯）本法适用于大韩民国领域内实施犯罪的内国人和外国人。"第 4 条规定："（在国外的内国船舶上等外国人实施的犯罪）本法适用于在大韩民国领域外的大韩民国船舶或航空器内实施犯罪的外国人。"

第 3 条规定了属人主义，即，"（内国人的国外犯）本法适用于在大韩民国领域外实施犯罪的内国人"。

第 5 条、第 6 条规定了保护主义。第 5 条规定："（外国人的国外犯）本法适用于在大韩民国领域外实施以下犯罪的外国人：1. 内乱罪；2. 外患罪；3. 有关国旗的犯罪；4. 有关通货的犯罪；5. 有关有价证券、邮票和印花的犯罪；6. 在有关文书的犯罪中自第 225 条至 230 条规定的罪；7. 在有关印章的犯罪中第 238 条规定的罪。"第 6 条规定："（对大韩民国和大韩民国国民的国外犯）本法适用于在大韩民国领域外对大韩民国和大韩民国的国民实施除前一条款记载以外犯罪的外国人。但是依照行为地的法律不构成犯罪或免除追诉或刑罚执行的情况除外。"

刑法总则没有规定世界主义，但是刑法第 207 条第 3 款（伪造通货等）实际上站在世界主义的立场。所谓世界主义，是指不问犯罪人的国籍、犯罪地及是否侵害了本国的法益，只要侵害了在文明国家中认定的共同法益之犯罪，就适用本国刑法的原则。其对象犯罪有国际恐怖犯罪、劫持航空器、伪造通用货币、走私毒品、人身买卖等。

第 7 条的规定体现了刑罚人道主义的一些内容："（在外国所受刑罚的执行）对于因犯罪在外国已执行全部或部分刑罚的人，可以减轻或免除其刑罚。"

三 对人的适用范围

这是刑法适用于何种人的问题。

刑法在时间和场所效力方面原则上适用于所有人，因此对人的效力问题归根结底还是例外地排除适用刑法的人的范围问题。在国内法中例外地排除适用刑法的对象是总统（宪法第 84 条）和国会议员（宪法第 45 条）；在国际法中例外地排除适用刑法的是外国的元首、外交使节及其家属、作为非内国人的随行人员、外国的军队等。

第五节 刑法的历史及体系

一 刑法的历史

韩国在 1905 年（即朝鲜王朝末期）制定并实施《刑法大全》之前，一直是在中国刑法的影响之下。高丽王朝模仿、继受了当时很发达的唐律，制定出了符合韩国特殊国情的刑律即高丽刑法。朝鲜王朝的刑律全面反映了当时被认为刑法之巅峰的明律。1910 年日本吞并韩国后，以 1911 年颁布的朝鲜总督府制令第 11 号《朝鲜刑事令》规定了沿用日本的刑法。从此韩国首次继受了近代化的西方刑法。

于 1945 年摆脱了日本殖民统治的韩国实施了美军的军事管制。美军政府通过于 1945 年 11 月 2 日制定的第 21 号军政法令废除了歧视性的旧法令，同时规定包括刑法在内的多数原有法律继续有效和适用。1948 年大韩民国政府成立后，根据旧宪法第 100 条的规定原有刑法继续有效和适用。但是作为新生而独立的民主国家，韩国当然需要建立自己统一完整的法律体系。而事实上，在美军管制时期组成的"朝鲜法制编纂委员会"（韩国政府成立后改名为法典编纂委员会）早已开始着手起草刑法典草案。到 1949 年 11 月 12 日完成了"刑法草案"。后经一些修改于 1951 年 4 月 13 日向国会提出政府草案，但由于 1951 年的 6 · 25 朝鲜战争对"刑法草案"的审议讨论被中断。从 1952 年开始审议的政府草案经一年多的审议及修改，终于 1953 年经国会通过并于 9 月 8 日公布，韩国的刑法典由此诞生。

于 1953 年制定的韩国刑法典至今已经修订了 8 次，真正做到大幅修改的只有 1995 年修订的刑法典。除了修订刑法典之外，自 1960 年以后出现了大量的特别刑法。这是因为为了及时适应在政治、经济、文化等诸多方面的快速变化，有必要选用在制定和修订上相对比较容易的特别刑法。到目前为止，韩国现行的特别刑法已达到了 37 个。

二　刑法典

韩国现行的刑法典是 1953 年制定的《大韩民国刑法》。韩国的刑法典由总则和各则两编共 372 个条文以及附则来组成。

第一编　总则

包括：第 1 章　刑法的适用范围；第 2 章　犯罪；第 3 章　刑罚；第 4 章　期间。

第二编　分则

包括：第 1 章　内乱罪；第 2 章　外患罪；第 3 章　对国旗的犯罪；第 4 章　有关国交的犯罪；第 5 章　危害公安的犯罪；第 6 章　有关爆炸物的犯罪；第 7 章　公务员的职务犯罪；第 8 章　妨害公务犯罪；第 9 章　逃匿及隐匿犯人的犯罪；第 10 章　伪证及毁证罪；第 11 章　诬告犯罪；第 12 章　有关信仰的犯罪；第 13 章　放火及失火犯罪；第 14 章　有关溢水及水利的犯罪；第 15 章　交通妨害罪；第 16 章　有关饮用水的犯罪；第 17 章　鸦片犯罪；第 18 章　有关通货的犯罪；第 19 章　有关有价证卷和邮票及印花的犯罪；第 20 章　有关文书的犯罪；第 21 章　有关印章的犯罪；第 22 章　有关性风俗的犯罪；第 23 章　赌博和彩票犯罪；第 24 章　杀人犯罪；第 25 章　伤害和暴行犯罪；第 26 章　过失致死伤罪；第 27 章　堕胎

犯罪；第 28 章 遗弃和虐待犯罪；第 29 章 逮捕和监禁犯罪；第 30 章 胁迫犯罪；第 31 章 略取和诱骗犯罪；第 32 章 强奸及猥亵犯罪；第 33 章 对名誉的犯罪；第 34 章 有关信用、业务和拍卖的犯罪；第 35 章 侵害秘密犯罪；第 36 章 侵入住居犯罪；第 37 章 妨害行使权利犯罪；第 38 章 盗窃和强盗罪；第 39 章 诈骗和恐吓罪；第 40 章 侵占和背任罪；第 41 章有关赃物的犯罪；第 42 章 损坏犯罪。

三 特别刑法

现行的特别刑法包括：1. 关于处罚家庭暴力犯罪等的特例法；2. 轻犯罪处罚法；3. 关于公务员犯罪的没收特例法；4. 处理交通事故特例法；5. 国家保安法；6. 防止国内财产逃避法；7. 在国际商务往来中对外国公务员的贿赂防止法；8. 关于防止毒品类不法买卖的特例法；9. 关于处理没收财物等的临时特例法；10. 偷渡规制法；11. 罚金等临时措施法；12. 关于对隐匿犯罪收益的规制及处罚等的法律；13. 不正票据规制法；14. 关于处罚性买卖斡旋等行为的法律；15. 关于规制保健犯罪的特别措置法；16. 关于处罚性暴力犯罪及保护被害人等的法律；17. 违反秩序行为规制法；18. 关于处罚特定暴力犯罪的特例法；19. 关于加重处罚特定经济犯罪的法律；20. 关于加重处罚特定犯罪的法律；21. 关于处罚暴力行为的法律；22. 关于处罚使用火焰瓶等的法律；23. 关于对环境犯罪等的规制及加重处罚的法律；24. 军刑法；25. 监护治疗法；26. 少年法；27. 青少年保护法；28. 行刑法；29. 关于刑事补偿及恢复名誉的法律；30. 特定犯罪申告人等保护法；31. 犯罪被害人保护法；32. 保安观察法；33. 关于防止家庭暴力及保护被害人等的法律；34. 关于刑罚的时效等的法律；35. 关于保护观察等的法律；36. 关于儿童、青少年性保护的法律；37. 关于处罚儿童虐待犯罪等的特例法。

第二章

——⚜——

犯罪一般论

第一节 犯罪

一 实质的犯罪

实质的犯罪，是为了回答不同于非犯罪行为的犯罪之性质和范围是什么这一概念的定义。因此，可以说只有探明犯罪的本质才能做出实质的犯罪概念的定义。

为了定义实质的犯罪概念，学者们提出了侵害权利说、违反义务说、侵害法益说、违反义务与侵害法益的结合说等观点。

1. 侵害权利说

侵害权利说认为犯罪的本质在于权利的侵害。根据此说，权利是由法律规定的利益，只以违反义务的行为或侵害利益的行为不能成为犯罪，而必须侵害他人的权利才能成为犯罪。而且即使是侵害了利益，如果其不是由法律规定的权利也不能成为犯罪。

可是，事实上存在侵害没有被规定为权利的利益或没有侵害权利本身的犯罪。例如放火烧毁自己房屋的行为也能成立现住建造物放火罪（刑法第164条），放火烧毁自己物品发生公共危险的行为也可以成立犯罪（第167条第2款）。此时由于放火烧毁自己的财物不存在权利的侵害，因而如果依照权利侵害说就难以说明成立犯罪的理由。

2. 违反义务说

违反义务说认为犯罪的本质在于义务的违反而不在于权利或法益的侵

害。因而根据此说即使存在权利或法益的侵害但如果没有违反义务就不能成立犯罪。过失犯以违反注意义务为前提，在故意犯中作为犯违反了不作为义务而不作为犯违反了作为义务。

但是，过失犯不能只以违反注意义务成立犯罪，还须具有结果的发生，这可以说是侵害权利或侵害法益的结果。因而难以用违反义务说来说明所有的犯罪。

3. 侵害法益说

侵害法益说认为犯罪的本质在于法益的侵害或者其危险。这里所说的法益是指应由法律保护的利益。

但是如果依照侵害法益说"没有法益侵害的犯罪"或"没有被害人的犯罪"就不能成为犯罪。没有被害人的犯罪包括毒品的单纯使用、一般赌博、性买卖行为等。这些犯罪没有侵害法益却只以行为的反社会性而成立。侵害法益说难以说明这些行为成立犯罪的理由。

4. 违反义务和侵害法益的结合说

违反义务和侵害法益的结合说认为在大部分的犯罪中同时伴随义务的违反和法益的侵害，但是根据具体情况，没有违反义务或者没有侵害法益也能够成立犯罪。因此，在个别情况下可以只以违反义务或者侵害法益成立犯罪。根据违反义务和侵害法益的结合说，犯罪是指达到应处以刑罚程度的具有社会危害性或者侵害法益的反社会行为。

实质的犯罪概念在刑事立法中具有重要的意义，即实质的犯罪概念在刑事立法中对决定犯罪化和非犯罪化的问题提供其政策性判断的标准。而且在刑事政策中把实质意义上的犯罪作为对象探究其防治对策。因此，实质的犯罪概念被称为刑事政策上的犯罪概念。

二 形式的犯罪

形式的犯罪，是被作为成文法的刑罚法规处以刑罚的行为。

形式的犯罪概念是在"没有法律就没有犯罪，没有法律也没有刑罚"这一罪刑法定原则之下的犯罪概念。形式的犯罪概念在刑法中以要成立犯罪应具备哪些要件这一问题为其研究的对象。在这里构成要件符合性、违法性、有责性等犯罪的三个成立要件成为其内容对象，形式的犯罪概念被定义为"符合构成要件、违法且有责任的行为"。

这种形式的犯罪概念被称为法律上的犯罪概念。形式的犯罪概念虽然使刑法的自由保障性功能能够得以实现，但是其对于"为何是犯罪"这一提问只能回答为"由于法律规定为犯罪才是犯罪"，因此不能解释犯罪的本质问题。

第二节　犯罪的种类

可以按照不同的标准对犯罪进行分类，但多数是根据构成要件的要素来进行犯罪的分类，也是最有效的分类方法。

一　实害犯和危险犯

这是根据对法益保护的程度所进行的分类，即在构成要件的解释上是以现实性侵害还是以危险性侵害为其成立既遂的标准所进行的分类。

1. 实害犯

实害犯是指在构成要件的解释上要求保护法益现实地被侵害而成立既遂的犯罪。现实中大部分的犯罪属于实害犯，例如杀人罪、伤害、盗窃罪、强盗罪等属于实害犯。

2. 危险犯

危险犯是指在构成要件的解释上存在保护法益被侵害的危险而成立既遂的犯罪。遗弃罪、损毁名誉罪、妨害业务罪、放火罪、伪造通货罪、伪证罪等属于危险犯。

危险犯又可分为抽象的危险犯与具体的危险犯。

抽象的危险犯是因存在法益侵害抽象的危险即一般地存在法益侵害的危险而认定犯罪成立的情况；具体的危险犯是因发生法益侵害具体的危险即现实而具体地存在法益侵害的危险而认定犯罪成立的情况。例如刑法第164 条（现住建筑物放火罪）第 1 款对于放火烧毁用于居住或有人居住的建筑物等的行为，没有必要审查是否因放火行为具体发生了公共的危险，而是因实施作为构成要件内容的放火行为一般地或当然地被解释为存在公共的危险，该犯罪是抽象的危险犯。而刑法第 166 条（一般建筑物放火罪）第 2 款对于放火烧毁自己所有的非现住建筑物（即空房）等的行为，在构成要件的内容上要求因放火行为具体而现实地发生了公共的危险，该犯罪是具体的危险犯。现住建筑物放火罪（刑法第 164 条）、公用建筑物放火罪（第 165 条）、他人所有建筑物等放火罪（第 166 条第 1 款）属于抽象的危险犯；暴行罪（第258条）、自己所有建筑物等放火罪（第166条第2款）、一般物品放火罪（第167条）等属于具体的危险犯。

区分抽象的危险犯与具体的危险犯的意义在于，抽象的危险犯不需要对抽象性危险的故意；相反，具体的危险犯需要对具体性危险发生的故意。此外，具体的危险犯根据是否发生了具体的危险成立既遂与未遂的问题。

二 结果犯与举动犯

这是按照在犯罪的成立条件中除了犯罪行为以外是否还需要发生一定的结果为标准所进行的分类。

1. 结果犯

结果犯是指除了实施行为之外还需要发生符合构成要件的结果才能成立既遂的犯罪，因此又称为实质犯。大部分的犯罪属于结果犯，例如杀人罪、强盗罪、过失致死罪、伤害致死罪等属于结果犯。在结果犯中尤其重要的是行为和结果之间存在的因果关系问题。

2. 举动犯

举动犯是指不要求发生结果但只要实施符合构成要件的行为就成立既遂的犯罪，因此又称为形式犯。在违反行政管理法规的犯罪中举动犯不少，例如诬告罪（第156条）只以一定的目的实施虚伪的申告而成立犯罪，不再要求无罪之人因此而受处罚等结果的发生。举动犯还包括暴行罪、侵入住居罪、伪证罪等。

在抽象的危险犯中举动犯较多，但并非所有抽象的危险犯都是举动犯。在抽象的危险犯中既有举动犯也有结果犯。暴行罪、损毁名誉罪等既是抽象的危险犯又是举动犯。而现住建筑物放火罪等虽然是抽象的危险犯，同时也是除了"放火行为"以外还要求发生"烧毁"结果的结果犯。

三 自然犯与法定犯

1. 自然犯（刑事犯）

自然犯是指没有必要等待法律的规定行为本身具有反伦理性和反社会性因而当然地被评价为犯罪的情况。杀人罪、伤害罪、强盗罪、盗窃罪等属于自然犯。

2. 法定犯（行政犯）

法定犯是指行为本身虽然不具有反伦理性、反社会性，但是为了实现国家的行政目的在法律中设置处罚性规定才能成为犯罪的情况。例如违反行政法中各种批准或许可性规定以及申报或登记规定的犯罪（建筑法第80条等）属于这种情况。

四　即时犯与继续犯

这是以"侵害法益或发生危险"的时期、"既遂（犯罪的完成）"的时期及"犯罪行为的终了"时期是否相互一致为标准所进行的分类。

1. 即时犯

即时犯是指在一定的法益被侵害或发生危险的同时即完成（既遂）和行为终了的犯罪，因此又称为即成犯。杀人罪、伤害罪、盗窃罪等大部分的犯罪属于即时犯，例如在杀人罪中因犯罪人的杀人行为被害人的生命在结束的同时其犯罪完成和其行为终了。

2. 继续犯

继续犯是指犯罪既遂以后犯罪行为没有终了，行为以及对法益的侵害或危险状态继续一定时间的犯罪。逮捕・监禁罪、略取・诱骗罪、侵入住居罪等属于继续犯。例如在刑法第276条逮捕・监禁罪中只要被害人的身体、行动的自由被侵害的状态在继续，那么犯罪行为也在继续，直到被害人被释放之时才终了。因此，公诉时效的起算点也是这一时期。

与继续犯需要加以区分的是状态犯。所谓状态犯是指就像即成犯盗窃罪一样完成（既遂）犯罪以后因犯罪而成立的违法状态继续的犯罪，其后的状态不成立独立的犯罪。例如在盗窃罪中盗窃犯事后处理窃取财物的行为不另行成立犯罪（即不属于销赃罪）。这就是所谓不可罚的事后行为。

五　一般犯与身份犯

这是以在犯罪成立的条件上是否需要特定的主体身份为标准所进行的分类。

1. 一般犯

一般犯是指任何人都可以作为具体犯罪的主体的犯罪，即在犯罪成立的主体条件上不需要特定身份的犯罪。因此又被称为非身份犯。刑法中的大部分犯罪属于一般犯。杀人罪、伤害罪、盗窃罪、强盗罪等都是一般犯。

2. 身份犯

身份犯，是指在犯罪成立的主体条件上要求具有特定身份的犯罪。这里所说的身份不仅是男女的性别、内・外国人的区别、亲属关系、公务员的资格等关系，而且与一定的犯罪行为有关的犯罪人特殊地位或状态等。

身份犯分为真正的身份犯与不真正身份犯。

（1）真正身份犯

真正身份犯，是指犯罪的主体只有具有了一定的身份才能成立的犯罪。由于真正身份犯是只有具备了一定的身份才能成立犯罪，将其身份称为"犯罪构成的身份"。犯罪构成的身份包括在受贿罪中"公务员"（第129条第1款）、伪证罪中"依法宣誓的证人"（第152条第1款）、制作虚伪诊断书罪中"大夫"等（第233条）、业务上的秘密泄露罪中"大夫、律师"等（第317条）、单纯横领（侵占罪）中"保管他人财物的人"（第355条第1款）、单纯背任罪中"处理他人事务的人"（第355条第2款）等。

（2）不真正身份犯

不真正身份犯，是指即使犯罪的主体不具备一定的身份也成立犯罪，但是因具备一定的身份加重或减轻其刑罚的犯罪。将其身份称为"加减刑罚的身份"。在尊属杀害罪（第250条第2款）中直系卑属的身份就是加重刑罚的身份；在婴儿杀害罪（第251条）中直系尊属的身份就是减轻刑罚的身份。此外，作为加重刑罚的身份还包括业务上过失致死伤罪（第268条）、业务上横领背任罪（第356条）、业务上堕胎罪（第270条第1款）中"业务人"、常习犯加重处罚规定中的"常习人"等；减轻刑罚的身份还包括婴儿遗弃罪（第272条）中的"直系尊属"。

六　目的犯和倾向犯

1. 目的犯

目的犯，是指犯罪人除了故意以外还需具有欲发生一定结果的内心目的（即超主观的构成要件要素）的犯罪。目的犯又分为真正的目的犯与不真正的目的犯。

（1）真正的目的犯

真正的目的犯是指只有具有一定的目的才能成立而没有此种目的就不能成立的犯罪。例如各种伪造罪属于真正的目的犯。

（2）不真正的目的犯

不真正的目的犯是指即没有目的也能够成立犯罪但是具有目的就加重或减轻其刑罚的犯罪。例如谋害伪证罪（第152条第2款）、以营利为目的的略取·诱骗未成年人罪（刑法第288条第1款）等属于加重刑罚的不真正目的犯；以结婚为目的略取·诱骗罪等属于减轻刑罚的不真正目的犯。

2. 倾向犯

倾向犯，是指犯罪人除了故意之外还需要具有一定的倾向（超主观的构成要件要素）的犯罪。例如正在澡堂洗浴的某甲，因澡堂突然发生火灾致使某甲光着身子跑出了屋外。在此情形下虽然某甲跑出屋外是故意的但其缺乏淫乱的倾向，其行为不符合公然淫乱罪。但是如果有人为了调戏行人光着身子跑出屋外，因为其具有淫乱的倾向符合公然淫乱罪的构成要件，成立公然淫乱罪。

此外，类似的犯罪还有表现犯。表现犯是在表现出与行为人主观的认识状态相矛盾的行为时成立的犯罪。例如伪证罪等。

第三节　犯罪的成立条件

一　犯罪的成立条件

（一）犯罪的成立要件

在刑法上要成立犯罪，应当具备以下三个要件：

1. 一定的行为符合构成要件（构成要件符合性）

犯罪是符合由刑法典各则的各本条及其他特别刑法规定的构成要件的行为。刑法典各则和其他特别刑法把一定的反社会性行为予以类型化并以"犯罪"做出规定，这就是法律上的"构成要件"。根据罪刑法定原则特定人的行为要成立犯罪，必须首先符合刑法规定的某个构成要件。因而即使是多么不道德或反社会的行为，只要其不符合法律规定的构成要件也不可能构成犯罪。

2. 符合构成要件的行为违法（违法性）

一定的行为只符合构成要件还不能成立犯罪，还应当是违法的行为。所谓违法，在形式上是指违反了法律、在实质上是指违背了社会常规。构成要件原本就是把违法行为类型化的规定，因此可以推定符合构成要件的行为暂且是违法的。但是具体的行为在实质上没有违背社会常规的情况下，即使在形式上符合构成要件却不属于违法（阻却违法）而不成立犯罪。例如即使符合杀害他人的构成要件（第250条），但如果其以正当防卫（第21条）行使时就阻却违法性不成立犯罪。

3. 行为人具有责任（有责性）

为了成立犯罪，不仅要求符合构成要件的一定的行为是违法的，而且要求行为人在主观上有责任的行为。责任是指对作为实施该行为主体的行为人的非难可能性，即责任能力人实施具有故意或过失的行为就是有责任的行为。即使是符合构成要件且违法的行为比如精神病人、刑事未成年人等不具有责任能力的人的行为，因其缺乏责任性（阻却责任）不成立犯罪。

（二）三个成立要件的特征

构成要件符合性虽然是评价性概念但属于一般性评价不具有任何色彩，它只是评价何种行为符合具体的构成要件。而违法性是评价符合构成要件的具体行为是否违反整个法秩序，所以其属于客观的、一般的评价。构成要件符合性和违法性都以行为作为其判断的对象进行客观的、一般的评价。责任却以行为人作为判断的对象进行主观的、具体性判断。因此责任与构成要件符合性、违法性有着质的区别。

具备了犯罪的成立要件指的是构成要件、违法性和责任同时存在，并不等于说构成要件先于违法性或责任存在。在认定犯罪时，不能混淆在逻辑上要先判断构成要件和犯罪的成立要件应当同时具备的要求。

二 犯罪的处罚条件

犯罪的处罚条件，是指在成立犯罪的情况下为了发动国家的刑罚权另外需要充足的主客观方面的条件。

成立了犯罪并非任何时候都能够发动国家的刑罚权。在个别情况下即便成立了犯罪，国家以一定的政策性理由却不发动刑罚权，或者只有在充足了一定的条件下才发动刑罚权。犯罪的处罚条件包括客观的处罚条件和主观的处罚条件。

1. 客观的处罚条件

客观的处罚条件是指在成立犯罪的情况下，为了发动刑罚权所需要充足的外部、客观的条件。例如要以事前受贿罪受处罚，应充足"即将成为公务员或仲裁员"（刑法第 129 条第 2 款）的条件；要以破产犯罪受处罚，应当充足"破产宣告的确定"（破产法第 366 条、第 367 条）的条件。

2. 主观的处罚条件

主观的处罚条件是指在成立犯罪的情况下，为了发动刑罚权所需要充足的人的条件。例如在财产犯罪中不属于直系血亲等（刑罚第328条）；不是在职中的总统（宪法第84条）；不是外国元首或外交官等是主观的处罚条件。

反过来说，如果具有直系血亲关系、在职中的总统、外国元首或外交官等条件关系就不能给以刑罚处罚。所以将这些条件称为"人的阻却处罚事由"。法律规定这些"人的阻却处罚事由"的理由在于：国家不能随意介入家庭内部的问题，或者总统在职期间不能因受刑事追诉而影响其正常的主持国政等。

三　犯罪的追诉条件

犯罪的追诉条件，是指为开始刑事诉讼或继续刑事诉讼所必要的条件。犯罪的成立条件或犯罪的处罚条件属于实体法的概念，但犯罪的追诉条件属于程序法的概念。因此犯罪的追诉条件又被称为犯罪的诉讼条件。

犯罪的追诉条件包括在亲告罪中的告诉或告发、在反意思不罚罪中的不愿处罚的明示的意思表示等。亲告罪是指只有存在被害人或者其他告诉权人的告诉才能提起公诉的犯罪；反意思不罚罪是指在一定的犯罪中被害人明示的表示不愿意处罚犯罪人就不能追诉的犯罪。在亲告罪中告诉或告发是积极的条件；而在反意思不罚罪中存在不愿处罚的明示的意思表示是消极的条件。

在没有追诉条件的情况下法院不能开始诉讼，或者如果在诉讼过程中发现缺乏追诉条件就不能继续进行诉讼，应当以判决驳回公诉而结束诉讼。

第四节　行为论

一　行为

（一）行为的意义

行为，是指基于行为人主观的意思表现于客观的身体动作或态度，即主观、内部的"意思"和客观、外部的"表现"的统一体。

从"犯罪是行为"这一句话中也能看出，行为是犯罪构成要件的不可缺少的核心要素，即犯罪是"符合于构成要件、违法而有责任的行为"。

（二）行为概念的机能

犯罪体系论中的行为，应解释为作为"一个统一性概念"或"基础要素"属于构成要件前一阶段的"前构成要件性行为"（即裸的行为概念）。

一般来说，行为概念具有以下三种机能。

1. 界定功能

行为概念首先把作为刑法性评价对象的行为和非行为（即自然现象、社会现象以及人的生理性反射运动）予以区分，否定不具有刑法评价价值的形态的行为性，将其排除在刑法性评价的领域之外，以此行使"作为界定要素的机能"。例如野兽的攻击、人在睡眠中的动作等即使发生了犯罪性结果，但是行为概念以否定其行为性来确定刑法性评价的最低限。

2. 分类功能

行为概念不仅能够界定非行为的范围，而且能够将可能具有刑法意义的人的各种行为分类为故意行为、过失行为、作为、不作为等，进而成为能够把这些"行为"看待"一个统一性概念"的基础性要素。在这一点上，行为概念具有"作为犯罪概念基础要素的功能"。

3. 结合（联结）机能

行为概念应当能够把作为构成犯罪诸要素的构成要件符合性、违法性、责任等属性结合起来，并以"行为→犯罪三阶段的属性→刑罚"的顺序将其联结起来。行为概念的这一功能被称为"作为结合要素的功能"。

二 行为论

行为论，是关于如何把握作为犯罪本质性要素的行为概念的理论。行为论是围绕着犯罪理论的体系性构成（即犯罪体系论）展开的刑法学的中心课题。行为论既是犯罪论的出发点又是其基础性原理。

（一）因果行为论

1. 概念

受 19 世纪以来发达的自然科学的影响，刑法学者把（刑法中）行为理解为"由主观的、内部的意思引起的对外部的纯粹客观性、因果过程的举动"，属于自然的因果行为论。其代表人物有贝林格。

2. 特征

因果行为论把行为的特征归纳为"有意性"和"举动性"。把行为视为有意的行为，即基于某种意思的身体外部之动作或停止。因而无意识的反射运动、绝对被强制的行为、单纯的内心意思被排除在行为概念之外。但是只要具有意思即"有意"就够了，不需要考虑意思的内容。作为"意思内容"——故意与过失并不是行为的要素而是责任的要素。因此，故意与过失在行为论中没有任何意义，而是责任论中的重要课题。

3. 批判

因为把有意思做出的一切身体动作（举动）只理解为原因和结果这一因果关系，就无法正确把握构成多种犯罪形态的故意行为的意义。行为和自然现象即便是能够由"意思"来区分，但如果缺乏人类行为的目的性就难以说明客观形成因果过程的意思的意义内容。依据此理论无法把握未遂犯的概念，因为处罚未遂犯不能不考虑"意思的内容"即故意。例如难以区分以杀人的故意造成伤害和单纯的伤害既遂。

由于强调作为行为要素的"举动性"（身体动作），难以把不作为包括在行为概念里。因为"身体动作"意义上的"举动性"无法成为作为和不作为共通的上位概念。

因此，自然的因果行为论后来发展为迈耶、麦兹格的规范的因果行为论。

（二）目的行为论

1. 概念

目的行为论把行为理解为"目的性活动"，把行为定义为"为实现预见的结果并支配、操纵因果过程而进行的有意识、有目的的活动"，并且认为行为的本质就在于追求目的性。目的行为论是在 20 世纪 30～40 年代由德国的刑法学者汉斯·威尔哲尔提倡和发展的，后来被多数学者所接受。

2. 特征

（1）目的行为论把行为的特征归纳为"目的性"和"因果性"。认为行为不是盲目被因果关系引起的身体动作或其结果，而是设定一定的目标并选择适当手段予以支配或操纵着的目的追求性行为。因而不是某种单纯的内心意思而是作为目的性意思的"意思内容"被视为行为的本质要素。所以目的行为论中的目的性原则上意味着故意。

（2）行为的目的在故意犯中就等于实现构成要件的故意。因此，把从前被理解为责任形式（或责任条件）的故意被解释为行为的本质要素，即构成要件内部的、主观的不法要素。

即故意是实现构成要件的目的性行为意思，因此故意作为行为的目的性要素属于主观的构成要件（不法要素）。而且故意作为主观的不法要素，是一般存在于所有故意犯的构成要件，被称为"一般的主观构成要件"或者"主观的不法要素"。

3. 批判

（1）难以把握过失概念。目的的行为论强调行为的目的性，因此难以认定不具有目的性的过失行为的行为性。

（2）难以说明不作为概念。由于把行为看作积极的目的性活动，所以难以认定消极不作为的行为性。

（3）难以说明偶犯、激情犯的因偶发性或激情性所发生的行为。

（三）社会行为论

1. 概念

社会行为论是扬弃无价值的因果性或者目的性，试图将存在论方法和规范的方法折中起来解释行为概念的理论。

将行为理解为价值评价性概念的"作为社会现象的行为"，把行为概念定义为"指向侵害法益的能够预见以及支配可能的具有'社会意义'的人的形态"。社会行为论提出了"社会性"或"社会的重要性"并将其作为行为概念的标准。社会行为论是 20 世纪 50~60 年代由德国的学者提倡并发展的理论，70~80 年代以后在德国和韩国成为通说。

2. 特征

社会行为论可分为因果的社会行为论、客观的社会行为论、目的的社会行为论等，其中目的的社会行为论得到绝大多数韩国学者的支持。

目的的社会行为论原则上肯定人的活动是实现目的的过程，在行为概念中引入了"社会重要性"的规范性要素，即把行为概念定义为："包括行为人主观意思在内的、具有重要社会意义的人的形态。"

这样就可以或者是有可能把握或解释故意行为、过失行为、不作为等各种行为的意义，即：①故意行为——具有构成要件实现意思的行为（现实的目的性）；②过失行为——因不注意而发生结果的行为（因果性）；③不作为——违反法律性行为期待（作为义务）的形态（社会及规范的重要性）。

3. 批判

（1）社会行为论中所说的"社会"，其含义不明确而无法充分地行使行为的界定功能。即使是社会上重要的行为（如法人的企业活动、在绝对强制下的行为等）却存在不能成为刑法中行为的情况。相反，即使是社会上不重要的行为也可以成为刑法中的行为。

（2）无法正确地说明行为的结合功能，即不能成为前构成要件性概念。所谓社会的重要性是作为法律评价属于不法的判断，这混淆了行为的本质和不法的本质。行为的判断应当是中立的并能结合犯罪的成立要素。刑法中的行为应当被作为一个统一的概念来解释。①

第五节　犯罪体系论

认识一种犯罪存在着多种方法论。韩国受德国的影响一般把犯罪定义为符合构成要件、违法、有责任的行为。犯罪体系论也是在这种德国法系的影响下展开的。

一　犯罪体系论的意义

1. 犯罪体系论的含义

犯罪体系论，是把形式意义上犯罪概念根据一定的原理在理论上予以逻辑性编排并统一把握的犯罪体系。

2. 犯罪体系论的机能

（1）减轻法官心理性负担的机能

即使是法官也是具有有限的认识能力的自然人。因此如果把犯罪作为一个公式化的体系予以适用，那么认定犯罪就会变得相对容易一些。

3. 被告人的人权保障性机能

能够防止法官先入为主地审判案件，防止适用法律的恣意性或不合理性，发挥被告人的人权保障机能。

4. 保护一般人对判决信赖的机能

在判决时可以做出体系性说明，因此可以确保一般人对判决的信赖。

二　德国犯罪体系论的建构与发展

1881 年德国的刑法学家李斯特出版了《德国刑法教科书》一书，奠定了犯罪体系论的基本框架。1906 年德国的刑法学家贝林格出版了《犯罪论》一书，系统地阐述了构成要件理论。他下了"犯罪是符合构成要件、违法、有责的行为"这一著名的定义，以此确立了三阶段的犯罪体系论。

---

① 金日秀、徐辅鹤：《刑法总论》（第 11 版），博英社，2006，第 113 页。

犯罪体系论由最初的古典型犯罪体系论依次发展变化为新古典型犯罪体系论（自 20 世纪 20 年代至 40 年代）、目的型犯罪体系论（自 50 年代至 70 年代）、合一型犯罪体系论（即新古典型、目的型犯罪体系的合一，自 80 年代至今）。

（一）古典型犯罪体系

古典型犯罪体系论盛行于 20 世纪前后，其代表人物为贝林格（1906 年提出）。

古典型犯罪体系，从人权保障的立场出发采用了严格的三阶段犯罪体系。其特征为：

1. 以因果行为论为前提，人的行为是按照意思、行为和结果的顺序进行的。但我们在认识犯罪行为时却以与此相反的顺序进行。因而古典型犯罪体系采取先（外部的）结果、后（内部的）意思的形态。

2. 因这种方式在构成要件阶段只包含犯罪外部的结果与行为，在违法性阶段进行规范的评价，在最后的责任阶段包含犯罪内部的意思。

3. 古典型犯罪体系为了防止国家机关恣意地适用法律，主张构成要件阶段只是由外部的（客观性）要素和记述的（无价值性）要素所组成。

（二）新古典型犯罪体系

新古典型犯罪体系论，是指继续援用古典型犯罪体系的构成方法并进行体系内改善的犯罪体系论。其特征为：

1. 最为明显的是，随着规范性构成要件要素的发现（迈耶，1923 年）引起了对记述的、无价值性要素的变化，也随着主观性构成要件要素的发现（麦兹格，1939 年）引起了外部的、客观性要素的变化。

2. 在责任中原本只存在事实性心理的责任要素，被称为心理的责任概念。随着规范性责任要素即违法性认识和期待可能性的发现，形成了规范的责任概念。

3. 由向来严格的三阶段犯罪体系发展为缓和的三阶段犯罪体系。后来又成立了二阶段犯罪体系（麦兹格），成为如今消极的构成要件标识理论以及总体的不法构成要件的起源。

（三）目的型犯罪体系

目的型犯罪体系论，是建立在由威尔哲尔提倡的目的行为论之上的犯罪体系论（1954 年提出），其特征为：

1. 目的型犯罪体系论主张人的行为是由意思和行为构成，故对犯罪行为的分析应重视意思。由此意思性要素进入到构成要件阶段（更准确地说进入到行为论阶段）。

2. 从行为论阶段开始强调意思性要素以至于主张目的行为论。因此，之前的行为论被称为因果行为论。而且对不法的本质主张人的不法论，以此展开行为无价值论。

3. 认为犯罪的实质性要素都在于构成要件阶段，因此违法性和责任只剩下评价的事情。由此出现了纯粹的规范性责任论。

这种纯粹的规范性责任论后来遭到了责任内容缺乏实体而空洞的批判，最终被肯定故意双重地位的立场所取代。

（四）合一型犯罪体系论

合一型犯罪体系，是 20 世纪 70 年代形成的新古典型、目的型的犯罪体系的合一体系。其特征为：

1. 从行为论的角度讲，是主张社会行为论的学者一般所采用的犯罪体系论，也是目前德国绝大多数学者采用的犯罪体系论。

2. 是对于传统的新古典型犯罪体系和目的型犯罪体系中存在的各自优点进行辩证合一的犯罪体系论。

3. 最大的特征是，为克服在目的型犯罪体系中曾遭受批判的责任内容空洞的缺陷设定了责任故意，而且即使对于阻却违法性事由的前提事实性错误采取了三阶段犯罪体系，但也较好地解决了理论性或具体现实性要求。

应当注意的是，即使存在责任故意但不是独立或者另外的故意，而是一个故意在构成要件和责任中起着双重的功能和作用。

三 韩国犯罪体系论的演变

韩国第一代的刑法学者大多数是直接受日本刑法学界影响的人，因此承担了传授日本刑法学中犯罪论、刑罚论的作用。从 20 世纪 50 年代初起这些学者开始介绍日本刑法学界各派的犯罪理论（主要是以龙川、团藤为代表的客观主义犯罪理论以及以木村为代表的主观主义犯罪理论）。这时在韩国刑法理论中占支配地位的犯罪体系论，为德国刑法理论中"古典型犯罪体系论"乃至"新古典型犯罪体系论"。

进入 60 年代中期后，黄山德、金钟源教授开始把目的行为论、目的型犯罪体系论移植到韩国刑法中，而且刘基天教授将英美刑法的理论引进到韩国刑法的解释论中，对韩国刑法的发展做出了较大贡献。①到了 70 年代由沈在宇、李炯国等学者将德国的社会行为论及其犯罪体系论以及最新犯罪理论向国内进行介绍的同时，开始对威尔哲尔的目的行为论进行批判。到了 80 年代，韩国的刑法学界开始普遍接受新古典型、目的型合一的犯罪体系论（即合一型犯罪体系论），有的学者称之为"社会的犯罪体系论"。②合一型犯罪体系论便成为目前韩国犯罪体系论的通说。

① 金日秀、徐辅鹤：《刑法总论》（第 11 版），博英社，2006，第 102 页。
② 裴钟大：《刑法总论》（第 8 全订版），弘文社，2005，第 167 页。

第三章

构成要件符合性

第一节　构成要件理论

在近代刑法中被强调的罪刑法定主义，其体现就是构成要件。因而在以法律规定犯罪和刑罚时能够成为基点的就是构成要件。即使犯罪是符合构成要件、违法、有责的行为，但是违法性和有责性是以构成要件符合性作为前提的，只是在例外的情况下才阻却违法或责任。因此可以说只要符合构成要件原则上就能够成立犯罪。正确地理解刑法的捷径，就是正确地理解和把握构成要件。

一　构成要件及其功能

（一）构成要件

构成要件，是指在刑罚法规中被作为处以刑罚的依据予以规定的抽象行为的类型。例如"杀害他人的……"或"窃取他人财物的……"等，其实质为"违法行为的类型"，即构成要件是在违法行为中把被认为值得作为犯罪予以处罚的行为抽出来加以类型化（即刑法各则的各本条）的观念性概念。

（二）相关概念的区分

1. 符合构成要件

符合构成要件，是指在现实中具体的行为符合抽象的、法规中的构成要件。构成要件是法律中抽象的观念性规定，因此构成要件是静态的类型

概念。与作为静态的类型概念的构成要件不同，符合构成要件是一种动态的评价概念，

犯罪是符合构成要件、违法而且有责任的行为。而且构成要件符合性、违法性、有责性是犯罪成立的三大要件。其中，构成要件符合性是先于违法性判断和责任非难的第一个犯罪成立要件。

2. 充足构成要件

充足构成要件，是被评价为与构成要件完全一致的现实中具体的行为事实情况。充足了构成要件意味着在构成要件阶段成立既遂。虽然符合构成要件但未能充足构成要件，却只能成立未遂。因此，符合构成要件与充足构成要件是有区别的不同概念。

3. 构成要件事实

构成要件事实，是指在现实中具体的符合构成要件而且充足构成要件的行为事实。因此，构成要件事实和构成要件是两个不同的概念。

（三） 构成要件的功能

1. 保障的功能

构成要件是由成文法规定具体的犯罪行为的类型。在刑法中除了由构成要件规定为犯罪以外的其他行为不是犯罪。即便是在道德或伦理上可以非难的行为只要其不是构成要件性行为，那么国民不会因其行为受国家刑罚权的处罚。所以一般国民除了由构成要件规定为犯罪以外的行为，免受国家刑罚权的干预其行为自由得到保障。构成要件属于刑法的保障性功能的一部分，也是实现刑法保障性功能的基本出发点。

2. 联结的功能

犯罪是符合构成要件、违法而且有责的行为。因此，只有符合构成要件的行为才能成为违法性判断的对象；只有违法的行为才能成为责任判断的对象。因此，构成要件是刑法解释学的出发点。

3. 规范的功能

构成要件告诉一般人何为被禁止的行为，要求人们做出避免这种行为的意思决定。构成要件的这种功能被称为规范的功能。

4. 警示的功能

刑法对构成要件符合性行为规定相应的刑罚，以此强制一般人的心理并警示人们不实施犯罪行为。构成要件的这种功能被称为警示的功能，也被称为一般预防的功能。

二　构成要件理论的变迁

1. 贝林格的构成要件理论（1906 年）

古典型犯罪论体系以从客观（外部）方面到主观（内部）方面的顺序排列组成了犯罪成立要素。在这种体系中构成要件只包括客观（外部）的、记述性（非价值性）的要素。

2. 迈耶的规范性构成要件要素的引入（1923 年）

新古典型犯罪论体系在坚持古典型犯罪论体系的同时又发现了一些规范性构成要件要素（如财物的他人性），以至于修正了构成要件只包含非价值性（记述性）要素的公式。

3. 麦兹格的主观性构成要件要素的引入（1939 年）

新古典型犯罪论体系在坚持古典型犯罪论体系的同时又发现了超主观的不法要素（目的、倾向以及表现），以至于修正了构成要件只包含客观（外部）的要素的公式。

4. 威尔哲尔的目的型犯罪论体系——故意从责任转移到构成要件（1954 年）

目的型犯罪论体系从行为论开始强调意思性要素，以至于在构成要件阶段引入了作为一般性主观的不法构成要件要素的故意。因而在构成要件阶段犯罪的客观要素与主观要素同时存在；在违法性阶段只做社会性、一般的规范评价；在责任阶段也只做个体性、具体的规范评价。

5. 合一型犯罪体系（1970 年）

新古典型、目的型的合一体系既肯定在新古典型犯罪论体系中发现的规范性要素、超主观性要素，又肯定在目的型犯罪论体系中将故意视为一般主观性要素的犯罪体系。

三　构成要件的形态

1. 基本的构成要件

基本的构成要件，是指刑法规定的属于一定的犯罪类型最基本的构成要件。例如在杀人罪类型中普通杀人罪（第 250 条第 1 款），就是基本的构成要件。

2. 修正的构成要件

修正的构成要件，是指以基本的构成要件为基础，根据犯罪行为的不同形态对基本的犯罪构成加以修改变更的构成要件。例如预备犯、未遂犯、共犯等情况。

3. 加重的构成要件

加重的构成要件，是指追加在基本的构成要件。标志是加重刑罚事由。例如对于普通杀人罪来说，尊属杀人罪（第 250 条第 2 款）是加重的构成要件。

4. 减轻的构成要件

减轻的构成要件，是指追加在基本的构成要件的标志是减轻刑罚事由的构成要件。例如对于普通杀人罪来说，婴儿杀人罪（第 251 条）是减轻的构成要件。

5. 独自的构成要件

独自的构成要件，是虽然与基本的构成要件存在一定的相关性但独自变形的构成要件。例如过失致死伤罪、准强盗罪、强盗强奸罪、暴行致死罪、伤害致死罪，都是独自的构成要件。

四　构成要件要素

1. 客观的构成要件要素与主观的构成要件要素

（1）客观的构成要件要素

客观的构成要件要素，是指除了行为人心理态度之外的组成犯罪外部状况的构成要件要素。这里包括主体、客体、行为、结果以及因果关系等。

（2）主观的构成要件要素

主观的构成要件要素，是指与行为人心理态度相关的构成要件要素。这里包括作为一般性主观的不法要素的故意以及作为超主观不法要素的目的、倾向、表现和不法领得的意思。

2. 记述的构成要件要素与规范的构成要件要素

（1）记述的构成要件要素

记述的构成要件要素，是指可以记述其对象并且只通过事实的确定使人能够明确理解其意义的构成要件要素。例如在刑法第 250 条第 1 款普通杀人罪中，作为行为客体的"人"和行为样态的"杀害"，是记述的构成要件要素。

（2）规范的构成要件要素

规范的构成要件要素，是指只靠记述难以确定其内容，在一定的规范理论中需要做出具体价值性判断的构成要件要素。又分为第一，需要法律性评价的规范的构成要件要素，例如配偶、直系亲属、公务员等。第二，需要社会、经济性评价的规范的构成要件要素。例如淫乱、名誉、文书等。

3. 记述的构成要件要素与未记述的构成要件要素

（1）记述的构成要件要素

记述的构成要件要素，是指明文规定在刑罚法规中的构成要件要素。

（2）未记述的构成要件要素

未记述的构成要件要素，是指没有明文规定在刑罚法规中的构成要件要素。例如因果关系和客观的归属、在财产犯罪中不法领得的意思等。

第二节 犯罪的主体

一 犯罪的主体

刑法中的构成要件把犯罪的主体规定为"……的人，处……"的形式。因此，刑法中犯罪的主体是"人"。犯罪的主体作为"行为的主体"称之为"行为人"或"犯罪人"。

法律上的人包括自然人和法人。而犯罪的主体一般为自然人，法人也是否能够成为犯罪的主体？而且犯罪的主体原则上同时也是刑罚的主体，能否承认其例外的存在？这就是韩国刑法理论界一直争论的所谓"法人的犯罪能力"的问题。

现行刑法典只是对于具有自然意思的责任能力人规定了其作为能够处以刑罚的行为之主体（参照第 9 条至第 16 条）。也就是说刑法典以自然人的伦理性人格作为前提，而没有预定法人的犯罪能力。这说明，韩国的刑法典对于法人的犯罪能力及刑罚能力是持否定态度的。

二 法人的犯罪能力

（一）法人的犯罪能力

关于能否承认法人的犯罪能力，学界存在着否定说和部分的肯定说之间的对立。

1. 否定说

这是目前韩国学界的通说和大法院的判例所持有的观点。

否定说的主要论据如下：第一，法人是不具有意思和肉体的无形的存在，因此不具有刑法上的行为能力。第二，对于无意思的法人不能追究以自由意思为前提的道义性责任，伦理性责任非难就变得毫无意义。第三，处罚法人会造成连带处罚与犯罪无关的法人内部其他组成员的结果，这就违反了个人责任的原则；处罚行为人以外的法人也属于双重处罚。第四，现行刑罚体系的重心在于自由刑，对于法人不能科处自由刑和作为生命刑的死刑。第五，法人受制于只有在合法的目的范围内才能存在的宗旨，肯定法人的犯罪能力就等于把犯罪行为纳入到法人的目的范围之内。

大法院判例认为："法人的法律行为是靠作为其代表人的自然人的行为实施的，其自然人的行为被视为法人本身的行为。而且刑事法中刑事责任是对作为其行为人的自然人以自己行为的自己责任处以刑罚的。只不过存在法律为了实现其目的以属于刑罚的罚金刑作为法律效果归属法人的情况而已。"（大判 1961. 10. 19. 4294 刑上 417）。

2. 部分的肯定说

部分的肯定说是指对于刑事犯（自然犯）否定法人的犯罪能力而对行政犯（法定犯）肯定法人的犯罪能力的观点。部分肯定说的主要论据为：行政犯具有其伦理性色彩较弱但是合目的性、技术性色彩较强的特殊性，因此限于行政犯可以肯定法人的犯罪能力。刑法中的犯罪大部分是反伦理性较强的犯罪，即使法人具有行为能力也不是连这种犯罪都能实施的。因为法人的犯罪只在伦理性淡薄的行政规制性法律中才能被认定。

部分肯定说在行政犯中肯定法人犯罪能力的主要论据为：第一，法人是能够通过其代表机构做出意思决定和实施行为的，可以认定其意思能力和行为能力。第二，对于具有社会危险性的法人可以追究其社会性责任。第三，由于法人代表机构的行为具有既是行为者个人的行为又是法人的行为的两面性，所以对于行为者和法人均处以刑罚不等于双重处罚，尤其是业务员的违法行为和法人对其的监督过失行为是各自不同的犯罪行为。第四，作为对法人的刑罚可以处以财产刑，法人的解散、取消营业等相当于对自然人的死刑；停止营业相当于对自然人的自由刑。第五，应当区分法人的设立目的和设立后犯罪目的的实现，对于以合法目的设立的法人认定设立后的犯罪能力并不自相矛盾。

（二）两罚规定

在现代社会中，对于大部分的经济活动来说作为法人的企业所承担的角色和作用远远大于个人，而且其比重继续在扩大。法人企业以其拥有的莫大的人力资源、物力资源以及法律资源进行生产和扩大再生产，早已成为非常有用的社会性存在。但是，一旦它走向反社会性、反伦理性企业活动的道路，因其庞大的组织力给社会造成的被害与影响也颇为严重。近年来重视对于企业犯罪、组织犯罪的刑事政策性研究，其原因也在于此。

韩国也早已在部分的特别刑法及大量的行政刑法①中设置了并且不断增加除了处罚实施违法行为的行为者个人之外还处罚法人或业务主的所谓"两罚规定"；在两罚规定中科处的罚金刑为了使其能够取得应有的效果，其金额的上限也适时地被调整。对于实施违法行为的行为者个人以外的法人给以刑罚处罚的"两罚规定"②，如何说明处罚法人的法律性质存在着不同的观点。

1. 基于否定说的无过失责任的观点

否定法人犯罪能力的学说认为，法人的处罚规定是对于要求犯罪主体（犯罪能力）和刑罚主体（刑罚能力）相一致的责任主义的一种例外，它是出自行政规制以及为实现行政目的的政策性考虑而认定的无过失责任。③

2. 基于否定说的过失责任的观点

一方面，这是采取否定法人犯罪能力（行为能力）的学说，而另一方面这又是承认法人对管理人员和业务员监督过失责任的观点。这是多数刑法学者以及判例所持有的观点。

过失责任的观点又分为两种具体观点，"过失拟制说"主张如果有管理人员和业务员的违法行为就被拟制为在法律上当然地存在法人的过失。"过失推定说"主张如果有管理人员和业务员的违法行为就可以推定法人的监督过失，但是如果能够证明（到推翻其推定的程度）法人无过失就可以免除责任。

宪法裁判所判决认为："行政刑罚法规中以两罚规定除了处罚实施违法行为的行为人以外还处罚法人或营业主，是为了追究对于实施违反行为的被使用人在选任、监督上的过失责任，并以此来达到行政规制的目的"（宪裁 2000.6.1，99 宪 BA 73）。

---

① 是指附属规定于行政法、经济法等非刑事法律中的罪刑条款规定，由于其多数附属规定于行政法，故统称为"行政刑法"。行政刑法规定在行政法和经济法的"罚则"一章中。该章内容一般由【罚则】、【两罚规定】和【过怠料】三个部分构成。【罚则】是有关自然人的罪刑条款规定，【两罚规定】是有关法人的罪刑条款规定，【过怠料】是行政性的经济处罚，相当于我国行政法或经济法等非刑事法律中的罚款。行政刑法是指上述【罚则】和【两罚规定】部分。

② 目前韩国由 500 多部行政法或经济法（还包括一些特别刑法）在罚则中设置了"两罚规定"。

③ 裴钟大，第 172 页；李在祥，第 96 页。只是裴钟大教授认为在两罚规定中处罚法人的规定是错误的，并主张将其转换为过怠料的制裁。

大法院判例认为：根据（旧）公共卫生法第 54 条规定，"法人的代表人、法人或个人①的代理人、使用人以及其他业务员关于其法人或个人的业务实施了违反第 42 条规定行为的，除了处罚行为人以外还对于其法人或个人处以本条规定的罚金刑"。同时在其但书中做出了免责性规定，"但是法人或个人为了防止违反行为就其业务尽了相当的注意和监督义务的除外"。在这种情况下对于法人即使非严格的无过失责任也要强化其过失的推定，并责令法人承担举证责任，以此实现提高两罚规定有效性的目的。（大判 1992.8.18，92 DO 1395.）

3. 基于肯定说的故意·过失责任的观点

基于肯定说的故意·过失责任的观点认为，无过失责任或危险责任的理论也许在民法中可以行得通，但是在刑法中绝不能允许法人无过失责任的观点。在刑法中无论如何也不允许处罚无过失的行为，"无故意·无过失就无责任"即责任主义是不能违背的刑法固有的原理。否定法人"行为主体性"的学说承认无过失责任，就等于谈论"没有行为的责任"。因此其出发点是错误的。而且犯罪的主体和刑罚的主体应当是一致的，如果例外地允许两者的脱离就会造成没有实施犯罪的人受到刑罚处罚的结果，最终使得丧失刑法的保障性功能。与行政法、民法所不同，刑法中的责任原则是个人责任和自己责任，"代位责任"和"转嫁责任"是不会被认可的。

基于这种观点，法人的行为就是法人未履行其对于所属管理人员和业务员的监督义务即"不作为"，这一"不作为"不仅可以由"过失"也可以由"故意"来形成（故意或过失的不作为犯）。也就是法人或法人的代表机构可以故意地放任管理人员和业务员的违法行为，这时属于故意违反监督义务；在怠慢其监督义务的情况下就属于过失违反了监督义务。

第三节　犯罪的客体

一　犯罪客体

（一）犯罪客体

犯罪的客体，是指行为的对象或行为的客体。

---

① 这里所说的个人，是指非法人企业或组织或其营业主。

犯罪的客体一般明文规定在刑法的构成要件中。规定在构成要件中的犯罪客体属于客观的构成要件要素。例如杀人罪（第250条第1款）的犯罪客体是"人"，盗窃罪（第329条）的犯罪客体是"他人财物"。

（二）没有客体的犯罪

没有犯罪客体的犯罪，例如名誉损毁罪、退去不应罪、伪证罪、单纯脱逃罪、聚众不解散罪等。

犯罪以存在客体的犯罪为原则、以没有客体的犯罪为例外。

二　保护客体

（一）概念

保护客体是指值得由刑法保护的价值性利益或价值，也就是由构成要件所保护的抽象的且观念的对象，即意味着"保护法益"。被侵犯应由刑法保护的客体的人称为"被害人"，在刑事诉讼法中被赋予告诉权。在杀人罪中保护客体是"人的生命"、在放火中保护客体是"公共安全"。

保护客体在抽象性、观念性、价值性这些特征方面，与具有具体性、物理性、自然性特征并作为被攻击对象的犯罪客体存在着明显的区别。

（二）不存在无保护法益的犯罪

由于从保护法益产生构成要件，所以不存在没有保护法益的犯罪。这也是保护法益与犯罪客体的又一个区别。

（三）保护法益的种类

法益即保护法益可以分为两类：第一类，分为个人的法益、社会的法益、国家的法益（后两种法益属于公共法益）；第二，分为如人的生命、健康、自由、名誉、秘密等不可与法益主体分离的"专属性法益"和如财产等可以与法益主体分离的"非专属性法益"。

第四节　因果关系与客观的归属

一　因果关系

因果关系，是指在结果犯中将结果的发生归因为行为人的行为所必要的行为和结果之间的相关关系。

结果犯在构成要件符合性阶段，其实行行为和构成要件性结果之间应当具有因果关系。如果不具有这种因果关系就不能追究行为人的责任；如果不发生行为引起的构成要件性结果，只能成为犯罪的未遂。对于在构成要件上不以发生结果为要素的单纯举动犯和抽象的危险犯来说，不存在因果关系。

刑法第 17 条对因果关系是以消极的方式来规定，即："（因果关系）任何行为在没有与作为犯罪要素的危险发生相联结时，不能因其结果受处罚。"

二　因果关系的种类

因果关系的种类，指的是在刑法因果关系理论中经常被使用而且在批判条件说时被作为例子引用的多种因果关系的"事例群"。[①]

1. 基本的因果关系

是指在行为和结果之间没有介入其他原因被认定因果关系的情况。例如，甲欲杀害乙，自己单独在乙的水杯中投入了 1 克毒药（致死量为 1 克）并致乙死亡。

2. 二重的因果关系

是指能够独立地引起同一结果的数个条件结合在一起发生一定结果的情况。例如，甲和乙均以杀害被害人丙的目的（事前无共谋）各自向丙的水杯里投入了 1 克的毒药（致死量为 1 克），导致了丙的死亡。此时甲和乙的独立投毒行为和丙的死亡结果是属于二重的（择一的）因果关系。

3. 累积的因果关系

是指不能独立地引起同一结果的数个条件共同起作用发生一定结果的情况。例如，甲和乙均以杀害被害人丙的目的（事前无共谋）各自向丙的水杯中投入了 0.5 克的毒药（致死量为 1 克），导致了丙的死亡。此时甲和乙的独立投毒行为和丙的死亡结果是属于累积的因果关系。

4. 现实的因果关系与假设的因果关系

例如甲欲杀害丙，在丙乘机前向其水杯里投入 1 克毒药（致死量为 1 克），丙饮用水杯里的水后乘机并在飞行上因毒药的毒性发作而死亡。不久其乘坐的飞机因乙安放的定时炸弹爆炸而坠毁，飞机上的乘客全部遇难。在此情况下，甲的独立投毒行为和丙的死亡结果是属于"现实的"因果关

---

① 任雄：《刑法总论》（改订版），法文社，2003，第 121 页。

系；乙的安放定时炸弹行为和丙的死亡结果是属于假设的因果关系。

5. 追越的因果关系

在现实的因果关系和假设的因果关系中因前者的现实行为提早发生构成要件性结果，这时的现实的因果关系被称为追越的因果关系。例如甲欲杀害丙，在丙乘机前向其水杯里投入 1 克毒药（致死量为 1 克），丙乘机后喝了该水杯里的水但毒药的毒性尚未发作，丙乘坐的飞机因乙安放的定时炸弹爆炸而坠毁，飞机上的乘客包括丙全部遇难。此时乙的安放定时炸弹行为和丙的死亡结果是属于"追越的"因果关系。

6. 非类型的（非典型的）因果关系

是指一个行为虽然能够成为构成要件性结果的原因，但是发生其结果介入了其他原因或者结合了被害人的过失或被害人的特殊体质或状态的情况。例如甲伤害了丙并且因 ① 介入了被害人丙的"特殊体质"（如血友病）；② 介入了被害人的故意或过失行为（如疏忽治疗）；③ 介入了第三人的故意或过失行为（如医生的医疗过失）；④ 自然现象或天灾之变（如发生地震时被害人因腿部受伤没有及时逃避）导致丙死亡的情况下，认定甲的伤害行为和①或②的事由共同造成丙死亡的结果，属于非类型的（非典型的）因果关系。

三　因果关系论和客观归属论的结合

在结果犯中为了对发生的结果追究其既遂的责任，因果关系的存在是必要的条件却不是唯一的条件。实际上除了因果关系之外，只有从规范的观点能够将发生的结果客观地归属于行为人才能追究其既遂的责任。阐明后者要件的理论就是"客观的归属论"。

为了对所发生结果追究责任，首先，以确定作为自然性事实关系的因果关系为前提（在确定因果关系上以合法则性条件说为主流观点）；其次，将作为规范性评价关系的结果的"客观归属可能性"这一要件结合起来。

这种二元的考察判断方法，成为如今韩国刑法学界的通说。

四　有关因果关系的学说

（一）条件说（等价说）

1. 内容

条件说是指在行为与结果之间，只要存在着"没有前者（一定的行为）

就没有后者（一定的结果）"这种"逻辑性条件关系"就认定存在刑法上因果关系的学说。

在条件说中根据如果没有前者就没有后者这种逻辑性条件关系确定因果关系的方法，称之为"绝对的制约公式"，此时因果关系的确定要经过"假说的除去程序"。

条件说将对结果以作用的所有行为都视为刑法上的原因，也认为给结果以影响的所有行为都具有同等的价值，因而被称为等价说。

2. 批判

条件说具有以下诸多问题，因此不能说是适合于确定因果关系的理论。

（1）条件说只以逻辑性条件关系来认定对结果的责任，所以混淆了逻辑性因果关系的"有无"和具有刑法意义的因果关系，包含了"无限扩张"因果关系的可能性。根据条件说可以导出如此荒谬的结论：生下杀人犯的行为也属于杀人行为的原因。

（2）条件说将对结果以作用的所有行为都视为刑法上的原因，因此存在过度扩大因果关系认定范围的问题。尤其在"非类型的因果关系"中认定行为和重的结果之间的因果关系，会造成不合理扩大结果加重犯成立范围的后果。

（3）如果依照条件说就会否定在二重的因果关系、现实的因果关系、追越的因果关系中因果关系的成立并追究其未遂的责任，这种结论是违反法理的。例如，在二重的因果关系中甲和乙各自向丙的水杯里投入了1克毒药（致死量为1克），根据条件说否定其因果关系而追究未遂的责任；但是在重叠的因果关系中甲和乙各自向丙的水杯中投入了0.5克的毒药（致死量为1克），根据条件说其因果关系被认定而追究既遂的责任。在条件说之下的这种结论，是任何人都无法接受的。

（二）原因说（个别化说）

1. 内容

原因说是为了克服条件说过分扩大因果关系认定范围的问题提出来的学说。该说主张"在具有条件关系的多个行为中按照一定的标准具有刑法意义的条件才能成为刑法上的原因"。也就是区分对于发生结果给以重要影响的条件和单纯的条件，只认定前者为刑法上原因的理论。在对于几个条件分别进行观察并区分出原因和条件这一点上，又被称为"个别化说"。

原因说在依照何种标准区分原因和条件的问题上，提示了多种"自然科学的标准"。包括主张在多个条件中对于结果：① 起到最有力作用的才能成为原因的"最有力条件说"；② 给以最终影响的才能成为原因的"最终条件说"；③ 必然的才能成为原因的"必然条件说"；④ 决定性动力才能成为原因的"决定性条件说"；⑤ 促使结果发生的积极条件和防止结果发生的消极条件相对立时，使积极条件优越的行为成为原因的"优越性条件说"等。

2. 问题点

原因说的问题在于，事实上难以判断在多个行为中究竟哪个行为符合被提供为标准的条件；即使依照一定的标准找出了能够成为原因的行为，但其结论无法让人信服。因此如今没有学者支持原因说。例如，出于杀害 A 的目的使用了致死量为 10 克的毒药，由甲、乙、丙分别依次向 A 的水杯里投入 3 克、4 克、3 克毒药（三人事前无共谋），致 A 死亡。按照最有力条件说只有乙才能负杀人既遂的责任；按照最终条件说只有丙才能负杀人既遂的责任；根据其他条件说难以判断何为必然的条件或决定性条件或优越性条件。

（三）因果关系中断说

1. 内容

此说也是为了克服条件说过分扩大因果关系认定范围的问题提出来的学说。该说主张"在因果关系的进行过程中介入了有责任能力人的故意或过失行为或者介入不可预见的自然现象时，其先行行为与结果之间的因果关系被中断因而介入之前的条件不能成为刑法上的原因"。例如甲出于杀害的目的向乙开枪射击却只造成伤害，丙随后向正在呻吟的乙开枪射击致其死亡；又如甲出于杀害的目的偷偷地在乙的茶杯里投放毒药使其服毒，但未等毒性发作乙被雷电击死。在这两个事例中，甲的杀害行为与乙的死亡之间的因果关系被中断。

2. 弊端

因果关系本质上只是判断其"有无"的问题，已经存在的因果关系不可能被中断，所谓因果关系的中断是非逻辑性的观点。不存在的因果关系是更不可能被中断的。例如在前述两个事例中，是不能认定（即不存在）甲的杀害行为与乙的死亡结果之间的因果关系而不是中断因果关系，故甲应当负杀人未遂的责任。故因果关系中断论始终没有得到过多少学者的支持。

（四）相当因果关系说

1. 内容

相当因果关系说也是为了克服条件说过分扩大因果关系认定范围的问题提出来的，是指主张只有在一般的经验法则上相当的条件才具有因果关系的学说。根据该说，"鉴于社会生活中一般的知识经验——全人类的经验法则——一定的行为发生一定的结果能够被评价为'相当'时应认定其具有刑法上的因果关系"。

相当因果关系说与将多个条件个别化并企图在其中寻找原因的原因说不同，其特色在于通过一般化的方法企图寻找具有相当性的原因；以往的有关因果关系的学说都是站在自然科学的立场上强调事实的侧面，但是相当因果关系说则是站在社会科学的立场上强调规范性价值判断的方法。该说首先在德国被提出后曾在日本、韩国等大陆法系国家得到了不少学者的支持，也是目前日本和韩国大法院的判例①采取的基本立场。

这种因果关系的判断尺度，在"非类型的因果关系"中一定程度上解决了条件说不适当扩大结果加重犯成立范围的问题。例如，韩国大法院判例：①认定了拳打脸部行为和因脑出血死亡之间的相当因果关系；②②否定了遗弃服毒的朋友未让其接受抢救的行为和死亡结果之间的相当因果关系。③

相当因果关系根据以何种情况为"基础"判断其"相当性"，又分为主观的相当因果关系说、客观的相当关系说和折中的相当因果关系说。

主观的相当因果关系说（主观说），以行为当时"行为人"认识的或能够认识的情况为基础，判断其在一般的经验法则上是否具有相当性。

客观的相当因果关系说（客观说），以行为当时"客观"存在的所有情况以及即使是行为后的情况但在行为当时能够客观地预见到的所有情况为基础，判断其在一般的经验法则上是否相当。

折中的相当因果关系说（折中说），主张应当以"行为人"特别认识到

---

① 例如判例对于甲以钢管、木条、镰刀等乱刺乙的手臂和腿部等处致其发生了急性肾不全症。乙因不知在此状态下不能进食和饮水的事实而乱喝可乐及紫菜饭，结果诱发了并发症死亡的案件（大判 1994.3.22 93DO3812）；以杀害 A、B 的意图把 1 包农药投入到 A 家厨房里的水杯中，但是 A 的长女 C 喝了此水杯里的水而死亡的案件（大判 1968.8.23.68DO884）；继前方行驶的车辆，被告人驾驶的车辆又把被害人碾压的过程中被害人死亡的案件（大判 2001.12.11 2001DO5005），都认定了具有相当的因果关系。

② 大判 1956.7.13，4289 刑上 129。

③ 大判 1968.10.31，67 DO 1151。

的情况以及"一般人"能够预见到的情况为基础，判断在一般的经验法则上是否相当。

2. 问题

（1）因果关系以确定"有无"为其研究的对象，故在本质上属于"事实判断"的问题，但是在相当因果关系说中所谓经验法则上是否相当的判断，却不是以确定"有无"的问题，而是以"评价"即"规范判断"的问题来把握的。可以说相当因果关系说混淆了有关因果关系"有无"的判断和因果关系中刑法上"重要性"的判断。①

（2）在相当因果关系说中所谓生活经验上的"相当性"，因为其模糊性而难以成为一个明确的判断标准。

（五）重要说

1. 内容

重要说将因果关系的"有无"问题与因果关系的"重要性"问题加以区分，主张事实性因果关系的有无是由条件说来判断，但规范性的评价是根据反映在各个构成要件中的刑法上重要性来判断。麦兹格认为因果关系有无属于"逻辑性"判断的问题，但其刑法上重要性是"规范性"判断的问题。因此，其刑法上的重要性不是由因果关系论而是由各个构成要件的意义来决定。麦兹格所提出重要说的意义在于，提供了将因果关系和客观的归属论结合起来的这种"二元式"思考方式的线索。

2. 批判

学者们对重要说提出的批判是，该说也没有解决条件说在确定因果关系时存在的一系列问题，只不过将因果关系的重要性判断问题交付给构成要件符合性，并没有提供实质性的判断标准。

（六）合法则性条件说

1. 内容

合法则性条件说是对条件说的缺陷进行修改使其符合日常性经验法则的学说。即只有在某种先行行为合法则性地与后行结果相连接时才能认定因果关系的观点。

合法则性条件说以条件说为基础但克服条件说的缺陷，主张不是靠条件说的逻辑性条件关系而是由作为日常性经验法则的"合法则性"条件关

---

① 李在祥，第 139 页；任雄，第 127 页。

系来确定因果关系。该说由德国学者 Engisch 提出，目前成为韩国学界的通说。

依照合法则性条件说，在介入他人的故意或过失行为或者被害人的特殊体质等其他原因的非类型的因果关系情形下能够认定其因果关系，不仅不发生因果关系的中断而且在不作为犯中也能够认定不作为和发生结果之间的合法则性条件关系。条件说曾否定过的二重的因果关系、现实的因果关系、追越的因果关系等，在合法则性条件说中其因果性都能得到肯定。即便是认定了其因果关系但对发生结果能否追究行为人的责任，还应当由客观的归属论另行决定。

2. 评价

韩国学者们对合法则性条件说的评价是，对于发生的结果应否追究其既遂责任，应当在将作为事实性判断的"因果关系"和作为规范性判断的"客观的归属"二者进行二元化分析后决定。在把因果关系当作事实判断问题的学说中条件说存在较大的问题，而合法则性条件说是最为合理的学说。

（七）不作为和因果关系

在结果犯中不真正不作为犯的因果关系并不是不作为和所发生结果之间的问题，而是"如果实施了被要求（期待）的一定作为就能够防止结果的发生"的判断。因不作为在自然科学的观点属于"无"故不可能存在因果关系，其特殊性在于从规范的观点被视为"作为和不发生结果"之间的"假说的因果关系"来考察。

因此，如果实施了被要求（期待）的一定作为那么就不会发生结果，如果这种关系被肯定为"近乎确实的盖然性"，在不真正不作为犯中认定其因果关系（期待行为说）。

五 客观的归责论

（一）概念和意义

客观的归责论，是确定能否将已被认定为因果关系的结果客观地归属于行为人之行为的理论。

根据客观的归属论"被行为人的行为创出了不被法律允许的危险而且限于危险实现的构成要件性结果的情况，其结果被客观地归属于行为人并充足了客观的构成要件"。该理论欲在客观的构成要件阶段确定因果关系对法律秩序的规范性意义。因而客观的归属作为属于构成要件符合性的问题，区别于作为属于主观性归属问题的责任。该理论将客观归属的尺度把握为"不成文的客观的构成要件要素"。

客观的归属论并不是排除因果关系或与因果关系对立的理论。为了认定客观的归属必须以因果关系的存在为前提，如果没有这一前提客观的归属就不会被认定。因此，客观的归属论是通过依据何种尺度将其结果合理地归属于行为人这种规范性评价，在因果关系被认定的范围内对其予以一定限制的理论。

客观的归属论试图以客观归属的尺度在构成要件阶段"限制"责任的范围。也就是即使认定了因果关系但如果其客观的归属被否定，那么只能追究其未遂的责任或其构成要件符合性被排除。实际上，客观的归属论试图寻找在合法则性条件关系下例外地排除结果客观归属的根据。

在这里，如何设定客观归属的"尺度"（标准）成为关键。

（二）客观归属的尺度（标准）

在设定为确认客观的归属的尺度方面，学者们提出的主要理论包括以下内容。

1. 创出或增大危险：创出或增大了不被容许的危险

由一定的行为发生了一定结果，只有在该行为创出或者增大了危险情况下才能将发生的结果客观地归属于该行为；如果该行为创出了被容许的危险或者即使是不被容许的危险但减少了危险，那么不能认定将发生的结果客观地归属于该行为。这一"增大危险理论"或者"减少危险理论"是德国学者罗克辛（Roxin）提出来的。

作为增大危险的例子，如在客机中事先安装了定时炸弹，碰巧飞机在空中发生了发动机故障开始坠落，随即发生爆炸；作为减少危险的例子，如甲在二楼的自己房屋与3岁的女儿一起玩耍。这时突然该楼房发生火灾，甲一开始企图从楼道脱离现场但火势已蔓延到楼道无法通过。甲不得已用被子把3岁的女儿包裹以后扔出窗外，自己也随即从二楼跳下。女儿掉在地面时因受冲击腿部骨折。甲的行为是减少女儿危险的行为，不能将女儿受伤的结果客观地归属于甲的行为。作为被容许的危险的例子，如非常轻微的伤害行为、在遵守交通规则的汽车驾驶中不得已发生的撞人事故、符合相关法规容许标准的污染物质排放行为等具有社会相当性的行为，均属于"被容许的危险"范围内的行为其结果客观的归属被否定。

2. 实现危险

（1）创出或增大的危险应当实现为具体的结果

创出或增大的危险只有在事实上实现为具体的结果才能被认定其客观的归属。即使行为创出了危险但其危险没有实现为具体的结果，也不能将偶然发生的"结果"客观地归属于该行为。例如甲为了杀害乙开枪将其打伤，乙被他人发现后送往医院，在途中发生交通事故致乙当场死亡。乙的死亡结果不是由甲创出的危险实现的，不能认定将乙死亡结果客观地归属于甲的打伤行为。

（2）实现的结果应当是客观上预见可能和支配可能的

实现的具体结果只有在行为人能够预见和能够支配情况下才能认定其客观的归属。客观的支配可能性以一般人和行为人在行为当时所认识的情况为基础，在一般人的立场判断。对结果发生的支配可能性，在刑法理论中又称为对结果发生的回避可能性。

例如甲是河坝的管理员，因为其平时没有认真负责管理河坝而发生河坝崩溃的危险，到梅雨季节因下大雨导致河坝崩溃发生涝灾。在这种情况下甲能够预见和支配河坝是否崩溃，而且河坝的崩溃是能够回避的。因而能够认定将河坝崩溃的结果客观地归属于甲的疏忽管理行为。又如农场主为了使农工遭雷击在雷雨天命其到田野去劳动的行为或者作为唯一的继承人的侄儿为了早日得到继承权以杀害叔叔（被继承人）的目的让其乘坐安全性较差的包机之行为等在偶然发生死亡结果的情况下其结果并非客观上预见可能和支配可能，因此其客观的归属被否定。

在非类型的因果关系中依据合法则性条件说认定其因果关系，但是因被害人的特殊体质或介入他人的故意或过失行为发生的结果因其并非客观上预见、支配可能，因此其客观的归属被否定。

3. 规范的保护目的：实现危险的结果应属于创出或增大危险的行为所违反规范的保护目的范围之内

结果客观的归属只有"在发生的结果属于创出或增大危险的行为所违反规范的保护目的范围之内时"才能被认定。也就是行为即使违反了规范并创出了没有被容许的危险或者增大了危险，但是发生的结果并非属于规范所保护目的范围之内，那么不能将其结果客观地归属于违反规范的行为。例如甲当众殴打乙，心胸狭窄的乙因此而自杀。甲的当众殴打行为与乙的自杀结果之间存在合法则性的条件关系。在暴行罪的规范保护目的中，包含防止因殴打他人（暴行）致人死亡的结果，但没有包含被暴行之人因此悲观自杀的结果。因此不能认定将乙自杀死亡的结果客观地归属于甲的殴打行为。

客观的归属论原来是在德国民法学中主张过的理论，到 20 世纪 30 年代由德国学者 Honig 引入到刑法学中，如今已成为德国和韩国的几乎所有刑法学者支持的理论。

第五节　构成要件性故意

一　故意及其组成要素

（一）故意

故意，是指行为人认识符合构成要件客观要素的事实以及意欲或者容忍构成要件实现的心理态度。

在这一概念中符合构成要件客观要素的事实是故意的"对象"，对其对象的认识和意欲是解释故意"本质"的部分。

（二）故意的组成要素

对于构成要件的客观事实的"认识或认知"构成故意"认知"的侧面；指向行为和发生结果的"意欲或容忍"构成故意"意志的"侧面，即故意的组成要素包括"认知"要素和"意志"要素。

（三）故意的存在时期

故意属于行为的概念性要素，应当存在于行为当时即从着手实行至实行行为终了之前（故意与行为同时存在的原则）。决定是否存在构成要件性故意的标准时点为"着手实行"的时点。

行为人在行为之前具有实现构成要件的意思，但是行为当时缺乏实现构成要件要素意思的所谓"事前故意"在刑法中不被认定为故意。行为人造成结果的当时没有对构成要件要素的认识和实现意思，但是发生结果后容忍其结果的所谓"事后故意"在刑法中也不被认定为故意，即刑法中不可能存在"追认"。

二　故意的体系性地位

故意的体系性地位，是指故意在整个犯罪体系论中所处的地位和作用。

通说认为，故意具有既是构成要件性要素同时又是责任要素的双重地位。

1. 责任要素说（贝林格 - 1906 年）

在古典型犯罪体系中构成要件的"客观性"格外受重视，而犯罪成立的主观性要素均被置于责任领域，故意作为唯一的主观性"事实要素"当然归属于责任领域。但是在新古典型犯罪体系中作为规范性要素的期待可能性以及违法性认识被纳入到责任的领域，形成了复合的责任论。因此，故意与其他一些主观性要素一起被解释为"责任要素"或者"责任形式、责任条件"。

责任要素说的问题在于，由于仅在责任的阶段考虑故意，所以不仅无法确定行为的构成要件符合性而且作为其前一阶段的行为性问题也难以确认。

2. 构成要件要素说（威尔哲尔 - 1954 年）

目的型犯罪体系论把故意视为实现构成要件的"目的性意思"，是刑法行为概念中不可缺少的要素，因此故意在目的型犯罪体系中转移至构成要件阶段变更为"构成要件性要素"。故意和过失的概念也分解为构成要件性事实的认识以及违法性认识及其可能性。因此故意与违法性认识的关系也由原来的"故意说"（将违法性认识理解为故意的一个要素的观点）发展为"责任说"（将违法性认识从故意中分离出来成为责任的一个独立要素的观点）。

构成要件要素说的问题在于，故意转变为构成要件要素后在责任的领域只剩下期待可能性、违法性认识及其可能性以及责任能力等规范性要素，这就是所谓纯粹的规范性责任论。但是解释刑法中的责任概念只靠期待可能性、违法性认识及其可能性以及责任能力等这些规范性要素难免暴露出其较大的局限性。因为期待可能性是只有在特殊的情况下才能适用的超法规的要素，责任能力不是以具体的行为作为对象而是进行一般性、规范性审查的对象。如果遵循以目的行为论为基础的纯粹的规范性责任论，责任概念的内容难免有些空洞。[1]

3. 双重地位说

社会行为论以及合一型犯罪体系论，在韩国学界已成为通说。鉴于构成要件要素说中存在的问题，认为在判断责任时也不能不考虑作为主观性

---

[1] 郑永一：《刑法总论》（第 3 版），博英社，2010，第 143 页。

要素的故意和过失。因此一般地认为故意具有既是（主观的）构成要件要素又属于责任要素的双重地位和机能。故故意包括构成要件性故意和责任故意，这不是意味着在一个行为里包括两个不同的故意，而是意味着一个故意在犯罪体系中具有的双重地位和功能。故意在构成要件阶段行使决定行为的样态或行为的动机方向的功能；而在责任的阶段行使决定对行为人非难可能性大小的功能。责任故意的存在，通常被构成要件性故意所推定或表征。

双重地位说的合理性不仅表现为故意对不法判断的影响，而且体现在故意对责任判断的影响。也就是在责任中故意比起过失其非难可能性更大，在故意中"确定的故意"比起"未必的故意"其非难可能性更大，杀人的故意比起暴行的故意非难可能性则更大。

三　故意的对象

故意是行为人认识符合构成要件客观要素的事实以及意欲或容忍构成要件实现的心理态度。因此，故意的对象是"符合构成要件客观要素的一切事实"。构成要件的客观要素包括行为的主体、行为的客体、行为的样态、行为的状况、在结果犯中的结果以及因果关系等。构成要件的客观要素根据其文言的意义传达度分为记述性要素和规范性要素。

现行刑法第13条规定："（故意）没有认识作为犯罪成立要素的事实之行为，不予处罚。但是法律有特别规定的除外。"因此如果缺乏对作为客观要素中任何一个要素之事实的认识，原则上不成立故意，进而作为故意犯的构成要件符合性也会被否定。

（一）属于构成要件客观性要素的事实

1. 行为的主体

在构成要件把其行为的主体限定为具有一定身份的人的"身份犯"中，行为人应当认识其身份。例如在受贿罪（第129条）中公务员的身份属于故意的对象。

2. 行为的客体

在构成要件中明示行为客体时行为人应当认识其客体。如杀人罪（第259条）中的人、伪造文书罪（第231条）中的文书。

3. 行为的样态

刑法中的行为根据犯罪类型其"样态"被明示在各个构成要件中，行为人应认识其行为的样态。例如杀害、伤害、盗窃、伪造等行为样态就是如此。而且即使是同一的行为样态但是其构成要件规定了行为的特殊"手段、方法"时，例如特殊暴行罪（第261条）规定了"携带危险物品"的行为"方法"，其行为方法也是故意的对象。

4. 行为的状况

构成要件明示了行为要在一定的"外部状况"下实施，行为人应认识其状况。例如夜间侵入住居盗窃罪（第330条）中，"夜间"这一行为状况就是故意的对象。

5. 结果犯中的结果、具体的危险犯中的危险

结果犯的情况如在杀人罪中人的"死亡"、在财物损毁罪中财物的"损毁"属于故意的对象。具体危险犯的情况如在自己所有物品放火罪中"发生公共危险"属于故意的对象。

6. 因果关系

因果关系属于在外部的世界中所进行的现象，是客观的构成要件要素，因此在结果犯中行为和结果之间因果关系也属于故意的对象。

但是任何人也难以准确科学地认识因果关系。因此对因果关系的认识程度，在合法则性条件说的立场认为具有"鉴于日常的生活经验法则预见可能范围内的认识"即可。

7. 加重的、减轻的构成要件中作为加重的、减轻的要素的事实

在加重的构成要件中作为刑罚加重要素的事实，例如在尊属杀害罪（第250条第2款）中行为人应当认识行为的客体为直系尊属。在减轻的构成要件中作为刑罚的减轻要素的事实，例如在承诺杀人罪（第252条）中行为人应当认识存在对方承诺的事实。

（二）属于构成要件规范性要素的事实

因为构成要件的规范性要素是通过法官的规范性价值判断才能确认的要素，所以行为人应当认识作为规范性要素的事实的"意义"（即意义的认识）。例如作为淫乱物品传播罪（第243条）客体的文书的"淫乱性"、作为有价证券伪造罪（第214条）客体的"有价证券"等作为规范性构成要件要素，行为人应当各自认识其"意义"。

不过其认识不是准确的法律意义上的认识，而是作为一个外行朴素的"意义的认识"。

（三）非故意之对象的事实

首先，故意的对象是作为"构成要件"要素的事实。因此，不属于构成要件的要素而是属于责任要件的要素（如已满 14 周岁的责任能力人）、处罚要件（如亲属相盗例中的亲属关系）或追诉要件（如亲告罪中的告诉）的事实不属于故意的对象。

其次，故意的对象是作为构成要件"客观性"要素的事实。因此，即使是构成要件要素但故意以外的其他主观的要素（如目的、不法领得的意思），也不属于故意的对象。

最后，存在"违法性认识"是否包含在故意内容这一问题。依照责任说（通说）对此的回答是否定的。因为违法性认识不是构成要件的要素而是责任中独立的要素，而且不是犯罪成立客观的要素而是主观的要素，故不能成为故意的内容。

四 故意的分类

把故意分为确定的故意和不确定的故意，是一般的分类方法。此外还有把故意分为意图的故意、知情故意和未必的故意的分类方法，但是难以说是普遍的分类方法。

（一）确定的故意

确定的故意，是指行为人认识或明确地预见构成要件性结果实现的情况。确定的故意又可分为意图的故意与知情的故意两种。

1. 意图的故意

意图的故意是行为人认识构成要件性结果实现的必然性并意欲（希望）其实现的情况。

2. 知情的故意

知情的故意是指行为人明确地预见构成要件性结果实现的可能性并且意欲（希望）其实现的情况。

（二）不确定的故意

不确定的故意是指行为人对实现构成要件性结果的认识或预见不明确的情况。确定的故意之外的故意都是不确定的故意。

不确定的故意又分为未必的故意、择一的故意和概括的故意。

1. 未必的故意

大陆法系国家在故意的本质问题上，将未必的故意与有认识的过失联系起来并依此区分故意和过失。

未必的故意是行为人预见到实现构成要件性结果的可能性并容忍其实现的情况。有认识的过失是指行为人虽然预见到实现构成要件性结果的可能性，但在内心上拒接其实现或者不相信其实现的情况。

现行刑法第 13 条规定："（犯意）没有认识作为犯罪成立要素的事实之行为，不予处罚。但是法律有特别规定的除外。"该规定将故意只表述为"认识作为犯罪成立要素的事实"，不仅遗漏了故意的"意志"要素，还存在使人把有认识的过失包含于故意范畴的嫌疑，对于确定故意的内容尤其是区分故意和过失不具有多大的意义。所以故意的本质只能依靠学说或判例的解释来确定。

围绕着未必的故意和有认识的过失的区别，目前韩国学界存在以下几种学说。

（1）认识说。认识说从强调认知要素的立场出发，认为只要具有对构成要件客观事实的认识就能够成立故意。因此该说把有认识的过失视为故意。

（2）可能性说。可能性说主张只要在认识构成要件性事实和发生结果可能性的情况下实施行为，就能够成立故意，否则就成立过失。可能性说是在认识说的基础上企图以"可能性"缩小故意范围的理论。

（3）盖然性说。盖然性说主张只有在认识构成要件性事实和发生结果盖然性（高度的可能性）的情况下实施行为，才能成立故意，认识单纯可能性的则成立过失。该说是在认识说的基础上企图以"盖然性"来缩小故意范围的理论。

（4）容忍说。容忍说主张要成立故意应当认识符合构成要件的事实并且容忍其结果发生，如果没有容忍这一要素只能成立过失。

（5）意欲说。意欲说主张只有在认识客观的构成要件要素而且明确地意欲其结果发生时才能成立故意，而其余的情况均属于过失。该说受到了认定故意范围过于狭窄的批判。

对于未必的故意和有认识的过失之间的区分标准，通说和判例都采用了容忍说。例如大法院判例认为："未必的故意是结果的发生不确定的情况，即行为人虽然对结果的发生没有确实的预见但认识其可能性。如果要具有这种未必的故意，就应当具备对结果发生可能性的认识以及容忍其结果发生的内心意思。"（大判 1986 DO 2338）

2. 择一的故意

择一的故意是指虽然发生结果是确定的，但是因存在两个或两个以上的客体，因而在其中择一性地发生结果的情况。

3. 概括的故意

概括的故意是指虽然发生结果是确定的，但是因其客体不确定即存在较多客体，因而发生的结果不确定的情况。

第六节　构成要件性过失

一　过失及过失的种类

（一）过失

刑法上的过失，是指怠慢正常的注意义务的行为，即行为人已经预见或能够预见构成要件性结果的发生却违反社会生活中正常的注意义务的行为。过失犯罪是违反社会生活中正常的注意义务以至于发生构成要件性结果的犯罪。

刑法第14条规定："（过失）因怠慢正常的注意义务没有认识作为犯罪成立要素的事实之行为，限于法律有特别规定的情况处罚。"因此，刑法以处罚故意犯为原则、以处罚过失犯为例外。但是因产业社会的发达处罚过失犯的范围正在扩大。

（二）过失与故意的区别

1. 故意是意思性的，过失其本质在于违反注意义务；

2. 故意是演绎性的，但过失是对结果的归纳；

3. 现行刑法中的过失犯属于结果犯，不可能存在未遂。

（三）过失的种类

1. 无认识的过失和有认识的过失

无认识的过失是行为人因怠慢自己的注意义务没有认识（预见）实现构成要件性结果可能性的心态（即刑法第14条规定的情况）。

有认识的过失是指行为人虽然预见到实现构成要件性结果的可能性但在内心上拒接其实现或者不相信其实现的情况。

2. 业务上的过失和普通过失

业务上的过失是指从事一定业务的人怠慢其业务上的一般性注意义务

的情况。

普通过失是指一般过失即作为通常的过失，是一般人违反在社会生活中要求的注意义务的情况。

3. 重过失与轻过失

重过失是指严重违反注意义务的情况，即如果稍加注意就能够预见而回避结果的发生但由于疏忽未能预见时的过失。重过失比轻的过失处罚重，处以与业务上的过失相同的刑罚。

轻过失是指重过失以外的过失。

二 过失的体系性地位

对于过失的体系性地位也存在着责任要素说、违法性要素说、构成要件要素说以及双重地位说等学说的对立。

（一）责任要素说

在古典型犯罪论体系中过失与故意一同被视为责任的要素。因此故意、过失与认定构成要件符合性、违法性无关。在责任阶段如果故意被否定那么作为其补充才考虑过失是否成立。这种过失论被称为旧过失论，是以因果行为论为基础的理论。

责任要素说的问题在于，不考虑是否违反了正常的注意义务，而只以发生的结果来认定犯罪的构成要件符合性和违法性。

（二）违法性要素说

违法性要素说是把违反注意义务的行为视为违法性要素的观点，该说认为过失行为只有在行为人怠慢其正常的注意义务时才具有违法性。这种过失论被称为新过失论，是与"被容许危险的理论"一起出台的理论。

但是违法性要素说也没有得到多少学者的支持。因为尽管尽到了正常的注意义务，也只能以发生的结果来认定构成要件符合性。

（三）构成要件要素说

构成要件要素说把属于过失行为固有样态的"怠慢正常的注意义务"视为过失犯的构成要件要素。随着威尔哲尔目的行为论的出现，过失与故意一起转变为构成要件要素。

（四）双重地位说

双重地位说认为，过失具有既属于主观的构成要件要素又属于责任要素的双重地位和功能。所以过失包括构成要件性过失和责任过失，这不意味在一个行为里包括两个不同的过失，而是指一个过失在犯罪体系中具有的双重地位和双重功能。过失在审查构成要件符合性阶段辨别有关行为人怠慢注意的义务而没有认识或回避结果的客观事实情况；在反映心情无价值的责任阶段审查在实现构成要件当时怠慢自己注意义务的动机或个人的注意能力等主观的情况。责任过失的存在，通常被构成要件性过失所推定或征表。

近些年在韩国的学界主张过失既是构成要件性要素同时又是责任要素的"双重地位说"，成为通说。

三　成立要件

（一）发生结果

过失犯属于结果犯，应当发生构成要件性结果。在现行刑法中没有对过失犯的未遂处罚规定，因此不存在过失犯的未遂。

（二）违反了注意义务

1. 注意义务的内容

（1）结果预见义务（贝林格，1905 年）

古典型犯罪体系论认为过失是责任的形式而且是主观的，因此，注意义务的内容是应当预见结果的"结果预见义务"。

（2）结果回避义务（威尔哲尔，1954 年）

目的型犯罪体系论认为过失是构成要件要素，构成要件和违法性是对行为的一般性社会评价，因此注意义务的内容是应当回避结果的"结果回避义务"。

（3）结果预见义务和结果回避义务结合说

在新古典型、目的型合一犯罪体系中把结果预见义务和结果回避义务结合起来，将两者都视为注意义务的内容。结合说属于目前的通说。

违反注意义务，是指如果行为人不怠慢正常的注意义务就能够预见结果的发生但是由于怠慢注意义务而没有预见，或者即使是已经预见也未能回避结果发生的情况。

2. 注意义务的判断标准

对于判断是否违反了注意义务的标准，存在着客观和主观说之间的对立。客观说主张应当以平均人或社会一般人的注意能力为判断标准，主观说认为应当根据具体行为人的注意能力为标准判断是否违反了注意义务。

（1）客观说

客观说（通说）认为，在构成要件阶段平均人在特定情况下会如何行为为标准判断是否违反了注意义务，至于个别行为人的注意能力在责任的阶段予以考虑。因而对于其注意能力低于平均人的人来说，即便是履行了尽可能的注意义务还是发生了犯罪的结果。如果能够判断平均人在那种情况下就不会导致结果，那么应当认定行为人的过失。注意能力低下这一行为人个人的情况，只能减轻或阻却责任。

相反，对于注意能力高于平均人的行为人因其没有尽到注意义务而发生了结果，但是如果能够判断平均人即便是尽到了注意义务也会发生同样的结果，如何处理这种情况就成为问题。例如国际级的心脏病专家甲掌握了平均人或普通大夫不能具备的独有的心脏病医疗技术。有一次正在医疗患者 A 的过程中甲因接听打来的手机电话耽误了医疗致 A 死亡。A 的心脏疾患其他大夫是无法医疗的，即使进行医疗也会导致死亡。在这种情况下如果坚持上述客观说即使平均人尽到了注意义务也会发生同样的结果，因而也不能认定行为人违反了注意义务。这样就会无法追究专家集团违反注意义务的行为。由此，客观说在是否违反注意义务的判断中考虑行为人特殊的知识和经验，即不以平均人或普通医生为标准而是掌握医疗技术的大夫为标准，判断如果这种大夫在这种情况下尽到了注意义务患者会不会死亡的问题。

（2）主观说

根据主观说，过失犯与故意犯一样其要素可分为客观的构成要件要素和主观的构成要件要素。作为过失犯客观的构成要件要素的违反注意义务应当以一般人的注意能力为标准做出判断，作为主观的构成要件要素的违反注意义务应当以行为人的注意能力为标准而判断。

主观说认为主观的注意义务的违反不是责任要素而属于形成过失犯行为无价值的主观的不法要素。因而作为低于平均人注意能力的人在不能认识、预见实现构成要件的危险性时，排除过失的违法性而不是过失责任。①

（3）判例的立场

大法院在判例中使用"在平均人的观点客观的分析时"或者"以从事相同的业务和职务的一般普通人的注意程度为标准"等表述，明确了持有

---

① 赵相济：《刑法中过失的体系性情绪》，《考试界》，1998 年 9 月，第 57 页。

客观说的立场。①

3. 注意义务的根据

包括法令、契约、事务管理、条理、习惯、生活经验等。

（三）因果关系和客观的归属

应当存在行为人过失行为和结果发生之间的因果关系。多数说根据合法则性条件说判断因果关系的存在。判断过失犯的客观的归属，应当符合以下要求：第一，应当存在对发生结果的预见可能性；第二，属于处罚规定所保护目的范围之内；第三，要求发生的结果和违反注意义务之行为间具有关联性。

但是，大法院的判例基本上根据相当的因果关系判断是否具有因果关系。因此判例只是审查因果关系的有无，而对客观的归属问题不予考虑。

四　被容许的危险和信赖的原则

（一）限制或扩大注意义务范围的过失理论

1. 旧过失论

旧过失论，是在古典型或新古典型犯罪体系中的过失论，其特征为在结果责任中设定注意义务。主张过失是"缺乏对犯罪事实的认识"这种消极的心态或者以对犯罪事实"主观的预见可能性"为前提，认为过失是对结果预见义务的违反。

2. 新过失论

新过失论是在目的型犯罪体系中的过失论，其特征为根据被容许的危险和信赖原则缩小注意义务的范围。该说以"客观的预见可能性"为前提，认为过失是对结果回避义务的违反。

根据新过失论因社会相当性行为即使发生了构成要件性结果，但由于其并非行为无价值因而否定了构成要件符合性，过失犯的成立范围也会随之缩小。

3. 新新过失论（畏惧感说）

新新过失论，是由日本的刑法学者提出的学说，其特征为体现了扩大注意义务范围的新动向。新新过失论为了更好地对付环境犯罪和企业犯罪扩大了在新过失论中"客观的预见可能性"的范围。根据该说"客观的预

---

① 在医疗事故中判断大夫的过失，应当"以从事相同的业务和职务的一般普通人的注意程度为标准，应当考虑发生事故当时的一般的医学水平与医疗环境以及条件、医疗的特殊性等"。（大判 2003.1.10.2001 DO 3292）

见可能性"无须是具体的,只要存在对可能发生危害结果的畏惧感乃至不安的心态就可以成立过失。

(二) 被容许危险的理论

1. 被容许危险的意义

就像在交通工具的行驶中或建筑工地中经常遇见的一样,人类社会的几乎一切行为包含着侵害他人法益的危险性。在善意使用汽车的情况下会给人类社会带来莫大的利益,否则会侵害他人的生命、健康、自由和财产等。在这种情况下,如果强调行为所内含的危险性而无条件地禁止其行为,人类能够做出的行为是又将不会继续存在的。因而即使是伴随法益侵害危险性的行为,如果因其行为为社会性利益显著大于危险性时,就发生在一定条件下容许其行为的必要性。

被容许的危险,确切地说并不是允许危险而是指允许伴随危险的行为本身。因为即使在允许该行为的情况下,也要求采取足以防止使危险变为现实的必要措施。例如某甲驾驶摩托车撞死了他人。某甲驾驶该摩托车而且尽了客观的注意义务,那么其行为本身就是被容许的危险行为。在这种情况下发生了交通事故造成他人的死亡,但阻却交通肇事罪的构成要件符合性而不成立犯罪。

2. 法律效果

通说认为社会上被容许的行为虽然是伴随危险的行为且在一定情况下其危险变为现实发生了侵害法益的结果,但是其行为不符合故意、过失犯的构成要件。某个人在伤害他人时使用了水果刮刀。而制造水果刮刀的铁匠的制刀行为一开始就是不具有伤害罪或过失致伤罪构成要件符合性的行为,并非具有构成要件符合性但阻却违法性的行为。

被容许危险的法理建立在因其行为的有用性远远超过危险性不得已允许这种思想之上。因而被容许的行为因不能认定其违反了注意义务,不具有过失犯的构成要件符合性。[①]

(三) 信赖原则 (被容许危险的一个特则)

1. 含义

自觉遵守交通规则的驾驶员可以合理地信赖其他交通关系人同样会遵守交通规则,那么没有义务预见其他交通关系人违反交通规则实施非理性

---

① 吴永根:《刑法总论》(第 2 版),博英社,2009,第 207 页。

的行为并以此采取相应的防御措施。这就是信赖原则。

行为人在合理信赖其他人会采取适当行为时，即使由于其他人采取不适当的行为造成了法益被侵害的结果，行为人也不承担刑事责任。信赖原则，是把被容许危险的理论具体化的特殊情况，是限制注意义务范围的另一原则。

2. 适用范围

信赖原则，一开始于1930年代由德国法院肯定和适用。在韩国自20世纪70年代起由法院在审理交通事故案件时对于车与车的关系中适用信赖原则，例如"对于向同一方向行驶的后方车辆'信赖'其当然也会遵守交通法规而行驶。欲绕开正在右侧前方的手推车驾驶汽车的司机来说即使为了绕开此一手推车稍微侵犯了中央分离线，也不能认为其司机具有义务注意在后方行驶的汽车动态并防止其有可能突然冒险超车导致的交通事故"。（大判 1970. 2. 24. 70 DO 176）到80年代其适用范围扩大到车与人的关系，最近把信赖的原则适用于明确分工的医疗行为中。例如内科医生某甲从神经科医生处收到了有关于患者某乙在神经系统方面没有异常症状的诊断结果的回信。分析其前后诊断过程并认定对其回信内容中没有值得怀疑的情况。以信赖其回信内容为前提，在没有考虑到可能存在神经系统病症的情况下，对某乙的内科系统进行诊治行为，直到某乙的病情好转并出院。但是由于没有发现某乙支柱膜下出血（属于神经系统）致使其死亡。对此适用信赖原则某甲不应承担业务过失的责任。（大判 2003. 1. 10 2001 DO 3292）

信赖原则的适用范围扩大到外科手术、企业活动等需要共同作业的危险业务中，因此它适用于医疗过失、公害、企业犯罪等需要多数人共同作业的一切形态的过失犯罪。此时必须存在以信赖为基础的确定性业务分工关系。因而在医务处处长对大夫、大夫对护士等指挥、监督关系，大夫对患者的保护关系中不能适用信赖原则。①

而且在以下情况下禁止适用信赖原则：（1）已经认识对方的不注意、违反规则的情况；（2）无法信赖对方遵守规则的情况；（3）自己违反交通规则的情况。例如作为行驶在高速公路上的汽车司机来说，通常没有义务

---

① 例如大夫的医疗行为对特定患者的健康或生命安全具有危险性。因此大夫负有义务充分指导和监督护士的护理工作使其不犯错误以免发生医疗事故。但是大夫疏忽于这种义务甚至信赖护士把自己的医疗行为委任给护士。如果因该护士的过错发生了医疗事故。大夫就不能免除对其过失的责任。（大判 1998. 2. 27. 97 DO 2812）

预见到会出现横穿高速公路的步行人并随时准备采取急刹车等措施以免冲撞步行人。但是在冲撞横穿高速公路的步行人而发生事故的情况下，如果该司机事先在相当的距离内能够预见步行人将会横穿马路并且能够即时采取减速、急刹车等措施避免冲撞步行人，那么可以认定司机的过失行为。（大判 2000. 9. 5. 2000. DO 2671）

第七节　事实的错误

一　事实的错误

事实的错误是指行为人主观上认识的构成要件事实与因行为实际上发生的客观事实不相一致的情况。

事实的错误限于对构成要件性事实的错误，非构成要件性事实的有关责任能力、刑罚、处罚条件等的错误都不能成为事实的错误。由于事实的错误属于对构成要件性事实的错误，所以又称为构成要件的错误。

事实的错误包括事实认识的错误和意义认识的错误。

二　事实错误的种类

（一）具体的事实错误

具体的事实错误是指行为人所认识的事实与发生的事实虽然是同种构成要件的犯罪但并非具体性一致的情况。具体包括：

1. 客体（对象）的错误。是错误认识行为的客体本身或者对象的情况。例如企图窃取甲的财物但实际上窃取的是乙的财物。

2. 方法（手段）的错误。是在方法或手段上发生错误出现意图的客体以外结果的情况。例如以杀害的故意向甲开枪射击却因瞬间手臂抖动而打死了近处的乙。

（二）抽象的事实错误

抽象的事实错误是指行为人所认识的事实与现实中发生的事实是异种构成要件的犯罪的情况。具体包括：

1. 意图轻的犯罪事实但实际上发生重的犯罪事实的情况。例如意图损坏财物投掷石头却发生伤人结果的情况。

2. 意图重的犯罪事实但实际上发生轻的犯罪事实的情况。例如以普通伤害的意图投掷石头却打碎了玻璃窗的情况。

三　事实的错误与故意

主观的认识内容与客观发生的事实究竟符合到何种程度才能认定故意的既遂责任即"故意与事实的符合问题"中，有关认定故意既遂责任的范围，分述如下：

（一）具体的符合说

具体的符合说，是指认为行为人所认识的事实和实际发生的事实之间只有在具体的符合情况下才能成立对发生事实的故意及既遂的观点。该说认为在具体的事实错误中，只肯定"客体的错误"情况下的故意和既遂；在"方法的错误"中和抽象的事实错误中，均成立对认识事实的未遂和对实际发生事实的过失犯之间"想象的竞合"。

具体的符合说受到的批判是：该说虽然是最忠实于责任主义的观点，但是在"方法的错误"中以杀人的故意实际上还是杀害了人却被认定为杀人未遂的结论，这有损于普通人对法律的信念。其认定故意的既遂范围显得过于狭窄。

（二）法定的符合说

法定的符合说，是指如果行为人认识的事实和实际发生的事实属于法定的事实范围即同种构成要件或罪质，就成立故意和既遂的观点。该说属于通说和判例的立场。

该说认为在具体的事实错误中，由于在"客体的错误"和"方法的错误"中所认识的事实和实际发生的事实属于同种构成要件，所以成立对实际发生事实的故意和既遂。但是在抽象的事实错误中成立对认识事实的未遂和对实际发生事实的过失之间"想象的竞合"。

（三）抽象的符合说

该学说主张既然行为人具有犯罪的意思并以此发生了犯罪的事实，那么应在认识和事实之间"抽象的一致"这一范围内成立故意犯的既遂。只是根据刑法第 15 条第 1 款规定在认识的事实比发生的事实较轻时不能以重罪故意犯的既遂来处罚。抽象的符合说是主观主义犯罪论的立场。

该说在具体的事实错误中，始终肯定故意和既遂的成立（与法定的符合说所下的结论是一致的）。但是在抽象的事实错误中，只肯定对轻的结果的故意与既遂的成立。也就是：

1. 认识轻的事实但发生重的事实。例如在以损坏财物的意思发生了杀人结果的情况下，肯定损坏财物罪的既遂和过失致死罪之间想象的竞合。

2. 认识重的事实但发生轻的事实。例如在以伤害的意思发生损坏财物结果的情况下，虽然成立重罪的未遂与轻罪的既遂但由于轻的故意被重的故意吸收，只成立作为重罪的伤害未遂（不承认两罪想象的竞合）。

对抽象的符合说的批判是：故意并非宽泛的犯罪意思而是特定的犯罪意思。因此处罚与事实不符的意思是违反罪刑法定主义的。

四 因果关系的错误

因果关系的错误可以分为行为作用的错误和概括的故意等两个类型。

（一）行为作用的错误

行为作用的错误，是指虽然发生了行为人意图的结果，但是其行为作用于对象的过程与行为人认识的内容不一致的情况。例如甲意图溺死乙将其推入河里，但是事实上乙并不是被溺死而是在往下坠落过程中头部撞到桥墩而当场死亡。又例如甲为了杀害乙向乙开枪射击却只造成轻伤，乙在被送往医院途中发生了交通事故而当场死亡。

通说认为对于因果关系不是要求行为人具有详细的认识，而是存在"有一定的行为会发生特定的构成要件性结果"这一程度的"预见"即可。对行为作用的错误应当根据其错误是否属于本质性或重要性这一标准来解决。在前述事例中第一情况的错误可以说是非重要的，故应认定杀人罪的既遂；第二种情况的错误是重要的，故应认定杀人罪的未遂。

（二）概括的故意

概括的故意，是指构成要件性结果是由两个以上的部分行为所实现，行为人误认为其结果由第一个行为实现但事实上是由第2个或第3个行为所实现。概括的故意理论把各部分行为把握为由一个"概括的故意来"支配整个部分行为的"同一行为"，进而只肯定"一个犯罪"的既遂。

例如甲以杀害的故意殴打乙致其昏死过去，甲以为乙死亡并为隐匿罪行将其投弃于河中。事后经确认乙是溺死的。此时甲对因果关系的错误是非本质性的而且发生了原本意图的结果，故不成立杀人罪未遂与尸体遗弃罪之间想象的竞合，而是成立杀人罪的既遂。

五　刑法第 15 条第 1 款的适用

刑法第 15 条第 1 款规定："（事实的错误）没有认识到成立特别重的犯罪之事实的行为，不以重的犯罪处罚。"一般认为，其只适用于加重的构成要件要素的错误，而且客体的错误和方法的错误都根据第 15 条第 1 款可以在加重的构成要件要素的错误中得到解决。

加重的构成要件要素的错误，例如意图普通杀人（第 250 条第 1 款）但实际上发生了尊属杀害（第 250 条第 2 款）结果的情况。① 学界主张以普通杀人罪的既遂处罚，但是判例主张成立尊属杀害罪但以普通杀人罪既遂的刑罚处罚。

第八节　结果加重犯

一　结果加重犯

结果加重犯，是指由于故意的基本犯罪发生了行为人没有预见到的重结果，因其重结果加重刑罚形态的犯罪。根据刑法的规定，重伤害罪（第 258 条）、伤害致死罪（第 259 条）、暴行致死伤罪（第 262 条）、强盗致死伤罪（第 337 条、第 338 条）、强奸致死伤罪（第 301 条、第 301 条之 2）、堕胎致死伤罪（第 269 条第 3 款、第 270 条第 3 款）、遗弃致死伤罪（第 275 条）、逮捕·监禁致死伤罪（第 281 条）、人质致死伤罪（第 324 条之 3、第 324 条之 4）、妨害行使重权利罪（第 326 条）、重损坏罪（第 368 条）、现住建筑物放火致死伤罪（第 164 条第 2 款）、现住建筑物溢水致死伤罪（第 177 条第 2 款）、爆炸物过热致死伤罪（第 172 条第 2 款）、放流煤气·电气等致死伤罪（第 172 条之 2 第 2 款）、妨害供应煤气·电气等致死伤罪（第 173 条第 3 款）、特殊妨害执行公务致死伤罪（第 144 条第 2 款）、妨害交通致死伤罪（第 188 条）、向饮用水投毒致死伤罪（第 194 条）

---

① 第 250 条第 1 款规定：杀害他人的人，处死刑、无期或者 5 年以上的惩役，第 2 款规定：杀害自己或者配偶直系尊属的人，处死刑、无期或 7 年以上的惩役。对于第 250 条第 1 款规定的普通杀人罪这一基础的构成要件来说，第 2 款规定的尊属杀害罪是加重的特别构成要件。与此相反，·第 251 条规定的婴儿杀害罪是减轻的特别构成要件。因为该条规定：直系亲属为了隐蔽耻辱或者预料无法养育或者因可以予以同情的动机杀害正在分娩或分娩不久婴儿的，处 10 年以下的惩役。

等，属于结果加重犯。

二 结果加重犯的种类

通说和判例把结果加重犯分为真正的结果加重犯与不真正的结果加重犯。

（一）真正的结果加重犯

真正的结果加重犯是指典型的结果加重犯的形态，即由故意的基本犯罪和对重结果过失犯的结合犯形态形成。例如伤害致死罪、暴行致死伤罪、强盗致死伤罪、堕胎致死伤罪、强奸致死伤罪、遗弃致死伤罪、逮捕·监禁致死伤罪、特殊妨害执行公务致死罪、现住建筑物溢水致死罪、妨害交通致死罪等，属于真正的结果加重犯。

行为人如果对重的结果具有故意，就不能成立真正的结果加重犯。例如伤害致死罪只有在行为人故意实施伤害行为而过失地造成死亡结果时才能成立；行为人对死亡具有故意时成立故意杀人罪而不成立结果加重犯。强盗致死伤罪或强奸致死伤罪只有在对死亡或受伤结果具有过失时才能成立；强盗或强奸犯对死亡或伤害结果具有故意时成立强盗杀人、强盗伤害罪或者强奸杀人、强奸伤害罪等结合犯，不成立结果加重犯。

（二）不真正的结果加重犯

1. 概念

不真正的结果加重犯，是指对基本犯罪存在故意、对重的结果的发生不仅因过失而且因故意都能成立的结果加重犯。例如现住建筑物放火致死伤罪、重伤害罪、特殊妨害执行公务致伤罪、妨害交通致伤罪、向饮用水投毒致伤罪、妨害重权利行使罪等，属于不真正的结果加重犯。

2. 认定理由

不真正的结果加重犯是为了纠正刑罚的不均衡性而引入的概念。例如如果把现住建筑物放火致死罪解释为真正的结果加重犯，那么无法对以杀人的故意向现住建筑物放火的人适用现住建筑物放火致死罪。而且刑法也没有规定现住建筑物放火杀人罪，因此只能作为杀人罪和放火罪的想象的竞合以重罪杀人罪的刑罚处罚。但是杀人罪的刑罚（法定刑为死刑、无期或5年以上的惩役）比现住建筑物放火致死罪的刑罚（法定刑为死刑、无期或7年以上的惩役）还要轻。因而对现住建筑物放火而过失致人死亡的人，比以同种方法故意杀人的人所受的刑罚还重，这种处罚方式明显是不合理的。相反，如果将现住建筑物放火致死罪解释为不真正的结果加重犯，不仅可以包括因过失致人死亡的人而且也可以包括因故意导致死亡结果的人。这样可以避免因过失导致死亡结果的人比故意致他人死亡结果的人所受刑罚更重现象的发生。

3. 成立范围

在认定不真正的结果加重犯方面，存在把"……致死伤罪"的文言进行扩大解释的可能性。这是由于所谓的"……致死伤"其本来含义为因过失导致了死亡或伤害的结果，但也难免包含以故意导致了死亡或伤害的结果。因而即便是不得已而认定不真正的结果加重犯，也要尽可能限制其适用范围。例如如果将刑法第188条规定的妨害交通致伤罪（法定刑为无期或3年以上的惩役）解释为真正的结果加重犯，那么在实施妨害交通罪以故意导致伤害结果的情况下就无法适用第188条规定。那么作为妨害交通罪（第186条，法定刑为1年以上的惩役）和伤害罪（第257条，法定刑为7年以下的惩役）的想象竞合犯应处以1年以上22年以下的惩役。这一处罚比实施妨害交通罪因过失导致伤害结果的处罚还要轻。为了避免这种不合理现象，不得已将妨害交通致伤罪解释为不真正的结果加重犯，使得不仅在因过失导致伤害结果而且在以故意导致伤害结果的情况下都成立妨害交通致伤罪。相同的理由，特殊妨害公务致伤罪、溢水致伤罪、向饮用水投毒致伤罪也应解释为不真正的结果加重犯，

但是，妨害交通致死罪无须做出如此的解释。如果将妨害交通致死罪解释为真正的结果加重犯，那么就对实施妨害交通罪以故意导致死亡结果的人作为妨害交通罪和杀人罪的竞合犯以杀人罪处罚。由于杀人罪的刑罚（死刑、无期或5年以上惩役）比妨害交通致死罪的刑罚（无期或者5年以上的惩役）重，不存在把对过失犯比故意犯处罚重的不合理问题。因而无须把妨害交通致死罪解释为不真正的结果加重犯，应解释为真正的结果加重犯。特殊妨害公务致死伤罪、溢水致死伤罪、向饮用水投毒致死伤罪、特殊妨害公务致死罪、溢水致死罪、向饮用水投毒致死罪也是如此。

三　成立要件

要成立结果加重犯，应存在故意的基本犯罪、发生重的结果、基本犯罪和重的结果之间存在因果关系以及具有对重结果的预见可能性。

（一）故意的基本犯罪

基本犯罪只限于故意犯罪。至于基本犯罪应否达到既遂的程度，应当

具体分析。例如刑法第 301 条及第 301 条之 2 规定，实施本罪的行为人属于已犯有第 297 条至第 300 条犯罪的人。因此实施本罪的行为人既包括强奸既遂犯也包括第 300 条规定的强奸未遂犯等。因而强奸未遂犯因过失致伤或致死的，成立强奸致死伤罪。逮捕·监禁致死伤罪、强盗致死伤罪等也是如此。

（二） 发生了重的结果

要成立结果加重犯应发生比行为人意欲、容忍过的更为严重的结果。

重的结果虽然大多数是像致死伤等侵害生命、健康等法益的情况，也包括像重伤害罪、妨害行使重权利罪等发生对生命的危险即对侵害法益的具体性危险的情况。

（三） 基本的犯罪行为和重的结果之间具有因果关系

要成立结果加重犯应当存在基本犯罪和重的结果之间的因果关系。依照客观的归属论还要求能够将重的结果归属于基本犯罪。

但是，大法院的判例是根据相当因果关系说判断基本犯罪和重的结果之间是否存在因果关系的。判例认为 "被强奸的被害人回家后服毒自杀的原因即使是包括因被强奸产生的羞辱感以及对未来的绝望心理等，但是不能认为其自杀行为就是因被强奸所造成的当然结果。因此，不能认定强奸行为和被害人自杀行为之间的因果关系"。①

（四） 对重的结果的预见可能性

1. 预见可能性和因果关系

即使发生了重的结果但是如果对此不存在预见的可能性，就不成立结果加重犯。

根据主观的或折中的相当因果关系说，预见可能性这一要件起不到多大作用。相当因果关系说中只有在社会经验法则上具有高度的可能性乃至盖然性（相当性）才能认定基本犯罪和所发生重的结果之间的因果关系。在社会经验法则上能够认定将要发生重的结果却不具有预见可能性的情况是不会存在的。因而根据相当因果关系说在预见可能性之前以相当因果关系来缩小结果加重犯的成立范围是完全可以的。

但是根据客观的相当因果关系说或有关因果关系的条件说，预见可能性对于缩小结果加重犯的成立范围起着决定性的作用。客观的相当因果关

---

① 大判 1982. 11. 23. 92 DO 1446。

系说认定因果关系的范围较为广泛。因而缩小结果加重犯范围的决定性作用是由预见可能性来承担。根据条件说基本犯罪和重的结果之间几乎不存在其因果关系被否定的情况。

2. 预见可能性的判断标准

(1) 预见可能性和过失

通说认为存在预见可能性意味着行为人具有对未能预见重的结果的过失。刑法并非规定"因过失导致重的结果时"而是规定"不能预见重的结果时"。这是因为在判断对重的结果的过失问题上预见可能性是核心的内容。在过失犯中注意义务就是预见结果义务和回避结果义务。没有对结果的预见可能性而认定回避结果义务的情况是不存在的,即便是存在预见可能性也未必一定能够认定回避结果的义务。

(2) 预见可能性的判断标准

围绕着应当根据客观的标准还是应根据考虑到行为人注意能力的主观的标准来判断对重的结果的预见可能性,学界存在着意见的分歧。

通说认为应当根据客观的标准判断结果加重犯的过失或预见可能性。其理由是:对于行为人主观的注意能力应在责任的阶段或量刑阶段予以考虑。如果在构成要件符合性阶段起考虑个人的注意能力,就会破坏法律的稳定性;如果把主观的注意义务在构成要件阶段和责任的阶段都予以考虑,那么存在对主观的注意义务进行双重评价的问题。

个别说认为应当根据主观的标准判断结果加重的过失或预见可能性。其理由是:只有在对于基本犯罪中作为主观的构成要件要素的故意和对于重结果的过失予以结合时,即只有在把对事实的认识、容忍这些作为主观的内心状态的故意和主观的过失予以结合时,才能从内容上真正融合到一起。

四 刑法第 15 条第 2 款的适用

刑法第 15 条第 2 款规定:"在因其结果加重刑罚的犯罪中不能预见其结果发生时,不以重的结果处罚。"刑法以此来要求结果加重犯作为一种"故意与过失的结合形态"符合责任主义要求。对结果加重犯加重处罚的理由在于,实施了重结果发生可能性大的基本犯罪的人,由于故意或过失忽视了重结果发生的盖然性而增大了其违法和非难的可能性。

刑法作为结果加重犯的成立要件规定了对重结果的预见可能性。存在对重的结果的预见可能性就意味着因过失没有预见可能发生的重结果,即由于过失导致了重的结果的发生。根据刑法的规定只有对重的结果具有故意或过失才能成立结果加重犯，采用的是行为责任主义而非结果责任主义。

结果加重犯属于故意犯的基本犯罪与发生重结果的过失犯罪（或故意犯罪）结合形态的犯罪，其刑罚比起基本犯罪和对重结果的过失犯（或故意犯）之间的想象竞合犯更重。例如某甲企图伤害某乙向某乙的腿部开枪射击，但是子弹被打偏击中了某乙的心脏致其死亡。如果单纯以伤害既遂（或未遂，处以 7 年以下的惩役）和过失致死罪（处以 2 年以下的禁锢）之间的想象竞合犯处罚，某甲只能被处以 7 年以下的惩役。但是依照刑法的规定某甲的这一行为属于结果加重犯的伤害致死罪（第 259 条），应处以 3 年以上 15 年以下的惩役。也就是伤害致死罪这一结果加重犯，具有把"1 个月以上 7 年以下的刑罚"加重到"3 年以上 15 年以下的刑罚"的意义。

第九节　不作为犯

一　作为和不作为

行为除了区分为故意行为和过失行为之外，还分为作为和不作为。

按照传统的因果性行为论的定义，作为是身体外部积极的动作或举动。大部分的犯罪是由作为方式来构成；而不作为是消极地不做一定的举动。但是不作为不是单纯的不做，而是不做在规范上被期待的行为。也就是说并非存在论中的"无为"（身体的消极停止或物理上的无），而是作为规范论（当为性、价值关系性、法规性）中的"应为而不为"。

二　不作为的行为性

能否把不作为包括在刑法中行为概念当中，这一问题向来是行为论的主要议题。

根据因果行为论，由于作为表现为"举动性"而不作为不具有举动性，无法定义同时包容作为和不作为的行为概念。根据目的行为论由于不作为不具有支配行为的机能，也无法把不作为包括在目的性行为的概念里。只有根据把行为理解为规范性法律概念的社会行为论，才能正确把握不作为的行为性。

根据目的性社会行为论（通说），不作为根据法律期待性行为这一规范性价值判断要素成为"具有重要社会性的人的形态"，与作为一起共同构成行为的两种基本形态。

三　不作为犯的种类

（一）不作为犯

不作为犯是指不为法律规范要求的一定的作为而成立的犯罪。

作为犯是属于积极地违反禁止规范的情况，而不作为犯是消极地违反要求规范（命令规范）的情况。

（二）不作为犯的种类

通说认为按照刑法规定的形式区分为真正不作为犯和不真正不作为犯。

1. 真正不作为犯

真正不作为犯，是指在刑法的构成要件上以不作为的形式规定的犯罪，即构成要件只能由不作为才能实现的犯罪。

2. 不真正不作为犯

不真正不作为犯，是指在刑法的构成要件上以作为的形式规定的犯罪但实际上以不作为方式实施的情况。即以不作为实现作为犯构成要件的情况。

不真正不作为犯是以违反要求规范来侵害禁止规范的不作为犯，是侵害双重规范的犯罪。刑法第 18 条对不真正不作为犯做出规定：（不作为犯）"……因自己的行为引起危险发生原因的人没有防止其危险发生的，应依其发生的结果予以处罚"。

四　不真正不作为犯

要成立不真正不作为犯，应具备以下要件。

（一）处于保证人的地位

刑法第 18 条规定：（不作为犯）"负有防止危险发生的义务或因自己的行为引起危险发生原因的人没有防止其危险发生的，应依其发生的结果予以处罚"，以此阐明了只有负有防止危险发生义务之人的不作为，才能满足不作为犯的构成要件。在这里，不作为犯的"作为义务"是法律义务。因其不作为犯的身份性要素，才与适用于所有人的过失犯的"注意义务"有区别。

1. 保证人地位与保证人义务

（1）保证人说

德国的纳格勒（Nagler）在 20 世纪 30 年代提出了保证人说并为解决不真正不作为犯的问题做出了很大贡献。根据此说不真正不作为犯中的构成要件性行为并非具有因果关系的所有不作为，而是只限于处在应防止法益侵害结果发生的法律地位的人即保证人的不作为。因而处于保证人的作为义务即保证义务是因果关系之外的一个构成要件要素。在不真正不作为犯中保证义务的体系性地位，不属于以往违法性要素说所主张的违反注意义务这一违法性问题，而是构成要件符合性的问题。纳格勒把保证人这一法律价值性概念引入到犯罪论体系中并使之成为构成要件要素，以便能够从构成要件符合性阶段处理不真正不作为犯问题。

例如在一个婴儿被饿死的情况下，事实上没有防止这种犯罪结果的不作为人是较多的。这里既包括婴儿的父母还包括左邻右舍以及过路人等，因为他们都没有对婴儿授乳。所以也许能够认定他人没有防止婴儿被饿死这一犯罪结果发生的不作为。即便如此，也不能判断这些人的不作为都符合于构成要件。这是因为只有处于保证其婴儿不被饿死这一法律地位的人（保证人）才属于刑法中的作为义务人而负有授乳义务，也只有这一保证人的违反作为义务的行为才具有构成要件符合性。因而在不真正不作为犯中如果存在符合构成要件的违反作为义务的行为，只要没有特别的阻却违法性事由就具有违法性（即构成要件符合性的推定违法性功能)[1]

（2）二分说

二分说是威尔哲尔等学者对保证人说进行修改的理论。根据该说保证义务从构成要件中分离出来成为违法性要素，其保证人的地位仍然属于构成要件性要素。其理由是，纳格勒的保证人说把保证人地位和作为其前提的保证义务都解释为不真正不作为犯的构成要件要素。但是在作为犯中法律义务并不是构成要件要素（其他的法律义务都在违法性领域中论及），而在不作为犯中把保证义务（即作为义务）解释为构成要件要素是不合理的。威尔哲尔等人区分保证人地位和作为其基础的保证义务（即作为义务），认为保证人地位是不真正不作为犯的构成要件要素，但是保证义务属于不真

---

[1] 郑永锡：《刑法总论》（第 5 全订版），法文社，1987，第 107 页。

正不作为犯的违法性要素。二分说是目前韩国学界的通说。

2. 保证义务的来源

根据其形式性法源，保证人的作为义务来源于：①法令；②契约；③条理；*④先行行为。

（1）法令 包括在民法中亲权人的保护义务（民法第913条）、亲属间的相互抚养义务（民法第974条），在行政法中的警察官的保护措施义务（如警察官执行职务法第4条），在刑法中看守、护送的人员对被拘禁的人的看守义务（刑法第148条）、管理他人事务的人的管理义务（刑法第355条第2款）等。

（2）契约 根据契约负有养育或保护义务的情况下，也发生作为义务。例如基于雇佣契约雇佣人的保护义务，护士对患者的看护义务等，信号员在职务上的义务。

（3）条理 通说认为除了法令、契约之外还可以根据社会常规或条理发生作为义务。例如对同居的雇佣人的雇佣主的保护义务，管理人的防止危险发生的义务，对标的物的瑕疵依信用原则的告知义务等。

（4）先行行为 因自己的行为引起结果发生的危险性的人，负有防止其结果发生的法律义务（刑法第18条后段）。例如以汽车撞伤他人而引起其生命危险的人，负有防止其死亡的义务；错误地监禁他人的人，负有将其释放的义务。

3. 保证人地位的内容

根据其实质性功能，保证人的地位分为"依保护义务的保证人地位"和"依安全义务的保证人地位"两种。

（1）依保护义务的保证人地位

第一，家属性保护关系，产生保证人义务的最强有力、最明确的根据就是像家属一样的自然结合体。因此家属之间互相负有防止生命与身体危险的义务。

第二，紧密性共同关系，例如登山队的负责人处于必须保护因健康原因无法继续爬山的队员的保证人地位。

第三，保护功能的接受，例如游泳教师或带领游人进行危险旅游的导游分别处于对学习游泳的学生和游客的保证人地位。

（2）依安全义务的保证人地位

第一，先行行为。因自己的行为引起结果发生的危险性的人，处于负有防止其结果发生的义务的保证人地位。

第二，危险源的监督。例如危险物品、设施、机械或者动物等的所有人和占有人，处于负有避免来自上述危险源的危险侵害他人法益的（监督）义务的保证人地位。

第三，对他人行为的监督。例如父母负有对未成年子女的监督义务、教师负有对学生的监督义务等。在这里父母和教师分别对未成年子女和学生处于保证人的地位。但是这种对第三人行为的监督义务，是限于该第三人自己不能做出有责任的行为且对其的监督依法所需的情况。①

（二）作为的（防止结果）可能性

"法律不能强人所难。"为了成立不真正不作为犯除了保证人地位之外，还应具有凭借作为防止结果的可能性。作为义务也是义务，义务只有在其可能的范围内才具有作为义务的意义。因此限于有可能防止的情况，才会发生违反作为义务的问题。

（三）不作为的同价值性

根据保证人说的首倡人纳戈勒的主张，违反保证义务的保证人的不作为与作为犯共同置于构成要件中。因此其同价值性的判断被包含在是否违反了保证义务，不需要另外的同一价值性判断。

但是通说认为，在能够以不作为方式实现作为犯的构成要件如杀人罪、伤害罪、放火罪等单纯的结果犯中，其同价值性以保证人的地位即作为义务和作为可能性的问题来处理的，故不需要另外的判断。但是只有以一定的行为方式来实现才能具有构成要件符合性的犯罪如诈骗罪、侮辱罪等，只有在其被评价为这种特定的行为方式是由不作为同一价值来实现时才能成为不作为犯罪。例如在诈骗罪中依不作为的欺骗行为应能够得到与以语言、举动等作为的欺骗行为方式同一价值的评价。

（四）故意

在不真正不作为犯中，故意应当包括对于作为客观的构成要件要素的保证人地位的认识和对于发生结果盖然性以及防止结果可能性的认识。不仅在确定的故意而且在未必的故意中，均可以成立不真正不作为犯。

---

① 李在祥：《刑法总论》（第 5 补订版），博英社，2005，第 130 页。

第十节　同时犯

一　同时犯

同时犯又称为独立行为的竞合，是指没有意思联络的数个人的行为关联到所发生同一个结果的情况。例如甲、乙、丙三人在没有相互意思联络的情况下各自以杀害意思向 A 开枪射击，其中的一发子弹击中 A 致其死亡。

刑法第 19 条以"独立行为的竞合"、第 263 条以"同时犯"等标题规定了同时犯。刑法第 19 条规定："（独立行为的竞合）同时或异时实施的独立行为之间发生竞合，而作为导致其结果的原因行为未能判明时，对各行为以未遂犯处罚。"第 263 条规定"（同时犯）在独立行为之间发生竞合导致了伤害结果而无法判明其原因行为时，依照共同正犯之例"。

同时犯是在犯罪人相互之间没有意思联络，数个行为偶然的同时或异时实施导致了结果发生的情况。因此各行为人各自承担单独正犯的责任，不是承担共同正犯的责任。所以同时犯不能像共同正犯那样适用"部分实行、整体责任"的原理，而是适用只对自己行为和因此而发生的结果承担责任的"个别责任"的原理。

二　同时犯的成立要件

在同时犯中要适用第 19 条的规定，应当具备以下要件：第一，行为的主体是多数的，但行为的客体是同一的；第二，犯罪人之间没有意思联络；第三，同时或异时的独立行为发生了竞合；第四，作为原因的行为未能判明。

1. 行为的主体是多数的，但行为的客体是同一的

同时或异时的独立行为要发生竞合，行为的主体应为 2 人以上。因为如果 1 人实施了同时或异时的行为不涉及独立行为的竞合，而是使该行为人承担对发生结果的责任就可以了。

独立行为应当是针对同一的客体，数个独立行为在针对相互不同的客体时只追究行为人各自的罪责，无须论及独立行为的竞合。这里的客体不是指物理上的客体而是社会性、规范性意义上的客体。

2. 犯罪人之间没有意思联络

在犯罪人之间具有意思联络的情况下成立共同正犯，根据"部分实行

整体责任"的原理，所有犯罪人对结果承担责任。因而此时不存在适用同时犯规定的余地。

3. 同时或异时的独立行为发生了竞合

这里所说的"发生竞合"，是指同时或异时的数个独立行为发生了同一的犯罪结果。例如甲和乙出于杀害丙的目的在异时和异地没有相互的意思联络而各自向丙投毒致其死亡。这就是同时或异时的独立行为发生了竞合。从这一事例来说同时犯不仅不需要时间上的同一性而且也不需要场所的同一性。

4. 作为原因的行为未能判明

同时或异时的独立行为发生竞合时对各行为以未遂犯论处，这是限于其作为导致结果的原因行为未能判明的情况。在作为原因的行为被判明的情况下，只有实施其原因行为的人对结果承担责任，其他犯罪人不承担既遂的责任。

但是，至少应当能够认定独立行为发生了竞合而且由其行为的全部或部分发生了结果。因此，如果独立行为的存在本身不够明确或难以认定由竞合的独立行为发生了结果，就没有适用刑法第 19 条规定的可能。

三　同时犯的效果

1. 同时犯的处罚原理（刑法第 19 条）

独立行为竞合而且发生了结果，但是在作为原因的行为未能判明的情况下对各行为人以未遂犯处罚。这也是"存有怀疑时有利于被告人"原则的反映。

例如甲和乙以杀害丙的目的同时或异时没有相互的意思联络而各自向丙实施了杀害行为致丙死亡。由于甲和乙属于单独犯的并列关系，根据刑事责任的个别化原则应当对各行为个别审查其对结果的因果关系。但是在作为发生结果的原因行为未能判明的情况下，即在未能判明甲和乙的行为中由哪个行为引起了丙死亡的结果时，就发生如何确定甲和乙刑事责任的问题。如果作为发生结果的原因行为尚未明确而把两者的行为都认定为对结果的原因行为（即对甲和乙均认定杀人既遂的责任），是很不合理的。因为任何行为在没有与作为犯罪要素的危险发生相连接时，不能因其结果受处罚（刑法第 17 条）。而且这种情况不是共犯关系，不能对甲和乙的行为统一地审查因果关系（如果甲和乙属于共犯关系，甲和乙就当然要承担杀人既遂的责任）。

2. 伤害同时犯的特例 （刑法第 263 条）

刑法第 263 条规定，对于伤害罪的同时犯依照共同正犯之例处罚。例如甲和乙以伤害的意图没有相互的意思联络而同时向丙投掷了石头致丙受伤。此时，如果未能判明甲和乙的行为中由谁的行为发生了伤害结果，那么甲和乙都要承担伤害罪既遂的责任。

判例对于刑法第 263 条规定不仅适用于伤害罪而且适用于暴行致死伤罪、伤害致死罪的同时犯，但是认为不能适用于强盗伤害·致伤罪、强奸伤害·致伤罪、过失致死伤罪等具有与伤害罪或暴行罪不同保护法益的犯罪。

第四章

违法性

第一节　序说

一　违法性

1. 违法性的含义

违法性是指符合构成要件的行为与整个法秩序之间的矛盾或冲突的关系。即违法性是在整个法秩序的立场上，对行为做出的客观而否定的价值性判断。

2. 违法性与不法

在德国有些学者对违法性与不法予以区别，认为违法性是质的、关系的概念，而不法是量的、实体的概念。韩国的多数学者也采纳了这种观点。例如杀人行为和盗窃行为在具有违法性这一点上认识是相同的，但是杀人行为的不法大于盗窃行为的不法。

但是在韩国的现实生活中违法与不法这两个概念几乎被作为同一用语使用。"不法行为"或"不法停车"这些语言中的不法并非是上述刑法学者们所说的不法概念，而是与违法相同的概念。在日常生活中"违法停车"这一用语几乎无人使用，较多使用的却是"违法性更大"或"其行为是不法"等语言。这些事实说明，违法性不仅作为关系概念使用而且也以实体的概念使用；不法不仅作为实体概念也当作关系概念使用。因此，在韩国非要区分违法与不法这两个概念的意义就不存在了。[1]

二 体系性地位

（一）与构成要件的关系

构成要件属于违法行为的类型，故如果符合构成要件就具备了违法性的实体。因而虽然对于构成要件与违法性的关系存在着认识根据说（三阶段犯罪体系论）和存在根据说（二阶段犯罪体系论）之间的对立，但是符合构成要件的行为原则上是违法的，所以刑法也只规定了在例外的条件下排除违法性的阻却事由。

（二）与责任的关系

构成要件和违法性都是对行为的一般的、客观的社会性评价，责任却是对行为人的具体的、主观的个体性评价。

三 关于违法性的基础理论

围绕着"何为违法性"这一违法性的本质问题，早就存在着理论的争议。首先体现为形式的违法性论与实质的违法性论的对立，其后是主观的违法性论和客观的违法性论之间的争议；近来表现为结果无价值论与行为无价值论之间的争议

（一）违法性的本质（判断标准）

1. 形式的违法性论

形式的违法性论，把违法性的判断标准置于法律的形式性特征上，被称为实定法主义（或成文法主义）。形式的违法性论主张违法性是因违反潜在于刑法背后的禁止规范或命令规范而法律不容许的性质，因而形式的违法性论者所主张的违法性被称为形式的违法性。形式的违法性论虽然对法律的解释和适用来说是有用的理论，但是对于立法来说是无法适用的理论。因为在禁止或者允许某种行为时应当具有其明确的理由或根据，但是形式的违法性论无法对此做出任何解答。

构成要件是违法行为的类型，因此可以推定符合构成要件的行为暂且是违法的。在判断构成要件符合性阶段，这种构成要件符合性行为的违法性就是形式的违法性。

---

[1] 吴永根：《刑法总论》（第 2 版），博英社，2009，第 134 页。

2. 实质的违法性论

实质的违法性论，是试图根据实质性的标准来判断违法性的学说。即实质的违法性论企图具体阐明违法性的本质，也就是在某种行为为合法而其他行为为违法的情况下，要阐明其理由或根据是什么。历史上存在过法益的侵害或威胁说、文化规范违反说、社会相当性说、偏离社会相当性的法益侵害或威胁的二元说等的对立。因而由实质性的标准来判断的违法性称为实质的违法性。

韩国的通说认为在判断违法性阶段，违法性的本质应当是实质的违法性。刑法第 20 条规定"……不违背社会常规的行为不予处罚"是认定阻却违法性事由时来源于社会常规这一社会规范，因而实质的违法性就是意味着违反了社会常规；也认为与威尔哲尔的社会的相当性理论是一致的。①

（二）违法性的判断方法

1. 主观的违法性论

主观的违法性论认为因为法律是意思决定或命令的规范，法律只有对能够理解其意义、内容的人才为合理，而且只有在主观上违反义务规范时才是违法。

因而某种行为要成为违法，应当是基于具有责任能力人的故意或过失。无责任能力人的行为是无法律意义的自然现象，谈不上违法与合法的问题。因此不存在违法性的问题。

2. 客观的违法性论

客观的违法性论认为法律是客观的评价规范，客观上与法秩序不一致的行为都是违法。在违法性的判断上不能问责任能力的有无或大小。因而只要是客观上不被法律容许的行为都具有违法性。

区分违法性的判断方法，其意义主要体现在正当防卫。即针对无责任能力人的"现实而不当的侵害"。根据主观的违法性论正当防卫是不允许的，而根据客观的违法性论正当防卫是允许的。

主观的违法性论和客观的违法性论，属于规范的本质论意义上的分类，与主观主义和客观主义没有关系。违法性是对行为客观的、一般的社会性评价，在主观的违法性论和客观的违法性论中，客观的违法性论更为合理。在韩国如今没有支持主观的违法性论的学者。

---

① 李在祥：《刑法总论》（第 5 版补订版），博英社，2005，第 205 页。

（三）结果无价值和行为无价值论

关于实质的违法性，违法性的实质在于行为无价值还是在于结果无价值就成为问题。结果无价值是重视行为引起的法益的侵害或危险这一犯罪结果做出的否定性价值判断；行为无价值是重视行为的意义并根据其反伦理性做出的否定性价值判断。

1. 结果无价值论和行为无价值论

（1）结果无价值论

贝林格、李斯特、麦兹格等刑法学者认为违法性的实质在于法益的侵害。例如根据李斯特的主张实质的违法性是，侵害法律规范保护的生活利益与规律共同生活的法秩序目的之间的矛盾。结果无价值论就是把违法性的实质放到法益的侵害或危险中去寻找，只重视在客观、外形上所引起的犯罪结果从而理解违法性的观点。结果无价值论的优点在于，可以对违法性的评价赋予客观的、实体的价值标准。也就是以具有客观而外形的结果作为违法性评价的中核，对于面对统一的价值标准已土崩瓦解、价值理念趋于多样化的现代刑法来说，相对更能保障其客观性。

因而只以法益侵害性乃至结果无价值已无法全面地评价违法性。也就是发生了法益侵害的结果，那么在判断其是否符合社会常规或刑事制裁的发动是否妥当的问题上，不能单靠法益的大小、实害的程度以及危险性等结果无价值的侧面做出评价。应当同时考察引起结果的行为样态、加害行为的目的在社会生活中的合理性能否得到肯定、在引起法益侵害或危险中选择的具体手段以及事后行为人对被害人做出何种补救等诸多情况，还应考虑到评价行为是否脱离了社会生活的一般观念所认定的合理性标准等行为无价值的侧面。

（2）行为无价值论

行为无价值论是目的行为论的首倡人威尔哲尔提出"人的不法"概念的结果。威尔哲尔主张"不法"不仅仅限于行为人引起的犯罪结果即法益侵害，而且行为也不是只作为一定行为人的行为才违法。行为人对其客观的行为设定了何种目的或实施了何种目的性活动，行为人以何种意义实施了其行为，在其情形下行为人负有何种义务，等等，这些情况与法益侵害一起决定着其行为的违法性。法益的侵害在大多数的犯罪中虽然属于本质的东西，但其不过是违法行为中的个别性要素，只有在人的违法行为中才能具有意义。因此人的无价值（即行为无价值）才是所有犯罪中共同的无价值。行为无价值论就是把违法性的实质与行为的目的、样态与手段相联系从而理解违法性的观点。

威尔哲尔把不法视为人的不法即人的无价值，亦即行为无价值，也就是说不法是与一定行为有关的人的行为无价值。即便如此，作为结果的法益侵害或危险也不是与行为无关的。作为结果的法益侵害或危险是人的不法行为的一部分，即结果无价值是行为无价值的内部的个别性要素。可以看出，威尔哲尔虽然提倡了行为无价值论但并没有完全扬弃结果无价值论。

（3）一元的不法论

个别学者站在目的行为论的立场，机械地坚持和发展人的不法论，主张判断是否不法只能根据行为无价值，结果无价值无非是单纯的处罚条件。这种行为无价值论在理论上被称为一元的不法论。

（4）二元的不法论

进入80年代以后，德国的多数学者以社会的行为论得出的结论是：要成立不法，应当同时具备行为无价值和结果无价值。

第一，是把从前行为无价值和结果无价值的对立提升为更高的层次并且以规范逻辑的观点将其结合起来，主张为了认定不法同时需要行为无价值和结果无价值的观点。

第二，该说认为一个规范具有作为意思决定规范和作为评价规范的双重作用。作为意思决定规范的作用来源于行为无价值，作为评价规范的作用来自结果无价值，故只有同时具备行为无价值和结果无价值才能成立不法。

目前韩国学界的通说是二元的不法论（即以人的不法论为基础的二元主义）。

2. 结果无价值和行为无价值的内容

（1）结果无价值的内容

第一，对保护法益的侵害；第二，对保护法益的危险；第三，对法益平稳状态的扰乱。

（2）行为无价值的内容

第一，在客观的要素中包括客观的行为要素即行为的手段、状况以及客观的行为人要素即身份等；第二，在主观的要素中包括主观的行为要素即故意以及主观的行为人要素即目的等。

四　阻却违法性事由的原理

（一）含义和种类

1. 阻却违法性事由的含义

阻却违法性事由，是符合构成要件的行为在一定的条件下其违法性被阻却而评价为合法的特别事由。

符合构成要件的行为原则上是违法的，只是例外地在具有阻却违法性事由的情况下不违法。刑法对于构成要件符合性行为在特殊情况下是允许的，理论上称之为阻却违法性的事由或排除违法性的事由。由于符合违法性阻却事由的行为正当而不违法，因此阻却违法性事由也被称为正当化事由。在阻却违法性事由中的阻却、排除或正当化，并不是指事后除去违法性，而是指一开始不存在违法性。

2. 阻却违法性事由的种类

韩国现行刑法所规定的阻却违法性事由有：

（1）正当行为（第20条）；（2）正当防卫（第21条）；（3）紧急避难（第22条）；（4）自救行为（第23条）；（5）依被害人的承诺的行为（第24条）；（6）分则中损毁名誉罪的违法性阻却事由（第310条）等。

（二）阻却违法性的根据

对于符合构成要件的行为不会变为违法的根据，存在着一元说和多元说的对立。一元说认为存在对所有阻却违法性事由共同适用的根据；多元说认为阻却违法性的根据因多个阻却违法性事由而有所不同。

1. 一元说

一元说主张存在对所有阻却违法性事由共同适用的根据，包括目的说和利益衡量说。

（1）目的说

目的说认为在国家的共同生活中，符合构成要件的行为如果是为实现正当目的之相当的手段就不属于违法。根据目的说行为人只有具有正当的目的才能阻却违法性，故原则上行为人只有具有主观的正当化要素才能阻却违法性。但是目的说因使用正当的目的、相当的手段这些模糊的概念，陷入了"不违法的行为阻却违法性"的逻辑循环论的矛盾。

（2）利益衡量说

利益衡量说认为，为了保护相对较大的利益侵害相对较小利益是正当的。根据利益衡量说由正当行为来保护的利益在本质上应大于被正当行为所侵害的利益。但利益衡量说不能回答在无法衡量利益情况下（例如一个人的生命和十个人生命的比较）的问题及在正当防卫中要保护的利益可能小于被侵害的利益情况下的问题。

2. 多元说

多元说主张不存在对所有阻却违法性事由共同适用的根据，而是阻却违法性的根据因多个阻却违法性事由而有所不同。

多元说目前在韩国为通说。① 多元说认为依法令的行为和因业务的行为是因其依据的法令、正当防卫因其紧急性、紧急避难和自救行为因紧急性和优越的法益保护、依被害人承诺的行为是因其没有要保护的法益而阻却违法性。或者认为正当行为、正当防卫、依承诺的行为根据目的说没有行为不法（无价值）而阻却违法性；紧急避难、自救行为根据利益衡量说没有结果不法（无价值）而阻却违法性。

大法院的判例持有多元说的立场。②

第二节　正当行为

一　正当行为

（一）含义

正当行为，是指因没有违背社会常规在国家与社会生活中被视为正当的行为。而社会常规是一般人在正常的社会生活中认为正确而正常的行为规则。

（二）法律性质

1. 超法规违法性阻却事由的法规化

正当行为把原本作为超法规阻却违法性事由的"社会常规"法规化，规定了广义的阻却违法性事由。

2. 阻却违法性事由的补充性规定

正当行为对于个别的阻却违法性事由具有补充的性质。反过来说个别

---

① 吴永根：《刑法总论》（第2版），博英社，2009，288页。
② 要认定正当行为，应当具备以下条件：第一，行为的目的和动机的正当性；第二，行为的手段或方法的相当性；第三，保护利益和侵害利益间的法益均衡性；第四，紧急性；第五，没有其他手段或方法的补充性。（大判 2000.4.25，98DO2339）

的违法性阻却事由就是正当行为的特则。

（三）刑法第 20 条的结构

刑法第 20 条规定：（正当行为）"依法令的行为、因业务的行为以及其他不违背社会常规的行为，不受处罚"。刑法以此来提示，正当行为其违法性被阻却而不成立犯罪。正当行为包括依法令的行为、因业务的行为以及不违背社会常规的行为。

二 依法令的行为

依法令的行为，是指以法令为根据实施的所有行为，包括公务员执行职务的行为在内的一切依照法令作为权利或义务所实施的广义上的行为概念。依法令的行为即使是侵害他人法益的构成要件符合性行为，也阻却其违法性。

依法令的行为包括以下几种类型。

（一）公务员的执行职务行为

公务员的执行职务行为分为直接依法令根据实施的执行职务和依具有权限的上司命令实施的执行职务。

前者要阻却违法性，其行为应当符合以下要求：第一，属于公务员职务范围内；第二，符合作为执行职务根据的法令所规定的要件；第三，遵从法定的程序。超过这种限制的职务执行行为不阻却违法性。

后者要阻却违法性，以其上司的命令是依职务下达而且是合法的。没有义务服从上司违法的命令，即使上司的命令具有绝对的约束力但执行违法命令的下属行为还是违法的，只是可以阻却责任。

（二）惩戒行为

依法令的惩戒行为，有亲权人的为保护或教育子女的惩戒（民法第 915 条）、中小学校长根据教育的需要可以对学生实施的惩戒（中小学教育法第 18 条第 1 款、中小学教育法施行令第 31 条第 7 款）、少年院院长在被收容的少年违反规律时可以实施的惩戒（少年院法第 15 条）等。

作为惩戒手段有训诫、禁止外出、中断共食等，但最大的问题是使用暴力的"肉体性惩戒"即能否允许亲权人或教师的"体罚"。肉体性惩戒在以下严格的条件下是被允许的：①作为主观的要件以教育或训育的目的实施；②作为客观的要件，第一，以其他的惩戒手段已无法达到其目的；第二，在必要的下限度内实施；第三，应当是与惩戒对象的非行程度、年龄、性别、健康、体力相适应的惩戒。

判例对于教师的体罚其没有超过暴行范围的认定为阻却违法性，达到了伤害程度的认定为违法。[①]

（三）私人拘捕现行犯的行为

刑事诉讼法第212条规定："任何人都可以无须令状拘捕现行犯。"因而私人拘捕现行犯的行为属于依法令的行为阻却违法性。

此时，被允许的行为限于为了拘捕现行犯所直接必要的行为。即为拘捕抵抗犯人的暴力使用或胁迫行为、至移交给警察官为止的拘捕、监禁行为等。大法院判例对于私人拘捕现行犯的行为，其阻却违法性的要件规定为：第一，行为的可罚性；第二，犯罪的现行性、时间的接洽性；第三，犯人和犯罪的明确性；第四，拘捕的必要性，即逃逸或毁灭证据的可能。

私人为了拘捕现行犯侵入他人居住的行为，属于超过其限度的行为，是违法的。

（四）人工流产行为

母子保健法第14条规定，本人或配偶具有优生学或遗传学上的事由或因强奸、准强奸怀孕或者法律上不准婚姻的血亲或姻亲之间怀孕，或者如果继续怀孕就因保健学上的原因所致会严重危害母体健康等情况，大夫可以经过本人或其配偶的同意进行人工流产手术。因而依据此规定进行的人工流产手术，即使符合刑法中堕胎罪（第270条第1款）的构成要件但阻却违法性。

（五）监护精神病人的行为

轻犯罪法第1条第31项规定，负有义务监护有可能实施危险行为的精神病人的人，如果没有照顾好精神病人使其走出房屋或离开监护设施活动的，处罚监护人。因此监护义务人监护精神病人的行为即使符合刑法中监禁罪（第276条）的构成要件，但阻却违法性。

（六）摘出器官行为

从脑死者、活人或死亡人身上摘出器官的行为，符合刑法中杀人罪（第250条）、同意杀人罪（第252条第1款）、（重）伤害罪（第257条、

[①] "中学校长的职务代行人以训诫的目的对违反校规的学生打了几个耳光，就其程度从监护教育的角度看作为惩戒的方法不能认定其为社会观念上能够成为非难对象的违反社会常规的行为。因而不能成为处罚的对象。"（大判1976.4.27，75DO115）

第 258 条）尸体领得罪（第 161 条）的构成要件。但是根据《关于移植器官等的法律》第 18 条规定阻却违法性。

（七）劳动争议行为

由宪法第 33 条第 1 款保障而且依照《劳动组合及劳动关系调停法》所实施的劳动争议行为，即使符合刑法中妨害业务罪（第 314 条第 1 款）的构成要件，但阻却违法性。

劳动争议行为的目的应当在于劳动条件的维持与改善以及提高劳动者的经济与社会地位，只允许罢工、怠业或封闭职场等由《劳动组合及劳动关系调停法》所规定的手段（第 2 条、第 6 条），禁止暴力或破坏行为（第 4 条但书）。

（八）集会及示威行为

由宪法第 21 条第 1 款保障并且依照《关于集会及示威的法律》实施的集会及示威行为，即使符合刑法中骚扰罪（第 115 条）和妨害交通罪（第 185 条）的构成要件，但阻却违法性。

三、因业务的行为

（一）大夫的医疗行为

1. 含义和成立要件

大夫的医疗行为，是指在主观上出于医疗的目的、客观上依照医术法则实施的侵害身体的行为。其成立要件包括：第一，医疗的目的；第二，医术的法则；第三，侵害身体的行为。

2. 体系性地位

（1）正当行为说

正当行为说认为大夫的医疗行为虽然符合伤害罪的构成要件，但是作为因业务的正当行为阻却违法性。该说属于多数说，大法院的判例也持有相同的立场。

（2）依被害人承诺行为说

该说主张大夫的医疗行为虽然符合伤害罪的构成要件，但作为依被害人承诺的行为阻却违法性。

（3）排除构成要件符合性说

排除构成要件符合性说认为增进健康的成功的医疗行为不符合伤害罪的构成要件。即使是失败的医疗行为，如果在主观上存在医疗意思客观上依照医术法则行使，那么不具有构成要件符合性。

（二）律师或神职人员的业务行为

律师即使在法庭上出于辩论的需要实施损毁名誉罪（第307条第1款）等符合构成要件的行为，但作为因业务上的行为阻却违法性。

神职人员为了保守在苦海省事中所了解或知道的业务上的秘密，没有向侦查机关检举或者默认其犯行的行为，作为因业务的行为阻却违法性。因此不构成国家保安法第10条规定的不告知罪，但是判例认为神职人员积极地实施隐匿犯人或帮助犯人逃匿的行为，不阻却其违法性。

（三）运动竞技行为

在职业拳击或摔跤等危险的运动竞技中既然没有违反比赛规则，那么伤害或致死比赛的对方等法益侵害行为是被允许的。对此，少数说认为运动竞技是具有社会相当性的行为，应认定其作为被容许的危险行为排除构成要件符合性。

但是多数说认为如果不遵守一定的竞技规则就会受处罚。在运动竞技中伤害或致死比赛对方的行为作为因业务的行为，阻却违法性。

四 不违背社会常规的行为

（一）社会常规的含义

社会常规，是指一般人在正常的社会生活中认为正确而正常的行为规则。

（二）社会常规的判断标准

1. 学说的观点

通说认为，应当以法益的均衡性以及目的、手段的正当性作为判断行为是否违背社会常规的标准。

2. 判例的立场

大法院对于行为是否违反社会常规的标准，在判例中明示："第一，行为的目的和动机的正当性；第二，行为的手段或方法的相当性；第三，保护利益和侵害利益间的法益均衡性；第四，紧急性；第五，没有其他手段或方法的补充性。"①

---

① 大判2000.4.25，98DO2339；大判1983.3.8，82DO3248.

（三）社会常规和社会相当性理论

1. 社会相当性理论

社会相当性理论是由德国的学者威尔哲尔提出的。根据此理论就像小偷小摸行为、为了一时娱乐的赌博行为、轻微的暴力行为等，因为其属于在历史上形成并在正常的生活秩序内的行为，一开始不具有构成要件符合性，并非虽然符合构成要件但阻却违法。

2. 与社会常规的关系

社会相当性和社会常规，在实质内容上没有多少差异。但是，社会相当性与社会常规在形式上存在以下区别：第一，在历史沿革上看，社会相当性是德国刑法的理论。但社会常规是韩国刑法中的理论。第二，社会相当性属于排除构成要件符合性事由，但社会常规是阻却违法性的事由。

根据社会相当性理论，就像小偷小摸行为、为了一时娱乐的赌博行为、轻微的暴力行为等在历史上形成并在正常的生活秩序内的行为，是符合社会相当性的行为，不具有构成要件符合性。而根据社会常规理论上述行为不违反刑法第 20 条规定的'社会常规'，因而虽然具有构成要件符合性但阻却违法性。例如偷拿他人几根钉子的行为，根据社会相当性理论因为该行为符合社会相当性，不具有盗窃罪的构成要件符合性。而根据社会常规理论因为该行为是不违反社会常规的行为，因而虽然符合盗窃罪的构成要件但阻却违法性。

（四）行为类型

1. 安乐死

所谓安乐死，通常是指对于因患有不治之症而临近死亡并被病痛严重折磨的患者，为了去除或减轻其痛苦所采取的医疗性措施带来缩短生命结果的情况。

以前一些学者主张，安乐死虽然带来生命的缩短但如果具备了一些严格的要件，那么即使符合嘱托·承诺杀人罪（刑法第 252 条第 1 款）的构成要件，但其属于不违背社会常规的行为阻却违法性。这些要件应当包括：①从现代医学的角度来说患者因为患有不治之症临近死亡；②患者的肉体性痛苦异常，但不包括精神上的痛苦；③原则上存在患者真挚的嘱托或承诺；④实施安乐死的目的是为了去除或减轻患者肉体上的痛苦；⑤原则上应当由大夫实施；⑥在伦理性立场上应当以妥当的方法实施。

近些年来，通说和判例把安乐死的类型分为消极的安乐死与积极的安乐死来认定是否阻却违法性。也就是由于临近死亡在现代医学的见地对于患有不治之症尤其是处于植物人状态的患者，大夫不采取维持生命所必要的医疗性措施或者去除已经安装使用的维持生命的人工设备。在大夫不履行治疗义务的意义上称为"消极的安乐死"或"依不作为的安乐死"。通说和判例认为在消极的安乐死中尊重患者的自己决定权，患者尊严死（自然死）的权利阻却违法性。因而消极的安乐死是不违背社会常规的行为，属于嘱托、承诺杀人行为其违法性被阻却的典型类型。另一方面，虽然以缓和痛苦为目的但是其方法以"积极的措施"（作为）实施的安乐死被称为积极的安乐死。多数说和判例否定积极的安乐死是不违背社会常规的行为，因此不阻却违法性。积极的安乐死是否阻却违法性这一问题，是如今的各国刑法中争议的热点之一。

2. 轻微的侵害法益行为

对于在食品商店未经店主的同意偷吃一两颗花生豆等轻微的侵害法益的行为，有意见认为不具有盗窃罪的构成要件符合性。但是通说认为轻微的侵害法益的行为虽具有盗窃罪的构成要件符合性，但因其属于不违背社会常规的行为，阻却其违法性。

第三节　正当防卫

一　正当防卫

正当防卫，是指为了防卫对自己或他人的法益发生现在不当侵害而实施的具有相当理由的行为。（刑法第 21 条第 1 款）。

正当防卫是对不当侵害的正当化行为，因此其本质表现为"正对不正"的关系。在这里，由"正当的行为无须与不当行为妥协"的基本思想所支配。基于这一点正当防卫比起其他的阻却违法性事由较广范围地适用。

二　正当防卫的正当化根据

正当防卫属于阻却违法性事由，其正当化根据是"保护自己的原理"以及"守护法秩序的原理"。

1. 保护自己的原理

保护自己的原理，是指基于保护自己和宗族的本能即自卫本能的"个人"层面的自然权，被称为正当防卫权。这种原理只允许对个人法益的正当防卫，原则上不允许对国家和社会法益的正当防卫。

2. 守护法秩序的原理

守护法秩序的原理，是指对于不法以守护法律、惩罚不义来伸张正义的"社会"层面的理念。在这里"正当的行为无须与不当行为妥协"的思想在起作用。

三　正当防卫的成立要件

正当防卫的成立要件包括：第一，存在现在不当的侵害；第二，为了防卫自己或他人法益的行为；第三，具有相当的理由。这三个要件可以表述为以下三个方面的要件：有关"侵害行为"的要件、有关"防卫行为"的要件、有关两者"关系"的要件。

（一）存在现在不当的侵害

1. 侵害

侵害，是指对法益的攻击。这里的侵害应当是作为"人的行为"实施。不是人的行为而是因"自然灾害"的侵害不属于违法性判断的对象，不能成为正当防卫但可以成为紧急避难的问题。

在古典型犯罪体系中允许对动物实施的"对物防卫"，但是在提出人之不法论的目的型犯罪体系以后认为只有人才能实施不法行为，故一般否定"对物防卫"。具体地说，第一，如果其动物是野兽属于无主物，那么对动物侵害的反击行为属于刑法领域之外的问题；第二，如果其动物属于有主物，是由其物主的故意或过失引起的，那么对动物侵害的反击行为成为对物主故意或过失侵害行为的正当防卫；第三，如果不存在物主的故意或过失而由动物引起了侵害，那么就不存在人的行为的侵害，故对动物侵害的反击行为不能成为正当防卫但可以成为紧急避难的问题。

侵害既可以由作为也可以由不作为实施。例如犯罪被疑人在其法定的羁押期间届满警察官却故意不予释放的情况下，犯罪被疑人损坏警察署羁押场所的门窗逃出，就可以成立正当防卫。

2. 现在的侵害

正当防卫只有在现在侵害的情况下才能实施，对于过去或未来不能实施正当防卫。

（1）认定为现在性的情况

第一，直接面临侵害行为的情况；第二，侵害行为正在进行的情况；

第三，虽然结束了侵害行为但其不法状态持续的情况，即已经既遂但尚未终了的情况。

（2）现在性的判断标准

第一，应当依据客观的判断并非主观的判断；

第二，关于现在性的时间判断标准，存在防卫行为时说和侵害行为时说的对立，但争议的意义不大。因为即使白天安装了触电设施但其只有在夜晚盗窃犯入室时才启动的，那么此时就是防卫行为时同时也是侵害行为时。

3. 不当的侵害

侵害应当是不当的。这里的不当意味着"违法"。[①] 由于对"违法"侵害行为的防卫行为被"正当化"，因此正当防卫的本质表现为"正对不正"的关系。

违法并不意味着刑法上的不法，而是鉴于整个法秩序意味着实质的、客观的违法（实质性违法性论和客观的违法性论）。因而对于除了故意以外还因过失行为如过失损坏行为也可以实施正当防卫。而且侵害行为只需要违法而不需要有责，因此对于精神病人或刑事未成年人等无责任能力人的侵害也可以实施正当防卫。另外，正当防卫、正当化的紧急避难和自救行为并不违法，故对这些行为不能正当防卫。

（二）为了防卫自己或他人法益的行为

1. 法益

法益不限于权利，意味着"法律上被保护的一切利益"。因而除了生命、身体、名誉、财产、自由以外的像家长权威的家族关系、爱情关系等也属于防卫的对象权益。

2. 自己或他人法益的侵害

（1）自己或者他人的法益

对于自己的法益允许正当防卫，为他人的正当防卫称为"紧急救助"。他人除了自然人以外还有法人，也当然包括与自己无关的第三人。在紧急

[①] 任雄：《刑法总论》（改订版），法文社，2003，第214页。对此，个别学者提出不同意见，即"多数说认为"不当"就是违法，这不同于在德国刑法中规定为"违法的攻击"，对于被规定为"不当"的我国刑法来说这种解释是不正确的。从语言的含义上说"不当"属于比"违法"更为宽泛的概念，把"不当"缩小解释为"违法"等于缩小解释对被告人有利的规定，是不被容许的解释。（参见吴永根《刑法总论》（第2版），博英社，2009，第325页）。

救助中不问他人的意思。

（2）国家或社会法益的问题

第一，即使是国家或社会法益但在与个人的法益具有关联的情况下允许对其实施正当防卫。第二，原则上不允许对抽象的（狭义的）国家或社会法益实施正当防卫。如果为了像法秩序或公共秩序等抽象的国家或社会法益允许私人实施正当防卫，就会发生如同向私人赋予警察官职责的事态，如果这样原本以守护法秩序为目的而认定的正当防卫反倒会造成法秩序的混乱。因此原则上不允许私人为国家、社会法益的正当防卫。作为一个例外，对国家、社会法益明确而重大的危害并且国家无法以自己的机关采取保护措施的情况下，能否对其实施正当防卫这一问题，可分为两种不同的观点。第一种观点（即多数说）认为，绝对不允许私人"国家的正当防卫"（国家紧急救助），故不存在例外的情况。另一种观点认为，在国家无法自己采取防卫手段的例外情况下，应允许私人"国家的正当防卫"。[①]

3. 出于防卫目的的行为

（1）防卫行为是为了排除违法的侵害行为

防卫行为包括仅限于对侵害行为单纯守备性防御的"保护防卫"（守备防卫）与对侵害行为采取积极攻势加以反击的"反击防卫"（攻击防卫）两种。

（2）防卫行为应当针对"侵害行为人"及其工具实施

为了避免侵害的防卫行为针对与侵害无关的第三人实施的，不成立正当防卫却成为紧急避难的问题。

（3）防卫行为应当具有"防卫意思"

"防卫意思"属于在正当防卫中的主观的正当化要素。即应当具有认识正当防卫的状况并实现防卫行为的意欲。防卫意思无须是唯一的防卫行为动机，即使伴随着愤怒、憎恨、复仇心或惩罚欲的等动机。但既然防卫意思是主要的动机，那么就可以成立正当防卫。

（三）具有相当的理由

对现在的违法侵害的防卫行为，在具有"相当的理由"即"相当性"时阻却违法性。

对于相当性的判断，应当是考虑到"行为当时"具体状况的"客观的"

---

① 任雄：《刑法总论》（改订版），法文社，2003，第226页。

判断。即慎重的第三人站在直接面临侵害的立场并且考虑诸多情况而做出的判断。

在判断正当防卫的"相当性"时，不仅应适用必要性原则和法益衡量的原则，还应考虑社会伦理性审查。

1. 必要性原则

多数说认为防卫行为如果要具有相当性就应当存在防卫行为的必要性。所谓必要性是指防卫行为应当是考虑到防卫当时一切具体状况的、客观上必要的行为。[①]

2. 行为均衡性原则

通说认为在正当防卫中不适用法益均衡性原则，即没有必要维持由防卫行为保全的法益（保全法益）和所损害的法益（丧失法益）之间的均衡。即丧失法益大于保全法益时也可以认为具有相当性。

但是为了判断防卫行为的相当性应当考虑侵害行为与防卫行为的均衡性。在正当防卫中并不是要求防卫行为的方法比侵害行为更为平稳和程度上弱，但是如果防卫行为比侵害行为具有显著强势的攻击性或者使用显著危险的方法，就不能认定具有相当性。即应当考虑侵害行为的方法、缓急与防卫行为的方法以及侵害行为人和防卫行为人、侵害行为和防卫行为当时的状况等。因而行为均衡性原则在判断防卫行为的相当性方面起着重要的功能。[②]

理论上存在一个问题，就是在正当防卫的相当性判断中应否要求补充性原则？

通说认为，正当防卫是对于现在违法侵害所实施的正当化行为，故其本质被表现为作为防卫行为的"正"对作为侵害行为的"不正"的关系，而且具有侵害行为的"现在性"特征。因而比起以"正对正"为本质的紧急避难或者适用于"过去性"侵害的自救行为，正当防卫在"很宽松的要件"之下被允许适用，因而在正当防卫的相当性要件中，不适用防卫行为是为击退侵害行为为唯一手段或者最后手段的补充性原则。判例也持有相同的立场。[③]

---

① 任雄，第 217 页；吴永根，第 334 页。
② 吴永根：《刑法总论》（第 2 版），博英社，2009，第 335 页
③ 大法院的判例认为"正当防卫不像紧急避难那样以对不法的侵害没有其他的避难方法为其必要的条件。"（大判 1966.3.5. 66DO63）；"防卫行为不仅包括纯粹的守备防卫也包括实施积极反击的反击防卫的形态。"（大判 1992.12.22. 92DO2540）

3. 有关严格适用"相当性"要件的理论

(1) 相当性要件与社会伦理性

在崇尚个人主义和自由主义精神的 19 世纪西欧社会，对违法侵害的正当防卫是广范围地被允许的。西欧的传统产生了既然是正当防卫"只要有必要就可以做"的极端思想，正当防卫被视为自卫权的行使者和正义的守护者。但是由于一味强调"正对不正"这一正当防卫的本质以至于几乎无限制地允许正当防卫。出于对极端的正当防卫思想以及对个人主义、自由主义反思，到 20 世纪开始议论对正当防卫的"社会伦理性限制"。近些年对正当防卫的限制被作为正当防卫核心问题来研究。

在韩国刑法中作为正当防卫成立要件的"相当性"，被评价为在行为无价值论的立场上反映对防卫行为进行社会伦理性价值判断的概念。因此，多数学者认为包括无责任能力人的侵害、具有紧密关系人的侵害、轻微的侵害，理应受到相当性要件的社会伦理性审查。

(2) 应当严格适用相当性要件的类型

① 无责任能力人或限制责任能力的侵害

在防卫状况下的侵害应当是违法的侵害却未必是有责的，因而对于无责任能力人违法的侵害通常允许正当防卫。但是小孩、精神病人、醉酒人、错误认识下的行为人、紧急避难人、过失行为人对法秩序的心情无价值非常低下。因此，在对这些人侵害的防卫行为中难以寻找守护法秩序的利益。

在这些事例类型中，只有保护自己的利益才能成为防卫行为的正当化根据。故只要能够通过回避手段保护自己的利益就不应选择防卫手段而进行回避（回避的原则）。即使在无法回避的不得已状态下也对这些人的侵害并非反击防卫即攻击防卫而应当尽可能限于保护防卫即守备防卫（保护防卫的原则）。例如如果年仅 7 岁的小孩使用棒子向大人实施攻击的话，就应当尽可能予以回避或者即使在实施防卫行为的情况下也应限于保护防卫。在适用回避的原则与保护防卫的原则这一点上正当防卫是受到限制的。

② 具有亲密关系人的侵害

像夫妻或父子等具有紧密关系人之间负有照顾相互利益的义务。因此这里守护法秩序的利益明显淡化，对于具有紧密关系人的侵害应允许在为保护自己必要范围之内的防卫行为。如果能够以回避手段保护自己的利益就应当首先选择回避手段；即使在不得已实施防卫行为的情况下也应当尽可能限于保护防卫。尤其是剥夺生命的防卫行为适用严格的必要性原则和利益衡量的原则，为了保护自己的身体利益而对家属造成致命伤的防卫行为被评价为超过相当性。例如为了制止醉酒丈夫的殴打行为用雨伞刺死丈夫的行为，不被认为是正当防卫。

③ 对轻微的侵害

防卫行为对实施轻微侵害行为的人造成了"严重不均衡"的法益丧失，那么究竟应认为由于正当防卫中不适用利益均衡的原则而被允许还是应当评价其为因缺乏相当性构成过剩防卫呢？

在保全法益和丧失法益之间严重不均衡的情况下，保护自己的利益和守护法秩序的利益都被淡化。因此，不能成立正当防卫而构成过剩防卫。例如对于偷窃晾挂于晒衣杆上衣服的小偷予以杀害的行为，因为存在法益严重的不均衡而丧失了相当性。在这一观点上可以说并非全面排除适用利益均衡的原则，而是在"非造成严重不均衡的限度"之内排除其适用。当然，这种限制是以处于防卫状况的人认识侵害行为人的上述性质内容为前提。

四　法律效果

如果防卫行为具备上述成立要件，即使其行为符合构成要件，但属于正当防卫阻却违法性。对正当防卫不允许实施正当防卫，但允许紧急避难。

五　过剩防卫

过剩防卫，是指超过相当性程度的防卫行为，又称为超过防卫。过剩防卫属于在正当防卫的成立要件中缺乏第三个"相当性"要件的情况。

对于过剩防卫，刑法第21条第2款规定："如果防卫行为超过其程度，可以根据其情况减轻或免除刑罚。"这是有关刑罚"任意地减免事由"规定。过剩防卫能够作为刑罚任意的减免事由的根据，不在于不法的减少或消灭，而在于责任的减少后消灭，因而过剩防卫是违法的行为。

另外，过剩防卫"其行为在夜晚或其他不安心理的状态下因恐怖、惊愕、兴奋或惊慌造成的，不予处罚"（第21条第3款）。这是因为在上述状态下防卫行为人不存在实施合法行为的期待可能性而阻却责任。

六　误想防卫

误想防卫，是指事实上不存在正当防卫的客观要件，但行为人主观上误认为其存在而实施的防卫行为，即在正当防卫的成立要件中有关正当防卫状况存在错误的情况。例如对欲返还菜刀而夜晚入室的邻居青年误认为强盗，将其打倒的情况。

误想防卫属于不存在正当防卫状况的情形，与此相反的过剩防卫是存在正当防卫状况的情形。误想防卫由于其不具备正当防卫的成立要件，不成立正当防卫而不阻却违法性。误想防卫属于有关"阻却违法性事由的前提事实的错误"的问题，在以后的责任论中进行论述。

七　误想过剩防卫

误想过剩防卫，是指事实上不存在现在违法的侵害却误认为其存在而实施超过相当性的防卫行为的情况。

这是误想防卫和过剩防卫结合的形态。关于误想过剩防卫的法律效果，由于不存在正当防卫状况的情形，所以多数学者主张应当将其作为"误想防卫"处理。

第四节　紧急避难

一　紧急避难

紧急避难，是指为了避免对自己或他人法益发生的现在危难损害其他正当法益的行为。避难行为具有相当的理由的不予处罚（刑法第 22 条第 1 款）。

正当防卫和紧急避难，两者的共同点在于均属于紧急行为而不被处罚；但是在其本质和成立要件上有很大的不同。正当防卫以违法的侵害为前提，其防卫行为以直接侵害人为对象，因此其本质表现为"正对不正"的关系；紧急避难未必以违法的侵害为前提，而且为了避免危难的行为也不是针对引起危难的人实施，而是向与此无关的第三人利益实施。因此其本质表现为"正对正"的关系。

二　紧急避难的正当化根据

关于紧急避难的正当化根据究竟是什么，学界存在着主张阻却违法性事由或阻却责任事由的一元说和肯定前两种事由的二元说之间的对立。

（一）一元说

1. 阻却违法性事由说

阻却违法性事由说属于韩国学界的多数说。该说把不法的实质视为结果无价值并立足于利益衡量说，主张如果把由避难行为保全的利益和所损害的利益进行比量并能够保全优越的利益（优越利益的原则），那么结果无价值被否定而阻却违法性。

2. 阻却责任事由说

该说主张紧急避难虽然由于侵害与所发生危难无关的第三人正当的法益而违法，但是在紧急状态下作为保护自己本能的行为而不能期待其合法行为即不存在期待不可能性，故阻却其责任。

（二）二元说

二元说是指把紧急避难的正当化根据分为"阻却违法性"紧急避难和"阻却责任"紧急避难的观点。二元说又被分为两种二元说。

第一种二元说把对事物的紧急避难理解为阻却违法性事由，把对生命或身体的紧急避难视为阻却责任事由。对于第一种二元说提出的异议是，在对事物的紧急避难中如果冲突的是同等利益，那么对其理解为阻却违法性事由不为妥当。

第二种二元说，在保全优越利益的情况下认定为阻却违法性事由，在保全同等的利益或者像生命或身体那样难以衡量利益的情况下认定为阻却责任事由。德国刑法典把二元说予以立法化，即在刑法典第 34 条中规定了正当化的紧急避难（即阻却违法性的紧急避难），在第 35 条中规定了免责的紧急避难（即阻却责任的紧急避难）。① 德国的刑法站在了第二种二元说的立场。②

三 紧急避难的成立要件

紧急避难的成立要件，包括第一，存在对自己或他人法益现在的危难；第二，为避免危难的行为；第三，具有相当的理由（相当性）。这三个要件可以表述为以下三个方面的要件：有关"紧急危难状态"的要件、有关"避难行为"的要件、有关两者"关系"的要件。

---

① 徐久生、庄敬华译《德国刑法典》，中国法制出版社，2000，第 51 页。
② 任雄：《刑法总论》（改订版），法文社，2003，第 231 页。

（一）存在对自己或他人法益现在的危难

1. 现在的危难

危难，是指对法益的有危险的状态；所谓现在的危难，是指处于已经发生的危难状态或者能够明确预见即将发生危难的情况。危难未必是违法的，不仅可以是由人的行为也可以是由动物或自然现象引起的危难。对于由人的行为引起的违法的危难，既可以实施正当防卫也可以实施紧急避难。

在危难未必是违法的这一点上，紧急避难的本质表现为"正对正"的关系。但是其危难"在法律上意味着剥夺对一定法益的保护情况"时不被允许，而是应当承受其危难。因而对正当行为、正当防卫、自救行为的紧急避难是不被允许的。例如依据生效判决被收监的受刑人不能以危难状态为理由实施紧急避难。

在自己引起危难的所谓"自招危难"的情况下，一开始以实施紧急避难为目的自招危难的，因缺乏避难行为的相当性不成立紧急避难。但是单纯有责地自招危难状态的，可以根据具体情况允许紧急避难。

2. 自己或他人的法益

可以由避难行为保全的法益是自己或者他人的法益。他人是指除自己以外的一切自然人和法人，法益是指依法令保护的一切法益，其未必限于由刑法保护的法益。[①] 因而这里的法益包括生命、身体、自由、名誉、秘密或财产等受法律保护的一切利益。

通说认为允许为国家以及社会法益的紧急避难。这一点与正当防卫完全不同。

（二）为避免危难的行为

避难行为，是指为避免现在危难的一切行为，避难行为分为侵害引起危难的人本人法益的"防御性避难"和侵害与发生危难无关的第三人法益的"攻击性避难"两种。

避难行为应当具有"避难意思"。"避难意思"属于在紧急避难中的主观的正当化要素。即应当具有认识紧急避难状态并实现避难的意思。虽然客观上存在现在的危难，但没有避难意思而实施的侵害法益行为（偶然避难）不成立紧急避难，应当比照发生结果的不能未遂犯处罚。

---

① 李在祥、张永珉、姜东范：《刑法总论》（第 8 版），博英社，2015，第 245 页。

（三）具有相当的理由（相当性）

具有相当的理由，是指避难行为应当按照社会常规被视为当然的情况。在审查判断相当性时应适用补充性原则、优越利益的原则以及手段适当性原则。

1. 补充性原则

通说认为紧急避难有可能牺牲与发生危难无关的其他的正当法益。因此，应当适用补充性原则。即应当遵守以其他方法无法避免危难，只有避难行为能够避免危难的最后手段时才能实施避难行为，而且即使实施避难行为的情况下也应当把侵害最小化的原则。

2. 优越利益的原则

通说认为避难行为要具有相当性，应当符合优越利益的原则。优越利益的原则是指因避难行为保全的利益应当优越于因避难行为损害利益的原则。根据优越利益的原则，如果被保全的利益等于或小于被损害的利益时不阻却违法性，只是依据超法规的阻却责任事由免除或减轻其责任。优越利益的原则是"利益衡量的原则"的形态之一，被称为严格的利益衡量的原则。

这里存在一个问题，就是实施紧急避难侵害他人的生命能否阻却违法性？多数说认为，人的生命以其存在本身来说不论将来的存续期间或者数量多少都是绝对受保护的法益。即生命不属于能够比量的法益，因而以紧急避难杀害他人不能阻却其违法性。因而为了救助多数人的生命牺牲少数人的生命的行为，不可能以紧急避难来正当化。例如在漂流中的船员为了避免饿死杀害其他船员的行为，不能以紧急避难来正当化。但是，为了避免现在的危难杀人时可以根据期待可能性的有无，影响到责任的有无。

3. 手段适当性的原则

通说认为避难行为要具有相当性，应当符合手段适当性原则。所谓手段适当性原则，是指紧急避难行为应当是为避免危难所采用的适当手段的原则。避难行为根据社会常规应当是适当的手段。即使是为避免危难的唯一手段而且由避难行为被保全的利益比被牺牲的利益更优越，但是避难行为本身根据社会常规不属于适当的手段就不能被正当化。例如为了救助因肾脏疾患处于死亡边缘的患者未经同意摘出他人的肾脏而移植的行为，虽然符合补充性原则和优越利益的原则，但是由于其不是适当的手段，不能以紧急避难阻却违法性。

四　紧急避难的效果

具备上述成立要件的避难行为，即使符合于一定的构成要件但阻却违法性（被正当化）而不受处罚。第 22 条第 1 款的紧急避难不违法，不允许对其实施正当防卫。

五　紧急避难的特则

负有责任不能避难的人即职务上负有承受危难义务的人，不允许紧急避难（第 22 条第 2 款）。例如船长、军人、警察官吏、消防队员、海上救助队员等。

这只意味因负有特殊义务在与一般人相同的条件下不能实施紧急避难。但如果处于预想以外的重大危难的情况或属于为他人的紧急避难的情况下，就允许紧急避难。

六　过剩避难

刑法第 21 条第 2 款、第 3 款规定，准用于紧急避难（刑法第 22 条第 3 款）。故避难行为是超过相当性的过剩避难，不阻却违法性，但是可以根据其情况减轻或免除刑罚，而且在夜间或其他不安心里的状态下由于恐怖、惊愕、兴奋或惊慌造成的，不予处罚（阻却责任事由）。

七　误想避难

误想不难，是不具备紧急避难的客观要件却误认为其存在而实施避难行为的情况。误想避难不具备紧急避难的成立要件，不成立紧急避难不被正当化。误想不难与误想防卫一样，同属于"关于阻却违法性事由前提事实的错误"问题。

第五节　义务的冲突

一　义务的冲突

广义的紧急避难包括"利益冲突"的避难和"义务冲突"的避难，第四节内容所介绍的紧急避难是"利益冲突"的紧急避难。

义务的冲突，是指因处于不能同时履行数个义务的紧急状态，只履行其中一些义务致使其他一些义务无法履行，其义务的不履行符合构成要件而成为可罚行为的情况。

例如，在溺水的两个儿子中只能救出其中一个儿子的情况下，虽然救助了一个儿子但是发生另一个儿子溺水死亡的结果。又例如某一天向 A 医院同时送来具有同等程度生命危险的三名急救患者甲、乙、丙。但是 A 医院当时由于发生劳动争议并且大多数大夫正在罢医，能够启动使用的医疗设备也寥寥无几。因此不可能同时抢救甲、乙、丙三名患者。大夫丁与其他大夫不同，认为作为大夫无论如何也不能见死不救。所以大夫丁凭着专家的判断先给甲和乙诊疗抢救，其间未能及时得到诊疗抢救的丙因此而死亡。

二 义务冲突的法律性质

1. 紧急避难的一种说

该说为多数说，该说认为义务的冲突在其结构或者要件上如同紧急避难中的利益冲突，故其法律性质被视为紧急避难的特殊情况。

2. 超法规的违法性阻却说

该说主张义务的冲突没有在刑法中规定为阻却违法性事由，故应当是超法规的阻却违法性事由。

关于义务的冲突，虽然在刑法中没有明文规定，但是学界多数说认为阻却违法性事由。在对义务冲突的解决原则上应适用紧急避难的法理。但是义务的冲突具有与紧急避难中利益冲突不同的特殊性，即在义务的冲突中义务人处于非履行其义务就不能承受义务冲突的危难状态；会处于必须选择其中一个义务履行的"行为强制之下"。根据此一特殊性义务的冲突与作为正当化要件的紧急避难不同，不适用手段适当性原则。而且冲突的义务不履行义务是由不作为来形成，因此只有作为义务人才能成为行为主体，也应适用不作为犯的理论。除此之外，义务的冲突在法律效果方面也与紧急避难中的利益冲突存在一定的差异。

三 义务冲突的成立要件

义务冲突，指的是作为阻却违法性事由的义务冲突。正当化义务冲突的成立要件包括第一，存在义务冲突的状况；第二，发生实质性冲突；第三，应履行高价值或同价值的义务；第四，具有履行义务的意思。

（一）存在义务冲突的状况

1. 义务的冲突应当是法律义务的冲突

冲突的义务并非单纯的道德性或宗教性义务而应当是法律义务。法律义务是不仅包括制定法和习惯法而且只要是法秩序明示或默示性地赋予法律效力就被广范围地认定。而且如果义务的冲突是在由行为人故意或过失等有责任的事由引起的，那么即使履行了其中一个义务却放弃了其他义务，其不作为的违法性不会被阻却。

2. 义务冲突的样态

（1）作为义务和作为义务的冲突是可能的；（2）不作为义务和不作为义务的冲突是不可能的；（3）关于不作为义务和作为义务的冲突存在意见的对立，但是多数说为否定说。

（二）发生实质性冲突

义务的冲突应当实质性地发生。即使是外观上就像发生义务的冲突但实际上如果能够在履行其中一个义务后再履行其他义务或者能够同时履行所有义务，那么不存在义务的冲突。因此，在无法同时履行两个以上义务的实质性冲突的情况下，如果符合履行一个义务而放弃其他义务只有作为最后、唯一手段的"补充性原则"时，就能够阻却其违法性。

实质的冲突与逻辑上的冲突不同。所谓逻辑上的冲突是指由于法规之间的相互矛盾或冲突应履行的义务在法律规定上逻辑性地相互冲突的情况（被称为法规相互间的义务冲突）；但是实质性冲突，是指作为义务人处于因事实上的理由致使两个以上义务冲突的情况。

（三）应履行高价值或同价值的义务

作为义务人事实上应履行在高价值或同等价值义务中的一个。为了判断冲突的义务价值的高低，需要"义务的衡量"。义务的衡量，应当对义务的性质、依履行义务被保护的利益、结果发生的确定性等具体情况应进行综合并客观的判断。

（四）具有履行义务的意思

行为人应当认识义务冲突的状况并且具有履行高价值或至少是履行同价值义务的意思而放弃义务。"履行义务的意思"在义务的冲突中成为主观的正当化要素。

四 义务冲突的效果

通说认为在义务的冲突情况下，如果具备上述义务冲突的成立要件那么违法性被阻却，不成立犯罪。

五 义务冲突的错误

1. 对状况的错误——作为构成要件性错误解决。例如把即将溺死的两人以为正在游泳，事实上存在义务的冲突误认为不存在的情况。

2. 对义务的错误——作为法律的错误解决。例如在把高价值的义务误认为低价值义务的情况下，学界存在着意见的对立。

第六节 自救行为

一 自救行为

自救行为，是在权利人遭受对权利的不当侵害而依法定程序无法保全其请求权的情况下，为了避免无法实行或明显难以实行请求权以自力救济并具有相当理由的行为。（刑法第 23 条第 1 款）

二 自救行为的法律性质

1. 法律性质

对于个人如不及时自力救济可能导致其权利事后无法救济的情况，国家把具有相当性的自救行为作为"代行国家权力"予以规定。自救行为阻却违法性的基础性原理包括：第一，保护自己的原理；第二，守护法秩序的原理；第三，国家强制力优位的原理。

2. 与正当防卫、紧急避难的区别

（1）自救行为与正当防卫的区别

通说认为，自救行为是对不当的法益侵害的正当的保护行为。自救行为的本质体现为正对不正的关系，而且要求具有紧急性和相当的理由。在这一方面与正当防卫具有共同的特征。但是，正当防卫要求对法益的现在性侵害，而自救行为不要求现在性即要求对法益的过去性侵害。而且自救行为要求不能实行请求权或明显难以实现请求权。

（2）自救行为与紧急避难的区别

自救行为要求具有紧急性、相当的理由以及补充性。在这一方面与紧急避难具有共同的特征。

通说认为紧急避难属于正对正的关系，而自救行为与正当防卫一样是属于正对不正的关系。紧急避难由于属于正对正的关系，因而适用严格的利益衡量的原则即优越利益的原则；紧急避难中的保护对象法益没有被限制，可以为了他人的法益实施避难行为。但是自救行为不适用严格的利益衡量的原则，保护对象法益仅限于自己的请求权。

三　自救行为的成立要件

自救行为的成立要件包括：第一，自救行为的状况（依法定程序无法保全请求权的状况）；第二，自救行为；第三，相当的理由（相当性）。

（一）自救行为的状况

1. 对请求权不当的侵害

（1）请求权的范围

请求权的范围应当仅限于财产性请求权即债权的请求权和物权的请求权。

首先，提出请求后不能直接强制的请求权不属于自救行为中的请求权。例如，偶然发现了离家出走的妻子，为了保全民法中的"同居请求权"对妻子实施监禁的行为，不能认定其为自救行为。

其次，无法恢复原状的请求权不属于自救行为中的请求权。例如，生命、身体、自由或贞操等人格权一旦被侵害就无法恢复原状，故允许对其实施正当防卫或紧急避难但不允许实施自救行为。只是在需要保全人格权被侵害后由此发生的损害赔偿请求权等财产性请求权的紧急状态下，会发生自救行为的问题。

（2）存在不当而紧急的事由

应当存在对请求权不当的侵害状态（即正对不正的关系），其侵害是过去的侵害。而且应当存在依法定程序无法保全请求权的"紧急的事由"。即具有无法依靠公权救济的紧急事由也要求存在将来无法实现其请求权的紧急状况（双重的紧急性）。因而如果权利人具有充分的人或物质担保就不允许实施自救行为。

2. 依法定程序无法保全请求权

（1）法定程序

一般指的是依民事诉讼法中扣押、临时处分等审判上的保全程序，但是根据情况也包括"依警察官等其他国家机关的一切救济程序"。

（2）无法保全请求权

自救行为只有在请求权无法靠公权力的救济或者靠事后的公权手段难以获得应有效果的情况下才可以作为例外予以认定。

（二）自救行为

1. 自救行为应当是为了保全请求权的手段并非是其实行行为

自救行为是"……为了避免无法实行或明显难以实行请求权……的行为"，而且应当是请求权的保全手段而不是其实行行为。例如公司职员某甲在停车场目击小偷 A 正在盗窃自己的轿车逃走，想追回但没有追上。过几天后某甲偶然在路上遇见小偷 A。A 惊慌欲逃跑但被某甲当场抓住。为了追回自己被盗的轿车，某甲用劲拧住 A 的胳膊不让其逃跑。但 A 企图逃跑而继续挣扎，某甲便把 A 打伤（轻伤）并把 A 扭送到了派出所。除了法律有特别规定的以外通常不能直接实行请求权，因而不允许任意处分财产或者抵偿债务。①

2. 请求权只能是自己的请求权不包括他人的请求权

因此，对他人的请求权不允许实施自救行为。但是受请求权委托的人在受托范围内有权实施自救行为。

3. 自救意思

自救行为人应当具有对自救行为状况的认识和为了避免无法或明显难以实现请求权的意思。

（三）相当的理由（相当性）

要成立自救行为应具有相当的理由。在判断有无相当的理由时，应当综合考虑以下内容要求：第一，其行为的动机或目的的正当性；第二，行为的手段或方法的相当性；第三，保护法益与侵害法益之间的法益均衡性；

---

① "被告人根据合同的约定向画廊的被害人交付了石膏等作画材料却没有收到其货款。被害人因经营不善而发生亏损就歇业并到外地躲债，但各种绘画作品和材料都存放在画廊里。被告人便在夜间撬开关闭的被害人画廊的大门，偷偷地将画廊里的财物搬出。对被告人的这一行为不能认定为自救行为。"（大判 1984.12.26，76DO2582）

第四，紧急性；第五，其行为之外没有其他方法或手段的补充性原则等。①

1. 补充性原则

自救行为的补充性原则具有两种含义。第一种含义为只有在依法定程序无法保全请求权的情况下才能允许自救行为；第二种含义为限于保全请求权的行为即为了避免无法实行请求权或明显难以实行请求权的行为。

2. 利益衡量的原则

由于自救行为是为了保全请求权的行为，适用比正当防卫更为严格的利益衡量的原则。作为为了保全请求权的行为可以允许对名誉、自由、财产等的侵害，但是不允许侵害生命、伤害身体或过度的暴行行为。监禁等严重压抑自由的行为也难以成立自救行为。②

3. 手段适当性原则

适当性原则是指自救行为应当在法秩序所要求的手段适当范围内实施的原则。例如为了制止欲逃避到海外的债务人出国，虚假申告债务人所乘坐的飞机上安装了定时炸弹的行为，因为其不属于社会上适当的手段，不成立自救行为。

四 法律效果

在具备自救行为成立要件的情况下，即使自救行为符合构成要件但阻却违法性而不成立犯罪。自救行为是合法的行为，不允许对自救行为实施正当防卫。

五 过剩自救行为

超过相当性的"过剩自救行为"具有违法性，但可以根据情况减免刑罚（第23条第2款）。像过剩防卫那样以减少或消灭责任为根据。只是由于自救行为是"事后的"紧急行为，故与过剩防卫或过剩避难不同，不能准用第21条第3款的规定。

六 误想自救行为

误想自救行为，是事实上不存在自救行为的客观要件，行为人误认为

---

① 大判 1997.6.27，95DO1964.
② 吴永根：《刑法总论》（第2版），博英社，2009，第367页。

其存在而实施自救行为的情况。误想自救行为不具备自救行为的成立要件，因此不成立自救行为也不阻却违法性。误想自救行为与误想防卫及误想避难同属于"关于阻却违法性事由的前提事实错误"的问题。

第七节　依被害人承诺的行为

一　被害人的承诺

依被害人承诺的行为，是法益的主体向对方允许侵害自己的法益而得到承诺的法益侵害行为，原则上阻却违法性。

刑法第 24 条规定：（被害人的承诺）"依照有权处分人的承诺损害其法益的行为，除法律有特别规定的以外不受处罚"。在内脏器官移植中提供内脏器官或者献血等就是依被害人承诺行为的例子。

二　被害人承诺的正当化根据

对依被害人承诺的行为阻却违法性的根据是什么，存在着三种不同的观点。

1. 相当性说（社会相当说）

相当性说是主张被害人的承诺根据社会常规被认定为是相当的，故阻却违法性。

2. 利益欠缺说（利益抛弃说）

利益欠缺说着眼于在有关违法性实质的结果无价值，主张被害人的承诺意味着利益的主体抛弃了利益，此时欠缺法律秩序所要保护的利益故阻却违法性。

3. 法律政策说

法律政策说属于多数说。该说主张在"作为个人处分对象的利益（例如生命或身体）"与"作为个人自由处分权（自己决定权）的利益"之间发生冲突时，其阻却违法性的根据在于法律政策。即在对于法益的自由处分这种个人利益与法益保护这种共同体利益进行比较，而选择相对更为重视个人利益的法律政策范围内，依被害人的承诺的行为能够成为阻却违法性的事由。

三 成立要件

依被害人承诺行为的成立要件包括：第一，对能够处分权益的承诺；第二，有被害人的承诺；第三，没有违反社会常规。

（一）对能够处分权益的承诺

1. 承诺的主体：有权处分法益的人。

2. 承诺的对象：只能是个人的法益。例如财产权、名誉、信用、性的自由决定权、身体的完整性等。国家法益和社会的法益不属于个人能够处分的法益，不属于承诺的对象。

3. 法律上没有特别的规定。

即使依被害人承诺的行为，但是只有在对此没有处罚的特别规定时才阻却违法性。虽然有被害人的承诺但认为是违法并予以处罚的特别法律规定包括：刑法规定了嘱托、承诺杀人罪（第 252 条第 1 款）、同意堕胎罪（第 269 条第 2 款、第 270 条第 1 款）、对未成年人等奸淫罪（第 302 条）、利用业务上的威力等奸淫罪（第 303 条）、酷使儿童罪（第 274 条）等；兵役法和军刑法规定了以逃避履行兵役义务为目的的承诺伤害犯罪（兵役法第 86 条、军刑法第 41 条第 1 款）

（二）有被害人的承诺

1. 承诺能力

承诺人要具有自然的洞察能力。刑法上将其定义为能够把握自己行为意义的"自然的洞察或判断能力"。例如在对未成年人等奸淫罪（第 302 条）中未成年人、在酷使儿童罪（第 274 条）中未满 16 周岁的人，对侵害行为不具有承诺能力。因此即使被害人承诺也不阻却违法性而成立犯罪。

个别情况下在被害人的承诺中只以"自然的洞察、判断能力"还不够，还需要具备相关的专业知识。例如患者同意手术的情况，在此情况下赋予大夫"说明的义务"。大夫即使得到了患者的同意但如果其对病情的说明不够充分，那么不阻却违法性。大夫说明义务的内容包括：第一，对诊断结果的说明；第二，患者现在的健康状态、患者守则、有关要服用的药物效果等的说明；第三，对有关治疗的种类、范围、程度、痛症等治疗过程的说明；第四，对有关治疗行为可能带来的副作用及风险的说明等。

2. 根据自由意志的承诺

被害人的承诺应当是没有瑕疵的、根据自由意思的选择。因此根据强迫、欺骗、错误等有瑕疵的意思的承诺不能成为正当化事由。

例如，作为妇产科大夫的某甲过于相信自己的医务水平和能力，没有采取超音波检查等来判断是子宫外怀孕还是子宫根肿瘤，只是采用了视诊、触诊等一般性诊断方法把被害人某乙的病症误诊为子宫根肿瘤。根据此误诊结果对没有任何医疗专业知识的被害人某乙反复强调子宫切除手术的不可避免性。因而得到某乙同意后进行了子宫切除手术。实际上被害人某乙的病症属于子宫外怀孕而不是子宫根肿瘤。由检察机关提起公诉后，某甲以已经得到被害人某乙的承诺后进行子宫切除手术为由，主张阻却其行为的违法性而不构成犯罪。但是某甲的行为不属于依被害人承诺的行为。其理由为：在本案中某甲只是采用视诊、触诊等一般性诊断方法把被害人某乙的病症误诊为子宫根肿瘤。根据此误诊结果对没有任何医疗专业知识的被害人某乙反复强调子宫切除手术的不可避免性。因而得到某乙的同意并进行了子宫切除手术。因此上述承诺是根据不正确或不充分的说明而得到的，不是阻却违法性的有效承诺。

3. 承诺的时期和方法

承诺应当在侵害法益之前做出。事后承诺不阻却违法性，可以根据情况成为量刑的事由。

而且承诺可以随时自由撤回。承诺应当是明示的或者至少是从外观上能够认识的形式。默示的方法不能成为刑法上的承诺。

4. 行为人应当认识承诺的事实

行为人应认识存在被害人承诺的事实。行为人对被害人承诺事实的认识，是主观的正当化要素。行为人在没有认识被害人承诺事实的情况下实施行为，不阻却违法性，故以对发生结果的不能未遂犯处罚。

（三）没有违反社会常规

虽然第24条没有明文规定，但是通说和判例认为由于违法性的实质性判断标准为社会常规。因此没有违反社会常规是"依承诺的行为"中的一般性成立要件。

依承诺的行为应当是实质性的不违法。因为有了被害人的承诺法律所要保护的利益变为欠缺而排除了结果无价值。但是从社会伦理或目的说的立场来看，需要进行其是否为了正当目的的适当手段这一行为无价值性审查。如果依承诺的行为出于反伦理性目的违背了社会常规，就不阻却违法性。例如在献血时采取献血人过多的血量行为，作为违反社会常规的行为构成违法。

四 法律效果

依被害人承诺的行为，在具备上述成立要件的情况下，即使符合一定的构成要件也阻却违法性，故不予处罚。

被害人的承诺不仅在故意犯中而且在过失犯中也被认定。过失犯中的被害人承诺是在被害人认识行为人要实施违反注意义务的行为却承诺对自己危险行为的情况下成立。例如汽车驾驶员实施酒驾行为，被害人认识其事实却乘坐该汽车遇到交通事故的情况，在这里，酒驾人业务上过失致死伤行为依被害人承诺阻却其违法性。

五 相关问题

（一）推定的承诺

1. 概念

推定的承诺，是指虽然不存在被害人现实的承诺，但根据行为当时的客观情况能够期待为如果被害人或承诺权人认识其事态就当然会得到承诺的情况。

2. 法律性质和类型

（1）法律性质

关于推定的承诺的法律性质，目前存在事务管理说、紧急避难说、正当行为说、二元说、承诺代替说、独立的阻却违法性事由说（多数说）等多种观点的对立。

（2）类型

① 为了被害人利益的情况。是行为人为了保护被害人较大利益损害较小利益的情况。例如为了救火损坏门窗的情况等。

② 为了行为人或第三人利益的情况。是行为人为了自己或第三人的利益而行为，但是在社会常规上推定被害人承诺的情况。例如家庭保姆把雇主的旧衣服送给乞丐的情况。

3. 成立要件

（1）法益主体有权处分的法益

应当是法益主体有权处分的法益。而且以被害人有能力（自然的认识能力、判断能力和意思能力）处分对该法益为前提。因而推定的承诺也在个人法益的限度内允许。

（2）不可能现实性承诺

推定的承诺只有在不可能从被害人取得现实性承诺的情况下才能认定承诺。这种不可能并非因被害人拒绝，而是由于行为当时无法克服的障碍不可能取得承诺。即使在行为当时被害人不在现场但是能够以电话等通信手段确认被害人的意思，那么只有根据现实的承诺才能阻却违法性。

（3）承诺的推定是客观上做出的

这种判断应当综合考虑一切情况而客观地做出，即承诺的推定不是主观的推定而是客观的推定。因此，行为人推定承诺却不能确定自己的行为是否符合被害人的真实意思时，应当在尽到对事态"诚实的审查义务"的基础上做出判断。诚实的审查义务，在推定的承诺中属于主观的正当化要素。

（4）不存在被害人明示的反对意思

被害人在行为发生之前已明确禁止行为人的处分，在明示无论如何也不能有承诺的这种反对意思的情况下不能成立推定的承诺。例如在消极的安乐中处于植物人状态的患者在失去意识之前曾明示过绝不允许把自己安乐死的意思，那么大夫不能根据推定的承诺对患者实施安乐死。

（5）不违反社会常规，不抵触法律

推定的承诺不应当违背社会常规。即使有被害人的承诺但是存在法律上予以处罚的特别规定时，当然不允许推定的承诺。

4. 法律效果

在具备上述推定的承诺成立要件时即使符合构成要件，也阻却违法性。但是刑法未明文规定推定的承诺，因此应当将其解释为不违背社会常规的行为之一，并认定其违法性的阻却。在推定的承诺中由于不存在被害人"现实性"的承诺，故不能准用第24条的规定。

（二）谅解

1. 谅解的含义

谅解，是指符合构成要件的行为概念本身已经包含了违反被害人意思的内容，因此其被解释为只要有被害人的同意就直接排除构成要件符合性而不涉及行为的违法性。例如盗窃、侵入住居、强奸等行为概念以违反被害人意思作为其当然的内容，故只要有被害人的同意就不能成立盗窃、侵入住居、强奸等行为本身；进而一开始不符合盗窃罪、侵入住居罪、强奸罪的构成要件。在这种情况下，为了区别于阻却违法性的"被害人承诺"就应另外使用"谅解"这一概念。

2. 谅解的成立要件

（1）为成立谅解的状况——存在谅解

第一，谅解主体。

谅解人至少具有"自然的意思能力"。如果谅解人不具有自然的意思能力，就不能成立谅解，单纯的放任或被动的忍耐不能被认定为谅解。

第二，法益应当是法益主体处分可能的法益，而且不应当存在法律上的限制。

（2）谅解内容

第一，谅解的对象可以是不特定的，如果是特定的对其他人不产生效力；

第二，只有事前的谅解才有效；

第三，即使是有瑕疵的意思表示也可以成立。

（3）行为人在行为当时应当认识存在谅解而行为

3. 谅解与被害人承诺的区别

（1）意思表示的样态：是否需要外部的表示

第一，承诺：应当以某种形态表现于外部；第二，谅解：无须表示于外部。

（2）是否需要洞察能力（判断能力）

第一，承诺：需要洞察能力；第二，谅解：不需要洞察能力。

（3）有欠缺、瑕疵的意思表示的情况

第一，承诺：有瑕疵的承诺作为承诺是无效的；第二，谅解：有瑕疵的同意作为谅解是有效的。

（4）应否适用社会常规

第一，承诺：因为是阻却违法性事由，需要审查是否符合社会常规；第二，谅解：属于排除构成要件性事由，故无须审查符合社会常规。

第五章

责任

第一节 基础理论

一 责任与责任主义

（一）责任

责任又称为有责性，责任是指以实施符合构成要件、违法的行为为理由所做出的对行为人的非难可能性。

责任，是指以行为人能够不实施违法性行为（即不顾存在实施合法行为的期待可能性）却实施了违法性行为为理由所做出的对行为人的非难可能性，即对"行为人"的非难可能性。而违法性意味着反映行为和法律秩序之间矛盾或者冲突关系的对行为的否定性价值判断，即对"行为"的非难可能性。这些责任概念的根据为道义的责任论、规范的责任论、行为责任论。而这些责任论是各自相对于社会的责任论、心里的责任论和行为人责任论的立场。①

（二）责任主义

责任主义，是指"没有责任就没有犯罪，刑罚的轻重也以责任的大小来决定"的原则。因此，某种行为虽具有构成要件符合性和违法性但没有合法行为的期待可能性不能非难行为人时，不能处以刑罚。

责任主义克服了近代以前结果责任的思想，以只对于有责任的违法行

---

① 吴永根，第 395 页。

为处以刑罚来发挥从国家刑罚权中保障个人自由的功能。

（三）个人责任的原则

责任是对行为人的非难可能性，应当对个别人做出相互不同的独立性判断，而且在刑法中不能成立与他人的连带责任、代位责任、转嫁责任等。即在刑法中始终支配着"个人责任的原则"、"自己责任的原则"、"责任个别化的原则"。

二　责任的根据与本质

（一）责任的根据

人的意思自由即决定的自由是责任主义的前提条件。这是因为只有一个人能够在合法与不法之间自由地选择合法意思却选择不法意思时，才能对其做出个人的非难。这里就发生人究竟是否具有自由意思以及能否将责任的根据放在自由意思的问题。对这一问题，刑法学中存在道义责任论（自由意思论）与社会责任论（意思非自由论）之间的对立。

1. 道义责任论

道义责任论以人具有自由意思为前提（自由意思论），将责任的根据置于"自由意思"。主张所谓责任是对于具有自由意思的人选择决定违法行为即恶的意思所做出的道义上的非难；以这种表露于个别行为上恶的意思作为责任非难的对象。在这个意义上，道义责任论是意思责任、行为责任（客观主义）。而且不具有自由意思的人属于无责任能力人，对其不能处以刑罚。对于具有自由意思的责任能力人所科处的刑罚和对于不具有自由意思的无责任能力人科处的保安处分，在其本质上是不同的，不允许相互的代替适用（二元论）。

道义责任论属于古典学派的传统性观点，把人理解为具有自由意思的理性的抽象人，是把刑罚的本质把握为报应刑主义。道义责任论的问题在于主张绝对的自由意思，结果完全无视了人在具体犯罪中受素质和环境影响的事实。

2. 社会责任论

社会责任论否定人的自由意思，主张人的意思和行为是由个人的遗传性素质和社会环境所决定。因而社会责任论将责任的根据置于被素质和环境决定的行为人"反社会性格"（即社会危险性）。社会责任论主张所谓责任是具有反社会性格的人承受作为社会防卫手段的刑罚的法律地位即社会的非难可能性。在这个意义上社会责任论是"性格责任"、"行为人责任"（主观主义）。而且在因具有社会危险性应当承受社会防卫处分的本质性意义上，责任能力人和无责任能力人没有区别。对责任能力人刑罚是合目的性的，对无责任能力人保安处分则更为合目的性。因此，刑罚和保安处分两者之间只存在合目的性这一量的区别，两者之间允许相互替代（一元论）。

社会责任论是新派即实证学派的观点，把人理解为由素质和环境决定的具体人（将自由视为无法实证的幻想），把刑罚的本质把握为预防犯罪目的的"目的刑主义"。社会责任论的症结在于，片面地强调人被动决定的一面，却忽视了人是不同于受本能驱使的动物能够克制冲动并按照自己的价值观支配行为并追求目的的主体。

通说认为人虽然受素质和环境的影响却不会被决定，即人是一方面受素质和环境的影响，另一方面能够自由决定意思而行为的同时对其结果负责任的主体。因而应当肯定的不是绝对的自由意思而是相对的自由意思。

（二）责任的本质

1. 心理责任论

心理责任论在实证主义影响下把责任的本质理解为对行为人行为的主观、心理的关系。心理责任论把责任的概念视为对犯罪事实的认识和意欲（故意）或者认识和无意欲（过失）这一心理的事实关系，并且把故意和过失理解为责任的种类或责任的形式。心理责任论主张"一切客观的、外部的要素属于违法性，主观的、内部的要素归属于责任"，是古典犯罪论体系的立场。

该学说的问题在于第一，忽视了责任的本质性要素；第二，无法说明虽有故意但为什么被强迫行为会阻却责任；第三，无法说明在无认识的过失情况下为什么要对发生的结果负责任。故心理责任论属于在学说史上已经被克服的观点。

2. 规范责任论

规范责任论没有把责任的本质理解为心理的事实关系，而是解释为对其事实关系规范性评价的非难可能性。如今的刑法学者之所以把责任的概念定义为非难可能性，是因为遵循了把责任的本质理解为对行为人（意思形成及其行为）的非难可能性这一规范的责任论。规范责任论的特点在于，把责任的本质理解为在超"心理性要素"的上位性概念范畴中对其进行评价的规范性要素。规范责任论于1907年由德国的弗兰克主张以来，如今在德国、日本、韩国等国家成为通说。

在起初的规范责任论中责任的要素包括责任能力、故意与过失（心理性要素）、期待可能性（规范性要素），故被称为"复合性责任概念"。后来目的行为论者在责任中排除了心理性要素（故意与过失，称之为"不法要素"），企图只以违法性认识（及其可能性）与期待可能性这些纯粹的规范性要素来构成责任要素。故被称为"纯粹的规范性责任概念"。

但是如今的多数说主张责任概念由 ①责任能力；②违法性认识（及其可能性）；③期待可能性；④作为责任形式的故意与过失等要素构成，故被称为"合一的责任概念"。

如果缺乏责任要素之一责任就被阻却（阻却责任事由）；责任的非难存在强弱差异，因此责任要素也可以由减轻责任的方向起作用（减轻责任事由）。

三 责任判断（非难）的对象

1. 行为责任

行为责任属于以意思自由论为基础的旧派的理论，是主张责任判断的对象为行为人具体行为的观点。此时的行为意味着依行为人主观要件（故意与过失）的行为。

2. 行为人责任（性格责任）

行为人责任属于以意思非自由论为基础的新派的理论，是主张责任判断的对象为表露于行为的行为人反社会性格（社会危险性）。

3. 人格责任

人格责任属于以相对的非决定论为基础，是主张责任判断的对象为行为人的行为和潜在于其背后的行为人人格。

第二节 责任能力

一 责任能力的含义与本质

（一）责任能力的含义

责任能力，是指能够辨别法律规范的禁止和要求并依照规范行为的能力。

责任能力包括能够辨别合法与违法的"认知"能力以及根据其辨别决定意思、控制行为的"意思"能力。如果具体行为人没有能够自由决定意思的能力与依照法律规范行为的能力即责任能力，那么即使行为人实施任何违法行为也不能非难行为者个人。责任非难以行为人具有责任能力为前提，因此责任能力是责任的前提条件又是责任要素。

（二）责任能力的本质

关于责任能力的本质，道义责任论与社会责任论主张各自不同的观点。道义责任论把责任能力理解为能够辨别是非与善恶并依此决定意思的能力，主张其本质为"犯罪能力"；但社会责任论把责任能力理解为作为社会防卫处分的刑罚能够取得效果的能力，主张其本质为"受刑能力"或刑罚适应性。根据把责任能力的本质理解为犯罪能力的道义责任论，要求具有责任能力的时间为犯罪行为时，但是根据把责任能力的本质理解为受刑能力的社会责任论，要求具备责任能力的时间为裁判时。

通说认为，责任能力的本质是犯罪能力而不是受刑能力。通说在责任能力的本质问题上采用了道义责任论。

（三）有关责任能力判定方法的立法例

1. 生物学方法

在法律上记述像精神病那样行为人处于生物学上的非正常状态，并规定具有这种状态就判定没有责任能力的立法例。

2. 心理学方法

心理学方法是指不问行为人处于何种生物学状态，而是如果处于不能辨别违法或处于没有能力决定意思的心理状态就判定为无责任能力的立法例。

3. 结合性方法

结合性方法，是指规定行为人非正常状态为无责任能力的生物学基础，结合生物学因素是否影响了行为人的辨别力和意思决定能力这种心理学观点来判定是否具备责任能力的立法例。韩国的刑法第10条、奥地利刑法第11条、瑞士刑法第10条等，大多数国家采取了这种结合性方法。

二 无责任能力人

实施了符合构成要件并违法的行为的人通常被认为具有责任能力。因而责任能力并非需要积极确认其存在的条件，而是具有审查能否在缺乏或降低责任能力的情况下例外地阻却或减轻责任非难的性质。刑法也没有积极的方式规定责任能力，只是采取了消极地规定责任被阻却的无责任能力人和责任被减轻的限定责任能力人的方式。

在刑法中作为无责任能力人为未满 14 周岁的刑事未成年人（第 9 条）和心神丧失者（第 10 条第 1 款）；作为限定责任能力人为心神微弱者（第 10 条第 2 款）和聋哑人（第 11 条）。无责任能力人属于阻却责任能力人，限定责任能力人属于必要的减轻责任能力人。

（一）刑事未成年人

未满 14 岁的人的行为不予处罚（刑法第 9 条）。刑法未考虑行为者个人的精神、道德的发育状态，只要是未满 14 周岁的人一律规定为无责任能力人。

韩国刑法对于刑事未成年人以生物学方法判定为无责任能力人，一律认定未满 14 岁的人没有成熟到能够加以责任非难的程度。同时即使具备了辨别能力和意思决定能力，但是出于因其年龄不宜过早地打上前科者的烙印（所谓烙印理论）这一刑事政策性理由[1]或者因其年龄不应过早地成为刑法非难的对象而应当成为教育、保护的对象[2]这一刑事政策性理由，规定其为无责任能力人。

虽然对刑事未成年人的行为不能科处以责任能力为前提的刑罚，但根据《少年法》实施违反刑法的行为或者有可能实施违反刑法行为的已满 12 岁不满 14 岁的人，可处以保安处分之一的"保护处分"（第 22 条第 1 款）。对于实施违反刑法行为的已满 14 岁未满 20 岁的人也可以根据犯罪的具体情况，不处以刑罚而给以"保护处分"（第 32 条第 1 款）。此时可以同时做出"社会奉仕命令"或"受讲命令"（同条第 3 款）。而且少年实施了法定刑长期 2 年以上有期刑的犯罪时，在法定刑的范围内决定长期和短期而宣告，但是其长期不能超过 10 年、短期不能超过 5 年（同法第 60 条第 1 款：采用相对不定期刑制度）。对于实施犯罪时未满 18 岁的少年，其法定刑为死刑或无期刑时处以 15 年的有期惩役（同法第 59 条）。

（二）心神丧失人

心神丧失人，是指因心神障碍没有辨别事物的能力或意思决定能力的人。其行为不予处罚（刑法第 10 条第 1 款）。

---

① 任雄：《刑法总论》（改订版），法文社，2003，第 277 - 278 页。
② 吴永根，第 409 页。

心神丧失人由于精神功能的障碍完全丧失了普通人正常的精神状态，因此作为无责任人其责任被阻却。心神丧失人虽然其责任被阻却不能处以刑罚，但并非排除给以保安处分的可能性。作为心神障碍人属于刑法第10条第1款不能处罚之人，在实施应处禁锢以上刑罚之罪且被认定为具有再犯危险性时，应处以作为保安处分之一的"治疗监护"（治疗监护法第2条第1款）。

刑法要求以"心神障碍"这一生物学要素与"事物辨别能力"或"意思决定能力"这一心理学要素判定无责任能力，就是采取了结合性方法。因心神丧失成为无责任能力人的要件包括：心神障碍（生物学要素）与事物辨别能力与意思决定能力（心理学要素）。

1. 心神障碍

在刑法中心神障碍意味着精神功能的障碍，以精神病、精神薄弱、严重的意识障碍以及精神疾病等为内容。

精神病是指经过一定的身体性疾病的过程精神功能被破坏的情况。包括属于内因性精神病的精神分裂症、老年性痴呆、早郁症、癫痫以及属于外因性精神病的创伤性脑损伤、酒精中毒与毒品中毒等。所谓精神薄弱是指白痴、痴呆等先天性智能薄弱，存在着程度的差异。意识障碍是指并非上述病因而是存在自我意识或对外界意识的严重损伤或断绝的情况，包括严重的心理性刺激状态、严重的过劳状态、因饮酒的酩酊状态等。所谓精神疾病是指属于先天性精神异常或性格异常，包括严重的神经衰弱、冲动障碍等。意识障碍和精神疾病只有在被评价为其严重程度与精神病相同时才能成为心神障碍。心神障碍可以分为像酩酊、严重的刺激状态等"一时性"障碍与像精神病、白痴等"继续性"障碍。

心神障碍的判断属于需要精神医学尤其是精神病学与心理学知识的领域。因此法官为了确定有无生物学要素一般要经过专家的鉴定。但在判断心神障碍中大夫的精神鉴定是事实性判断，而法官判断是否心神障碍却属于法律性判断。故法官不经过专家的鉴定而考虑行为的前后情况或目击人的证言判断心神障碍，也不能说是违法的。

2. 事物辨别能力或意思决定能力

事物辨别能力，是能够认识行为是否不法的能力或能够辨别行为的是非善恶的能力，意味着"认知"能力。意思决定能力，是在辨别不法的基础上能够决定意思并控制自己行为的"意思"能力。因此心神丧失的无责任能力包括"认知"无能力和"意思"无能力。

事物辨别能力或意思决定能力始终是由法官决定的法律问题。因此法官以鉴定人的鉴定为基础做出何种判断，属于法官的裁量权。

三　限定责任能力人

1. 心神微弱者

心神微弱者是指因心神障碍事物辨别能力或意思决定能力微弱的人。其行为减轻刑罚（刑法第 10 条第 2 款）。

心神微弱者属于限定责任能力人之一，是减轻责任的事由。限定责任能力者虽然是责任能力人者但由于责任能力显著降低，所以只能减轻责任。对心神微弱者除了刑罚以外还可以处以保安处分。心神微弱者在实施应判处禁锢以上的刑罚之罪并认定为其具有再犯危险性时，应处以"治疗监护"（治疗监护法第 2 条第 2 款）。

刑法在心神微弱的判断中也采用结合性方法。心神微弱的生物学要素与心神丧失同属于心神障碍，两者只有程度的差异。故作为"继续性"心神障碍的非严重精神分裂症和低能儿以及作为"一时性"心神障碍的未达到酩酊的醉酒等，可以被判定为心神微弱。心神微弱的心理学要素是事物辨别能力或意思决定能力的微弱。这种能力是否微弱，应由于法官独立判断。

2. 聋哑人

聋哑人是指先天性或后天性地同时丧失听觉功能和发音功能的人，即既聋又哑的人。

聋哑人的行为减轻刑罚（第 11 条）。因而聋人、哑人和盲人除外。聋哑人在大体上精神发育不如正常人，被刑法规定为减轻责任的限定责任能力人。

四　责任能力的存在时期

责任能力的本质是犯罪能力而并非受刑能力。因此责任能力是应存在于"犯罪行为时"，即对于事物辨别能力或意思决定能力应以行为时为标准做出判断，因而被称为"责任能力与行为同时存在的原则"。

作为此一原则的例外，存在"原因上的自由行为"的问题（刑法第 10 条第 3 款）。

五 原因上的自由行为

(一) 含义

原因上的自由行为，是指有责任能力的人故意或过失地使自己陷入心神障碍状态（心神丧失或心神微弱的状态）后实现犯罪的情况。

原因自由行为的要点，第一，不顾已经认识、容忍（故意）或能够预见（过失）自己在心神障碍状态下会实现构成要件性行为；第二，自己自愿、自由地（有责地）引起了心神障碍状态。例如：①有伤害他人的意图，事先大量饮酒陷入酩酊状态后伤害他人的情况（故意的作为犯）；②列车扳道员以使列车脱轨的意图开始饮酒，在列车通过时因醉酒未能扳轨导致列车脱轨的情况（故意的不作为犯）；③不顾过度的疲劳驾驶汽车，在瞌睡状态下导致汽车冲突人行道撞倒行人的情况（过失犯）。

韩国的学者们一致地认为，可以以原因上的自由行为来实现犯罪的各种形态（故意犯、过失犯、作为犯、不作为犯等）。但是实际上由过失引起的情况居多，适用原因上自由行为原理的国外判例也是有关过失犯的居多。

(二) 问题的焦点

原因自由行为的结构可以分为使自己陷入心神障碍状态的"原因设定行为"（前例① 中饮酒行为）与直接实现构成要件性行为的"心神障碍状态下的行为"（前例①中伤害行为）的两个过程。在原因设定行为中，行为人虽然存在责任能力却难以认定犯罪的实行行为性；在心神障碍状态下的行为中，虽然容易认定实行行为性但行为人具有责任能力上的缺陷。因此，对于"责任能力与行为同时存在的原则"来说，原因自由行为是否成为一个例外？

在这一问题上，在近代刑法的责任主义要求的"责任能力与行为应同时存在的原则"与罪刑法定主义要求的构成要件上"实行行为的定型性、明确性"原则，显得具有重要的意义。[①] 根据责任能力与行为同时存在的原则，只有对在有责任能力状态下实施的行为才能追究责任；在原因自由行为中能够成为问责的对象是原因设定行为（前例①中饮酒行为）。而且根据构成要件上实行行为的定型性、明确性原则，在现实中实施的犯罪行为只有符合构成要件所预想到的行为的定型性，才能被认定为具有构成要件符

---

① 任雄：《刑法总论》（改订版），法文社，2003，第283页。

合性。在原因上自由行为的情况下作为原因设定行为的饮酒行为，能否符合伤害行为或杀人行为的定型性这一问题，需要做出慎重的判断。

（三）原因自由行为理论的形成

1. 不可罚说

在原因自由行为的理论性发展过程中，曾经被提出该行为不可罚的主张。即近代刑事责任的原则要求责任能力与行为的同时存在，但是原因自由行为在实现构成要件时行为不具有责任能力，虽然之前具有责任能力时实施的原因设定行为应称为实行行为，但原因设定行为由于不具备构成要件的定型性而不能视为实行行为。因而无法处罚或至多是预备行为。

但是单纯的无责任能力状态下的行为与自己引起无责任能力状态的人利用其状态实现犯罪的行为，以规范的观点评价时具有在行为无价值意义上的本质性区别；而且从一般人的法律观念和处罚的现实必要性来看，可以肯定原因自由行为的可罚性。德国和日本等国家的刑法虽然没有明文规定原因上的自由行为，但是通说和判例肯定其可罚性。

2. 可罚说

（1）认定原因设定行为的实行行为性的学说

少数说认为，在原因自由行为的情况下使自己陷入心神障碍状态的原因设定行为已经就开始了其构成要件性行为，所以应当肯定其实行行为性。该学说重视的刑法行为不是在心神障碍状态下的行为而是作为行为人自由时的行为引起心神障碍的行为。原因设定行为的实行行为性被认定，而且在此时行为人具有责任能力。因此根据此学说坚守了责任能力与行为同时存在的原则。[①]

这种观点通常把原因上的自由行为与"间接正犯"当作同一的理论结构来把握并谈论其可罚性。即间接正犯把他人作为工具加以利用，而原因上的自由行为把处于心神障碍状态下的自己作为有生命的工具加以利用。而且间接正犯的着手实行时期并非被利用者的行为而是在利用者的利用行为中寻找，同样在原因自由行为中自由行为的着手实行时期也在原因设定行为中寻求。此时行为人具备了责任能力，故符合于责任能力与行为同时存在的原则。少数说虽然在贯彻责任能力与行为同时存在的原则方面具有优点，但是把原因设定行为当作实行行为的这一点是错误的。这是因为把

---

① 金日秀、徐辅鹤，第384页；郑永锡，第173页。

充其量不过是预备程度的原因设定行为视为实行行为本身，隐藏着破坏重视构成要件性行为定型性的罪刑法定主义原则具有的人权保障功能的危险。[①] 依照少数说的逻辑，假如行为人以杀人的故意饮酒后却醉酒昏睡，也被认为饮酒行为本身包含实行的着手而肯定杀人未遂的成立，这种结论的非合理性是不言而喻的。

（2）认定心神障碍状态下行为的实行行为性的学说

通说认为，在原因自由行为的情况下实行行为毕竟是心神障碍状态下的行为。仅仅以原因设定行为不能成立未遂犯，可罚性的根据应当寻找在"原因设定行为和实行行为的不可分割的关系"之中。而且责任能力的具备并非实行行为时而是原因设定行为时。因此，原因自由行为属于责任能力与行为同时存在原则的例外。

对行为人能够加以责任非难是因为在原因设定行为时曾自由过。即构成要件性行为虽然在心神障碍状态下实施的，但是行为人在原因设定行为时已经具备了责任能力并有责地（事先预见即故意与能够预见即过失）使自己陷入心神障碍的状态，并且原因设定行为和心神障碍状态下的构成要件性行为之间具有相互"不可分割的关系"。因此，从整体上对行为人能够责任的非难也不违背责任主义。

（四）刑法第 10 条第 3 款

刑法第 10 条第 3 款规定："对于已预见所发生的危险并自意引起心神障碍状态人的行为，不适用前两款的规定。"即在原因上的自由行为的情况下，不认定对心神丧失者的阻却责任（第 10 条第 1 款）以及对心神微弱者的减轻责任（第 10 条第 2 款），明示其可罚性。

刑法第 10 条第 3 款规定，"对于"已预见"所发生的危险……"，对其中的"已预见"可以解释为既包含故意又包含过失（有认识的过失）的概念。而且原因自由行为在现实中是因过失引起的案件居多。

第三节　违法性认识

一　违法性认识

违法性认识或不法认识，是行为人对自己的行为因违反法秩序而未能

---

① 任雄，第 286 页。

被法律容许的认识。对认识自己的行为是违法而实施违法行为的人能够加以非难，行为人应当对自己实施的违法行为承担责任。

但是也存在对于没有认识自己行为是违法而实施违法行为人不能进行非难或减轻非难的情况。在这个意义上，违法性认识是对行为人的非难可能性即责任的一个要素。

二 违法性认识的具体内容与范围

违法性认识是对自己行为违反法秩序的认识，因而单纯违反伦理、道德或者习惯的认识不属于违法性认识。在对法秩序的合理性持有疑问的情况下也能够认定具有违法性认识。因而确信犯（良心犯）也具有违法性认识。确信犯是指虽然认识自己行为违反现行法秩序，但为了实现相对更高的价值而违反现行法秩序的情况。

学说和判例认为违法性认识是自己的行为在法律上不被容许或禁止的认识，而且一致地认为没有必要认识到具体的禁止性规定，只要是非专家朴素的判断即可，违法性认识应当是有关于具体的构成要件，因此在数罪的情况下应当对各罪具有违法性认识；不仅是现实的认识而且潜在的认识或未必的认识均可以成立。但是对于违法性认识的具体内容存在着不同意见的对立。

1. 广义说

广义说属于判例所持有的立场。① 广义说是主张只要有违反社会正义和条理的认识就具有违法性认识。广义说的问题在于，将违法性认识与反伦理性、道德性认识等同起来（即实质的违法性），实际上包含了不合理扩大可罚性范围的危险。

2. 狭义说

狭义说属于学界的多数说。狭义说主张只要有违反法秩序的认识就具有违法性认识。多数说主张虽然以单纯的违反伦理规范的认识是不够充分的，但是也没有必要具体认识到其行为违反刑法。即违法性认识的对象并不是将要违反的是具体的刑罚规定或构成要件本身，也没有必要认识到违反了刑法规范，只要求认识到自己行为违反的是现行法秩序（即形式的违法性）。因而即使认识到违反了民法或行政法也应认为具有违法性认识，而

---

① 大判 1987. 3. 24. 86DO2673.

且无须是作为法律专家的违法洞察，只要是作为外行朴素的认识即可。

3. 最狭义说

最狭义说属于学界的少数说。最狭义说主张只有违反刑法秩序的认识才能成立违法性认识。[①] 最狭义说虽然具有限制可罚性范围的优点，但是其缺点是过于限制违法性认识的范围。除了法律专家大多数人是不可能正确认识自己的行为是否违反刑法。因此，依少数说一般人均在违法性认识上成为法律错误的问题。

三 违法性认识的种类

1. 确定的违法性认识和未必的违法性认识

在实施像杀人、放火或强盗等属于刑法核心领域犯罪的情况下，行为人多数是"明确"认识其违法性，这是确定的违法性认识。但是在实施像租税犯、交通肇事犯等属于行政行为领域犯罪的情况下，行为人与其说是明确地认识了其违法性，不如说是容忍了违反法秩序的"可能性"。故应认定未必的违法性认识。

2. 现实的违法性认识和潜在的违法性认识

违法性认识以现实存在的情况居多，这就是现实的违法性认识。尤其是犯罪长期周密地准备并实现的情况。但是像激情犯那样其违法性并没有表象于行为人的头脑，而是潜在于内心深层的情况应认定具有违法性认识，即潜在的违法性认识。

四 违法性认识的推定与判断

认识、容忍并实施符合于构成要件性事实的有责任能力的人，通常认识到自己行为的违法性。由于构成要件本身具有警示或唤起行为违法性的机能，所以只要不存在特殊情况就能够推定具有故意的行为人同时具有违法性认识。因此法官在做出判决时一般无须明示行为人是否具有违法性认识。

但是在 ①被告人主张违法性认识的错误的情况；②被告人是外国人或所违反的规范不属于核心领域或因其解释的模糊导致违法性认识不是很明确的情况；③被告人相信介入了阻却违法性事由的情况下，只有在发生对

---

① 车镛硕，1994，第 847 页。

违法性认识合理的怀疑时才需要法院的判断。

五 体系性地位

要成立犯罪应具有违法性认识。违法性认识不属于构成要件或违法性，而是行为人的非难可能即责任的要素，对这一点学界早已达成了共识。但是对责任的结构和在责任要素中违法性认识所占有的位置存在着不同的见解。这些不同的见解是围绕着将故意把握为责任的要素并在故意的成立中是否需要违法性认识，还是把故意把握为构成要件的要素并把违法性认识视为与故意无关的独立的责任要素为中心展开的。同时有必要介绍一下学说史上主张在成立犯罪上无须具有违法性认识的所谓"违法性认识不要说"。

（一）违法性认识不要说

该学说认为在犯罪的成立上完全无须具备违法性认识。违法性认识既不是故意的要素也不是与故意无关的独立的责任要素。该观点的论据是罗马法传统所秉持的"不知法律者不免责"这一法彦，是主张国家无须考虑守法人是否认识违法性而强行实施刑罚法规的思想。

该学说所受到的批判是，不顾因缺乏违法性认识而既无违法性行为动机也没有反对性行为动机的形成可能性而不能非难行为人，却以对其加以处罚来追求国家的利益。是基于极端国家主义的思考方式，它违背了责任主义原理，也忽视了法律作为意思决定规范的功能。因此，如今在韩国没有学者支持违法性认识不要说。

（二）故意说

故意说把违法性认识视为故意的构成要素之一，是把故意解释为责任要素的古典型（因果型）犯罪体系所主张的理论。根据此说故意是责任的要素，违法性认识是故意的构成部分，因而缺乏违法性认识原则上阻却责任故意。

在不具有违法性认识但存在违法性认识可能性的情况下，围绕着是要认定过失责任还是要认定故意责任这一问题，分为严格故意说和限制故意说两种。

1. 严格故意说

严格故意说因固守故意说的立场不承认例外的存在而得名。该说认为违法性认识是故意的构成要素，因此第一，现实地具有违法性认识才认定故意责任；第二，因过失没有认识到违法性（即存在违法性认识的可能性）阻却故意责任但不阻却过失责任；第三，就连违法性认识可能性也没有，故意和过失都被阻却不成立犯罪。根据严格故意说对构成要件性事实的认识和违法性认识都是故意的构成要素，故如果没有对构成要件性事实的认识或违法性认识，那么只能成立过失犯。

对于严格故意说所提出的批评是：在上述第二种情形下，如果没有过失犯的处罚规定（如误认为窃取受贿的财物不构成犯罪而盗窃，因为没有过失盗窃罪的处罚规定而不能处罚）或过失犯的刑罚比起故意犯的刑罚显著轻微（例如，误认为杀害受贿的公务员不构成杀人罪而杀害，依照严格故意说应构成过失致死罪。对此的刑罚规定为处以 2 年以下的禁锢，比起故意杀人罪的法定刑即处以死刑、无期或 5 年以上的惩役显著轻微）时，就发生处罚的空白。

2. 限制故意说

此说缓和了严格故意说的主张即承认存在例外。限制故意说主张，在前述第一、第二种情形下都认定故意责任；在第三种情形下就连违法性认识的可能性也没有，故意和过失都被阻却不成立犯罪。

大法院的判例持有限制故意说的立场。①

对于限制故意说提出的批评是：虽然根据限制故意说可以避免像严格故意说那样的处罚空白，但是把事实的认识和违法性认识都视为故意的成立要素，对因过失没有认识到构成要件性事实认定其为过失犯，而对因过失没有认识到违法性却认定其为故意犯，暴露出缺乏一贯的逻辑性。

（三）责任说

责任说把故意解释为构成要件要素，并把违法性认识（及其可能性）视为与故意无关的独立的责任要素。因而即使缺乏违法性认识也成立故意，只是阻却或减轻责任。

根据责任说第一，具有现实的（确定的、未必的）违法性认识的情况下，认定故意责任；第二，因过失没有认识违法性（即存在违法性认识的

---

① 大法院的判例认为，：……不能认为被告人没有犯意。因而所谓对原审判决中存在误认有关犯意之法理错误的上告理由不能成立。（大判 2000. 8. 18. 2000DO2943）。这是把违法性认识解释为犯意即故意的一个构成要素，即便行为人没有对违法性的现实性认识也认定故意的成立。因此，属于限制故意说的立场。（参见吴永根《刑法总论》（第 2 版），博英社，2009，第 447 页）

可能性），认定故意责任但减轻刑罚；第三，就连违法性认识的可能性也没有，就阻却责任。

责任说根据是否承认故意、过失的双重功能，分为严格责任说与限制责任说。

1. 严格责任说

此说因固守责任说的立场不承认例外的存在而得名。严格责任说主张，故意和过失属于构成要件的要素，故应排除在责任的领域之外。此说认为阻却违法性事由要件事实的错误并非有关构成要件性事实的错误，而是有关违法性事实错误，故无一例外地属于法律错误。

2. 限制责任说

学界的通说为限制责任说。该说没有固守责任说的立场，主张故意和过失既是构成要件的要素又是责任要素即肯定故意与过失的双重功能。该说认为违法性认识不仅影响责任也影响故意与过失。限制责任说对于阻却违法性事由要件事实的错误，分别采取以下的立场。

（1）事实错误的类推适用说

事实错误的类推适用说为多数说。该说对于阻却违法性事由的要件事实错误，主张类推适用构成要件性事实错误的理论，结果是故意被阻却。这一主张的前提是故意在构成要件阶段行使决定行为性质的机能，在责任阶段行使行为人非难可能性机能的双重功能。但是在阻却违法性事由的要件事实错误中，其行为可以说是故意行为却不能认定行为人故意拒绝了法秩序的要求。因此，阻却故意责任而只能认定过失责任。

（2）法律效果的限制责任说

法律效果的限制责任说为少数说。该说对于阻却违法性事由的要件事实错误，主张认定刑法效果上的过失责任，并非阻却故意或故意责任。

第四节　法律的错误

一　法律的错误的含义与种类

（一）法律的错误的含义

法律的错误又称为违法性认识的错误，是行为人在行为当时虽认识到构成要件的事实却没有认识自己行为的违法性的情况。

法律的错误是形成违法性认识反面的情况，即意味着在违法性认识上有错误或行为人缺乏违法性认识，所以又称为违法性认识的错误。此时行为人虽然知道自己正在做什么却误认为自己所做的行为没有被法律禁止，故又称为禁止的错误，这是一方面。另一方面，有关自己正在做什么的认识因以构成要件要素的客观记述为对象，对此的错误就称为"构成要件的错误"。因而作为法定用语的"事实的错误"与"法律的错误"，可以由"构成要件的错误"与"违法性认识的错误（禁止的错误）"来替代。

（二）法律的错误的种类

法律的错误可以由多种事由发生，法律的错误根据其事由分为以下种类：

1. 直接的错误

直接的错误是指行为人：①没有认识禁止规范本身即"法律的不知"；②认识禁止规范本身但误认为其规范是无效的即"效力性错误"；③因错误地解释规范进而错误地判断适用范围的即"包括性错误"，其结果误认为自己的行为被法律所允许。

2. 间接的错误

间接的错误是行为人虽然认识到行为一般地被禁止但误认为在具体情况下介入"阻却违法性事由"的情况。

（1）有关正当化事由存在的错误

实际上不存在阻却违法性事由的规范但误认为其存在因而误认为自己的行为不违法（允许规范的错误）。例如丈夫误认为自己有对妻子的惩戒权而殴打妻子的情况。

（2）有关正当化事由界限的错误

虽然认识阻却违法性事由的存在但扩大解释阻却违法性事由的法律效力因而误认为自己的行为不违法（允许界限的错误）。例如私人在拘捕现行犯的情况下误认为可以侵入他人住宅的情况。

需要注意的是，应当把法律错误中间接的错误与有关阻却违法性事由前提事实的错误予以区分。

二 刑法第16条的解释

刑法第16条规定：（法律的错误）"误认为自己的行为依法令不构成犯罪的行为，限于在其误认具有正当的理由时不予处罚"。

（一）"误认为自己的行为依法令不构成犯罪的行为"

1. 属于没有违法性认识的状态，即行为人误认为自己的行为依照法令不构成犯罪。对"不构成犯罪"可以理解为行为的违法性不被认定即行为是合法的。

2. 由于违法性认识可能性说是多数说，因此需要正确的理解。

（二）"其误认具有正当的理由"

1. 其误认具有正当的理由是指行为人的错误是无法回避的情况。因而就连违法性认识的可能性都没有当然符合"正当的理由"，即使存在违法性认识的可能性但是无法回避错误时也符合"正当的理由"。

2. 对"正当的理由"的判断标准。对有无"正当的理由"的判断标准刑法没有做出明文规定。通说认为，有无"正当的理由"的判断标准应当是有无过失即有无回避可能性。也就是认识自己行为的违法性而且具有能够回避违法行为的能力却决意并实施违法行为时，否定具有"正当的理由"进而认定行为人的责任。例如不动产中介人错误地解释有关中介手续费的地方自治团体的条例，超过法定的金额收取手续费的情况。至于有无回避可能性，应当以社会一般人的平均注意能力为标准判断。判例也支持通说的立场。

（三）"不予处罚"

1. 具有正当的理由时阻却责任不构成犯罪，不予处罚。

2. 不具有正当理由时不阻却责任，予以处罚。

3. 即使没有被认定具有正当的理由，但可以根据过失的程度即回避可能性的程度减轻责任。

三　法律错误的效果

（一）具有正当理由的法律错误的效果

具有正当理由的法律错误不予处罚（第16条）。在具有正当理由的错误情况下也能够认定构成要件符合性或违法性，不予处罚的理由是不能非难行为人，即阻却责任。

（二）没有正当理由的法律错误的效果

在没有正当理由的法律错误中，始终认定行为人对构成法律错误存在过失。这是因为行为人无过失构成法律的错误以及虽因过失构成法律的错误但具有其他根据时，可以被认定为有正当的理由。

因过失构成法律错误的效果，根据如何把握违法性认识的体系性地位而不同。

1. 故意说

严格故意说主张在没有正当理由的法律错误中，因行为人没有现实的违法性认识故意被阻却，但应负过失责任。限制故意说认为在因过失构成法律错误时存在违法性认识的可能性，故认定故意责任。

2. 责任说

在除了阻却违法性事由要件事实的错误之外的一切法律的错误中，严格责任说和限制责任说均主张应认定故意责任，只是减轻刑罚。

3. 消极的构成要件要素理论

在没有正当理由的法律错误中行为人因没有不法故意，应承担过失犯的责任。

四 阻却违法性事由要件（前提）事实的错误

（一）含义

阻却违法性事由要件（前提）事实的错误，是指事实上不存在正当防卫等阻却违法性事由客观的状况却误认为其存在而实施防卫行为等符合阻却违法性事由行为的情况。

误想防卫、误想避难或误想自救行为等，均属于阻却违法性事由要件（前提）事实的错误的情况。例如把晚上找上门来的电报配送员误认为强盗而实施防卫行为，或者在战时把我军误认为敌军进行杀害的情况。

（二）法律性质

阻却违法性事由要件事实的错误，在有关行为状况事实的错误方面类似于事实的错误，同时在有关违法性认识要件的错误方面类似于法律的错误，它是兼具事实的错误和法律错误性质的第三种错误。

（三）法律效果

1. 故意说

（1）严格故意说。严格故意说主张为了成立作为责任要素的故意需要违法性认识。在阻却违法性事由要件事实错误的情况下行为人没有现实的违法性认识，不应当负故意犯的责任。但行为人如果对错误有过失就负过失犯的责任，如果没有过失就应承担阻却责任。

（2）限制故意说。限制故意说主张成立故意不需要现实的违法性认识，只要有违法性认识的可能性就够了。在阻却违法性事由要件事实错误的情况下行为人如果对错误有过失就应当负故意犯的责任，没有过失就阻却责任。

2. 责任说

责任说认为故意不是责任的要素而是主观的构成要件要素，并且把违法性认识把握为独立的责任要素。

（1）严格责任说。严格责任说把阻却违法性事由的要件事实的错误与一般的法律错误作为同一问题看待。在阻却违法性事由要件事实错误的情况下行为人存在构成要件性故意，所以具有构成要件符合性和违法性。在责任的阶段如果具有违法性认识的可能性（即对错误有过失）责任被减轻；如果没有违法性认识的可能性（即对错误没有过失）责任被阻却。

（2）限制责任说。限制责任说把阻却违法性事由的要件事实的错误与一般的法律错误作为不同问题看待。因为前者中有事实关系的错误，但后者中只有纯粹的法律评价的错误。因而该说对于前者即在阻却违法性事由的要件事实的错误中肯定过失犯的责任。

① 事实的错误类推适用说。该说主张如果存在违法性认识的可能性（即对错误有过失）就类推适用事实的错误来认定过失犯的责任，如果没有违法性认识的可能性就阻却责任。

② 法律效果限制责任说。该说主张在发生有关阻却违法性事由要件事实的错误时虽然存在构成要件性故意但作为责任形式的故意被否定，即有关阻却违法性事由要件事实的错误并没有阻却构成要件性故意，而是阻却了责任故意即作为故意犯的"心情无价值"，故不能追究故意责任。

之所以称其为"法律效果限制责任说"，是因为该说认为在有关阻却违法性事由要件事实中引起回避可能性错误的人，虽然故意实施了其行为但是在法律效果上只以过失犯处罚，此一处罚仅在其法律效果上带来一定的限制。如果行为人对错误有过失就认定过失的责任；如果对错误没有过失就阻却责任。法律效果限制责任说的理论基础，是作为通说的肯定"故意的双重地位"的学说。因此，法律效果限制责任说是目前的多数说。

3. 消极的构成要件要素理论

该说主张由于行为没有违法性认识，所以如果对错误有过失就负过失犯的责任；如果没有过失就阻却责任。根据此理论在阻却违法性事由要件事实错误中并非阻却故意的责任，而是早已不存在故意不法。如今没有学者持有该说。

第五节　期待可能性

一　期待可能性

（一）期待可能性的意义

期待可能性，是指鉴于行为当时的具体情况能够期待行为人不实施犯罪行为而实施合法行为的可能性。

行为人不顾存在合法行为的期待可能性却实施违法行为就能够对其予以责任非难；如果面临无法期待合法行为的情况而不可避免地实施违法行为就不能予以责任非难。因而"期待不可能性"即没有期待可能性是阻却责任的事由。有责任能力人因故意或过失实施了行为，如果按照一般社会生活经验，即便是一般普通人处于该处境也会实施该种违法行为，那么没有期待可能性也不能非难该行为人，因而没有责任也不成立犯罪。

（二）期待可能性理论

期待可能性理论是规范责任论的产物。出现规范责任论之前的心理责任论把责任的本质理解为行为人对行为的主观心理的关系。即把责任概念视为对犯罪事实的认识和意欲（故意）或者没有认识和意欲（过失）这些心理的事实关系，并且把故意和过失理解为责任的种类或责任的形式。但是心理责任论存在着以下问题：第一，无法说明虽具有故意但为何在被强迫的情况下能够阻却责任；第二，无法说明无认识的过失为何对发生结果没有任何心理关系却承担责任。规范责任论认为责任的本质并非心理的事实关系而是对于这种事实予以判断的"规范的评价关系"，把责任概念解释为对行为人的"非难可能性"。

作为责任核心要素的"期待可能性"，其出台的契机是于1897年3月德国帝国法院对于所谓"癖马案"的判决。被告人是马夫，从1895年起受雇于经营马车出租业的雇主。在受雇期间被告人驾驭双缨马车，其中一匹马是尾绕缰之马，经常用尾巴缠绕缰绳并用力压住缰绳。被告人了解此马的癖性后担心可能发生的事故，多次要求雇主更换此马，但是雇主每次以解雇为要挟拒绝换马。马夫无奈继续驾车营运。1896年7月19日被告人正在驾驭之际，该马在某街头突然用尾巴缠绕缰绳并用力下压。被告人虽然想拉缰绳制御该马但没有奏效，马向前飞跑致行人受伤。检察官以过失致人伤害罪对马夫提起公诉，但原审判决宣告被告人无罪。检察官不服提出上诉，案件移送到德意志帝国法院，该法院驳回上诉。理由是不能期待被告人不顾被解雇的风险违反雇主的命令拒绝使用此马。因此被告人不应负过失责任。

以"癖马案"的判决为契机，德国的刑法学者弗兰克通过于1907年发表的论文"关于责任概念的基础"主张在责任中除了故意、过失以外还需要"行为当时正常的附随情况"。此后经过迈耶等学者的努力，"行为当时正常的附随情况"发展为有关"能够期待合法行为的具体情况"的理论。后来，这种期待不可能成为一般的超法规阻却责任的事由，最后演变成责任的本质为非难可能性这一规范的概念。

（三）作为责任客观要素的期待可能性

在责任中期待可能性与责任能力、违法性认识、故意的区别在于，期待可能性是客观的要素，而责任能力、违法性认识、故意是主观的要素。

期待可能性不仅是能够判断"有无"的概念，而且是能够判断"程度"的概念。即鉴于行为人所处的具体情况，其实施合法行为的期待可能性可大也可小。因此，期待可能性的强弱可以使行为者个人的责任变得趋重或趋轻，从而直接影响到法官的量刑。

二 期待可能性的体系性地位

（一）期待可能性理论的发展及现状

期待可能性于1907年之后作为一般的要素进入了责任的领域，而且长期处于作为责任核心要素的发展进程，近年来却作为责任核心要素，其作用有被渐次降低的趋势。

（二）期待可能性的体系性地位

关于期待可能性的体系性地位，存在着将其理解为在消极的侧面阻却或减轻责任的要素还是在积极的侧面构成责任的要素这一对立观点的争议。

1. 消极的责任要素说

消极的责任要素说属于多数说。该说反对把期待可能性视为积极的责任要素，而是把期待不可能性或减少期待可能性理解为阻却责任事由或减轻责任事由，即只要具有责任能力、违法性认识及其可能性原则上就成立责任即能够认定责任，没有必要积极地确定期待可能性；但是如果没有期待可能性就例外地免除已成立的责任即阻却责任，如果减少期待可能性就减轻责任。

2. 积极的责任要素说

积极的责任要素说[①]是把期待可能性理解为与责任能力、违法性认识（及其可能性）、作为责任要素的故意、过失站在同等的位置并积极构成责任的"独立的责任要素"。该说认为期待可能性属于非难可能性的最本质的要素，因此应当认定期待可能性的独立性。

三 期待可能性的判断标准

有关期待可能性的判断标准，存在着国家标准说、行为人标准说与平均人标准说之间的对立。但是在韩国如今没有学者支持国家标准说。

1. 国家标准说

国家标准说主张应当以国家的法秩序或国家理念判断期待可能性的有无。国家标准说的特征在于，随着法秩序和国家理念的变化期待可能性的判断标准也随之变化。

但是国家当然而且始终期待国民的合法行为，故如果以国家作为标准判断期待可能性就几乎不可能存在以没有期待可能性为由阻却责任的情况。

2. 行为人标准说

行为人标准说为少数说，该说主张以行为当时行为人所处具体情况下的行为人能力为标准判断其有无期待可能性。该说的论据为责任是对行为者个人的非难可能性，离开行为人的能力谈论期待可能性只会使责任变得无意义。因此，应当以行为者个人的情况和个人的能力作为标准判断期待可能性的有无。[②]

但是如果以行为者个人的情况和个人的能力为标准判断期待可能性，就会得出行为人几乎没有合法行为的期待可能性这一结论。如果把期待合法行为的一方与被期待合法行为的一方都当作行为人，即把判断期待可能性的主体（标准）和客体均当作行为人，那么行为人只能始终会如此行为，因而存在使刑法中的责任变为空洞的危险。

3. 平均人标准说

平均人标准说属于学界的通说。该说主张在行为当时的具体情况下以

---

① 任雄，第 317~318 页；吴永根，第 430 页。
② 朴相基：《刑法总论》（第 7 版），博英社，2007，第 258 页；裴钟大，第 477 页。

社会平均人替代行为人境遇判断其是否具有合法行为的期待可能性。也就是根据在以平均人替代行为人境遇的情况下能否期待合法行为来判断。该说的论据在于期待可能性判断的客体虽然是行为人，但判断的主体应当是由平均人所做的客观性判断。

个别的学者认为平均人标准说实际上并非以平均人而是以很优秀的人作为标准判断期待可能性的有无。所以平均人标准说这一用语不太妥当，称之为优秀人标准说或模范生标准说似乎更为符合实际情况。刑法是通过这种标准要求所有国民慎重考虑或对待自己的行为、状况以及对其的评价。[①]

四　期待不可能性与超法规的阻却责任事由

学界的通说认为期待不可能性属于"超法规的阻却责任事由"。其理由为，韩国的刑罚法规在构成要件的规定上由于其文言不够严密且其内容严厉，容易被理解为对被告人过度的处罚。因此有必要根据具体情况把期待可能性认定为超法规的阻却责任事由，以此打开能够轻缓刑罚权之路。而且考虑到韩国刑法中有关阻却责任事由的规定不够充分的情况，例如在免责性紧急避难，因对生命、身体以外法益的胁迫而被强要的行为，执行上级有约束力而违法命令的行为，在义务冲突时不得已履行价值较低义务的行为等情况下，有必要根据作为超法规阻却责任事由的期待不可能性来谋求具体的合理或具体的正义。[②]

判例也持有相同的立场。[③]

五　期待可能性的错误

（一）含义

期待可能性的错误，是虽然不存在合法行为期待不可能的情况，行为人误认为其存在的情况。例如在第 12 条中虽然不存在对自己生命的胁迫行为人却误认为其存在实施违法行为的情况。

---

① 吴永根：《刑法总论》（第 2 版），第 432 页。
② 任雄：《刑法总论》（改订版），法文社，2003，第 321 页。
③ "在捕鱼作业中被劫持到以北地区（朝鲜）并在该地区为了活命赞扬、鼓吹的行为，属于不得已的行为不具有期待可能性。"（大判 1967. 10. 4. 67DO1115）；"入学考生偶然获得了考题试题，后来在答题纸上记载了已背诵好的答案。但是不能把已背诵好的答案记载于答题纸这一规则，在一般情况下对一般入学考生来说是不能期待的"。（大判 1966. 3. 22 66DO1164）

（二）性质与效果

关于期待可能性的错误韩国刑法没有做出任何规定。

期待可能性的错误原本属于阻却责任的对行为状况的认识错误，可以说是具有独立性质的错误。但是由于刑法中的所有错误均被事实的错误和法律的错误这两大范畴来规律，期待可能性的错误存在究竟应归属于哪个错误来处理的问题。鉴于期待可能性的错误终究回归到能否对行为人的非难可能性这一点，理应类推适用法律的错误（即违法性认识的错误）来解决。因而如果期待可能性的错误具有正当的理由即回避不可能的错误那么就阻却责任；如果没有正当的理由即回避可能的错误就认定责任，但可以减轻处罚。

六　期待可能性的适用

（一）排责事由与免责事由的区别

阻却责任事由可分为在没有责任能力、违法性认识、故意的情况下不成立责任的"排除责任事由"以及在没有期待可能性的情况下已成立的责任被免除的"免除责任事由"。

（二）免责事由：期待可能性被适用的情况

1. 法规上的适用

法规上的适用，是指依刑法中明文规定的适用。具体包括以下几种：

（1）在刑法总则中的适用

① 被强迫的行为（第 12 条）

被强迫的行为不受处罚，被解释为以期待不可能性为理由的责任阻却。

② 过当防卫（第 21 条第 2、3 款）、过当避难（第 22 条第 3 款）、过当自救行为（第 23 条第 2 款）。

这些行为其刑罚可以减轻或免除，其根据在于期待可能性的减少或者期待不可能性。

（2）在刑法各则中的适用

① 亲属之间相互隐匿犯人（第 151 条第 2 款）、毁灭证据行为（第 155 条第 4 款）不受处罚，被解释为以期待不可能性为理由的责任阻却。

② 逃脱罪（第 145 条）的法定刑显著低于帮助逃脱罪（第 147 条）法定刑，被解释为以减少期待可能性为理由的责任减轻。

③ 取得伪造通货后知情行使罪（第 210 条）的法定刑显著低于伪造通

货行使罪（第 207 条）法定刑，被解释为以减少期待可能性为理由的责任减轻。

2. 超法规的适用

超法规的适用，是指虽然没有刑法的明文规定但是以期待不可能性为理由超法规的阻却责任的情况。具体包括以下几种：

（1）免责性紧急避难

在同等的利益之间或难以比较衡量的利益之间发生冲突的危难时不得已牺牲其中一个利益的情况下，不阻却违法性但可以以期待不可能性为理由阻却责任。这种免责性紧急避难超法规的阻却犯罪的成立。

（2）免责性义务冲突

免责性义务冲突，也称为义务冲突时履行较低价值的义务。也就是当发生义务冲突时不得已履行较低价值义务而放任较高价值义务的不作为，不阻却违法性但可以以期待不可能性为理由阻却责任。例如在大夫的选择性应急救助中发生把重伤人员和轻伤人员同时救助义务时，不得已救助作为自己家属的轻伤人员而放任重伤人员的大夫的不作为，可以因期待不可能性阻却责任。

（3）执行有约束力并违法的职务性命令的行为

下属在"法律上"没有义务服从上级违法的命令。例如军刑法第 44 条规定了服从上级"正当"命令的义务。但是在军队、警察或情报机关等具有严格"命令服从关系"的机构或团体中，因为上级违法的命令具有"事实上"的约束力，故上级的命令是绝对的。根据多数说，在其下属不得已执行上级违法的命令时，可以以期待不可能性为理由超法规地阻却责任。但是也需要根据具体情况确定，如果上级的违法命令没有被认定为具有绝对的约束力，那么执行其命令的下属不能被免责。在因具有绝对的约束力而下属被免责的情况下，做出违法命令的上级以对下属违法行为的间接正犯和强要罪被处罚（想象的竞合）。

（4）准被强迫的行为

准被强迫的行为，又称为对生命、健康以外的其他法益被强迫的行为。也就是对自己或亲属的生命、身体以外的自由、秘密、名誉、贞操、财产等法益的无法抵御的胁迫被强迫的行为，不属于刑法第 12 条规定的情况。在对未被第 12 条规定的法益有胁迫的情况下，可以以期待不可能性为理由超法规地阻却责任。

七 被强迫的行为

（一）被强迫的行为

刑法第 12 条规定：（被强迫的行为）"被无法抵抗的暴力或者对自己或亲属的生命、健康无法防御的危害所胁迫的被强要的行为，不予处罚"。

被强迫的行为即使是不法行为，因其没有合法行为的期待可能性而阻却责任。但是前提必须是"对自己或亲属的生命、健康"的无法抵御的暴力或危害，而不是对名誉、地位或财产的损害。

（二）被强迫行为的法律性质

被强迫的行为是在紧急状态下为避免危难的行为这一点上，与紧急避难尤其是免责性紧急避难具有类似之处。但是第一，免责性紧急避难是只要有对自己或他人法益现在的危难就已充分，但被强迫的行为是以因暴力或胁迫处于被强迫的状态为要件，而被强迫这一危难是违法的；第二，在免责性紧急避难中会考虑冲突的利益之间的衡量，但被强迫的行为中不会考虑利益的衡量，而重视在被强迫的状态下是否有过合法行为的期待可能性这一补充性。

（三）成立要件

是被无法抵抗的暴力或者对自己或亲属的生命、健康无法防御的危害所胁迫的被强要的行为。对此加以分述如下。

1. 强迫的状态

强迫的状态分为被无法抵抗的暴力的情况和被无法防御的胁迫的情况两种。

（1）被无法抵抗的暴力的强迫状态

① 暴力的含义。暴力是"为了压制对方的抵抗所行使的有形力"。而且暴力根据其强度分为"绝对性暴力"与"强制性暴力"。前者是指行使绝对的有形力致使他人为一定行为或不为一定行为的物理性暴力；后者是指有形力影响到人的意志致使他人为一定行为或不为一定行为的心理性暴力。处于绝对性暴力状态下的人连起码的意思都不可能拥有，这种被强迫的行为不属于刑法中的行为。此时被强迫的人不过是没有生命的工具、没有意思的道具。因而第 12 条规定不适用于"绝对性暴力"的情况，其只能适用于"强制性暴力"。

暴力在其手段上没有限制，而且暴力不仅仅限于直接对人本身行使，即使是对物品行使有形力也可以间接地影响人的意思。

② 暴力的程度。暴力应当是对方"无法抵抗的程度"（被强迫的行为的补充性）。至于是否属于无法抵抗的暴力，应把暴力其本身的强度和性质、具体的情况以及被强迫人的特殊性等综合考虑而判断（考虑具体情况的客观的判断）。

（2）被无法防御的胁迫的强迫状态

① 胁迫的含义。胁迫是"以使人产生恐怖心的意思告知欲施以恶害"。胁迫不要求必须以明示或外形的方法实施。

② 胁迫的范围。在被强迫的行为中胁迫应当是针对自己或亲属的"生命或身体"。因此胁迫的内容限于对生命或身体的恶害。除了生命或健康以外的对自由、秘密、名誉、贞操或财产等法益的恶害不能包含于第 12 条规定，而是由以期待不可能性为理由的超法规阻却责任事由所解决。

作为胁迫内容的恶害应当是针对"自己或亲属"的。亲属的范围由民法来决定。处于非法同居关系的"配偶"与私生儿被解释为准用于亲属，可以适用第 12 条。但是对于订婚人、情人或好朋友等声称施以恶害的胁迫难以被第 12 条所包含。所以以期待不可能性为理由的超法规的阻却责任事由来解决较为妥当。

③ 胁迫的性质和强度。胁迫应当是"无法防御"的恶害。所谓无法防御是指无法制止或回避恶害，即要求实施被强迫的行为是避免恶害唯一的方法这一"补充性"。在这一点上第 12 条中的胁迫，应当达到被强迫人现实地发生恐怖心理而其自由意思受侵害的程度。

至于是否属于无法防御的胁迫，应当把胁迫本身的强度和性质、具体的情况以及被强迫人的特殊性等综合考虑而判断（考虑具体情况的客观的判断）。

2. 被强迫的行为

应当具有被强迫人的被强迫的行为。被强迫的行为是指因暴力或胁迫被强迫人的意思自由被侵害而实施强迫人所要求的有一定行为。在这一情况下的被强迫的行为以作为阻却责任事由来论及，因而首先要求以符合构成要件、违法为其前提。

作为强迫手段的暴力或胁迫与被强迫的行为之间应当存在因果关系。不具有因果关系时不阻却被强迫人的责任，可以成为强迫人的共犯。而且被强迫人应当具有自己在被强迫状态下不得已实施被强迫行为的认识。

（四） 法律效果

被强迫人被强迫的行为因没有合法行为的期待可能性，所以阻却责任不予处罚。此时强迫人成立利用被强迫人为有生命工具的"间接正犯"。

例如在军事政权统治时期，治安总部的"对共侦查组"拘捕了参加反政府示威的大学生朴仲哲。身为"对共侦查组"组长的 A 向其组员某甲指示，不管采用何种手段（包括刑讯逼供）一定要拿到朴仲哲承认自己是共产党的坦白书。因此某甲依照"对共侦查组"惯用做法对朴仲哲进行刑讯逼供，最后致朴仲哲死亡。军事政权倒台后不久，某甲以刑讯逼供致死罪被提起公诉。某甲在法庭上申辩作为治安总部"对共侦查组"的组员负有绝对服从上司命令的义务，自己也不得不服从 A 的命令。所以自己的行为是属于被强迫的行为或不存在合法行为的期待可能性。

但是第一，某甲行为不属于被强迫的行为。即某甲的情况不符合第 12 条的规定内容。也就是某甲既没有被自己的上司受到无法抵御的暴力行为，也没有曾受到对自己或亲属生命、健康无法防御的危害所胁迫。某甲所受到的胁迫只不过是对其警察这一身份的危害为内容的。第二，某甲在行为当时存在实施合法行为的期待可能性，因此不能阻却责任。其理由为，作为"对共侦查组"组长的 A 的命令内容即不管采用何种手段（包括刑讯逼供）都要拿到朴仲哲承认自己是共产党的坦白书是违法的。

根据有关期待可能性的行为人标准说，对某甲难以认定存在实施合法行为的期待可能性；但是依照国家标准说，对于某甲可以认定期待可能性也不会阻却责任。根据作为通说的平均人标准说以平均人中最有良心的人作为标准。因此，如果最有良心的人就不会服从上司违法的命令。因此可以认定存在实施合法行为的期待可能性，也能够认定责任。

（五） 被强迫的行为与超法规的阻却责任事由的关系

虽然没有具备刑法第 12 条所规定被强迫的行为成立要件，但可以存在符合因没有期待可能性而超法规的阻却责任事由（免责事由）的情况，例如准被强迫的行为。

第六章

未遂论

第一节　概述

一　绪论

（一）犯罪的实现阶段

刑法中的犯罪以"既遂（犯）"为其基本型。对于故意犯罪来说，从其实行阶段的角度看，通常按照犯罪行为的决意→预备·阴谋→未遂→既遂的顺序进行。已经达到既遂阶段的行为被认为"充足"了构成要件。

1. 犯行决意阶段

这一阶段是决意要实施犯罪的意思阶段或者表示犯罪意思（犯意表示）的阶段。在这一阶段，原则上不受刑法的调整。因此，排除以内心的犯罪意思为处罚对象的"意思刑法"即"思想刑法"。

2. 预备·阴谋阶段

预备·阴谋属于为实现犯罪的准备行为，是指尚未达到着手实行的一切行为。"着手实行"是从预备·阴谋阶段转为未遂阶段的分界线。预备是指为实现犯罪意思的外部的准备行为（例如物色犯罪场所、购入犯罪工具、筹备犯罪资金等）；阴谋是指2人以上为了实现特定的犯罪相互交换意思与合意。

预备·阴谋属于犯罪着手实行的"前一"阶段，法益侵害的危险性显著低下，犯罪意思尚未明确显露，故原则上不受处罚。但是如杀人罪、内乱罪等对非常重大的法益犯罪的预备·阴谋刑法例外地予以处罚。"犯罪的阴谋或预备行为还没有达到着手实行的，除法律有特别规定的以外不予处罚。"（刑法第 28 条）因此，对预备犯和阴谋犯不予处罚是原则，处罚只是一种例外。

3. 未遂阶段

未遂是指已经着手实行犯罪但没有终了行为，或者没有发生结果的（没有完成构成要件的实现）情况。未遂虽然属于犯罪的未完成阶段，但在已经着手实行行为这一点上，其法益侵害的危险性和犯罪意思的明确性方面与预备、阴谋阶段有本质的不同，因此增大了处罚的必要性。但是处罚未遂犯的犯罪也限于在刑法各则中有明文规定的情况（第 29 条）；即使在处罚未遂犯的情况下也可以比照既遂犯减轻刑罚（任意的减轻，第 25 条第 2 款）。

4. 既遂阶段

既遂阶段属于构成要件在形式上的实现，是已经终了着手的行为或在结果犯中已经发生结果的情况。

既遂在属于犯罪的完成阶段这一点上，与处于犯罪未完成阶段的未遂不同。刑法各则中的犯罪将既遂阶段确定为"基本型"而被"构成要件化"，而且刑罚也被"法定化"。

（二）"犯罪行为的终了"

1. 概念

"犯罪行为的终了"是指犯罪的实行行为实质性结束的情况，包括对法益的侵害尚未达到既遂，其实行行为已经完全结束以及保护法益按照行为人意欲的内容完全被侵害等两种情况。犯罪行为的终了是以行为人的具体意思或外部的情况这些"事实"为标准做出判断；而既遂是以构成要件这一"法律形式"为标准进行判断。例如，虽然着手实行了杀人行为但是被警察制止未达到杀人的既遂，而因警察的制止这一外部的情况其犯罪行为已经终了。

2. "犯罪行为终了"的意义

第一，公诉时效的起算点。公诉时效的起算点并非犯罪的既遂时而是终了时。刑事诉讼法第 252 条第 1 款规定："时效是自犯罪行为终了时起计算。"

第二，共犯的成立时期。犯罪既遂以后终了之前都可以成立共犯。

第三，是否允许正当防卫。在正当防卫成立要件"现在不当的侵害"中，"现在"包含既遂之后终了之前。因此既遂以后终了之前可以实施正当防卫。例如拘捕窃得财物并逃离的盗窃犯，可以实施正当防卫。

第四，发生加重刑罚事由的情况。在犯罪既遂以后终了以前发生加重刑罚事由时，应当适用加重的构成要件。例如盗窃犯在窃得财物逃离过程中为了避免拘捕实施暴力行为的，构成准强盗罪。

二　未遂的含义与种类

（一）未遂

未遂，是指已经着手实行犯罪但是未能终了行为或者已终了行为但未发生结果的情况。前者被称为"着手未遂"，后者被称为"实行未遂"。

（二）未遂的种类

1. 障碍未遂（刑法第 25 条），属于任意的减轻

障碍未遂是指行为人着手实行以后虽然意图发生结果但是由于意外的障碍，没有发生结果的情况。

2. 中止未遂（第 26 条），属于必要的减免

中止未遂是指行为着手实行以后为了阻止结果的发生，自意地中止实行行为或者防止结果发生的情况。

3. 不能未遂（第 27 条），属于任意的减免

不能未遂是指行为人虽然着手实行，但因犯罪的手段或对象的错误不可能发生结果，不过由于其具有危险性而以未遂犯处罚的情况。

三　未遂犯的竞合

在一个行为符合两个以上未遂的情况下会发生未遂犯的竞合问题。例如，将消化片误认为毒药让对方吃下后马上后悔又使其吃下解毒片，就成立不能未遂犯与中止未遂犯的竞合。在发生未遂犯竞合的情况下，其解决原理可以在以下罪数论中寻找。

1. 狭义的障碍未遂犯具备了所有未遂犯的成立所共同的基本构成要件。因而对于作为一般法的狭义障碍未遂犯（第 25 条）来说，中止未遂犯（第 26 条）和不能未遂犯（第 27 条）均处于特别法的地位（法条竞合中特别关系）。

2. 在中止未遂犯与不能未遂犯竞合的情况下，应优先适用对行为人有利的规定。对于作为主法的中止未遂犯来说，不能未遂犯处于补充法的地位（法条竞合中补充关系）。

第二节　预备罪

一　预备罪

（一）预备罪

预备罪是在着手实行之前所形成的有关犯罪准备行为的总称。例如，为了实施强盗购买凶器的行为，为了杀人把毒药投入饮料的行为等。预备在犯罪意思已表现为外部行为这一点上，与没有表现为外部行为的犯罪决意不同。

（二）预备与阴谋的区别

1. 区分的意义

在刑法总则中预备与阴谋始终规定在一起，多数学者认为不存在区分两者的实践意义。但是为了明确概念而且由于在部分特别刑法中设置了只处罚预备的制度规定，在理论上区分两者还是有一定意义的。

2. 观点的对立

第一种观点认为，阴谋是先行于预备的犯罪发展阶段。这是判例的立场。第二种观点认为，阴谋是心里性准备行为，即为犯罪进行意思联络或心理方面的相互交流。而预备是非心理性准备行为。第三种观点认为，阴谋是人的准备行为，而预备是物的准备行为。第四种观点把阴谋理解为预备的一个种类，主张对阴谋和预备不予区分。

（三）不能预备

不能预备是指不可能发生结果的预备行为。例如行为人误认为可以使用食盐杀人并以杀人的目的准备食盐的行为，因为其属于不能预备所以不能成立预备罪。

二　法律性质

预备行为的法律性质是什么，与能否肯定预备罪的共犯这一问题直接联系在一起。根据发现形态说，由于预备行为不属于实行行为，原则上不可能成立预备罪的共犯，但是根据独立犯罪说，由于预备行为属于实行行为，当然能够肯定预备罪的共犯。

（一）预备罪与基本犯罪的关系

1. 发现形态说

发现形态说为多数说，该说主张预备行为并非独立于基本犯罪的实行行为之外的行为,而是属于基本犯罪的实行行为前一阶段的行为即不过是"发现形态"而已。因而预备罪不是独立的犯罪,而是基本犯罪之修正的构成要件。

2. 独立犯罪说

独立犯罪说为少数说,该说认为预备罪是独立于基本犯罪的另外的犯罪。这是因为预备行为在刑法中采取了"以实施⋯⋯罪为目的而预备的人"这一目的犯的形式,其处罚规定也采取了独立的形式。因此,可以认为预备罪已具备了独立性违法的实质。

发现形态说对此提出了批判:与未遂犯不同,预备行为本身具有无限扩大其范围的可能性。因而应当严格限制预备行为,如果把预备行为视为独立犯罪,那么其构成要件的内容过于宽泛而有悖于明确性原则。只有依据发现形态说把预备行为限于与基本犯罪的实行行为密切相关的行为之内,才能避免发生这些问题。预备罪的处罚规定采取了"以实施⋯⋯罪为目的而预备的人"这一形式,与其说是预备罪属于独立犯罪,不如视为发现形态的根据。

判例持有与多数说相同的立场。①

(二) 预备行为的实行行为性

如果把预备行为视为独立的犯罪,那么预备行为当然会成为实行行为。但是对发现形态说来说又分为肯定实行行为性和否定实行行为性的观点。

1. 肯定说

肯定说属于多数说,该说认为只肯定基本犯罪的实行行为性是忽视实行行为的相对性、机能性的观点。既然预备罪也是被修正的构成要件之一,当然也可以肯定其实行行为性。

2. 否定说

否定说属于少数说,该说认为实行行为的范围限于正犯的实行行为,预备行为是无定型、无形式的;预备行为作为实行行为的前一阶段的行为,

---

① "根据刑法第28条规定犯罪的阴谋或预备行为尚未达到着手实行时,除了法律有特别规定的以外不予处罚。由于禁止预备罪的处罚导致不当的类推或扩大解释犯罪的构成要件,所以解释不能把处罚刑法各则中预备罪的规定包含于独立的构成要件概念中,符合罪刑法定主义的合理解释。因而鉴于整个刑法的精神在预备的阶段应当否定其从犯的成立。在本案件中,主张强盗预备罪属于符合独立性构成要件的犯罪这一上告理由,是无法肯定的个人见解。"(大判 1976. 5. 25,75 DO 1549)

不能认定其实行行为性。

少数说对肯定说所提出的批判是：第一，一边采取发现形态说一边又肯定预备行为的实行行为性，是一种逻辑上自相矛盾的主张。这是因为发现形态说的基本态度是欲否定预备行为的实行行为性。例如尊属杀害罪虽然是普通杀人罪修正的构成要件却不称其为发现形态。这是因为尊属杀害罪的构成要件其本身很明确，肯定尊属杀害罪的实行行为性不存在问题。但是，由于预备行为的内容模糊不清，不具有足以肯定其与实行行为相同程度法律效果的独立性。第二，肯定说主张只有认定预备行为的实行行为性才能有效地限制预备行为的范围。恰恰相反，在限制预备行为的范围方面最有效的是否定说。肯定预备行为的实行行为性的观点也否定预备行为的帮助犯或者不能未遂，但是既然它肯定了预备行为的实行行为性，那么也应当承认预备行为的帮助犯或者不能未遂，这才是符合一贯的逻辑性。

3. 判例

判例虽然肯定预备罪的共同正犯却不承认预备的帮助犯，因而可以说判例采取了折中的立场。[1] .

三 预备罪的成立要件

（一）主观要件

1. 故意

由于预备罪也属于犯罪的构成要件，因而当然需要具有故意。但是就何种故意的问题，存在着学说的对立。

（1）"基本的构成要件"的故意说

这是认为需要对基本的构成要件具有故意的观点。该说认为预备罪不过是基本犯罪的发现形态，由于预备行为不属于实行行为，只以预备行为本身不能成立犯罪。因此不能认定只对预备行为的故意。

（2）"预备行为"的故意说

这是认为只需要对预备行为具有故意的观点。该说认为预备罪采取了一种目的犯的结构，因此故意当然可以是对于预备行为的故意。预备行为

---

[1] 判例认为"在正犯没有着手实行犯罪而停止于预备阶段的情况下，即使对其进行加工也不能以从犯予以处罚，但是成为预备的共同正犯的除外。"（大判 1979. 11. 27，79DO2201；大判 1979. 5. 22. 79 DO 552）

和基本犯罪之间存在本质的区别，只有存在对预备行为本身的故意才能追究止于预备的人的责任。

在现行刑法规定来看采取了"以实施……罪为目的"的结构形式，所以应当认为预备罪属于目的犯。也应当认为目的是意欲犯罪的实行即构成要件的实现，而故意却意味着对预备行为的故意。

2. 目的

预备犯应当具有实施基本犯罪的目的，这是学界已达成的共识。至于其中认识的程度如何，存在不同的观点。

（1）未必的认识说

该说认为按照故意的一般原理不仅是确定的认识就连未必的认识也能够成立目的。判例也持有相同的立场。另一方面也有学者主张把目的犯分为"被断绝的结果犯"（另外行为不要犯）与"被缩短的二行为犯"（另外行为必要犯）两种。① 预备罪属于后者，因而只以未必的认识也能成立目的。

（2）确定的认识说

该说主张为了防止扩大处罚的范围对目的的认识应当是确定的。在把预备罪视为"被缩短的二行为犯"的观点中，也有一些学者主张基于预备罪是例外被处罚的犯罪类型这一点需要确定的认识。

应当认为，目的犯中的目的属于比故意其意志性要素更强的概念，所谓未必的目的是一种矛盾的概念。因而预备罪的目的意味着对实行行为的意欲。

（二）客观要件

1. 预备行为的社会定型性

预备行为是以实行犯罪为目的的外部的准备行为。预备行为在表现于外部的行为这一点上，既不同于仅仅是内部意思的犯罪决意，也不同于即使是外部的行为却不能称其为犯罪预备行为的犯意表示。

由于对预备行为的手段、方法没有限制，容易无限扩大预备行为的范围。因而预备行为也应当具备"实行行为所必不可少的准备行为"这一社会定型性。例如为了杀人购买匕首的行为可以称为杀人的预备行为；虽然

---

① 被断绝的结果犯，是指就像诬告罪，亵渎国旗、国章罪一样，只要有实行行为就不需要为实现目的的另外行为的犯罪；被缩短的二行为犯是指如同各种伪造罪为了实现目的需要实施除实行行为以外其他另行行为的犯罪。未必的认识说主张前者应当是确定的认识，但后者可以是未必的认识。

为购买匕首到银行取钱的行为或者为了杀人增强体力的行为也算是杀人的准备行为，但是由于其不是不可缺少的行为不能称其为预备行为。

2. 物的预备与人的预备

多数说既肯定物的预备也肯定人的预备，即只要是为实现基本犯罪的准备行为，就没有必要区分其是物力的还是人力的方面。例如为了实施犯罪行为，从熟知建筑物结构的人处收集有关建筑物情报的情况或者询问何种方法为最有效完成犯罪的方法等，均可以称为预备行为。但少数说认为预备行为应当局限于物质性预备行为。

3. 自己预备与他人预备

自己预备是指以自己实施实行行为为目的由自己单独或者与他人共同实施预备行为的情况；他人预备是指对于他人实施实行行为的犯罪由自己单独或与他人共同实施预备行为的情况。

对于自己预备可以成为预备行为不存在问题，但是对于他人预备能否成为预备行为，学界存在着不同的观点。

（1）肯定说

根据少数说他人预备也可以称为预备行为。其理由为：第一，他人预备也具有侵害法益的实质的危险性；第二，在"以实施……罪为目的"犯罪中对于是谁实施实行行为在所不问；第三，教唆的未遂（无效的未遂和失败的教唆）是具有他人预备性质的行为，对此予以处罚（第31条第2款、第3款）就意味着对他人预备也要进行处罚。

（2）否定说

多数说否定他人预备能够成为预备行为。其理由为：第一，不能把他人预备的侵害法益的危险性如同自己预备一样看待；第二，对"以实施……罪为目的"应当解释为预备人自己实施实行行为；第三，如果肯定他人预备，他人预备者就会成为预备罪的正犯，此后在他人已着手实行的情况下他人预备者又会成为基本犯罪的共犯（狭义的共犯，即教唆犯或者帮助犯）。如此相同，一个实施预备行为人既成为正犯又成为共犯，是自相矛盾的。

（3）判例

判例肯定预备罪的共同正犯，但是否定预备罪的帮助犯。肯定预备罪的共同正犯是肯定他人预备的态度，否定预备罪的帮助犯是否定他人预备的立场。因此，大法院的判例采取了折中的立场。

四　预备罪的处罚

刑法第 28 条规定：（阴谋、预备）"犯罪的阴谋或预备行为还没有着手实行时，除法律有特别规定的以外不予处罚"。这是因为阴谋、预备属于着手实行犯罪之前的阶段，既没有侵害法益的"直接的"危险性，也缺乏构成要件的定型性，因此原则上不存在必罚性或当罚性。但是对于非常严重犯罪的阴谋与预备，刑法是有必要预先予以应对的。

一般来说，刑法分则对于严重侵犯法益的犯罪规定了处罚其预备行为。例如刑法分则对杀人罪、强盗罪、放火罪、爆炸物使用罪、以移送国外为目的的略取・诱骗罪、内乱罪、外患诱致罪、间谍罪、帮助逃逸罪、伪造通用货币罪、伪造有价证券罪等非常严重犯罪的预备行为，设置了处罚性规定。

刑法分则对于预备罪规定了比基本犯罪相对较轻的刑罚，而且如果只规定处罚阴谋、预备而未规定其具体刑罚的，就不能对其进行处罚。

五　相关问题

（一）预备罪的共犯

在 2 人以上共同实施预备行为的情况下能否肯定预备罪的共同正犯以及应否承认预备罪的教唆、帮助犯，对此存在着学说的对立。

1. 预备罪的共同正犯

预备罪的共同正犯包括两种情况。

第一种，2 人以上以共同实行犯罪为目的共同实施预备行为的情况。例如，甲和乙以共同强盗为目的共同实施购买犯罪工具的预备行为。这里存在以各自预备罪的单独犯还是以预备罪的共同正犯处理的问题。判例肯定预备罪的共同正犯。

第二种，甲以实行犯罪为目的并由甲和乙共同实施预备行为的情况。此时，如果肯定预备罪的共同正犯（多数说），乙就能够以预备罪的共同正犯受处罚。但是如果否定预备罪的共同正犯（少数说），乙就不能够以预备罪的共同正犯受处罚，而是在甲已经着手实行的情况下成立对基本犯罪的帮助犯。因为少数说否定预备行为的实行行为性以及他人预备，因此乙的行为不能称其为预备罪的共同正犯。

2. 预备罪的教唆犯

预备罪的教唆犯也包括两种情况。

第一种，没有对基本犯罪的故意而只教唆预备罪的情况。例如甲教唆乙购买杀人的武器。通说否定在这种情况下预备罪的教唆。

第二种，以对基本犯罪的故意进行教唆但被教唆人只实施了预备行为的情况。例如甲教唆乙抢劫 A 的财物，乙答应并准备了犯罪所需要的工具后却没有着手实行抢劫。这是属于被教唆人承诺实行犯罪但没有着手实行的"无效果的教唆"，故依照第 31 条第 2 款对于教唆人和被教唆人均以预备、阴谋处罚。

3. 预备罪的帮助犯

乙为了抢劫 A 的财物购买工具，甲为其提供了资金，甲能否成为乙强盗预备罪的帮助犯？如果乙已着手实行了强盗行为那么甲可以成为强盗罪的帮助犯。但是在乙没有着手实行强盗行为的情况下其构成了强盗预备罪，那么甲的行为是否还能构成强盗预备罪的帮助犯？对此，有两种不同的观点。

（1）肯定说

少数说认为，根据共犯从属性说，帮助正犯预备罪的人当然构成预备罪的帮助犯；预备行为也具有实行行为性，也应当肯定预备罪的帮助犯。

（2）否定说

通说和判例否定预备罪的帮助犯。其理由是：第一，不能把预备行为当作实行行为，如果没有正犯的实行行为就不成立帮助犯，故不能肯定预备罪的帮助犯。第二，预备罪的处罚是例外的，而帮助犯的处罚是必要的减轻，这两项情况综合说明预备罪的帮助犯不值得受处罚。第三，预备罪不具备作为犯罪的社会定型性，如果处罚其帮助犯就会导致处罚范围的不当扩大，有悖于刑法的补充性原则。第四，考虑到处罚"失败或无效的教唆"而不予处罚"失败或无效的帮助"这一刑法的意图，否定预备罪的帮助犯是正确的。

（二）预备的中止

预备行为属于实行行为之前的阶段，而未遂属于"着手实行"行为之后的阶段，因此不可能存在所谓预备的未遂。但是实施预备行为的人在着手实行行为以前自意地放弃犯罪或者自意地中止预备行为本身，那么会发生能否准用规定了中止未遂的第 26 条的问题。例如某甲以杀人的预备购买手枪后自意地放弃犯罪行为而将其手枪抛入河水中。在这里，发生了对某甲是以杀人预备罪（第 255 条）的中止犯处罚还是以杀人预备罪处罚，即能否肯定"预备中止"比既遂犯减轻或免除刑罚（必要的减免刑罚）。

判例采取否定说。由于第 26 条的中止未遂以中止"着手实行的行为"为其要件，故对于作为着手实行行为之前的预备行为不能适用中止犯的规定。但是多数学者主张为了避免"处罚上的不均衡"，对于预备的中止应准用第 26 条规定。因为采取否定说会导致对于预备的中止无法减轻或免除刑罚的"处罚上的不均衡"结果。

第三节　障碍未遂

一　障碍未遂

（一）含义

障碍未遂，是已经着手实行了犯罪但是因意外的原因没有终了其行为或没有发生结果的情况。

（二）种类

刑法第 25 条第 1 款规定：（未遂犯）"着手犯罪的实行却没有终了其行为或者没有发生结果的，以未遂犯处罚"。障碍未遂包括两种，即已着手实行行为但未终了行为即"着手未遂"与实行行为终了但是没有发生构成要件性结果即"实行未遂"。

二　障碍未遂的处罚根据

围绕着障碍未遂没有完成犯罪却给以处罚的根据何在这一问题，学界存在不同的意见。

1. 客观说

客观说认为障碍未遂虽然属于未发生犯罪结果的情况，但因存在侵害法益的危险性而被处罚。根据此说能够认定预备是侵害法益的"间接危险性"、未遂是侵害法益的"直接危险性"、既遂是侵害法益的"现实化"等结果不法上的差异。

客观说主张障碍未遂犯比既遂犯减少结果无价值的情况，因此应重视客观的侧面，必要地减轻未遂犯的刑罚；"不能犯"就连侵害法益的可能性都没有，故不应对其处罚。

客观说存在的问题是：第一，完全没有考虑行为无价值；第二，根据客观说的主张，障碍未遂的处罚应当是必要的减轻，但刑法第 25 条第 2 款规定了任意的减轻。

2. 主观说

主观说认为未遂犯虽然是未发生犯罪结果的情况，但能够通过其行为充分体现反社会性而被处罚。

主观说主张未遂犯在行为无价值上与既遂犯没有什么差异，因此应重视主观的侧面，处以与既遂犯相同的刑罚；"不能犯"既然通过行为表露出其反社会性，就应对其处罚。

主观说的问题是：第一，主观说主张对未遂犯应当处以与既遂犯相同的刑罚，但刑法第 25 条第 2 款规定了任意的减轻；第二，与不处罚"不能犯"的刑法第 27 条不一致。

3. 折中说

折中说认为未遂处罚的根据在于"犯罪的意思"，但未遂的可罚性应当由"客观的标准"来限制。该学说以主观主义未遂论为基础，但主张处罚未遂的范围应以客观的标准来限制。折中说是目前的多数说。

折中说主张应当任意地看待犯罪的主观侧面与客观侧面，因此应当任意地减轻刑罚；"不能犯"没有搅乱法律秩序，故不能对其处罚。

折中说的优点在于：第一，未遂犯的处罚应当比照既遂犯任意地减轻，刑法第 25 条第 2 款也是规定了任意的减轻；第二，弥补了不合理限制未遂犯处罚范围的客观说与过分扩大未遂犯处罚范围的主观说中存在的问题。

三 成立要件

（一）主观要件

未遂犯的主观构成要件与既遂犯的主观构成要件相同。因而在未遂犯中也需要属于构成要件客观要素的事实的认识、意欲或容忍等"故意"；在除了故意这一一般的主观要素以外，在需要目的、不法领得意思等超主观要素的犯罪中，要成立未遂犯应具备这些"超主观要素"。而且未遂犯的故意应与既遂犯的故意相同，即未遂犯的故意应与既遂的意思相同。一开始欲仅限于未遂的所谓"未遂的故意"，在刑法中是不会被认定的。

（二）客观要件

1. 着手实行

要成立未遂犯，应具有"着手实行"特征。着手实行是指开始实施"实行行为"即实现构成要件的行为，因为有了着手实行的犯罪行为才能由预备阶段转为未遂阶段。着手实行是预备和未遂的分界线，从着手实行起行为人进入犯罪的实行阶段。

在"着手实行"中关键问题为如何确定着手实行的时期。刑法没有规定有关着手实行的时期。学界和法院围绕着手实行时期的判断标准，存在着不同的观点。这些不同的观点反映在以下刑法理念之间的冲突：第一，主观主义与客观主义有明显的分歧；第二，刑法的人权保障功能与法益保护功能的对立；第二，标准的明确性与刑事政策性问题的对立。具体体现为客观说、主观说和折中说。

（1）客观说

客观说是主张以"行为"这一客观标准来确定着手实行时期的观点，又分为形式的客观说与实质的客观说。

① 形式的客观说

形式的客观说主张开始了构成要件的定型性行为或者实现了部分的定型性行为时，才能认定着手实行。

〔事例1〕小偷某甲为了在地下铁路进行扒窃。第一，乘坐了地铁；第二，观察乘客中哪个人身上钱多；第三，认定站在门口的乘客某乙身上钱多，便决定扒窃某乙的钱包；第四，接近某乙；第五，拍打某乙的肩膀分散其注意力；第六，把手伸向某乙的上衣内口袋；第七，把手伸进并抓住钱包；第八，往外掏出钱包；第九，放进自己的口袋内；第十，消失在众多乘客当中。

按照形式的客观说，在〔事例1〕中只有到第六阶段或者第七阶段才能认定着手实行。

形式的客观说受到的批判是：此说虽然从重视构成要件性行为定型性的客观主义立场恪守刑法保障人权功能，但是不顾犯罪的实行行为具有千态万状的客观事实，一味着眼于实行行为的定型性难以保证具体的合理性，而且认定着手实行的时期过于延后不能充分发挥保护法益的功能。形式的客观说，目前只有学说史上以及有助于理解其他学说内容的意义。

② 实质的客观说

实质的客观说站在保护法益的立场缓和了形式的客观说，主张即使不是构成要件定型性行为，但如果实质上具有作为实行行为的危险性就应当认定着手实行。第一，弗朗克的公式：只要与构成要件性行为具有必然的结合就应当认定着手实行。第二，法益侵害危险的公式：实施引起直接危险的行为或实施与法益侵害密切的行为时应认定着手实行。

大法院的判例主要采用实质的客观说。

实质的客观说所受的批判是：第一，法益侵害的危险性具有逐渐增大的特征，但实质的客观说难以说明应在哪个时期确定保护法益的直接危险性或者与法益侵害的密切性。第二，刑法中的行为都由作为主观要素的意思与作为客观要素的刑态来构成，可是实质的客观说完全忽略了行为人的犯罪计划或犯罪意思而纯粹地只以客观的要素来确定着手实行的时期，是错误的观点。

（2）主观说

主观说主张应以行为人的意思为标准认定着手实行的时期。该说认为行为虽不可缺少但行为本身客观的社会意义并不重要，重要的是通过其行为欲实现的行为人意思。也就是说，"在犯罪意思通过其行为明确表露时"或"存在犯罪的意思时"，应当认定着手实行的时期。

按照主观说，〔事例1〕中在第一阶段也可以认定着手实行。

大法院的判例，在个别情况下采用主观说。①

主观说受到的批判是，在主观说中虽然随着着手实行的时期的提前能够充分做到法益保护，但是：第一，由于片面重视内部的意思致使忽视了构成要件的定型性，不利于人权保障；第二，预备也是犯罪意思的表现，致使预备与未遂的界限不明确；第三，片面重视犯意这一主观的要素而忽视了其实行行为这一客观的要素。

（3）折中说（主观的客观说）

折中说认为根据行为人的犯罪计划其犯罪性意思明确表露于能够直接威胁该构成要件保护法益的行为时，就是着手实行的时期。

学界的通说采用折中说（主观的客观说）。着手时期的判断标准包括：第一，犯罪意思；第二，为实现构成要件的直接的行为。

---

① 大法院的多个判例，在以间谍行为的目的从国外或从朝鲜进入韩国境内的情况下，从进入韩国境内的时候起应认定间谍罪的着手实行。（大判 1984. 9. 11. 84 DO 1381；大判 1958. 10. 10. 4291 刑上 294）

根据折中说可以对着手实行的时期做出更为具体的观察：第一，在实现了部分的构成要件性行为或者开始了构成结合犯的部分行为时，可以认定着手实行。例如诈骗罪中实施欺骗行为的时期就是前者的例子；在强盗罪中实施暴力、胁迫行为的时期就是后者的例子；夜间侵入住居盗窃罪（第 330 条）的着手实行时期是侵入住居的时期。第二，在尚未开始构成要件性行为时，如果有"为实现构成要件的直接行为"就可以认定着手实行。所谓为实现构成要件的行为"直接性"，是指与构成要件性行为在时间或场所上很接近的时期，为实现构成要件不再需要其他本质上中间阶段的行为。例如在盗窃罪中物色要窃取的财物或向其接近的时期。第三，是否属于为实现构成要件的直接的行为，不应只以客观的观点来判断，应当考虑行为人"全体的犯行计划"而判断。例如在实施了暴力、胁迫行为时，要判断是强盗罪的着手实行还是强奸罪或强要罪的着手实行，就应当考虑到行为人的犯行计划以及犯罪意思判断。而且即使是在客观上直接与实现构成要件有关的行为，但如果是与行为人犯行计划无关，其着手实行就会被否定。因此，随着行为人犯罪计划内容的不同，即便在外观上相同的行为其认定着手实行的时期却不同。

〔事例 2〕某乙平时向他人显耀自己有钱富贵。同住一个公寓的某甲计划砸碎某乙家的古董瓷器物品侵入某乙家。在客厅和卧室翻找古董瓷器物品没有找到。某甲失望随即又改想为了自己家今后修建房屋要好好查看一下乙家如何修建房屋。在无意中发现某乙的钱包放在电视机旁边，想顺手牵羊偷走钱包便接近钱包。恰巧电表查抄人员在外面摁了门铃，某甲惊吓跳窗而逃。

根据通说（折中说），〔事例 2〕中某甲如果计划偷盗钱包而侵入某乙的家，那么在客厅或卧室翻找钱包时就可以认定盗窃罪的着手，某甲应负盗窃未遂的责任。但是某甲却以损坏古董物品的犯行计划侵入乙家。因此某甲在向某乙的钱包伸手或触摸到钱包时，可以认定对钱包的盗窃行为的着手。但是实际上某甲还来不及实施这种行为就逃走，因此某甲不负盗窃未遂的责任。

（4）在特殊情况下认定着手实行的时期

① 原因上的自由行为

少数说把原因自由行为的可罚性寻找于与间接正犯相同的逻辑结构中，即把处于心神障碍状态下的自己当作有生命的工具而加以利用。少数说主张把原因自由行为中着手实行的时期确定在原因设定行为上。

多数说把原因上自由行为的可罚性根据寻找于"原因设定行为与引起结果行为不可分割的关联"之中，把着手实行的时期确定在引起结果的行为上。

② 共同正犯与侠义共犯

第一，共同正犯。

在共同正犯中着手实行的时期不是以每个正犯人的行为为标准而确定，而是应当以共同正犯的整个行为作为标准而确定。因而只要其中一人按照犯罪计划着手实行，那么其他共同正犯即使还未具体着手实行也应认定全部已着手实行。

第二，狭义的共犯：教唆犯与帮助犯。

教唆犯与帮助犯着手实行的时期，根据共犯从属性说从属于正犯的着手实行。

③ 间接正犯

对间接正犯的着手实行的时期，存在着以下三种对立的观点。

第一，利用行为时说。该说认为利用人实施利用被利用人的行为时就是着手实行的时期。第二，实行行为时说。该说认为被利用人现实地开始犯罪行为时就是着手实行的时期。第三，善意、恶意区别说。该说认为被利用人是善意工具时利用人实施利用行为时、被利用人是恶意工具时利用人实施实行行为时就是着手实行的时期。

在间接正犯中被利用人不过是利用人的工具，被利用人的行为只是利用人行为的延长，能够直接威胁该构成要件保护法益的行为应当是"利用人的行为"。以利用行为时说为标准，确定着手实行的时期较为妥当。也就是说，第一种观点较为合理。

④ 结合犯

结合犯着手实行的时期就是最初的行为开始之时，也就是考虑到行为人的犯行计划，因着手实施第一行为而具备了作为结合犯整体的着手实行。例如，强盗罪或强奸罪着手实行的时期就是开始实施暴力或胁迫之时，而不是强取财物或强奸之时；诈骗罪开始实施欺瞒行为时就是着手实行的时期，而不是接受财物的交付之时。

2. 未完成犯罪

要成立未遂犯应当是未完成犯罪。"未完成犯罪"是未遂与既遂的分界线。是否属于未完成犯罪，应当以构成要件为标准做出判断，与是否达到了行为人主观的目的等无关。而且即使发生了构成要件性结果但如果行为与结果之间的因果关系被否定或结果的客观归属被否定，就不能成立未遂犯。

未完成犯罪包括已着手犯罪行为但未终了即"着手未遂"与犯罪行为终了但是没有发生构成要件性结果即"实行未遂"（第 25 条第 1 款）。

四　障碍未遂的处罚

刑法第 25 条第 2 款规定："对未遂犯，可以比既遂犯减轻刑罚。"

根据纯粹的主观主义观点，在障碍未遂中行为人的危险性与既遂犯相同，应当对障碍未遂犯处以与既遂犯相同的刑罚；根据纯粹的客观主义的观点，未遂犯虽然已着手实行但是比既遂犯的结果较轻，应当对障碍未遂犯做必要的减轻处罚。

刑法第 25 条第 2 款却做出了"任意的减轻"规定，以此折中了主观主义和客观主义，即如果减轻处罚就是客观主义，如果不减轻处罚就是主观主义。

五　相关问题

（一）　不作为犯的未遂

在不作为犯中也可以认定实行的着手和实行的终了，因而可以像作为犯一样存在着手未遂与实行未遂。例如大夫甲以杀害患者的故意不采取应急处置，此时另一位大夫则采取了应急处置。所以大夫甲成立不作为的杀人未遂罪。

要成立既遂不作为应持续到结果发生为止。在未发生结果的情况下，就存在把不作为犯的未遂应归于着手未遂还是应归于实行未遂论及的问题。不作为犯的未遂，其主观的成立要件与作为犯的未遂相同。

（二）　结果加重犯的未遂

刑法在 1995 年修订时设置了人质伤害・致伤罪（第 324 条之 3）、人质杀害・致死罪（第 324 条之 4）以及强盗伤害・致伤罪（第 337 条）和强盗杀人・致死罪（第 338 条）的处罚未遂犯的规定（第 324 条之 5 及第 342 条）。因而产生了探讨结果加重犯的未遂的需要。

对基本犯罪的故意犯与对重结果的故意犯相结合形态的不真正的结果加重犯，可以认定其未遂的成立。对此，学界已经达成了共识。但是对基本犯罪的故意犯与对重结果的过失犯相结合形态的不真正的结果加重犯与真正的结果加重犯，能否肯定其未遂的成立，存在否定说与肯定说之间的对立。

1. 否定说

通说否定作为故意犯与过失犯相结合形态的不真正的结果加重犯及真正的结果加重犯的未遂。这是因为无法认定过失犯的未遂。

否定说认为刑法第 324 条之 5 和第 342 条是只处罚人质伤害·杀害罪和强盗伤害·杀害罪未遂犯的规定，而不是处罚人质致伤、致死罪和强盗致伤·致死罪未遂犯的规定。

2. 肯定说

个别说认为结果加重犯的未遂就是基本犯罪止于未遂却发生重结果的情况。根据肯定说，刑法第 324 条之 5 和第 342 条不仅是处罚人质伤害·杀害罪和强盗伤害·杀害罪未遂犯的规定而且是处罚人质致伤·致死罪和强盗致伤·致死罪未遂犯的规定，是指作为基本犯罪的人质强要罪或强盗罪止于未遂却因过失发生死伤结果的情况。

第四节　中止未遂

一　中止未遂

（一）含义

中止未遂，是指已经着手实行的犯罪人自意地中止犯罪或者防止因其行为所发生结果的情况。

（二）种类

刑法第 26 条规定：（中止犯）"犯罪人自意地中止着手实行的行为或者防止因其行为发生的结果，减轻或免除其刑罚"。中止未遂包括两种，即虽然已经着手实行但在尚未完成其实行行为的情况下中止行为的"着手中止"与行为人虽然已完成了实行行为但是在发生结果之前防止其结果发生的"实行中止"。

二　处罚根据

刑法第 26 条对中止未遂规定的是"必要的减免"，即应当减轻或免除刑罚。对这种处罚的理论根据，学界存在着以下不同的观点。

1. 刑事政策说

该说认为对中止未遂犯必要的减免刑罚，就是出自要向处于未遂阶段的行为人赋予其防止犯罪既遂动机的刑事政策性考虑。费尔巴哈主张这种减免刑罚能够行使让犯罪人从不法的世界中返回到合法世界的如同"黄金之桥"的刑事政策性功能。刑事政策说所受到的批判是：第一，对于中止未遂犯，德国刑法是免除刑罚的，而韩国刑法却减免刑罚。因此其刑事政策性不够彻底；第二，在有利于中止未遂的规定尚未被一般人掌握时难以期待其效果。

2. 法律说

① 不法减少消灭说

该说认为由于故意是主观的不法（包括构成要件与违法）要素，故与其相对应的中止的决意能够减少、消灭不法 。此说受到的批判是：第一，已经发生的不法是不可能在事后被减少或消灭；第二，在不法被消灭的情况下应当做出无罪判决，但是现行刑法却规定了免除刑罚。

② 责任减少消灭说

该说认为自意地中止属于减少或消灭发生在行为人的非难之要素，因而责任被减少或者消灭。该说受到的批判为：第一，在责任被消灭的情况下应当判决无罪，但现行刑法是免除刑罚；第二，可以依中止调整责任非难的程度，但难以证明已经发生过的犯罪行为其责任被完全消灭。

3. 结合说

结合说是刑事政策说与责任减少消灭说的结合说，结合说属于目前的多数说。

这是为了说明不同于德国刑法的韩国现行刑法的规定把刑事政策说与法律说结合起来的立场。该说在说明免除刑罚的部分采取刑事政策说，还说明减轻刑罚的部分采取责任减少说，即多数说采取刑事政策说与责任减少说结合的立场。

三　成立要件

中止未遂的成立要件，在主观上包括故意这一一般的主观要素，在需要目的、不法领得意思等超主观要素的犯罪中，要成立未遂犯应具备这些超主观要素；在客观上包括"着手实行"。关于着手实行的具体内容已在前述"第二节 障碍未遂"一节中论述。除此之外 还应具备以下主客观条件。

（一）主观要件——自意性

在中止未遂中，犯罪人应当自意地中止犯罪行为或防止发生结果，这种"自意性"就是中止未遂和一般障碍未遂的区分标准。

对于"自意性"的判断标准，存在着多种学说的对立。

1. 内部性要因说

客观说认为判断自意性应当以中止犯罪行为的原因在于内部性要因还是外部性要因为标准。根据此标准，如果属于前者就是中止未遂，但如果属于后者就是障碍未遂。根据客观说因单纯的恐惧心理中止犯罪行为的也肯定其自意性。例如实施犯罪行为瞬间因害怕或心情不快而中止犯罪行为就是因内部性要因的中止未遂，而因遇到警察官巡查而中止犯罪行为是因外部性要因的障碍未遂。

客观说的问题在于，对内部性与外部性要因的区分不太容易。因为即使是因内部动机变化的中止也可能由外部性刺激而发生，这种情况是较为普遍的。例如在因发现财物过少而中止窃取的情况下，究竟是以财物价值过低这一外部情况为主因，还是以不想窃取少量财物这一行为人的内部意思（动机）为主因，其判断并非容易。此外，有可能把因对外部情况的错误认识而中止犯罪行为也视为中止未遂。例如实际上警察官没有来到犯罪现场，行为人却误认为其来到现场而中止犯罪并认为成立中止未遂。因此存在不当扩大中止未遂的危险。

2. 自律性动机说

自律的动机说认为发生犯罪中止是因行为人自律性动机，那么可以认定其自意性。也就是行为人自律地放弃犯罪行为时肯定自意性（自意性＝自律性）成立中止未遂；他律地放弃犯罪行为时否定其自意性而成立障碍未遂。根据自律性动机说，害怕、恐惧、后悔、同情心、犯罪意欲的消失等动机属于自律性动机而被肯定自意性，因财物价值过低放弃窃取、心理冲击或因被害人正在月经期而放弃强奸行为时，其自意性被否定。

自律性动机说所受到的批判为，第一，自意性＝自律性这种解释是未能对自意性的判断提供任何帮助的空虚的代替性用语；第二，判断中止的标准为自律还是他律的问题，是比起是自意还是他意这种心理性判断更难以解释的哲学性问题。

3. 伦理性动机说

根据主观说因后悔、良心的谴责、同情、怜悯、尊敬心、被说服等伦理性动机而中止的是中止未遂，因非伦理性动机即害怕、恐惧、惊愕、冲击、厌恶、失望、不快、不安、担心被发觉、羞耻心、迷信性动机而中止的是障碍未遂。根据该说，放火后立即后悔而灭火或者着手杀人后受到良心的谴责而停止杀人行为逃跑时成立中止未遂，虽然着手强盗但因害怕或心情不快而中止时即成立障碍未遂。

对主观说提出的批判包括：第一，该说是混淆自意性与伦理性的观点；第二，在德国刑法中由于中止未遂不可罚而把自意性缩小解释为伦理性是有一定道理的，而在韩国刑法中如果采取伦理性动机说就发生过分缩小中止未遂认定范围的问题。

4. 弗朗克的公式

根据弗朗克的公式，能够发生结果但行为人不情愿而中止行为就是中止未遂；与此相反，行为人情愿发生结果却无法实现就是障碍未遂。因而在因发现财物过少而中断窃取行为的情况下可以认定中止未遂。这是根据行为人心理情况而判断自意性的最典型的学说。

弗朗克公式的问题在于，对于毫无补偿价值的自律性放弃也要肯定中止犯；虽然判断自意性以有无可能继续实施犯罪为标准，但仅以此作为唯一标准是不够的。

5. 社会通念说

社会通念说是多数说以及判例的立场。

根据社会通念说，根据一般的社会通常观念如果存在可以对实施犯罪成为障碍的事由就成立障碍未遂；如果不存在可以对实施犯罪成为障碍的事由就肯定自意性成立中止未遂。即把"一般的社会通念"或"社会一般的经验"作为判断自意性的标准。大法院判例对于因害怕、恐惧而放弃杀人或放火的情况认为其害怕、恐惧在社会的通常观念上符合可以对实施犯罪成为障碍的事由，否定了其自意性。对于因被害人哀求称自己刚做手术肚子疼而放弃强奸的情况否定了自意性，而对于因被害人的再三恳求放弃强奸的情况肯定了其自意性。

社会通念说的问题在于，第一，难以确定可以对实施犯罪成为障碍的事由的"一般的社会通念"或"社会一般的经验"，对于解决具体性问题起不了多大作用；第二，"自意性"这一概念本身具有如果离开"行为人的内部意思"就无法存在的性质，但是社会通念说忽视了这一点。

（二）客观要件——中止行为

行为人应当中止实行行为或者防止因其行为发生的结果。前者是"着手中止"的问题，后者是"实行中止"的问题。

着手中止是指行为人虽然着手实行犯罪但自意地没有终了实行行为的情况，实行中止是指行为人已经终了实行行为但自意地防止结果发生的情况。也就是说，着手中止是行为人虽然着手实行犯罪但没有终了实行行为本身的情况，实行中止是行为人已经终了实行行为但实际上没有发生结果的情况。可以说，着手中止与实行中止是根据是否已经终了实行行为来区分的。

围绕着以哪个时期为实行行为终了的时期，存在着以下对立的观点：

第一，主观说。该说认为应当根据行为人的意图（即犯罪计划）决定实行行为的终了时期；第二，客观说。该说主张如果客观上存在能够发生结果的行为就应当认定已终了实行行为，而不应考虑行为人的意图；第三，折中说。折中说认为综合考虑行为人的意图和行为当时的客观情况，如果能够认定结束了发生结果所必要的行为时，就是实行行为终了的时期。折中说属于多数说。

上述学说的分歧集中反映在以下案例：

行为人以连续射击杀人的意图向对方开枪，第一发子弹没有打中对方，行为人却自意地中止了射击第二发子弹。按照主观说，行为人的犯罪计划为继续射击第二发子弹，尚未终了其实行行为，故可以成立着手中止；根据客观说，因行为人射击第一发子弹客观上存在能够发生结果的行为，已终了其实行行为，故可以成立实行中止。根据折中说，既然考虑到行为人的犯罪计划为连续射击杀人，那么其结论当然会支持主观说。

应注意的是，"既遂"是以构成要件这一法律形式的标准来判断，而"终了实行行为"是考虑到行为人的具体意图或者外部的情况等事实内容的标准，意味着"法益侵害行为实质性结束时"。例如行为人入户进行盗窃窃得了一个黄金戒指而成立盗窃罪的既遂，但行为人以继续行窃的意图物色其他财物，故其实行行为尚未终了。

1. 着手中止的客观要件

着手中止，只以在终了实行行为之前中止继续行为的"不作为"就能够成立，但是要求不发生结果。如果即使中止了已着手的实行行为却还是发生了结果，那么就成立既遂而不可能成立着手中止。

2. 实行中止的客观要件

（1）防止行为

要成立实行中止，行为人应当实施为防止结果发生的积极行为。为了被评价为"行为人防止了结果的发生"，应当符合为防止结果发生的积极性、相当性与直接性特征。也就是说要成立实行中止只以单纯的中止继续行为的"不作为"是不够的，还要求实施企图防止结果发生的"积极性"行为，而且该行为应当是对于防止发生结果客观上"相当的"行为。防止行为原则上应由行为人自己"直接"实施，但是由行为人请求在得到他人帮助下防止结果发生是允许的。由他人防止了结果的发生，这一他人的防止是由行为人的请求引起的，而且行为人本人也付出了被视为与自己防止结果相同程度的真诚努力时，可以被认定为实行中止。因而放火后因害怕即向邻居请求救火后自己却逃离现场，而后火势被邻居控制和扑灭。在此情况下，行为人因缺乏付出真挚的努力不成立实行中止。

（2）不发生结果

要成立实行中止就必须事实上因防止行为没有发生任何结果。如果即使付出了为防止结果发生的真挚努力却仍然发生结果的，就成立既遂不可能成立实行中止。

（3）具有因果关系

在防止行为与不发生结果之间应当在原则上存在"因果关系"。因而在行为人不知情的情况下由他人防止发生结果时，不可能成立实行中止。

3. 对不能未遂的中止未遂成立问题

一开始不存在发生结果的可能性行为人却不了解这一事实而付出了为防止结果的真挚努力，究竟是成立中止未遂还是成立不能未遂呢？例如行为人将促消药误认为毒药让对方饮入后即后悔又让其饮入解毒药时，发生对其如何处罚的问题。

对此，有一种观点认为由于未发生结果并非由行为人的行为，因此应当以不能未遂予以处罚。但是多数说认为，本案例属于兼具中止未遂的要件与不能未遂要件的情况，因一开始认识错误不具有发生结果可能性的中止，比起具有发生结果可能性的中止其结果的不法性相对更低。如果在前者的情况下不予认定必要的减免处罚，那么会导致与刑法中对后者所规定必要的减免处罚之间不相均衡。因此，应当准用第 26 条认定对被告人有利的"中止未遂"的成立。

四 中止未遂的处罚

对于中止未遂,比既遂犯减轻或免除刑罚(第 26 条,必要的减免)。至于应定减轻处罚还是免除处罚,应当根据具体情况综合考虑中止未遂的动机、中止犯罪的轻重、中止当时实行行为给被害人造成的损害等诸多因素,以法官的裁量来决定。

五 相关问题

(一)共同正犯的中止未遂

共同正犯的特征为,在共同正犯中即使其中一人只分担了部分的实行行为,但每一个共同正犯都应当对于所造成全部的结果承担责任即"部分实行、全部责任"。因而在共同正犯中即使其中一人自意地防止了自己所分担部分结果的发生,但是只要其他共同正犯都没有中止实行行为或未能防止所有结果的发生就不能被认定为中止未遂。

而且在共同正犯中即使其中一人中止了其他全体共同正犯的实行行为或者防止了所有结果的发生,但是中止未遂的效果只影响于自意地中止实行行为的正犯,其他共同正犯人还是要负障碍未遂的责任。这是因为对中止未遂必要性减免刑罚是以减少或消灭责任为理由,而且责任又是个别地作用(责任的个别化原则)。因此,中止未遂的效果当然地只影响于在共同正犯中自意地中止实行行为的人。

(二)狭义共犯的中止未遂

在狭义的共犯(教唆犯与帮助犯)与中止未遂中,如果正犯自意地中止实行行为或者防止结果的发生,那么其效果不能影响于共犯。因此只有正犯才能成立中止未遂而共犯只成立障碍未遂的共犯。另一方面,共犯中止了正犯的实行行为或者防止了结果的发生,其效果当然也不能影响正犯。因此只有中止的共犯能够成立中止未遂而正犯成立障碍未遂。

第五节 不能未遂

一 不能未遂的意义

不能未遂,是指在行为的性质上无论如何也不具有现实地实现构成要件的可能性，但是由于其潜在的危险性以未遂犯予以处罚的情况。例如把尸体误认为活人以杀害的意图对其进行射击的情况（对象的错误），或者投入未达致死量的农药企图杀害的情况（方法的错误）。

　　刑法第 27 条规定：（不能犯）"即使因其实行的手段或对象错误不可能发生结果，如果具有危险性时予以处罚。但是可以减轻或免除刑罚"（第 27 条本条）。多数说认为第 27 条虽然使用了"不能犯"的标题，但实际规定的是"不能未遂"。因为不能未遂与不能犯在概念上是有区别的。

　　所谓不能犯，是指虽然具有犯罪意思也着手实行了犯罪，但实际上不仅不可能发生结果也不具有危险性因而不以未遂犯处罚的情况。例如甲以为给高血压患者或糖尿病患者吃白糖会致人死亡，就偷偷在患者的饮料中放入了白糖。从形式上看，有了甲杀人罪的着手实行。但是在这种情况下实质上不可能发生致人死亡的结果也不具有危险性，属于不能犯。

　　因此，通说认为不论第 27 条的标题用语如何，只要因具有危险性是可罚的就是"不能未遂"，属于未遂的一种；而一开始不具有危险性因而是不可罚的是"不能犯"，不成立犯罪。也就是不能未遂与不能犯的区别，就在于是否具有危险性。

二　处罚根据

　　根据主观主义理论，不能未遂的可罚性根据可以寻找于不能未遂的故意与既遂的故意是相同的，即"行为不法"的侧面。对于不可罚的不能犯来说，可罚的不能未遂具有"侵害法益的危险性"。因而不能未遂的可罚性根据除了"行为不法"的侧面之外还可以寻找于"结果不法"的侧面。根据客观主义理论对于障碍未遂（第 25 条）的"结果不法"来说，不能未遂因其行为的方法或对象的错误不可能发生结果，能够带来对结果不法的限制即对可罚性的限制。这一对可罚性的限制在刑法中已被规定为"任意的减免刑罚"，即可以减轻或免除刑罚。

三　成立要件

　　不能未遂的成立除了故意、目的等主观要件外，还包括实行行为、因错误不可能发生结果、具有危险性等客观要件。

（一）主观要件

　　不能未遂的主观构成要件与既遂犯的主观构成要件相同。因而在不能未遂中也需要属于构成要件客观要素的事实的认识、意欲或容忍等"故意";在除了故意这——般的主观要素以外，在需要目的、不法领得意思等超主观要素的犯罪中，要成立不能未遂应当具备这些"超主观要素"。

（二）客观要件

1. 实行行为

处罚不能未遂的主要根据不在于结果无价值，而在于行为人的犯罪意思这一行为无价值方面，故有可能与预备的界限变得模糊。由于作为一种未遂的不能未遂属于着手实行以后的阶段，所以首先应当存在可以称为"构成要件性行为"的行为。

2. 因实行的手段或对象的错误不可能发生结果

不能未遂中的"不能"意味着因手段或对象的错误不可能发生结果。第25条所规定的障碍未遂，属于虽没有现实地发生结果但由于不存在手段或对象的错误而具有结果发生可能性的情况。因而，因错误不可能发生结果是不能未遂和障碍未遂区分的标志。

（1）手段的错误

在不能未遂中手段的错误，是指行为人主观上认为有可能发生结果而选择的手段在客观上却不能发生结果的情况。例如以未达致死量的毒药企图杀人的情况，或以头疼药企图让人堕胎的情况，或以气枪企图杀人的情况中发生手段的错误。

在不能未遂中"手段"的错误不同于在事实的错误中"方法"（打击）的错误（例如向某甲射击的子弹打偏击中了某乙）。前者属于针对"同一"客体的手段的错误，后者却属于因错误所发生不一致结果会涉及"相互不同"的客体；前者属于行为人将不可能的手段却误认为可能的"积极"错误，后者属于虽然是可能的方法却未发生行为人预见结果的"消极"错误。因而可以说，在不能未遂中的错误就是被反向的事实的错误。

（2）对象的错误

在不能未遂中对象的错误，是指行为人主观上认为是行为的客体但在客观上不可能成为行为客体的情况。例如行为人误认为在衣兜内装有现金而进行扒窃的情况，或把尸体误认为活人向其开枪射击的情况，或者把未怀孕的妇女误认为孕妇向其投入堕胎药的情况等。对象的错误不仅因上述"事实上的原因"而发生，而且在因"法律上的事由"发生。例如把自己的财物误以为他人的财物窃取的情况，或把未婚人误以为已婚人与其偷情的情况。

在不能未遂中"对象"的错误区别于在事实的错误中"客体"的错误（例如以为是某甲向其开枪射击死亡的人却是某乙）。前者属于客体的不可能性，后者属于有关客体"性质"的错误；前者属于行为人把不能的客体误认为可能的"积极"错误，后者属于在行为人认识性质的客体中没有发生结果的"消极"错误。

（3）主体的错误

刑法第 27 条规定的是因手段或对象的错误不可能发生结果的情况。因此围绕着在由于"主体"的错误不可能发生结果的情况下能否准用第 27 条规定这一问题，学界存在着不同的观点。

在不能未遂中主体的错误，是没有身份的行为人误认为有身份企图真正身份犯的情况，即在真正身份犯中发生身份的积极错误的情况。例如不知道自己的公务员任用是无效的，而实施所谓公务员犯罪的情况。

对此，个别观点认为在因主体的错误不可能发生结果的情况下应类推具有危险性的不能未遂的法理，应当准用第 27 条规定。但是多数说持有否定的态度，其理由是：第一，真正身份犯中的"不法"其本质在于侵害根据一定身份的特定法律义务，因而在缺乏这种身份的情况下作为未遂犯其行为无价值不会被肯定；第二，主张对主体的错误准用第 27 条规定，是一种对行为人产生不利结果的类推解释。

3. 具有危险性

第 27 条的核心问题，是如何判断作为区分不能未遂（可罚性）与不能犯（不可罚性）标准的"危险性"。所谓危险性，是指虽然因错误未发生结果即未遂但在规范价值上被评价为具有"既遂的可能性"。所谓既遂的可能性是指"结果发生的可能性"或者"法益侵害的可能性"。对于危险性的判断方法存在着以下多种学说。

（1）旧客观说

旧客观说又称为绝对的不能与相对的不能区别说。该说认为把结果发生的不可能区分为绝对的不能和相对的不能，进而否定前者的危险性称为不能犯，肯定后者的危险性称其为不能未遂。根据旧客观说的主张，绝对的不能是指因手段或对象的错误"在概念上始终不可能"发生结果的情况；而相对的不能是指"通常是可能的但在具体的情况下因特殊的原因不可能"发生结果的情况。例如在手段的错误中绝对的不能是把面粉误以为是毒药粉投入的情况，相对的不能是把未达致死量的毒药投入的情况。在对象的错误中绝对的不能是把尸体误认为活人向其开枪的行为，相对的不能是被害人不在家中误认为在家而引爆炸药的情况。

旧客观说的问题在于，区分绝对的不能和相对的不能本身就是相对的，给实际问题的解决带来混乱。例如在认为气枪能够杀死人而开枪射击的情况下，既可以认为气枪在概念上始终不可能发生结果故属于绝对的不能；也可以认为气枪通常能够发生结果但在具体情况下因特殊原因不可能发生结果而属于相对的不能。

（2）主观说

主观说主张既有要实现犯罪的意思又有其表现行为，那么其危险性已经被表征，因此不论是否具有危险性都应当以不能未遂处罚。只是对于迷信犯以没有构成要件性行为或缺乏故意等理由排除在外。主观说属于主观主义刑法理论，将判断危险性的基础和标准均置于行为人身上。规定不能未遂的德国刑法第23条第3款就站在了主观说的立场，德国的判例也采取了主观说。因此对于尸体的杀害行为、作为堕胎的手段使用头痛药的行为、误以为孕妇对其实施堕胎的行为、企图以未达致死量的毒药杀死他人的行为等，均以不能未遂来处罚。

主观说所受的批判是：根据主观说无法明确区分迷信犯与不能未遂；由于其不考虑行为人意思以外的客观性要素，故具有不当扩大未遂犯成立范围的危险。

（3）新客观说（具体的危险说）

该说主张应当以行为当时一般人能够认识到的事实和行为人所认识的事实为基础，根据一般的经验法则和客观的事后预测来判断有无危险性。根据该说在具有洞察力的一般人做出判断时如果能够认定发生结果的盖然性，就存在具体的危险性而属于不能未遂。例如实际上尚未装弹但一般人误认为已经装弹而且行为人也如此认为而进行射击或者对一般人和行为人都误认为怀孕的女人实施堕胎的情况，因其具有危险性是不能未遂。一般人认为在有效射程之外而行为人误认为在有效射程之内进行射击或者一般人认为尸体而行为人误认为活人进行射击的情况，因其没有危险性是不能犯。

对新客观说所提出的批判是：根据新客观说，危险性判断的基础为行为当时一般人能够认识到的事实与行为人所认识的事实，危险性判断的主体为一般人即具有洞察力的第三人。因此，根据该说在一般人的认识和行为人的认识不一致的情况下，究竟应当以哪一方为标准做出判断尚不明确。

（4）客观的主观说（抽象的危险说）

客观的主观说属于站在主观说基本立场的折中说。

即由于判断危险性的基础是行为当时行为人所认识的事实因而具有主观说的基本特征，在判断危险性的主体为一般人这一方面具有客观说的要素。例如在把面粉误以为毒药投入或将未达致死量的毒药投入的情况下，如果根据行为人所认识的事实并在一般人的立场也能够判断出其具有发生结果的可能性，就应认定具有危险性（不能未遂）。在相信以气枪也能够杀人而进行射击或者把很粗糙的橱窗服装模特儿（即人体模型）误以为是人开枪射击的情况下，如果即使根据行为人的认识的事实并在一般人的立场也难以判断具有发生结果的可能性，那么其危险性就被否定（不能犯）。

折中说属于目前韩国学界的多数说，即以行为人主观认识的事实为判断危险性的基础，但做出判断的主体是一般人（具有洞察力的客观的第三人）。在大法院的一些判例中把作为判断危险性标准的一般人描述为"科学的一般人"。

客观的主观说所受的批判是：该说把行为人因粗心大意错误认识的事实为基础进行危险性判断，因而是不正确的。对此，客观的主观说提出反驳：作为基础性事实的行为人的认识即故意，并不会过问其认识是以慎重的态度还是以轻率的态度获取的。德国刑法在这一内容的规定上，以行为人"严重的无知"为其要件。

（5）印象说

印象说认为在行为人法敌对性意思的行为带来其动摇法共同体对法律秩序效力的信赖、扰乱法律平和的印象时，应认定其危险性。该说属于积极的一般预防理论的一个分支。

对印象说提出的评价是：该说能够说明不能未遂以及一般未遂犯的处罚根据，但是该说只能作为"说明"危险性的一种方法，并不能作为"判断"危险性的方法。

四　不能未遂的处罚

不能未遂犯，可以减轻或免除刑罚（第 27 条但书规定）。因此，不能未遂的处罚属于对既遂犯刑罚的任意性减免事由。

因实行的手段或对象的错误不可能发生结果，而且没有危险性时，作为不能犯不予处罚（不成立犯罪）。

五 相关问题

（一） 不能未遂与幻觉犯

幻觉犯，是指把事实上不违法的行为行为人却误认为违法的情况，又称为错觉犯或误想犯。在幻觉犯中由于行为不违法，因此不成立犯罪。不能未遂属于被反向的事实的错误，而幻觉犯属于被反向的违法性错误。

幻觉犯包括以下几种类型：第一，不存在禁止性规范行为人误以为存在的情况（例如误认为存在禁止同性恋或近亲相奸的规定而实施该行为）；第二，正在实施正当化行为但行为人并不知正当化事由的存在或错误理解其界限认为违法的情况（例如行为人使用暴力拘捕现行犯却不认为是正当行为）；第三，虽认识到行为状况和禁止（或命令）规范的存在但对禁止（或命令）规范的适用范围向自己不利的方向予以不当扩大解释的情况（例如在不作为犯中误认为自己是作为义务人）；第四，行为人不了解人的阻却处罚事由而误认为自己行为是可罚的情况（例如行为人不知道对自己适用亲属相盗例）。折中情况属于被反向的可罚性的错误。

（二） 不能未遂与共犯

例如某甲教唆某乙杀害某丙的情况下，正犯某乙把未达致死量的毒药误以为达到致死量投入了某丙的食物里。所以某乙应承担杀人罪不能未遂的正犯、某甲应负杀人罪不能未遂的教唆犯的罪责。不能未遂的可罚性和任意性减免刑罚是以其违法性为根据，故正犯的不能未遂对"共犯"的罪责产生影响。在共同正犯中其中1人的不能未遂，对于其他共同正犯的罪责产生影响。

第七章

共犯论

第一节 基本理论

一 共犯及其范围

（一）共犯

共犯，既指犯罪形态又指犯罪人，包括多数人参与实施的犯罪形态的含义和参与所实施犯罪的多数人这一含义。

（二）共犯的范围

在刑法理论中，共犯一般包括三个类型。

1. 最广义的共犯

最广义的共犯是指参与犯罪的一切人，这是包括任意性共犯和必要性共犯的概念。所谓任意性共犯是对于一个人能够单独实施的犯罪却由多数人参与的犯罪形态，包括共同正犯、教唆犯、从犯。所谓必要性共犯是指在概念上不能由一个人单独构成犯罪而只能多数人共同实施才能成立的犯罪形态，例如内乱罪（刑法第 87 条）、骚扰罪（刑法第 115 条）、多众不解散罪（刑法第 116 条）等。

2. 广义的共犯

广义的共犯是在最广义的共犯中除了必要性共犯以外的共犯，即任意性共犯。刑法总则第 2 章第 3 节的题目为"共犯"，这一节的内容就是包含共同正犯、教唆犯、从犯等广义的共犯和间接正犯。间接正犯是指对于因某种行为不受处罚的人或以过失犯受处罚的人进行教唆或帮助的犯罪以及把他人作为有生命的工具加以利用的犯罪。在间接正犯中也是由教唆、帮助的人和被教唆、被帮助的人或者利用者和被利用者等多数人参与到犯罪，因此刑法在共犯的章节中做出了规定。但是在被他人作为工具加以利用形态的间接正犯中，被利用者不能作为犯罪的主体而是手段。

3. 狭义的共犯

狭义的共犯是指在广义的共犯中除了共同正犯以外的共犯即教唆犯和从犯。

狭义的共犯是相对于正犯的概念。正犯是分担实行行为或支配犯罪行为的人，而教唆犯与从犯的特点在于都不分担实行行为或者不支配犯罪行为，由于这一特点称之为共犯。根据这种共犯的概念，必要的共犯、间接正犯、同时犯、共同正犯都不是共犯而是正犯。通常所说的共犯是指狭义的共犯。

本章中所及的"正犯与共犯的区别"、"共犯的从属性"或"共犯的从属形式"等用语中"共犯"，特指狭义的共犯即教唆犯与从犯。

"正犯与共犯的区别"，将论及以何为标准区分直接正犯、间接正犯、单独正犯、共同正犯等正犯以及教唆犯、从犯等共犯的问题。

"共犯的从属性"或"共犯的从属形式"，是指共犯对于正犯的从属性（或从属形式），意味着由于共犯（教唆犯与从犯）不实施实行行为，只有成立实施实行行为的正犯（共同正犯、单独正犯、直接正犯、间接正犯）的犯罪并受处罚，才能成立共犯的犯罪并受处罚。它还包括共犯的从属程度等。

二　必要性共犯

（一）含义

必要性共犯，是指不能一个人单独地构成犯罪而是由2人以上才能成立的犯罪形态，即在犯罪的构成内容上以多数人为犯罪成立要件的犯罪形态。

（二）必要性共犯的种类

根据多数说必要的共犯以共犯之间意思方向是否一致为标准分为集合犯与对向犯。

1. 集合犯

集合犯，是指共犯之间意思方向一致的情况，即共犯为了实现相同的目标共同实施犯罪的情况。

（1）集合犯可分为合同犯和多众犯。

合同犯，是指根据刑法分则的规定在2人以上"合同"（直译，意为合伙）实施犯罪的情况下对其加重刑罚的犯罪形态。合同犯的特点为以2人以上的"现场性"为其要件。例如特殊脱逃罪（第146条）、特殊盗窃罪（第331条第2款）、特殊强盗罪（第334条第2款）等。对于合同犯即使1人也能够成立犯罪却由2人以上合同实施而加重其刑罚，其是否属于必要性共犯存在疑问。一种观点认为合同犯属于不真正必要性共犯，另一种观点认为合同犯是必要性共犯，因为刑法在分则的构成要件中已明确规定了"2人以上"这一成立要件。

多众犯，是指根据刑法分则的规定在以团体或多众的威力实施犯罪时对其加重刑罚处罚的犯罪形态，例如骚扰罪（第115条）、特殊暴行罪（第261条）、特殊逮捕·监禁罪（第278条）等。

（2）集合犯还可分为对共犯规定同一法定刑的犯罪和规定不同法定刑的犯罪。

对共犯规定同一法定刑的犯罪：包括就像特殊脱逃罪（第146条）、特殊盗窃罪（第331条第2款）、特殊强盗罪（第334条第2款）一样以2人以上"合同"实施犯罪为要件的合同犯，也包括如同骚扰罪（第115条）、多众不解散罪（第116条）、特殊妨害公务罪（第144条）、特殊暴行罪（第261条）、特殊逮捕·监禁罪（第278条）、特殊胁迫罪（第284条）、特殊入侵住居罪（第320条）、海上强盗罪（第340条）、特殊损坏罪（第369条）等"以团体或多众的威力"等实施犯罪为要件的集团犯（即多众犯）。

对共犯规定不同法定刑的犯罪：包括内乱罪（第87条）、组织以盗窃为目的的团体罪（特加法①第5条之8）等。在这种必要性共犯中包括较多像教唆犯、帮助犯那样的任意性共犯的行为。而对共犯规定同一法定刑的犯罪却没有包括这种情况。

2. 对向犯

对向犯，是指2人以上通过相互对立方向的行为指向同一目标的共犯形态。

对向犯可以分为规定同一法定刑的犯罪和规定不同法定刑的犯罪。

（1）规定同一法定刑的犯罪

赌博罪（第246条）、嘱托、承诺堕胎罪（第269条第2款）、酷使儿童罪（第274条）、买卖人身罪（第288条第2款）、为了移送国外的买卖

---

① 属于特别刑法之一，其全称为《关于加重处罚特定犯罪等的特例法》。

罪（第 289 条第 1 款）等属于这类犯罪。在此类犯罪中刑法对于孕妇和堕胎人、赌博人相互之间、人身的出卖人和买受人都规定了相同的法定刑。

（2）规定不同法定刑的犯罪

在贿赂罪中受贿人（第 129 条）和行贿人（第 133 条）、在业务上同意堕胎罪中孕妇（第 269 条第 1 款）和大夫（第 270 条第 2 款）、在背任受贿罪中背任受贿人（第 357 条第 1 款）和背任行贿人（第 357 条第 2 款）等属于此类犯罪。

（三）任意性共犯的规定适用于必要性共犯的问题

对于必要性共犯能否适用于刑法总则中有关任意性共犯的规定，即在必要性共犯中能否成立共同正犯、教唆犯、从犯等任意性共犯？

1. 犯罪人属于必要性共犯成员的情况

在必要性共犯成员之间不存在适用刑法总则中任意性共犯规定的可能。例如如果甲教唆乙并与乙共同实施了盗窃行为，那么甲和乙只能成为合同盗窃犯，不能因此而认定甲是合同盗窃的教唆犯。判例也持有相同的立场。

2. 犯罪人不属于必要性共犯成员的情况

在犯罪人不属于必要性共犯成员的情况下能否成立共同正犯、教唆犯或帮助犯？对这个问题可以分为集合犯和对向犯两种情况分析：

（1）集合犯

① 合同犯。对于合同犯能够成立教唆犯或帮助犯，对此学界已经达成共识。问题是对于合同犯能否成立共同正犯？

通说采用现场性说否定合同犯能够成立共同正犯。也就是如果在现场中共同实施了犯罪就会成为合同犯，即使共同实施了犯罪但如果共同正犯不在现场也不能称为合同犯，其只能属于一般犯罪的共同正犯。例如甲乙丙共同实施了盗窃犯罪，但如果只有甲和乙在犯罪现场而丙不在犯罪现场，那么对于甲和乙应以合同盗窃罪处以 1 年以上 10 年以下的惩役；对于丙应以盗窃罪的共同正犯处以 6 年以下的惩役。

② 法定刑相同的多众犯。多数说否定在像骚扰罪、多众不解散罪等共犯的法定刑相同的多众犯中成立共同正犯。但是少数说肯定在共犯的法定刑相同的多众犯中成立共同正犯。其理由是：并非只有在现场的人才能成为正犯，在这些犯罪中就像不在现场的指挥者一样被认定为支配了其犯罪行为的人能够成为共同正犯。同样，也可以成立像教唆犯、从犯等狭义的共犯。

③ 法定刑不同的多众犯。通说认为在共犯之间法定刑不同的犯罪之一的内乱罪（第 87 条）是不可能成立共同正犯。这是因为被认定为作为共同正犯支配了内乱罪的人属于同条第 1 项所规定"首魁"或第 2 项所规定"从事重要任务的人"。

刑法之所以对内乱罪本身细分其构成要件，是因为在内乱罪中共犯的人数较多而且作用各有不同。因此这是刑法坚持贯彻责任主义的体现，不是为了处罚范围中排除教唆犯或帮助犯。所以即便是教唆犯如果其教唆行为本身属于同条第 2 项所规定"重要任务"，那么实际上不是教唆犯而是内乱罪的正犯（必要性共犯）；即便是从犯如果其可能被包含于同条第 3 款所规定"附和随行的人"也可以成为内乱罪的正犯（必要的共犯）。除此之外的情况，可以成立教唆犯或者从犯。

在内乱罪中限制成立共同正犯、教唆犯、从犯，是因为内乱罪本身具有把这些行为规定为内乱罪正犯的构成要件，但这不意味着共犯的法定刑一般地适用于其他所有犯罪。

（2） 对向犯

通说肯定不属于对向犯的外部人成立对向犯的共同正犯、教唆犯和帮助犯。例如在第 33 条的解释中可以成立真正身份犯的共同正犯、教唆犯和帮助犯，因此可以成立背任受贿罪共同正犯、教唆犯和帮助犯。

通说认为在对向犯内部人之间不论是否法定刑相同都不可能成立共同正犯。例如公务员甲收受非公务员乙的贿赂，那么甲以受贿罪（刑法第 129条）、乙以行贿罪（刑法第 133 条）承受各自的刑罚，而不是成立相对方犯罪的共同正犯。至于在对向犯内部人之间能否成立教唆犯或帮助犯的问题，通说也否定在对向犯内部人之间成立教唆犯或帮助犯（不论其法定刑是否相同）。

三 合同犯

（一） 刑法规定

在特殊脱逃罪（第 146 条）、特殊盗窃罪（第 331 条第 2 款）、特殊强盗罪（第 334 条第 2 款）等犯罪的构成要件中，具有"2 人以上合同犯罪"的要件。在此，刑法使用了"合同"（并非"共同"）这一用语。《关于处罚性暴力犯罪等的特例法》第 6 条以及《关于处罚特定强力犯罪的特例法》第 2 条规定了特殊强奸、特殊强制猥亵罪、特殊准强奸罪、特殊准强制猥亵罪、特殊对未成年人的奸淫、猥亵罪、特殊强奸致死伤罪等。

这些犯罪被称为合同犯，刑法对合同犯规定了比共同正犯更重的刑罚。例如在第 329 条盗窃罪共同正犯的情况下其法定刑为"处以 6 年以下的惩役"，而在盗窃罪合同犯的情况下其法定刑为"处以 1 年以上 10 年以下的惩役"。

（二）合同犯的法律性质

围绕着作为加重刑罚根据的"合同"的法律性质，存在着不同的观点。

1. 加重的共同共犯说。认为脱逃、盗窃、强盗、强奸等犯罪一般由多人一起实施，对此应当予以严厉处罚。刑法把这种犯罪的共同正犯规定为合同犯并加重其处罚。

该说的问题在于：如果是要对犯罪的共同正犯加重其处罚，那么使用"共同"这一用语即可，无须使用"合同"这一用语来表现，而且只对这种犯罪的共同正犯加重刑罚缺乏合理性。

2. 现场的共同正犯说。认为合同犯的成立除了需要作为主观条件的"共谋"以外，还要求作为客观条件在现场分担了实行行为。该说还主张背后的巨头或头目即使不在现场但因实施"机能的支配"已具备了正犯性要素，那么可以肯定其为合同犯的共同正犯。

该说所受的批判是：对背后的巨头或头目以合同犯的教唆犯或其他组织犯罪团体罪处罚即可，无须把不在现场的人都视为合同犯而扩大其处罚范围。

3. 现场性说。通说认为"合同"意味着在犯罪现场实行犯罪。根据通说，2 人以上在现场实行犯罪比起单独一人实施犯罪可以有组织、合伙性地进行，其被害更大。不仅如此，对这些犯罪的抑制和抓捕的难度大，犯罪人的主观恶性更强，故刑法对这些犯罪加重其处罚。

例如甲在首尔市向在釜山市一个超市的店主 A 打电话分散其注意力，乙和丙趁机盗窃了其超市内的财物。由于乙和丙在犯罪现场，应以盗窃合同犯处 1 年以上 10 年以下的惩役；甲的行为并非单纯的帮助行为而是机能性支配盗窃的行为，所以甲虽然是共同正犯但因为其不在犯罪现场不能成为合同犯，而是成立单纯盗窃罪的共同正犯应处以 6 年以下的惩役。

4. 共谋的共同正犯说。此说是主张把判例所肯定的共谋共同正犯只适用于合同犯的观点。根据此说能够认定逃逸罪、盗窃罪、强盗罪的共谋的共同正犯，但是其他犯罪的共谋共同正犯是不能成立的。此说所受的批判是：要限制共谋共同正犯的出发点固然是好的，但是把"合同"解释为"共谋"是偏离"合同"意义的解释。

大法院的判例起初支持通说即现场性说的观点，[①]后来避开"现场"这一严格的概念使用"时间上、场所上的协同关系"这一较为委婉的用语。[②]大法院通过1998年的判例（大判 1998. 5. 21 98 DO 321）明确肯定了不在现场的人也可以成立合同犯的共同正犯。在此虽然没有使用明确的概念，但是实际上肯定了合同犯的共谋共同正犯。

（三）合同犯的成立要件

要成立合同犯应具备以下要件：第一，2人以上实施实行行为；第二，具有意思联络；第三，犯罪人应当都在犯罪现场。

1. 两人以上的实行行为

要成立合同犯，应当至少由2人以上实行犯罪。即便是2人以上参与了犯罪但如果没有实施实行行为只能成立教唆犯或帮助犯，就不能成立合同犯。例如甲在屋外望风，而乙进屋窃取财物。如果甲能够被评价为分担了实行行为，那么甲和乙构成盗取罪的合同犯；但是如果甲不能被评价为实行行为而只是帮助行为，那么不能成立合同盗窃罪。乙以盗取罪的正犯、甲以盗窃罪的从犯受处罚。

2. 意思联络

在犯罪人之间应当具有意思联络。如果相互之间没有意思联络而各自实施犯罪行为，那么只能成立同时犯并以各自的犯罪行为受处罚，不能对其以合同犯加重处罚。一个人以强盗的故意、另一个人以盗窃的故意在现场一起实施犯罪，那么可以在故意重叠的部分成立合同犯。

3. 犯罪人应当都在犯罪现场

现场是与一般的社会观念中所说的"场所"一致的概念，但是如判例那样视为"时间上、场所上的协同关系"，现场概念的外延会变得相对宽一些。

作为通说的现场性说认为，只有在现场的犯罪人才能成立合同犯，不

---

① "为了成立合同犯应当具有作为主观要件的共谋和作为客观要件的实行行为的分担……"（大判 1995. 10. 7. 75DO2635）

② "被告人与被害人的哥哥共谋后，由被害人的哥哥到被害人家里屋实行窃取行为而被告人则在被害人家里屋的近处等候，待被害人的哥哥得手后一起携带窃取财物出来。在这种情况下，他人之间存在时间上、场所上的协同关系。"（大判 1996. 3. 22. 96 DO 313.）

在现场的犯罪人即便成立正犯也是一般犯罪的共同正犯并非合同犯的共同正犯。但根据判例只要是在犯罪人中有 2 人以上在现场，那么不在现场的其他犯罪人也能够成立合同犯的共同正犯。

（四）在合同犯中共犯规定的适用

1. 合同犯的共同正犯。通说认为不能成立共同犯的共同正犯，在现场的人成立合同犯，不在现场的人只能成立一般犯罪的共同正犯而不能成立合同犯的共同正犯。但根据判例不在现场的人不仅可以成立合同犯的共同正犯而且可以成立共谋共同正犯。

2. 合同犯的教唆犯及帮助犯。根据通说和判例可以成立对合同犯的教唆犯或从犯。例如甲教唆乙和丙到现场一起窃取财物或予以帮助，就成立合同盗窃罪的教唆犯或从犯。在这种情况下要求在犯罪现场的至少是 2 人以上。

四 共犯的立法模式

在如何区分和处罚多数人参与的犯罪形式的态度上，根据其对共犯的立法方式的不同而有所不同，大体上可分为一元主义共犯的立法模式与二元主义共犯的立法模式

（一）一元主义的立法模式

一元主义的立法模式是不承认单一正犯概念的方式，即不区分根据对犯罪"贡献程度"的各种共犯形态，将所有犯罪参与人概括地、统一地理解为"正犯"，这是对于每个参与人的参与性质和程度，在处罚时量刑中加以考虑或干脆不予考虑而处以同一刑罚的方式。这一立法模式以难以区分正犯、教唆犯与帮助犯为理由放弃了其区分，是企图把所有犯罪形态均囊括于正犯概念范畴的立法方式。例如《澳大利亚刑法》第 12 条和德国的《违反秩序法》第 14 条的规定就是如此。从韩国的《轻犯罪处罚法》第 3 条规定来说，正犯与共犯的区分没有任何意义，可以说，该法限于轻犯罪采取了一元主义的立法模式。

（二）二元主义的立法模式

二元主义的立法模式是区分正犯与共犯（狭义的共犯即教唆犯、从犯），而且区分对两者的刑法性评价的"分离方式"。也是包括韩国刑法典在内的多数国家的刑法所采取的原则性立法模式。

五 正犯和共犯的关系

在正犯与共犯的关系方面，学界一般地肯定正犯概念的优先地位即正犯的概念应当优先被确定，然后以此为基础推导出共犯的概念。

（一）正犯的概念

在确定正犯的概念问题上，存在着扩张的正犯概念和限制的正犯概念之间的对立。

1. 扩张的正犯概念

扩张的正犯概念，是把实施对发生构成要件性结果形成条件的行为之所有人囊括在正犯范畴的概念。这是基于有关因果关系中条件说的概念。根据这一扩张的正犯概念"共犯"的概念是难以成立的，因为教唆犯与从犯实际上符合正犯的概念却被刑法以"共犯"来对待。根据扩张的正犯概念对教唆犯与从犯的处罚性规定成为限制刑罚的事由，间接正犯与共同正犯的概念当然也能够肯定，而且扩张性正犯概念是适合于说明过失犯的正犯概念。

2. 限制的正犯概念

限制的正犯概念，是把由自己直接实行符合构成要件之行为的人理解为正犯的概念。根据限制的正犯概念，原则上只有正犯才能作为犯罪的主体承受刑罚处罚。作为其他的犯罪参与人教唆犯与从犯，虽然原则上不可罚但根据刑法的特别规定例外地受刑罚处罚。根据限制的正犯概念，对教唆犯与从犯的处罚性规定成为扩张刑罚的事由，而且对间接正犯与共同正犯的概念也无法承认。

从理论上看，扩张的正犯概念基于条件说的立场过于宽泛地把握正犯的概念，具有有悖于罪刑法定主义之嫌。限制的正犯概念基于刑法中的构成要件把握正犯的概念，基本上符合罪刑法定主义的正犯概念。但是根据限制的正犯概念是无法充分做出对于韩国刑法的解释。这是由于限制的正犯概念将着眼点放在构成要件性结果的发生，无法将没有参与构成要件性结果发生的间接正犯或者共同正犯囊括于正犯的范畴之中。只靠正犯概念本身的理论就难以确定正犯的概念或共犯的概念，只有通过有关正犯与共犯区分标准的理论来考察，才能对此得出较为明确的解释。

（二）正犯与共犯的区别

关于正犯与共犯的区分标准，存在着客观说、主观说和行为支配说等学说。

1. 客观说

客观说是基于客观主义犯罪理论并根据形式的标准区分正犯和共犯，实际上是以限制性正犯概念为基础。客观说又分为形式的客观说和实质的客观说。形式的客观说主张直接实行构成要件性行为的人是正犯，以其他的方法加工于犯罪的人是共犯。实质的客观说根据参与犯罪的实质性危险程度区分正犯与共犯。

对客观说提出的批判是：如果依据形式的客观说就难以认定没有自己直接实施犯罪实行行为的间接正犯为正犯；实质的客观说主张的正犯与共犯的区分标准缺乏明确性。客观说基本上以条件说的因果关系为基础，因而此说提出的区分标准难以被采纳为有关区分正犯与共犯的一般性标准。

2. 主观说

主观说认为正犯与共犯在向结果提供了条件这一客观的侧面上是相同的，所以只能依据行为人主观的侧面才能区分两者。主观说实际上是基于扩张的正犯概念的理论。

主观说根据行为人的意思或所追究利益的内容区分正犯与共犯。即行为人具有把犯罪作为自己的犯罪加以实现的意思（意思说）或者为了追求自己的利益或目的实施犯罪（利益说或目的说）的情况是正犯，而在其他情况下视为是共犯。

主观说所受的批判是：主观说难以说明像嘱托杀人罪（第 252 条第 1 款）、嘱托堕胎罪（第 269 条第 2 款）或者为了第三人实施的诈骗罪（第 347 条第 2 款）、恐吓罪（第 350 条第 2 款）、背任罪（第 355 条第 2 款）等，虽然是为了他人利益的行为但仍然以正犯被处罚的情况。

3. 行为支配说

行为支配说又称为犯行支配说，该说只把被认定为意味"掌握符合构成要件的案件进行"的"支配犯罪行为"的人当作正犯，其余的参与人被当作共犯。可以说，行为支配说提出了结合客观说和主观说的实质性标准，是目前通说和判例在认定共同正犯的正犯性时所采用的立场。

威尔哲尔提出了"目的性犯行支配"这一标准后被罗克辛理论化，实际上是基于限制的正犯概念所建立的理论。"目的性犯行支配"的具体形态根据正犯的类型有所不同：在单独正犯、直接正犯中呈现"实行支配"的形态；在间接正犯中呈现把他人作为工具加以利用的"意思支配"的形态；在共同正犯中呈现出通过 2 人以上分担作用的"机能性犯行支配"的形态。

（三）共犯的从属性

根据正犯与共犯的区分标准，如何理解两者间的关系，就是共犯的从属性问题。

1. 能否承认从属性的问题

关于能否肯定共犯对正犯的从属性，存在着共犯从属性说和共犯独立性说之间的对立。

（1）共犯的从属性说

共犯从属性说主张正犯是实施犯罪实行行为的人，因而可以单独实施犯罪。但共犯不是自己实施实行行为的人，因此共犯只有从属于正犯的实行行为才能成立。

共犯从属性说站在客观主义立场理解犯罪的实行行为，因此认为教唆、帮助行为不属于实行行为。所以只以教唆、帮助行为还不能成立犯罪，教唆、帮助行为要成立犯罪应由正犯实行犯罪。

（2）共犯的独立性说

共犯独立性说把犯罪理解为行为人的反社会性的表征，认为教唆、帮助行为其本身当然属于犯罪的实行行为。因而不承认共犯对正犯的从属性，而且那些主张根据作为他人的正犯的犯罪行为决定共犯能否成立犯罪的观点，有悖于以责任主义为内容的罪责自负的原则。

共犯独立性说站在主观主义立场理解犯罪的实行行为，认为教唆、帮助行为其本身属于犯意的表现，由其行为表征了行为人的反社会性。因此作为正犯的被教唆人、被帮助人即使没有直接实施犯罪的实行行为，但只以教唆、帮助行为也能够独立地成立犯罪。

（3）两种学说的差异

① 刑法第33条的性质。在共犯从属性说中没有身份的人加工于具有身份的人的行为时，当然认为对于没有身份的人也适用有关共犯的规定。但是在共犯独立性说中把第33条的规定视为例外性规定。

② 共犯的未遂、未遂的共犯。根据共犯从属性说只有存在正犯的可罚性未遂，才能成立共犯的未遂，而否定共犯自身的未遂。但是共犯独立性说肯定共犯自身的未遂，因而肯定共犯的未遂与未遂的共犯。

③ 间接正犯的性质。共犯从属性说把间接正犯理解为正犯的一种情况，并明确与共犯区别对待。但是共犯独立性说否定间接正犯的正犯性，将其理解为共犯的一种。如果把间接正犯理解为共犯的一种并依照共犯从属性

说，就有可能产生间接正犯的不可罚性。

（4）刑法典的立场

现行刑法对于教唆犯规定为"教唆他人实施犯罪"（第31条第1款），对于从犯规定为"帮助他人犯罪的人"（第32条第1款），因而刑法把共犯规定为参与他人犯罪的形式。而且对于间接正犯认定为正犯的一个类型（第34条第1款）。可以说，刑法基本上立足于共犯从属性说。另一方面，把"无效果的教唆"与"失败的教唆"作为"企图的教唆"处罚（第31条第2、3款），以此认定了其可罚性并反映共犯独立性说的性质。同时规定把"企图的教唆"准用于"预备、阴谋"处罚，以此来说明刑法基本上站在共犯从属性说的立场。

如果认定共犯的从属性，那么正犯的行为在着手实行之前存在未遂的问题；在正犯没有既遂时成立未遂的共犯。正犯虽然着手实行并已既遂但尚未终了时只能作为帮助行为参加，却不可能成立教唆；正犯终了之后不可能成立教唆和帮助行为。

2. 有关从属程度的理论

在肯定共犯的从属性的情况下，还存在作为正犯的被教唆人或被帮助人实施何种程度的实行行为才能成立教唆犯或从犯的问题。这一问题就是有关从属性的程度问题。

关于共犯从属性的程度，理论上存在最小限度的从属形式、限制的从事形式、极端的从属形式、超极端的从属形式的对立。

（1）最小限度的从属形式

在最小限度的从属形式中，只要正犯的行为具有构成要件符合性就能够成立共犯（教唆犯或从犯）。因此正犯行为不需要具有违法性和责任。正犯的行为不具有违法性也能够成立共犯，共犯对正犯的从属性就此变弱，其独立性变强。另一方面，正犯的行为只有具有构成要件符合性才能成立共犯，从这一点上可以说共犯对正犯具有最小限度的从属性。

例如甲平时对乙怀有怨恨，希望乙吃个苦头。某一天，甲得知乙盗窃的事实后让警察抓捕乙，警察就抓捕了乙。警察的抓捕行为虽符合逮捕罪的构成要件却不具有违法性。但甲由于教唆警察抓捕乙，故应承担逮捕罪教唆犯的罪责。这种观点只具有概念上的意义，没有学者支持这种观点。

（2）限制的从属形式

根据限制的从属形式，要成立共犯正犯的行为应当具有构成要件符合性和违法性，但无须是有责的。因而即使正犯因没有责任不成立犯罪也可以成立共犯并受处罚。共犯的成立与处罚在有些情况下可以与正犯分离的。从这一点上可以说共犯对正犯从属性程度是有限的。例如甲教唆刑事未成年人盗窃，根据限制的从属形式乙因不具有责任能力而没有责任，即使乙的行为不成立盗窃罪但甲应承担盗窃罪教唆犯的罪责。

（3）极端的从属形式

极端的从属形式是指共犯的成立和处罚极端地从属于正犯的成立和受罚的观点，也就是只有正犯的行为具备构成要件符合性、违法性、有责性等犯罪成立条件构成犯罪，才有可能成立共犯。在极端的从属形式中只有正犯的行为构成犯罪才能成立共犯，因而较强地认定了共犯的从属性。

例如甲教唆乙去偷乙自己父亲钱财的情况下，乙的行为具有构成要件符合性、违法性和有责性，虽然成立盗窃罪但根据"亲属间相盗例"不受处罚。此时根据极端的从属形式，即使作为正犯的乙因主体的阻却处罚事由不受处罚，但由于乙的行为具备了所有犯罪成立条件，甲应承担盗窃罪教唆犯的罪责。

（4）最极端的从属形式

在最极端的从属形式中，要成立共犯那么正犯的行为不仅应当具有构成要件符合性、违法性和有责性，而且符合可罚性的一切条件。在正犯因身份关系加重、减免其刑罚的情况下，共犯只有具备这些身份关系才能成立。例如甲教唆乙去偷乙自己父亲钱财，乙的行为具有构成要件符合性、违法性和有责性而构成盗窃罪，但乙根据"亲属间相盗例"不受处罚。根据罪极端的从属形式，由于作为正犯的乙不受处罚，甲也不能以盗窃罪教唆犯受罚。目前也没有学者支持该从属形式。

3. 刑法规定

由于没有支持最小限度的从属形式和最极端的从属形式的学者，在刑法解释中成为争议的焦点是刑法究竟采取了限制的从属形式还是采取了极端的从属形式。

通说认为现行刑法采取了限制的从属形式。其理由是：第一，刑法第31条第2款、第3款规定了处罚无效的教唆以及失败的教唆，这不符合极端的从属形式；第二，既然犯罪的概念是相对的，那么只要实施了符合构成要件、违法的行为，就不管其是否具有责任都应当成立共犯；第三，共犯的处罚根据不是其加入了正犯的责任，而是引起或促进了正犯的不法。

因此限制的从属形式符合个人责任的原理；第四，第 34 条不意味着教唆、帮助无责任能力人的行为始终成立间接正犯。把无责任能力人作为有生命的"道具"加以利用时就成立间接正犯；把无责任能力人作为有意思能力的"被教唆人"予以利用时成立教唆犯。

少数说认为现行刑法采取了极端的从属形式。其理由是：第一，第 31 条规定"教唆他人实施'犯罪'的人"、第 32 条规定"帮助他人'犯罪'的人"，这些规定中的"犯罪"是指正犯的行为应当作为完全的犯罪而成立，即应具备构成要件符合性、违法性和责任；第二，在教唆、帮助无责任能力人的情况下，根据限制的从属形式成立教唆、帮助犯。但根据极端的从属形式不能成立教唆、帮助犯，而是成立间接正犯。因为刑法第 34 条第 1 款规定："教唆、帮助因某种行为不受处罚的人"成立间接正犯，而不是成立教唆或帮助犯。

六　共犯的处罚根据

共犯从属于正犯的成立，共犯的教唆行为和帮助行为并不是犯罪的实行行为却被处罚。针对其根据是什么这一问题，存在着学说之间的对立。

1. 加入责任说

加入责任说认为共犯的处罚根据在于其"加入"了正犯"有责"的犯罪行为。可以说，这是在理论上与极端的从属形式一脉相通的观点。

2. 加入违法说

加入违法说认为共犯的处罚根据在于其"加入"了正犯"违法"的犯罪行为。该说是在未能查明共犯本身的处罚依据情况下只是从形式意义上解释共犯的从属性，即无非是企图把共犯的处罚根据寻找于正犯的违法并加以说明的观点。这是在理论上与限制的从属形式一脉相通的观点。

3. 纯粹的引起说

纯粹的引起说认为处罚共犯的根据与正犯的违法性无关，处罚共犯的根据在于其实现了"共犯自身"的违法即独自的"共犯的构成要件"。纯粹的引起说把共犯的构成要件建立在共犯自身的法益侵害行为这一"行为无价值"之上。这是理论上与共犯独立性说一脉相通的观点。

4. 修正的引起说

修正的引起说认为处罚共犯的根据在于引起或者促进正犯的犯罪行为，但是共犯违法性的根据与程度从属于正犯的违法性。此说把共犯独自的处罚根据寻找于对正犯的"引起或促进行为"，另一方面强调对正犯的"从属性"。

该说把纯粹的引起说修正为共犯从属性说，因而被称为修正的引起说。该说是目前德国和韩国的多数说。

5. 混合的引起说

混合的引起说可分为以下两种具体观点。

（1）从属的法益侵害说

该说认为共犯的违法性一部分是来自正犯的行为（修正引起说的立场），另一部分是来自共犯独自的法益侵害行为（纯粹引起说的立场）。这是主张把处罚共犯的根据寻找于既从属又独立的法益侵害的观点。该说的核心是处罚共犯的根据在于"从属的、间接的"法益侵害。

从属的法益侵害说不过是站在结果无价值论的立场把处罚共犯的根据仅仅解释为从属的法益侵害及独立的法益侵害的观点，而不考虑共犯的行为无价值的问题。

（2）行为无价值、结果无价值区分说

该说认为在共犯的违法中行为无价值是独立地由共犯自身的"教唆、帮助行为"认定，而结果无价值从属于正犯。具体地说，共犯的教唆行为、帮助行为引起或促进正犯的犯罪行为，共犯的行为本身应在社会伦理性上受到无价值评判，因此可认定其独自的行为无价值。另一方面只以教唆、帮助行为还不能侵害到法益，只有正犯的实行行为才能侵害到法益。因此，共犯的结果无价值从属于正犯的结果无价值。总之，共犯独自的处罚根据在于共犯自己的行为无价值，共犯从属的处罚根据在于正犯的结果无价值。

七　正犯的形态

（一）单独正犯与共同正犯

单独正犯是由 1 人单独实施犯罪的实行行为的情况，共同正犯是由 2 人以上共同实施犯罪的实行行为的情况。刑法中构成要件性行为要求原则上以单独正犯的形态来实施，但是如果共同实施了构成要件性行为就应当适用刑法第 30 条规定（即有关共同正犯的规定）。

（二）直接正犯与间接正犯

直接正犯是行为人自己直接实施犯罪的实行行为的情况，间接正犯不是由自己直接实施实行行为而是把他人作为工具加以利用而间接地实现犯罪的情况。刑法中构成要件性行为要求原则上以直接正犯的形态来实施，但是如果以利用他人的间接正犯的形态实施，就应适用刑法第 34 条规定（即有关间接正犯的规定）。

（三）同时犯

1. 一般的同时犯

同时犯是指 2 人以上没有共同实行的意思而对于同一客体各自实施构成要件实现行为的情况。同时犯与单独正犯具有相互并列的关系，而且同时犯与共同正犯的区别在于 2 人以上的行为人相互之间不具有犯罪的意思联络。对于同时犯来说存在以下两种情况：

第一，如果已判明结果发生的原因行为，就应根据因果关系和个人责任的原则决定各自的刑事责任。

第二，在未能判明导致结果发生的原因行为时，应适用刑法第 19 条规定。刑法第 19 条规定：（独立行为的竞合）"在同时或异时发生的独立行为竞合且未能判明其结果发生的原因行为时，对各行为以未遂犯处罚"。

2. 伤害罪同时犯

刑法第 263 条规定：（同时犯）"独立行为发生竞合导致了伤害的结果，在未能判明其原因行为的情况下，依照共同正犯之例"。刑法以此规定了"伤害罪同时犯的特例"。这一规定属于对刑法第 19 条唯一的例外规定，阐明在伤害罪中即便是独立行为发生了竞合也不应以未遂犯处罚，而是对各自行为人依照共同正犯之例，即以对已发生全部结果的既遂犯处罚。

（四）正犯与共犯之间的竞合

在正犯与狭义的共犯发生竞合的情况下，狭义的共犯规定对于正犯规定处于"法条竞合中的补充关系"。因此只能成立正犯而排除了共犯的成立。例如教唆人或帮助人实施教唆或帮助行为后，进而分担了与正犯的共同实行行为，应当承担作为共同正犯的罪责，排除教唆犯或帮助犯的成立。

在狭义的共犯之间发生竞合的情况下，由于教唆犯的不法高于帮助犯，帮助犯对于教唆犯处于"法条竞合中的补充关系"。

第二节 共同正犯

一 共同正犯及其特征

（一）共同正犯

共同正犯，是指 2 人以上共同实施的犯罪，刑法第 30 条以"共同正犯"为标题，规定了"2 人以上共同实施犯罪的，以各自其罪的正犯处罚"。共同正犯与狭义的共犯（教唆犯与从犯）同属于广义的共犯或任意的共犯。

共同正犯是 2 人以上共同实施犯罪，与必要的共犯具有一些共同点。但前者是 1 人能够成立的犯罪却由 2 人以上实施，而后者在构成要件的内容上必须由 2 人以上实施。

共同正犯是由 1 人能够成立的犯罪却由 2 人以上实施，故与同时犯具有某些相似之处。但前者在犯罪人相互之间具有意思联络而且以此分担犯罪行为；后者在犯罪人相互之间没有意思联络，只是 2 个以上单独的犯罪行为偶然地联系在一起。

共同正犯在利用他人的犯罪行为这一点上，与狭义的共犯具有类似之处。但是前者各个犯罪人由于分工协作地支配犯罪行为被认定为机能性犯行支配；而后者不能被认定这种机能性犯行支配。

共同正犯在利用他人的犯罪行为这一点上，与间接正犯具有共同之处。但是前者犯罪人相互之间具有利用行为，但后者只有利用人一方利用被利用人而被利用人无法利用对方。

（二）共同正犯的特征

单独 1 人能够实施的犯罪由 2 人以上共同实施，其原因在于，2 人以上根据分工原理分担各自的犯罪行为，以此来获取相对更多更大的犯罪效果，同时能够做到强化犯罪人相互间的犯罪意思。

共同正犯的特征，是共同正犯在实现构成要件事实的过程中，分工负责以及相互配合以各自承担重要的角色来共同实行（称之为分工负责的原理），对整个犯罪施以"机能性犯行支配"。而且各共同行为人虽然只分担实行了部分的共同实行行为，但是各共同行为人应当对整个共同犯罪行为负责。（称之为部分实行全部责任的原理）。

二　共同正犯的本质

共同正犯虽然已被定义为 2 人以上共同实施犯罪，但是刑法第 30 条没有规定究竟何为共同这一问题，即没有明文解释"共同"的目的语。在理论上被提起关于共同正犯以"什么"为共同的问题，对这一问题的解释就是共同正犯的本质论，存在着观点的对立。

（一）犯罪共同说与行为共同说

1. 犯罪共同说

犯罪共同说是重视犯罪定型性的客观主义犯罪论的主张。该说认为只以"行为"为共同不能成立共同正犯，而只有以"特定的犯罪"为共同才能成立共同正犯。为了共同实施特定的犯罪不仅要有共同实施的实行行为，而且应具有对该犯罪的共同故意。因而过失犯的共同正犯、故意犯和过失犯之间的共同正犯、不同种类故意犯的共同正犯都不能成立，但是肯定此时的同时犯。例如甲和乙合谋"要收拾"丙，甲以杀害的故意、乙却以伤害的故意各自使用匕首猛刺丙致其死亡。在无法辨明谁的行为致丙死亡的情况下，根据犯罪共同说杀人罪和伤害罪之间不能成立共同正犯，故应当对甲以杀人未遂、对乙伤害既遂的同时犯予以处罚。

2. 行为共同说

行为共同说是把犯罪理解为行为人反社会性格表征的主观主义犯罪论的主张。

该说认为要成立共同正犯只需共同实施"特定的行为"，而无须共同实施"特定的犯罪"。此时的行为应当是前法律性、自然意义上的行为。根据行为共同说只需要共同的实施行为而不需要共同的故意，因而过失犯的共同正犯、故意犯与过失犯的共同正犯、不同种类故意犯的共同正犯都能成立。例如在前述例子中根据行为共同说甲和乙既然共同实施了要把丙"收拾的事实上行为"，那么杀人罪和伤害罪之间成立共同正犯，因而对甲以杀人既遂、对乙以伤害既遂的共同正犯予以处罚。

判例站在行为共同说的立场。

（二）修正说

1. 部分的犯罪共同说

该说对于犯罪共同说进行了一定的修改，主张在像杀人罪、伤害罪、暴行罪等故意被重叠的犯罪中能够成立部分的共同正犯。例如甲以杀害的故意、乙却以伤害的故意各自对丙实施暴力造成伤害，此时并非成立杀人未遂罪和伤害罪的单独正犯，而是因杀人的故意包含伤害的故意，故对于杀人罪不成立共同正犯但对伤害罪成立共同正犯。因而甲以杀人未遂罪的单独正犯受处罚，但乙以伤害既遂罪（并非伤害未遂）的共同正犯受处罚。

2. 构成要件性行为共同说

该说主张共同实施前法律性行为不能成立共同正犯，但是共同实施构成要件性行为可以成立共同正犯。而且构成要件性行为不仅包括故意行为还包括过失行为，因此过失犯的共同正犯是可以成立的。

3. 机能性犯行支配说

该说主张要成立共同正犯与其说是单纯或共同实施了犯罪或行为，不如说是犯罪人之间应当机能地支配犯罪行为。该说在强调"支配犯罪行为"这一点上，与犯罪共同说以及行为共同说不同，但还是站在犯罪共同说的基本立场吸收了行为共同说的部分观点。

机能性犯行支配说，是目前学界的通说。

在机能性犯行支配说中，有的肯定过失犯的共同正犯，有的否定过失犯的共同正犯。肯定说认为过失犯在认定机能性犯行支配的情况下可以成立共同正犯；否定说认为支配犯罪行为是指"以共同的意思为实施特定的犯罪作为一个整体，互相利用对方的行为来实现自己的意思"。因此，只有在故意犯中存在机能性犯行支配，而在过失犯中不可能存在这种机能性犯行支配。

一些判例也支持机能性犯行支配说的观点。

（三）共同意思主体说与共同行为主体说

1. 共同意思主体说

该说认为如果共谋了特定的犯罪就会形成共同意思主体，各共谋人成为共同意思主体的成员。在共同意思主体的成员中部分人实施了实行行为的情况下，根据部分实行全部责任的原理没有实施实行行为的其他共谋人也应承担共同正犯的责任。该说是作为共谋共同正犯的认定根据提出来的。

根据该说只有存在共谋才能成立共谋共同正犯，因此过失犯的共谋共同正犯、故意犯与过失犯的共谋共同正犯以及不同种类故意犯的共谋共同正犯都不能成立。

判例站在共同意思主体说的基本立场。① 但是判例在肯定共谋共同正犯的同时也肯定过失犯的共谋共同正犯。

2. 共同行为主体说

该说认为如果犯罪人之间具有意思联络而且分担了实行行为就会形成

---

① "共谋共同正犯是基于共同犯罪行为的认识实行犯罪的。作为共同意思主体存在一个集团整体的犯罪行为的实行而成立，因而没有必要每个共谋人都分担其实行行为，即使不分担实行行为也能够因共谋而形成数个人之间的共同意思主体。只要存在犯罪的实行行为，那么即使没有分担实行行为也不能免除作为共同意思主体的正犯的罪责。"（大判 1983. 3. 6. 82DO3248）

共同行为主体，各犯罪人成为共同行为主体的成员，各犯罪人的行为也会成为共同行为主体的行为。共同行为主体对于其成员所导致的全部结果承担责任，因而作为其成员的各犯罪人也对全部结果承担责任。

根据该说只有存在共谋和实行行为时才能形成共同行为主体，只以共谋不能形成共同行为主体。共同行为主体的行为不仅包括故意行为还包括过失行为，因此过失犯的共同正犯、故意犯与过失犯的共同正犯、不同种类故意犯的共同正犯都可以成立。

三　成立要件

要成立共同正犯应当具有作为主观要件的共同实行或共同加工的意思及作为客观要件的共同实行行为。

（一）共同加工的意思

1. 共同加工意思的含义

为了成立共同正犯，在犯罪人之间应当具有共同实施犯罪即共同加工的意思，也就是犯罪人之间的意思联络。这种共同加工的意思虽然不是要求达到谋议犯罪计划即共谋的程度，但认识他人的犯罪却予以制止的所谓容忍是不够的。共同加工的意思是为实施特定的犯罪行为全体犯罪人作为一个整体互相利用对方的行为意图实现自己犯意的意思。

因而共同正犯与没有意思联络的同时犯有明显的不同。相互的意思联络使得犯罪人之间形成一个整体而且通过分工完成犯罪便成为可能。各犯罪人的行为并非单纯个人的行为而是带有作为一个整体行为的性质，同时具有把其他犯罪人的行为作为自己行为的性质。正因为如此，可以适用"部分实行全体负责"的原理。与此相反，在同时犯中各犯罪人的行为并不是整个犯罪人的行为而是各犯罪人的单独行为，因此只能对于自己个人的行为及结果承担责任。

例如甲和乙在要杀害丙的意思联络下向丙开枪射击，其中一颗子弹打中丙致其死亡，甲和乙均构成杀人既遂罪。即便是其中1人子弹打中了丙但因为其具有作为他人行为的性质，没有打中的人也应承担杀人既遂的责任。在无法判明究竟被谁的子弹打中的情况下，只要是能够确认被甲和乙射击的子弹打中，那么甲和乙都成立杀人既遂罪。又例如甲和乙没有意思联络各自以杀人的故意开枪射击，其中1人的子弹打中丙致其死亡。此时成立同时犯，甲和乙只能对自己的行为和由此发生的结果负责而不对他人的行为和结果负责。因而被判明击中子弹的人承担杀人既遂罪，其他犯罪人承担杀人未遂的责任。在未能判明被谁的子弹打中的情况下，甲乙均以杀人未遂罪受处罚。

2. 意思联络的方法和时期

（1）意思联络的方法

根据通说和判例意思联络不需要任何法律上特定的方法，只要是2人以上意图共同实施犯罪的意思结合均可。因而即使没有全体性谋议过程，但在数人之间以暗示方式或顺次地达成意思的结合，也可以认定为意思联络。

意思联络应当是共犯之间相互的，在犯罪人中只有一方具有共同加工意思的所谓片面的共同正犯是不能成立的。此时只能成立同时犯或者片面的从犯。

（2）意思联络的时期

意思联络的时期不问着手实行的前后，但应当存在于实行行为终了之前。着手实行之前存在意思联络的情况称为预谋的共同正犯，着手实行之后发生意思的联络被称为偶然的共同正犯。

（二）共同加工行为

1. 共同加工行为的含义

为了成立共同正犯应当由各犯罪人分工实行行为而机能地支配犯罪行为。根据这种分工性机能，共同正犯能够实现超过一个人所能实现程度的犯罪。由于这种分工性机能每个犯罪人的实行行为并非只带有作为单独个人行为的性质，而是具有作为实现整个犯罪的意义。由此产生能够认定"部分实行全部责任"原理的根据。

2. 判断是否共同加工行为的标准

根据机能性犯行支配说判断某个犯罪人的行为是共同加工行为还是单纯的教唆或帮助行为，应根据是否实施机能性犯行支配而决定。

第一，共同正犯与教唆犯的区别。为了成立共同正犯应当分担实行行为，在行为人未参加形式意义上的实行行为却指示犯罪行为或告诉犯罪行为方法的情况下，如果能够认定其机能性犯行支配可以成立共同正犯，而不是教唆犯。

第二，共同正犯与从犯的区别。例如在盗窃罪中判断负责望风的犯罪人属于共同正犯还是从犯的问题。该犯罪人承担的是单纯地让其他犯罪人的窃取行为变得容易这种程度的作用，那么属于从犯；但是如果没有望风行为就无法实施窃取行为，因而望风行为达到了决定是否成立盗窃犯程度的状况，那么该犯罪人也支配犯罪行为因而成立共同正犯。

判例对于望风行为基本上认定为共同正犯。

3. 共同加工行为和现场性

根据通说作为必要性共犯的合同犯以现场性为必要，但是在共同正犯中进行机能性犯行支配未必都在犯罪现场实施。例如甲和乙共谋后甲在首尔市向在釜山市一个超市的店主 A 打电话分散其注意力，乙趁机盗窃了其超市内的财物。如果甲的行为被评价为支配了犯罪行为，那么甲成立盗窃罪的共同正犯而不是从犯。由于甲不在犯罪现场甲和乙不成立盗窃合同犯（第 331 条第 2 款），只承担盗窃罪共同正犯的罪责。

4. 依不作为的共同加工

共同加工行为可以由不作为形成。但并不是认识他人的犯行却不予制止这种消极容忍的不作为，而是应当达到以共同的意思为实施特定的犯罪作为一个整体相互利用对方的行为来实现自己意思的程度。

四 过失的共同正犯

能否肯定没有意思联络的所谓"过失的共同正犯"，是学界与判例争议的焦点之一。

例如在建筑工地工人甲和乙在建筑物内一起往外扔出木板，不慎把行人丙砸伤。又例如甲和乙在进行射击训练中同时开枪射击却失手击中旁人丙致其死亡，一颗子弹击中了丙但是未能判明被谁的子弹击中。在这些情况下，存在能否认定过失犯的共同正犯的问题。

如果肯定过失的共同正犯，那么甲和乙应对全体结果负责，故在前一情况中成立业务上过失致伤罪的共同正犯，在后一情况中成立业务上过失致死罪的共同正犯。

如果否定过失犯的共同正犯，那么甲和乙成立同时犯只对各自的行为负责。故在前一情况中甲和乙都以业务上过失致伤罪的单独正犯受罚，与肯定过失犯的共同正犯的结果没有区别；在后一情况中根据第 19 条规定成立业务上过失致死未遂罪的单独正犯，因为过失犯的未遂不受处罚，故甲和乙均不构成犯罪。

（1）肯定说

在肯定过失犯的共同正犯的学说中，其理论依据主要包括以下几种：

第一，行为共同说。行为共同说由于主张共同实施"前法律性行为"能够成立共同正犯，故肯定过失犯的共同正犯。在前述的例子中甲和乙扔出木板的行为、开枪射击的行为，虽然其本身属于非犯罪行为的前法律性行为，但因为共同实施能够成立共同正犯。对此提出的批判是：这是对共同实施了无任何刑法意义的自然性行为认定共同正犯的观点。

第二，修正的行为共同说。该学说把行为共同说的行为理解为"非前法律性行为"而是构成要件性行为，主张共同实施符合过失犯构成要件性行为即违反注意义务的行为时，可以成立共同正犯。此说所受的批判是：根据该说以各自不同内容的故意实施行为导致的构成要件性结果也不同，因此不能成立共同正犯。因而故意犯和过失犯之间当然不能成立共同正犯。但是该说另一方面又肯定过失犯的共同正犯，是自相矛盾的主张。

第三，共同行为主体说。共同行为主体说主张，如果犯罪人之间具有意思联络而且分担了实行行为就会形成共同行为主体，各犯罪人成为共同行为主体的成员，各犯罪人的行为也成为共同行为主体的行为。共同行为主体对于其成员所导致的全部结果承担责任，因而作为其成员的各犯罪人也对全体结果承担责任。而且共同行为主体的行为不仅包括故意行为也包括过失行为。对此观点提出的批判是：所谓的共同行为主体不过是拟制议题，为了形成共同行为主体至少应实施具有特定目标的行为，但只以过失行为是远远不够的。

（2）否定说

在否定过失犯共同正犯的观点中，其理论依据也有以下三种：

第一，犯罪共同说。犯罪共同说主张在犯罪人之间只有存在意图共同实施特定犯罪的意思才能成立共同正犯。即为了成立共同正犯应当具有对特定犯罪的共同故意。根据该说共同正犯只有在故意犯中才能成立，故不能认定过失犯的共同正犯。该说所受的批判是：犯罪共同说认定共同正犯的范围过窄。

第二，机能性犯行支配说（多数说）。该说认为机能性犯行支配是"以共同的意思为了实施特定的犯罪作为一个整体互相利用对方的行为来实现自己的意思"。因此共同正犯只能存在于故意犯，过失犯中不可能存在共同正犯。

认定过失的共同正犯的现实意义就在于，2人以上共同实施了过失行为却未能判明造成结果之原因行为的情况。如果认定过失犯的共同正犯，各行为人均受处罚；如果否定过失犯的共同正犯，各行为人都不成立犯罪。可是，在这种例外的情况下对未必是由自己过失行为造成的结果也要追究行为人的责任，这不符合刑法的补充性原则，对此应当作为民事上损害赔偿案件处理。

判例采用肯定说中的行为共同说，认为"刑法第30条"1人以上共同实施犯罪，中的'犯罪'不问其是故意犯罪还是过失犯罪。因而如果2人以上在双方的意思联络下通过某种过失行为造成犯罪性结果，成立过失犯的共同正犯。"（大判 1962.3.29. 61 DO 598；大判 1979.8.21. 79 DO 1249.）①

五　承继的共同正犯

（一）含义

承继的共同正犯，是指在部分共犯人着手实施犯罪过程中，对此有认识的其他犯罪人以共同加工的意思加入共同实施其余部分实行行为的情况下，后行共犯人不仅承担自己参加共同实行部分的罪责，而且承担由先行共犯人实行部分罪责的共同正犯。例如甲（先行人）以强盗的故意把被害人打昏后，对此有认识的乙以盗窃的故意与甲共同窃取了被害人身上携带的钱包中的现金。乙当然要承担合同盗窃的罪责，乙如果此时进而承继由甲单独实施的暴力行为承担合同强盗的罪责，这种共同正犯被称为承继的共同正犯。

在承继的共同共犯中，存在对于先行犯罪人与后行犯罪人共同实行的部分能否肯定共同正犯以及后行犯罪人对于先行犯罪人单独实行的部分应否承担共同正犯的责任这两个问题。前者属于共同正犯的本质问题，后者属于真正承继的共同正犯的问题。

（二）后行为人对于共同实行的部分是否成立共同正犯（共同正犯的本质）

先行人以强盗的故意、后行人以盗窃的故意共同实施实行行为部分能否成立共同正犯的问题，就是相互不同内容（种类）的故意犯之间能否成立故意犯的问题。对于这一问题，应适用有关共同正犯本质的理论。

在前述例子中如果肯定共同正犯就应认定甲成立强盗罪的共同正犯、乙成立合同盗窃罪；如果否定共同正犯就应当认定甲成立强盗罪的单独正

---

① 基于这种立场，大法院的判例在因圣水大桥坍塌造成死伤结果的案件中对于施工人、管理人及监督人（大判 1997.11.28 97 DO 1740）、在因三丰百货大楼倒塌造成死伤结果的案件中对于该百货店建筑计划的树立人、建筑设计人、施工人、竣工后的维修管理等各阶段相关人员，认定了过失犯的共同正犯（大判 1994.3.22. 94 DO 35；大判 1994.5.24, 94 DO 660）

犯、乙成立单纯盗窃罪的单独正犯。

在犯罪共同说中以共同的故意为必要条件，不成立共同正犯。但是根据部分的犯罪共同说，如果故意有重叠的部分，限于其重叠的部分成立共同正犯。

在行为共同说中不以共同的故意为必要条件，故成立共同正犯。而根据构成要件性行为共同说，由于构成要件性行为不同不成立共同正犯，但是在构成要件性行为相互重叠的范围之内可以成立共同正犯。

机能性犯行支配说（通说）也肯定对重叠部分的共同正犯。因此，乙成立合同盗窃罪。

（三）后行人对于先行人单独实行部分是否成立共同正犯（承继的共同正犯）

至于应否认定后行人承继先行人单独实行的部分承担共同正犯的罪责，即真正承继的共同正犯问题，存在肯定说和否定说之间的对立。

1. 肯定说

这是主张后行人应当对于包括先行人单独实行的部分在内的全体犯罪承担共同正犯的责任的观点。肯定说主张的理论依据包括：第一，如果后行人认识先行人实施的先行行为而共同实施了后行行为，就可以认定其对先行人行为共同实行的意思和共同加工的行为；第二，在共同正犯中意思联络的时期可以是在着手实行以前也可以是在实行的过程中；第三，如果后行人认识了先行人的犯罪行为，就可以认定后行人知道全体犯罪计划而实施了犯罪行为。

2. 否定说

通说认为对后行人只能认定其加入以后犯罪行为的共同正犯，而不能认定由先行人单独实行部分的共同正犯。否定说主张的理论依据包括：第一，后行人对先行人行为的故意属于事后故意，不具有故意的效力；第二，即便是在实行犯罪过程中发生了意思联络也不能溯及之前的行为，共同正犯只能在发生意思联络时才能成立；第三，不能肯定后行人对先行人行为的犯行支配；第四，后行人认识先行人的犯罪行为进而知道全部犯罪计划的事实，不能成为其承担全部犯罪责任的根据。判例支持否定说的立场。①

---

① 即"以共同正犯加入了包括性一罪的后行人即使认识了之前先行人已实施的犯罪行为，但是只对于其加以后的犯罪行为承担共同正犯的责任"。（大判 1982.6.8. 82 DO 884）

六 共谋的共同正犯

（一）含义

共谋的共同正犯，是指在共谋实施犯罪的人中一部分人已参加着手实行犯罪，而另一部分人即使没有参加实行行为也要成立共同正犯的情况。因只以共谋能够成立共同正犯的这一特征被称为共谋的共同正犯，肯定共谋共同正犯的理论称为共谋的共同正犯的理论。

起初在 19 世纪末由日本大审院的判例对"智能犯"认定为共谋的共同正犯，后来将其认定范围扩大到暴力犯罪，继而日本最高裁判所也肯定了共谋的共同正犯。韩国在日本殖民统治时期当然承认并适用了共谋的共同正犯，解放以后也被大法院的判例所肯定。即使在学界的主流观点始终否定共谋共同正犯，但是大法院至今也肯定共谋的共同正犯而且正在扩大其适用范围。

（二）理论争议

1. 肯定说

判例根据共同意思主体说坚持肯定共谋共同正犯的立场。① 不仅如此，大法院对于合同犯起初采取现场性说，后来改变其态度认定了合同犯的共谋共同正犯；不顾学界中通说的反对正在继续扩大共谋共同正犯的适用范围。

2. 否定说

学界的通说否定共谋共同正犯。其理由为：第一，只有分担实行行为才能成立共同正犯，把没有分担实行行为的共谋人以共同正犯处罚有悖于责任主义原则；第二，共谋的共同正犯虽然为了处罚犯罪组织的首魁产生的理论，但是对于首魁可以以组织犯罪团体罪（第 114 条）或组织以盗窃为目的的团体罪（特加法第 5 条之 8）等予以处罚；第三，对于首魁以其部下实施犯罪的教唆犯处罚也能够以正犯的刑罚处罚，在刑罚处罚上不存在任何疑问。

3. 折中说

折中说作为少数说肯定限于一定范围内的共谋的共同正犯。② 其具体理

---

① "共谋不要求在法律上某种定型性，只要具有 2 人以上共谋对犯罪进行共同加工而实现犯罪的意思结合就能够成立。虽然没有全体性的谋议过程但在数个人之间依次地或暗默地相通而形成其意思的结合就能成立共谋关系。既然形成了这种共谋，那么即便是没有直接参与实行行为的人，也应当对其他共谋人的行为承担作为共同正犯的刑事责任。" （大判 2004. 8. 30. 2004DO3212）

② 李在祥：《刑法总论》（第 5 版补丁版），博英社，2005，第 467 页。

由为：第一，共谋共同正犯理论是为了正确把握和控制集团犯罪的本质特征之理论，可以认定其合理性；第二，无法对在集团犯罪的背后指挥犯罪行为或起着重要作用的头目或骨干以正犯予以处罚，这不符合集团犯罪的本质和社会现实；第三，与其直接地否定判例始终如一坚持的共谋共同正犯，莫不如肯定共谋共同正犯并通过限制"共谋"这一概念来限制共谋共同正犯，也不失为一种现实的做法。

折中说大体上站在机能性犯行支配说的立场探讨认定共谋共同正犯的可能性。该说认为共同加工行为并非局限于分担实行行为的情况，而是根据各个犯罪人是否在整个计划的范围内共同分担了实现结果不可或缺的要件来决定。因此，虽然不能说因单纯地参与共谋而能够成为共谋共同正犯，但是像在指挥、控制或监督共同犯罪人或指定犯罪实行人实行等情况下，被认定为承担了整个计划中重要作用的共谋人，可以成为共谋共同正犯。

（三）脱离共谋关系

当共谋人中部分人在其他共谋人着手实行之前已经脱离共谋关系而由其他共谋人完成犯罪时，就会产生能否让脱离人对其他共谋人实施的犯罪承担共同正犯的罪责的问题。

通说否定在脱离共谋关系情况下的共谋共同正犯。但是个别说认为根据犯行支配说虽然不能肯定共谋共同正犯，但是如果脱离之前的行为与正犯实行的犯罪之间具有因果关系，那么可以成立教唆犯或帮助犯。也有学者根据机能性犯行支配说承认共谋共同正犯，认为如果脱离人是一般的成员，那么只以脱离的意思表示也能够消除共同正犯的关系，但是如果脱离人是主谋人那么仅仅以脱离的表示是不够的，还需要为了消除曾经对犯罪的实行给予的影响力而做出真挚的努力。

判例否定在脱离共谋关系情况下成立共同正犯。即"在共谋共同正犯中，共谋人中的1人在其他共谋人着手实行之前脱离其共谋关系时，对其后其他共谋人的行为不承担作为共同正犯的责任"。（大判 1996. 7. 11. 95 DO 955）

七 共同正犯的处罚

共同正犯"以各自其罪的正犯处罚"。（第 30 条）。

共同正犯通过机能性犯行支配来发生犯罪的结果，因而遵循即使分担了部分的实行行为，却对整个结果承担责任的"部分实行、全体责任"的原理。与对各个行为人个别地论及因果关系、责任的同时犯不同，在共同正犯中全体性地论及因果关系和责任。所以即便是已判明所发生的结果是由其他共同正犯的行为造成的，但也要对该结果承担责任。而且在未能判明结果是到底由哪个共同正犯的行为造成的情况下，只要能够判明是由共同正犯的行为造成的，那么每个共同正犯都要对整个结果承担责任。

所谓以各自其罪的正犯处罚，是指以正犯的法定刑处罚。共同正犯之间根据各自在实行犯罪中的作用和分工不同，其宣告刑也会有所不同。

八　相关问题

（一）共同正犯的错误

1. 含义

共同正犯的错误，是指发生与共同正犯之间意思联络的内容不同犯罪结果的情况。

在共同正犯意欲实施与意思联络相同的犯罪却发生错误的情况下，不论是其事实的错误，还是法律的错误，都应以与处理单独正犯的错误同一的方式解决。例如甲和乙共谋杀害 A 并同时开枪射击均未击中，但是乙的子弹打偏击中了 B 致其死亡。此时甲和乙应当承担同一的罪责，而且根据法定的符合说或抽象的符合说应承担对 B 杀人既遂的罪责；根据具体的符合说对 A 的杀人未遂和对 B 的过失致死之间想象竞合犯的罪责。

问题在于，在部分共同正犯造成与意思联络不同内容的其他犯罪结果的情况下，对其他共同正犯如何认定其罪责？对此问题，可以分为意思联络的内容与部分共同正犯实行的犯罪之间存在质的区别的情况和只存在量的区别的情况。

2. 存在质的区别的情况（实行过限）

就像甲和乙共谋杀人但乙窃取财物的情况，属于实行过限的问题。在意思联络的内容与部分共同正犯实行的犯罪之间存在质的区别的情况下，其他共同正犯对于部分共同正犯实行过限的部分不承担责任。因而甲只承担杀人预备·阴谋罪的责任而对盗窃罪不承担责任；乙对实行过限的部分承担单独正犯的罪责，即应当承担杀人预备·阴谋罪和盗窃罪的竞合犯的责任。

3. 存在量的区别的情况

可分为其他共同正犯造成比意思联络的内容相对较小结果的情况和造成比意思联络的内容相对较大结果的情况。

通说认为不论哪一种情况，其他共同正犯都只对于意思联络的内容与部分共同正犯实行的犯罪之间重叠的部分承担责任。例如在甲和乙共谋杀人却乙只造成伤害的情况下伤害可谓是重叠的部分，因此甲和乙都承担伤害罪的共同正犯的责任。即甲和乙都应承担杀人预备·阴谋罪和伤害罪共同正犯的竞合犯的罪责。如果甲和乙共谋盗窃但乙实施了强盗罪，那么盗窃罪属于重叠的部分，对此成立共同正犯。因而甲成立盗窃罪的共同正犯（或者合同盗窃罪），乙成立强盗罪的单独正犯。

（二）结果加重犯的共同正犯

结果加重犯的共同正犯，是指共同正犯只共谋了基本犯罪而部分共同正犯故意或过失地造成较重结果的情况。此时发生如何认定其他共同正犯罪责的问题。例如甲和乙共谋了强盗而乙故意或过失地杀人的情况。

首先，在乙故意杀人的情况下，乙应承担强盗杀人的罪责，甲当然不承担强盗杀人的罪责。如果甲具有对被害人死亡的预见可能性就可以认定甲的强盗致死罪单独正犯的罪责。

问题是甲和乙究竟成立共同正犯还是成立同时犯？这可以说是能否肯定故意犯与过失犯的共同正犯的问题。行为共同说肯定在此种情况下的共同正犯，而犯罪共同说否定共同正犯而主张成立各自的单独正犯。判例肯定强盗致死罪的共同正犯。

其次，在乙过失地造成被害人死亡的情况下，如果甲具有对被害人死亡的预见可能性，那么甲和乙当然承担强盗致死罪的罪责。问题在于，甲和乙究竟能够成立强盗致死罪的共同正犯？这可以说是能否肯定过失犯的共同正犯的问题。行为共同说、构成要件性行为共同说肯定在这种情况下的共同正犯；犯罪共同说和犯行支配说（通说）否定过失犯的共同正犯，因此甲乙成立同时犯，各自承担强盗致死罪的单独正犯。

第三节 教唆犯

一 教唆犯

教唆犯，是指使他人决意实行犯罪并根据此决意实行犯罪的犯罪（刑法第 31 条）。例如甲向乙许诺如果窃取 A 的财物就给钱，乙为了挣钱而决意窃取 A 的财物并根据此决意窃取了 A 的财物。那么乙就是正犯，甲成立教唆犯。

通说（限制的从属形式说）认为教唆犯是把他人作为意思能力人加以利用的犯罪，其与把他人作为有生命的工具加以利用的间接正犯相区别。但是根据极端的从属形式说，教唆犯是教唆因某种行为受刑罚处罚的人实施犯罪的犯罪，而间接正犯是教唆不受处罚或以过失犯受处罚的人实施犯罪或者把他人作为有生命的工具加以利用的犯罪。

教唆犯是使没有犯罪意思的人决意犯罪并予以实施的犯罪，因此不同于对已经决意犯罪的人为了使其实行行为变得容易而给以帮助的帮助犯或从犯。

二 教唆犯的从属性

刑法采用了共犯从属性说的基本立场，所以作为狭义性共犯的教唆犯能否成立及处罚，在原则上应根据正犯能否成立和处罚而决定。这就是教唆犯（对正犯）的从属性。刑法对于教唆犯规定"教唆他人实施犯罪的人"而对于正犯规定"实行犯罪的人"，以此对两者加以区分；对教唆犯"以与实行犯罪的人同一刑罚处罚"，以此肯定了共犯的从属性。即"教唆他人实施犯罪的人，以与实行犯罪的人同一刑罚处罚"。（第31条第1款）

判例持有相同的立场，即"要成立教唆犯，应当具有教唆犯的教唆行为与正犯的实行行为。因此，正犯的成立本身就构成教唆犯构成要件的部分内容，而要成立教唆犯应以正犯的犯罪行为作为其前提条件"。（大判1998.2.24. 97DO183；大判 2000.2.25. 99DO1252）

另一方面，由于刑法又采用了共犯独立性说的部分观点，既然教唆人实施了教唆行为，那么不论被教唆人是否已着手实行都准予预备·阴谋罪处罚。也就是说被教唆人虽然承诺了实行犯罪但事实上没有着手实行的（无效的教唆），或者没有承诺实行犯罪的（失败的教唆），准予预备·阴谋罪处罚。（第31条第2款、第3款）

三 教唆犯的成立要件

为了成立教唆犯，不仅教唆人应具备教唆行为的主观要件和客观要件，而且被教唆人应当具备实行行为的主观要件和客观要件。同时教唆人的教唆行为与被教唆人的实行行为之间应具有因果关系。

（一）教唆人的要件

1. 主观要件——双重的故意

教唆人应当具有双重的故意，即对自己教唆行为的故意和对被教唆人实行行为的故意。对教唆行为的故意，是指教唆人认识、容忍自己正在对特定的被教唆人教唆特定犯罪的内心状态；对被教唆人实行行为的故意，是指教唆人对被教唆人所要实行"特定的犯罪"的故意。

虽然不要求对犯罪行为的时间、方法、地点等的具体故意，但至少应具有对犯罪行为的对象或客体的故意。对实行行为的故意应当是既遂的故意。

2. 客观要件——教唆行为

教唆行为，是指使被教唆人做出犯罪决意的一切行为。对于教唆行为的手段没有限制，提供代价、诱惑、命令、指示、请托、哀求或威胁等只要是能够使被教唆人做出犯罪决意的行为均可。

有一种见解认为，教唆行为是强迫行为时也成立教唆犯。但是根据刑法第34条规定，对于因某种行为不受处罚的人实施教唆行为属于间接正犯，而被强迫人是不受处罚的。因此，对于这种情况应当认定为成立间接正犯。在教唆行为是欺骗行为时成立教唆犯或者间接正犯。例如本没有给钱的意思却欺骗正犯以给钱为由使他人实施犯罪，成立教唆犯；但是欺骗到使被教唆人无法认识自己行为意义的程度，就成立间接正犯。

判例认为："只是泛泛地以使他人实施犯罪或者实施盗窃等行为还不足以成立教唆行为，但只要是实施了使他人产生实行犯罪的决意的行为就可以成立教唆行为。对教唆的手段方法没有什么限制，因而成立教唆犯无须特定犯罪行为的时间、地点、方法等具体事项，只要是达到了使正犯产生实行一定犯罪决意的程度就成立教唆犯。"（大判1991.5.14. 91 DO 542）

（1）教唆行为的具体方式

教唆行为不仅以明示的、直接的方法，而且以默示的、间接的方式均可以成立。

（2）被教唆人及其实施犯罪的特定性

被教唆人和被教唆人所要实施的犯罪是特定的，才能成立教唆行为。第一，向不特定的一般人教唆特定的犯罪，即便可以成立煽动行为也不能成立教唆行为。因而不管教唆对象是多数人还是少数人，只有被教唆人是特定的才能成立教唆行为。第二，要成立教唆行为，被教唆人所要实施的犯罪必须是特定的。这里的"特定"并非仅仅指罪名，还要求其罪的对象是特定的。因而对公务员说"做人不要太正经，过日子嘛，也要收收礼物了"。这种劝说因没有特定的客体，不能成立受贿罪的教唆行为。

（二）被教唆人的要件

1. 主观要件

实行行为人应当具备成立实行行为所必要的一切主观性要件。这里不仅包括故意等一般性主观构成要件要素，而且包括在目的犯中的目的、动机、不法领得意思等超一般性主观构成要件要素。

（1）做出决意

应当因教唆行为被教唆人做出犯罪的决意，教唆已经具有犯罪决意的人只能成为失败的教唆或者成立帮助犯（第32条）。

（2）已经决意的犯罪和使人决意其他的犯罪

教唆已经决意实行一定犯罪的人实施其他犯罪，能否成立教唆犯？对此，可以分为已经决意的犯罪和新决意的犯罪之间存在质的差异和量的差异等两种情况。

① 存在性质差异。像对已经决意实施伤害的人教唆盗窃那样存在罪质差异的情况下，因为被教唆人没有决意实施盗窃，所以不成立盗窃罪的教唆犯。

② 存在量的差异。这种情况也可分为教唆比已经决意犯罪更重犯罪的情况和教唆比已经决意犯罪更轻犯罪的情况。第一，教唆更重犯罪的情况。就像对决意盗窃罪的人教唆强盗罪那样对于教唆比已经决意的犯罪更重犯罪的情况，通说认为成立对全体犯罪的教唆犯（即强盗罪的教唆犯）。第二，教唆更轻犯罪的情况。就像对决意强盗罪的人教唆盗窃罪那样对于教唆比已经决意的犯罪更轻犯罪的情况，通说认为不成立教唆犯。因为在强盗的决意中已包含了盗窃的决意，教唆已经具有犯罪决意的人不能成立教唆犯。此时只能成立较轻犯罪的帮助犯。

2. 客观要件——实行行为

要成立教唆犯，被教唆人至少应着手犯罪的实行。而且实施实行行为的被教唆人应当具备像身份犯中那种"身份"、像在夜间等以特殊行为状况为必要的犯罪中那种"行为状况"、特殊暴行等以特殊的行为样态为必要的犯罪中那种"行为样态"等，为了实现构成要件所必不可少的一切客观性要件。

被教唆人虽然承诺实行犯罪却没有着手实行，不成立教唆而成为无效的教唆。对于教唆人和被教唆人都准予预备·阴谋处罚。（刑法第 31 条第 2 款）被教唆人的行为达到既遂的才能成立教唆犯。被教唆人的行为仅限于未遂，对教唆犯也以未遂犯处罚，被称为教唆的未遂。教唆的未遂与不可罚的"未遂的教唆"存在很大的区别。

（三）教唆行为和实行行为之间的因果关系

教唆行为与被教唆人的实行行为之间应具有因果关系。也就是因教唆行为被教唆人做出犯罪的决意而且根据此决意实施实行行为。如果被教唆人的犯罪决意与教唆行为无关或者因教唆行为做出了犯罪的决意但实行行为与其决意无关，那么教唆人只能以失败的教唆或无效的教唆受罚。但是，教唆行为未必是被教唆人做出犯罪决意的唯一条件，在教唆行为和其他条件共同地起作用使被教唆人做出犯罪决意时，可以成立教唆犯。

四　教唆的几种特殊情况

（一）未遂的教唆

未遂的教唆，是指教唆人意欲或容忍被教唆人的实行行为仅限于未遂而实施教唆行为的情况。未遂的教唆多用于陷阱侦查的手段。例如警察官甲为了拘捕毒品贩卖人教唆毒品贩卖人乙贩卖毒品。乙为了贩卖毒品拿出毒品后，甲立即拘捕了乙。关于如何处罚未遂的教唆，学者之间存在着学说的对立。为正犯的实行行为未遂和既遂，可以分为两种情况进行分析。

1. 正犯的实行行为未遂的情况

第一，可罚说。此说认为教唆的故意，只要意欲或容忍正犯着手实行行为就可以成立。根据此说，在未遂的教唆中也可以认定教唆的故意，因而可以对未遂的教唆做出与教唆的未遂（以既遂的故意教唆但正犯的实行行为未遂的情况）相同的处罚。

第二，不可罚说。通说认为意欲或容忍结果的发生才能认定故意，但是在未遂的教唆中因没有对发生结果的意欲、容忍，故不能认定教唆的故意。因此不能处罚未遂的教唆。

2. 正犯的实行行为既遂的情况

通说认为在正犯的实行行为既遂的情况下，由于教唆人没有对既遂的故意就不能以教唆犯处罚。但如果对既遂有过失，就能够以过失犯处罚。

（二）因不作为或因过失的教唆

多数说认为因不作为的行为虽然可以阻碍正犯的决意却无法引起决意，

因此不可能存在因不作为的教唆。

多数说否定因过失的教唆，但是个别学者肯定因过失行为的教唆。例如大夫某甲把毒药误以为是药品交给护士致患者死亡。根据个别说成立因过失的教唆，但此时无须认定因过失的教唆，而是应认定甲的业务上过失致死罪的正犯。

（三）间接教唆与连锁教唆

间接教唆，是指教唆人教唆被教唆人使其教唆其他人实行犯罪的情况。例如甲教唆乙"让丙去揍一揍 A"的情况。

通说肯定间接教唆，即在间接教唆中只有能够特定出被教唆人及犯罪行为才能成立教唆行为，而且能够认定间接教唆行为和实行行为之间的因果关系以及客观的归属才能成立间接教唆犯。但是有个别学者认为只要能够认定间接教唆行为和实行行为之间的因果关系和客观的归属，就可以成立间接教唆犯。

判例也肯定间接教唆，即"教唆非医生的人与医生共谋伪造虚假诊断书，就成立虚伪诊断书制作罪的教唆犯"。（大判 1967. 1. 24. 66 DO 1586）"明知甲向乙邀请实施犯罪而接受甲的委托向乙转达甲的邀请并使乙产生犯罪的决意，属于教唆"。（大判 1973. 1. 29. 73 DO 3104）

连锁教唆，是指教唆犯没有直接教唆正犯而是通过几个中间人实施教唆的情况。在间接教唆中教唆人认识最终的实行行为人，在连锁教唆中教唆人不认识最终的实行行为人。

通说肯定连锁教唆犯。但是个别学者认为如果教唆人认识、容忍连锁教唆可以成立教唆犯，否则不能认定被教唆人已被特定，故不能成立教唆犯。例如甲教唆乙"让丙去揍一揍 A"，乙让丙揍了 A。此时甲成立教唆犯。但是甲教唆乙"直接去揍一揍 A"，而乙让丙去揍了 A。那么对甲不应当认定教唆犯的罪责。

五 教唆犯的处罚

刑法规定："教唆他人实施犯罪的人，以与实行犯罪的人同一刑罚处罚。"（第 31 条第 1 款）所谓以与正犯同一刑罚处罚，是指在被教唆人所犯之罪法定刑的范围内处罚教唆犯，但不意味着两者具体的宣告刑也是相同的。

六　教唆的错误

教唆的错误，是指被教唆人实施与教唆内容不一致的犯罪行为的情况。包括教唆行为和实行行为在罪质上不一致的情况和在量上不一致的情况以及虽然在罪质和量上一致但教唆人对被教唆人的性质发生错误的情况、被教唆人发生客体或方法上错误的情况等。

（一）在罪质上不一致的情况

像教唆了盗窃被教唆人却实施了伤害罪一样，教唆的内容与实行行为的内容在罪质上不一致的情况下，教唆人不承担对实行行为的教唆犯的责任。但是可以因教唆行为准予预备·阴谋罪受罚。

（二）在量上不一致的情况

虽然教唆的犯罪与实行的行为其罪质是相同的，但在其量上不一致的情况下，可以分为实行行为未达到教唆内容的情况和超过教唆内容的情况。

1. 实行行为未达到教唆内容的情况

虽然教唆了特殊强盗却实施了普通的强盗，应当以普通强盗罪的教唆犯处罚，对此学界早已达成了共识。这是因为普通强盗教唆罪的刑罚重于特殊强盗预备·阴谋罪的刑罚。

但是，虽然教唆了强盗却实施了盗窃罪，那么教唆人因其教唆行为本身符合强盗盗预备·阴谋罪的规定同时又符合盗窃罪教唆犯的规定。根据刑法规定强盗预备·阴谋罪的刑罚重于盗窃罪的刑罚（第329条）。教唆人究竟构成想象的竞合还是法条的竞合？多数说认为成立强盗预备·阴谋罪和盗窃罪教唆犯想象的竞合。因为如果教唆强盗被教唆人也实施了强盗罪，那么教唆人应成立强盗预备·阴谋罪和强盗教唆犯的想象的竞合。但是少数说认为应成立法条的竞合，这是因为教唆人从其性质来说要么以自己教唆行为的犯罪受罚要么以实行犯罪的教唆犯受罚。因此一旦成立两罪之一就不可能成立另一个犯罪。

2. 实行行为超过教唆内容的情况

通说认为在实行行为超过教唆内容的情况下，教唆人原则上应在教唆内容的范围内承担责任。作为一个例外，通说也肯定对结果加重犯的教唆犯。也就是如果教唆人具有对于较重结果的预见可能性（即具有对没有预见较重结果的过失），就应当承担结果加重犯教唆犯的罪责。

判例也持有相同的立场，即"教唆人虽教唆了伤害但被教唆人实施了杀人，在通常情况下教唆人应成立伤害罪的教唆犯。但此时如果教唆人对于被害人的死亡结果具有过失或预见可能性，那么可以认定伤害致死罪的教唆犯"。（大判 1997.6.24. 97 DO 1075）

个别意见认为，通说以及判例的上述主张没有任何现行法的依据。刑法第 15 条第 2 款（即对结果加重犯的规定）是对正犯的规定，将其适用于作为共犯的教唆犯不免为类推适用。这种类推适用因为对被告人不利是不能允许的。因而在结果加重犯中教唆犯的责任也应按照一般的原则而决定。即教唆犯只教唆了基本犯罪，较重的结果是被教唆人自己引起的。因此教唆人原则上只对基本犯罪承担责任。教唆人具有对较重结果的预见可能性时，教唆人对较重的结果承担过失犯的罪责。此时，成立对基本犯罪的教唆犯和对较重结果过失犯的想象的竞合。

（三）对被教唆人性质的错误

教唆人误以为被教唆人是意思能力人或者能够受处罚的人而实施教唆行为，但实际上被教唆人只是工具或者不受处罚的人或以过失犯受罚的人（即在主观上是实施了教唆行为客观上却实施了间接正犯的利用行为），此时教唆人究竟成立教唆犯还是成立间接正犯？

这一情况类似于实行行为超过教唆内容的情况，教唆人应当在自己所认识的范围内承担责任，因而成立教唆犯而不成立间接正犯。

（四）被教唆人客体或方法的错误

1. 具体事实的错误

在具体事实的错误中，根据法定的符合说被教唆人应承担对发生结果的既遂犯的责任。此时教唆人也应对发生结果既遂罪教唆犯的罪责。但是根据具体的符合说被教唆人应承担对认识事实的未遂犯和所发生结果过失罪的想象竞合犯的罪责。此时教唆犯首先应承担对认识事实的教唆未遂犯的罪责，由于对过失犯不能成立教唆犯，故应承担对认识事实的教唆未遂犯与所发生结果过失罪想象竞合犯的罪责。

2. 抽象事实的错误

法定的符合说和具体的符合说都认为在被教唆人抽象事实的错误中属于方法的错误时，被教唆人应负对认识事实的未遂犯和对发生结果的过失犯想象竞合的罪责。此时，教唆人也承担对认识事实的未遂犯和对发生结果（如果能够认定过失）过失犯的想象竞合的罪责。

第四节 从犯

一 从犯

从犯是帮助他人犯罪的行为，也就是使他人的实行行为变得容易的行为，又称为帮助犯。刑法第 32 条规定：（从犯）"帮助他人犯罪的人，以从犯处罚。从犯的刑罚，比照正犯减轻刑罚"。（第 1 款、第 2 款），

从犯的特点是使他人的实行行为变得容易，与使他人做出犯罪性决意的教唆犯不同，也与自己实施实行行为或者支配犯罪行为的共同正犯或间接正犯具有明显的区别。①

二 从犯的从属性

现行刑法完全采纳了有关从犯的共犯从属性说，拒绝接受共犯独立性说的观点。也就是要成立和处罚从犯必须以正犯的存在为前提条件，而且对从犯比照正犯从轻处罚（即必要的从轻）。

三 从犯的成立条件

（一）从犯的帮助行为

1. 帮助行为

帮助行为是指明知正犯实施犯罪行为而使其实行行为变得容易的一切行为。帮助行为的方法既包括直接的方法又包括间接的方法。而且不仅包括有形的、物质性帮助行为，也包括使正犯坚定犯罪的决意等无形的、精神性帮助行为。

（1）帮助行为的时期

帮助行为不仅在正犯的实行行为过程中而且在实行行为之前都可以成立。但是在状态犯中既遂之后不能成立帮助犯。在继续犯中犯罪既遂以后尚未终了以前可以成立帮助犯，但是犯罪终了之后不能成立。

（2）由不作为的帮助

刑法中的行为中包括作为和不作为，因此当然存在由不作为的帮助行为。要成立由不作为的帮助犯，应当具备有关成立不作为犯所必要的一切

---

① "共同正犯与从犯的区别在于，前者具有根据共同意思的机能性行为支配，而后者没有这种行为支配。"（大判 1989. 4. 11. 88 DO 1247）

要件。

2. 对帮助行为的故意

要成立从犯应当具有明知正犯实施犯罪行为而使其实行行为变得容易的认识，即应具有对正犯的认识和对帮助行为的故意。在从犯中只要求具有对正犯的认识，不要求具有对正犯的故意即意欲或容忍。但是从犯要求具有对帮助行为的故意，因此由（没有认识的）过失的帮助行为不成立帮助犯。

（1）片面的从犯

因为只要具有对正犯的认识就能够成立从犯，所以不需要正犯与从犯之间的意思联络。把从犯单方面具有帮助意思的情况称为片面的从犯。

通说和判例肯定片面的从犯，但否定片面的共同正犯。

（2）未遂的帮助

要成立帮助犯，应当认识正犯的行为达到既遂。未遂的帮助是指认识正犯的实行行为仅限于未遂而予以帮助的情况。未遂的帮助不成立帮助犯，其可罚性问题与未遂的教唆相同。

（二）正犯的实行行为

1. 从犯的从属性

通说认为在正犯没有着手实行犯罪的情况下不成立从犯。即使是事前的帮助行为正犯事实上没有着手实行犯罪，也不能成立从犯。这里的正犯限于故意犯，如果被帮助的是过失犯那么成立间接正犯（第34条）。

判例也持有相同立场，即"帮助罪是从属于正犯的犯罪而成立的，既然没有作为帮助对象的正犯的实行行为就不能单独成立帮助罪"。[1] "不论是在正犯的实行行为过程中给以帮助还是在正犯着手实行之前预想到将来的实行行为使其变得容易而予以帮助，都'限于正犯实施实行行为的情况'成立从犯"。[2] "在片面的从犯中，如果没有正犯的犯罪行为就不能成立从犯。"[3]

2. 从犯的从属形式

根据限制的从属形式（通说）正犯的行为符合构成要件并违法可以成立从犯，根据极端的从属形式只有正犯的行为具有构成要件符合性、违法

---

[1] 大判 1979. 2. 27. 78 DO 3113。

[2] 大判 1996. 9. 6. 95 DO 2551。

[3] 大判 1974. 5. 28. 74 DO 509。

性、有责性才能成立从犯。

因此，根据限制性从属形式如果帮助了无责任能力人的实行行为，应当按照其帮助行为的性质分别论处：如果是把正犯作为有生命的工具加以利用就成立间接正犯；如果是把正犯以有意思能力人加以利用就成立从犯。根据极端的从属形式，如果帮助了无责任能力人的实行行为，只能成立间接正犯。

（三）帮助行为和实行行为之间的因果关系

针对要成立从犯在帮助行为和实行行为之间是否应具有因果关系这一问题，存在着肯定说和否定说的对立。

1. 肯定说

通说认为，在帮助行为和实行行为之间应当具有因果关系。这里的因果关系是指因帮助行为实行行为变得容易。如果实施了帮助行为却没有使实行行为变得容易，就不能成立从犯。所谓无效的帮助、失败的帮助不能成立帮助犯。

其理论依据如下：第一，共犯的处罚根据在于其引起或者强化他人行为的违法性，共犯对于正犯实现构成要件方面起不到任何作用，那么处罚共犯的根据何在；第二，否定说有悖于共犯的从属性；第三，如果处罚对于实现构成要件起不到任何作用的帮助，区分帮助的既遂和无效的帮助或失败的帮助就没有任何意义了。

2. 否定说

这是主张只要有帮助行为不论其是否使实行行为变得容易都可以成立从犯的观点。

其理论依据是：第一，刑法只规定帮助犯是帮助正犯的人，而没有规定应存在因果关系；第二，不能把由正犯引起的结果归属于从犯，而只能归属于正犯。

四 从犯的处罚

对从犯，比正犯从轻刑罚（第 32 条第 2 款）。从犯并不是实施实行行为的人，其违法性小于正犯，却难以断定从犯的社会危险性小于正犯。从这一点可以看出，刑法第 32 条第 2 款采用的是客观主义立场。

但是刑法各则设置了单独处罚帮助行为的规定，对于这种犯罪不能以从犯从轻处罚。例如"刑法第 98 条第 1 款中帮助间谍罪属于与作为正犯的间谍罪相等的犯罪，应当以间谍罪同一的刑罚处罚。因此，与作为刑法第32条从轻对象的从犯具有本质的区别，不能以从犯从轻处罚"。（大判 1986.9. 23. 86 DO 141429）

五 相关问题

（一）从犯的错误

从犯的错误，是指从犯所认识的帮助行为内容和正犯的实行行为不一致的情况。从犯的错误包括在质上不一致与在量上不一致的情况以及具体事实的错误与抽象事实的错误。从犯的错误会产生与教唆的错误相类似的刑法效果。

1. 在罪质上不一致的情况

在罪质上不一致的情况下，不能成立从犯。

2. 在量上不一致的情况

在发生量的错误的情况下，从犯只对意欲帮助的犯罪和正犯实行的犯罪之间相互重叠的部分承担责任。例如意欲帮助伤害正犯却只实施了暴行或者意欲帮助暴行正犯却实施了伤害，都只成立暴行罪的从犯。

3. 具体事实的错误和抽象事实的错误

（1）具体事实的错误

根据法定符合说正犯成立对发生结果的既遂犯，因此从犯应当承担对发生结果既遂的责任。而根据具体的符合说正犯成立对认识事实的未遂犯和发生结果过失犯的想象竞合犯，而从犯只承担对认识事实未遂的罪责。

（2）抽象事实的错误

从犯始终只承担对认识事实未遂罪的责任。

（二）预备罪的从犯

不论是否定预备罪实行行为性的学说还是肯定预备罪实行行为性的学说，都不承认预备罪的从犯。判例也持有相同的立场。

由于刑法根据共犯从属性说规定了从犯，因为从犯是刑罚的扩张事由。刑罚的扩张事由只有在具有明确的刑法依据时才能予以认定。但是刑法没有规定失败的帮助或无效的帮助，故应视为对这些行为不予处罚。

（三）独立的帮助罪的从犯

像以暴力夺取被拘禁人一样具有独立的犯罪性质（并非单纯帮助的性质）的犯罪，能够成立从犯。对此，有学界已达成了共识。

但是就像帮助脱逃罪（第 147 条）一样在单独规定处罚帮助性行为的情况下，能否成立从犯？通说认为，帮助脱逃罪是对脱逃罪（第 145 条、第 146 条）具有帮助行为性质的犯罪，虽然缺乏其实行行为性也要以特别规定处罚（如同预备罪），不能成立从犯。如果其具有对脱逃罪的帮助行为性，就应当以帮助脱逃罪处罚。

第五节　共犯与身份

一　身份及其特征

身份是指与一定犯罪行为有关的犯罪人的人格关系的总称。包括像男女的性别、内国人和外国人、直系尊属与直系卑属等人格的特性和公务员、大夫、证人等人的特殊地位以及不真正作为犯中的而作为义务人、常习犯等人的状态。

多数说认为身份概念不需要继续性，这是因为身份是有关于"行为人"要素的概念，身份关系存在于一定的时期内即可，即身份只需要存在于实施行为的当时。作为"行为"的要素的故意、目的、动机等主观的构成要件要素不能成为身份概念的要素。也就是对于这些行为要素适用共犯从属性原则，故只有具备正犯具有的故意、目的或动机等行为性要素才能成立共犯。

二　身份的种类

身份可以根据刑法中的不同处理分为三种。

（一）（犯罪）构成的身份

这是行为主体只有具备一定的身份才能成立犯罪的情况，称为构成的身份。以构成的身份为必要条件的犯罪称为真正的身份犯。例如在受贿罪（第 129 条第 1 款）中公务员的身份就是如此。此外真正身份犯还包括伪证罪（第 152 条第 1 款）、制作虚假诊断书罪（第 233 条）、业务上泄露秘密罪（第 317 条）、普通横领罪（第 355 条第 1 款）、普通背任罪（第 355 条第 2 款）等。

（二）（刑罚）加减的身份

这是行为主体不具备一定的身份也能够成立犯罪，但由于具备了一定的身份加重或减轻其刑罚的情况，称为加减的身份。以加减的身份规定的犯罪称为不真正的身份犯。例如在尊属杀害罪（第250条第2款）中直系卑属是加重的身份，婴儿杀害罪（第251条）中直系尊属是减轻的身份。另外，不真正的身份犯包括业务上过失致死伤罪（第268条）、遗弃婴儿罪（第272条）、业务上横领背任罪（第356条）、业务上堕胎罪（第270条第1款）等犯罪。

（三）消极的身份

如果具备一定的身份犯罪被阻却或刑罚被阻却的情况称为消极的身份。消极的身份又分为第一，阻却违法性的身份（例如在违反医疗法犯罪和违反律师法犯罪中大夫或律师的身份等）；第二，阻却责任身份（例如未满十四周岁的人）；第三，阻却刑罚身份（例如第328条的亲属相盗例中亲属的身份）。

三　对刑法第33条的解释

刑法第33条规定：（共犯与身份）"向因身份关系而成立的犯罪进行加工的行为，对不具有身份关系的人也适用前3条的规定。但是在因身份关系加减其刑罚的情况下，不以重的刑罚处罚"。例如非公务员加工于公务员的犯罪行为并由公务员实施了受贿罪（第129条第1款），那么非公务员成立受贿罪的共犯。这是符合第33条本文规定的情况，例如非直系卑属加工于直系卑属的犯罪行为由直系卑属实施了尊属杀害罪（第250条第2款），对非直系卑属不以尊属杀害罪而是以普通杀人罪（第250条第1款）处罚。这是符合第33条但书规定的情况。第33条中"前3条的规定"，是指第30条规定的共同正犯、第31条规定的教唆犯、第32条规定的从犯。

（一）第33条本文与但书规定的性质

根据刑法第33条本文在具有身份的正犯成立身份犯的情况下，不具有身份的共犯也成立犯罪，因此第33条本文是共犯对正犯的从属性规定；根据第33条但书规定具有身份的正犯不能影响不具有身份的共犯，因此第33条规定是共犯对正犯的独立性规定。因而在共犯从属性立场第33条本文的性质是当然性规定、但书的性质为例外的规定。

（二）第33条本文和但书的适用范围

在第33条本文中"因身份关系而成立的犯罪"，是只包括真正的身份犯还是把不真正的身份犯也包括在内呢？对此，学界存在学说的对立。

1. 多数说。认为在不真正的身份犯中其身份只影响加重或减轻刑罚却不能影响犯罪的成立,刑法第 33 条中但书就规定了这一点。因此本文中所指的犯罪只包括真正身份犯。多数说在主张真正身份犯的身份是不法身份、不真正身份犯的身份是责任身份的前提下,认为第 33 条本文规定了"不法身份的连带性"、但书规定了"责任身份的个别性"。多数说的优点在于对身份的区分以及与此对应的限制性从属形式的适用变得简单而明确。

2. 少数说。认为第 33 条本文就是有关"成立"共犯的规定而不问其是真正的身份犯还是不真正的身份犯,但书属于有关不真正的身份犯"科刑"的规定。因而本文中所指的犯罪不仅包括真正的身份犯也包括不真正的身份犯。对加工于不真正身份犯(例如尊属杀害罪)的没有身份的共犯首先适用本文来认定不真正身份犯共犯(尊属杀害罪的教唆犯或帮助犯)的成立,然后在科刑中适用但书规定以相对较轻犯罪的法定刑(普通杀人罪的法定刑)处罚。判例站在少数说的立场。

四 真正身份犯的共犯

(一) 非身份人加工于身份人的情况

在非身份人加工于身份人的犯罪行为实施真正身份犯的情况下,不论是根据多数说还是少数说都应适用第 33 条本文规定,因而非身份人成立真正身份犯的共犯(即共同正犯、教唆犯或从犯)。例如非公务员甲教唆公务员乙实施受贿行为,乙成立受贿罪(第 129 条第 1 款)的正犯,甲成立受贿罪的教唆犯。

(二) 身份人加工于非身份人的情况

身份人教唆、帮助非身份人实施真正身份犯,例如公务员甲教唆非公务员乙收取贿赂的情况。

多数说认为这种情况属于利用"没有身份却有故意的工具"的行为问题,因而不能适用第 33 条本文的规定,理应依靠刑法理论予以解决。在真正的身份犯中身份属于不法要素,非身份人的行为不能成为构成要件性行为,其充其量只能成立帮助犯。而身份人利用了没有身份却有故意的工具,因此成立间接正犯。但少数说否定身份人的意思支配或非身份人的工具性,身份人只能成立教唆犯。

根据多数说公务员甲成立受贿罪的间接正犯、非公务员成立受贿罪的帮助犯;而根据少数说甲成立受贿罪的教唆犯,乙成立受贿罪的帮助犯。

五　不真正身份犯的共犯

（一）非身份人加工于身份人的情况

在非身份人教唆或帮助身份人实施不真正身份犯而其身份为加重的身份情况下，例如甲教唆乙杀害乙的父亲丙，在如何处罚非身份人甲的问题存在不同的意见。多数说认为应当直接适用第33条的但书规定，但是少数说认为应当先适用第33条的本文规定认定共犯的成立然后再适用但书规定予以科刑。根据多数说乙成立尊属杀害罪（第250条第2款）的正犯，甲成立普通杀人罪（同条第1款）的教唆犯；而根据少数说乙成立尊属杀害罪的正犯，甲成立尊属杀害罪的教唆犯而在其科刑上以普通杀人罪的法定刑处罚。

那么，在非身份人教唆或帮助身份人实施不真正身份犯而其身份为减轻的身份情况下，对加工于身份人的非身份人甲如何处罚？例如甲教唆乙杀害了乙的婴儿丙，对甲应以婴儿杀害罪（第251条）的教唆犯处罚还是以普通杀人罪的教唆犯处罚？多数说将刑法第33条但书中规定的"不以重的法定刑处罚"解释为"不以加重的法定刑处罚"。因此认为应当对非身份人以非身份犯的法定刑即普通杀人罪的法定刑处罚。这是由于但书规定的立法本意就在于，其始终只对于身份人起到加减刑罚的效果而对非身份人不产生任何影响的所谓"责任个别化原则"。但是少数说认为第33条但书中规定的"不以重的法定刑处罚"是对于非身份人始终以较轻的法定刑处罚，因此对非身份人应以减轻的身份犯即婴儿杀害罪的教唆犯处罚。

（二）身份人加工于非身份人的情况

在身份人教唆或帮助非身份人实施不真正身份犯的情况下，在如何处罚非身份人的问题上也存在意见的对立。例如甲教唆乙杀害甲的父亲丙。多数说认为应当适用第33条但书规定认定乙成立普通杀人罪的正犯，甲成立尊属杀害罪的教唆犯。但少数说认为乙成立普通杀人罪的正犯，甲成立普通杀人罪的教唆犯。

六　消极的身份与共犯

刑法第33条是适用于构成的身份、加减的身份等积极的身份情况下的规定，至于对在具备一定的身份就会阻却犯罪的成立或刑罚处罚的这种"消极的身份"的情况下，如何处罚非身份人刑法没有做出任何规定。因而有关消极的身份与共犯的问题，只能依靠刑法的理论来解决。通说认为其基本的解决原理，应当是共犯从属性说中限制的从属形式与责任个别化原则。

1. 阻却违法性的身份

根据通说和判例在阻却违法性的身份中非身份人教唆、帮助身份人行为时（例如教唆、帮助大夫医疗行为的一般人是否违反医疗法的问题），由于身份人的行为是合法行为，非身份人不受任何处罚。但是如果身份人教唆、帮助非身份人实施医疗行为，由于非身份人的行为是正犯的违法行为，根据限制的从属形式教唆或帮助的身份人连带地被影响其违法效果成立共犯。

在身份人与非身份人共同实施行为的情况下，通说和判例认为身份人与非身份人成立共同正犯。

2. 阻却责任的身份与阻却刑罚的身份

在阻却责任的身份与阻却刑罚的身份中非身份人教唆、帮助身份人行为时，身份人的责任或刑罚被阻却。根据限制的从属形式非身份人从属于身份人的违法行为而成立共犯。如果能够认定非身份人教唆或帮助责任被阻却的身份人（如刑事未成年人）并存在意思支配，那么成立间接正犯；如果阻却责任的身份人（如刑事未成年人）和非身份人共同实施了行为，那么根据责任个别化原则只有非身份人以正犯受处罚。

第六节 间接正犯

一 间接正犯

间接正犯是指把他人作为有生命的工具加以利用而实行的犯罪。例如教唆精神病人杀害他人的情况。

刑法把"教唆或帮助因某种行为不受处罚的人或者以过失犯受处罚的人发生犯罪性结果"的人规定为间接正犯，在其处罚上规定了"依照教唆或帮助之例"（第34条第1款）。属于间接正犯的情况例如邪教的教主把狂信徒作为工具加以利用教唆其杀害特定的人，或者大夫让毫不知情的护士向患者注射毒药的情况。

间接正犯的特点在于，单方面地把他人作为工具加以利用而实现自己的犯罪，因此与把器具或动物作为工具使用的直接正犯具有一些类似之处。但是间接正犯把他人作为"有生命的工具"① 加以利用，这一点与把他人作为"没有生命的工具"② 而利用的直接正犯不同。

间接正犯的另一个特点为不是亲自或直接实施符合构成要件的实行行为，而是通过利用他人来实行犯罪，因此与教唆犯具有一些类似之处。但是间接正犯把他人作为无规范意识的"工具"加以利用，这一点与唆使具有规范意识的"人"的教唆犯不同。

二 间接正犯的本质

由于间接正犯处于直接正犯与教唆犯之间的分界线上，难以确定其本质以及成立范围。关于如何把握间接正犯的本质，在理论上存在着正犯说与从犯说之间的对立。

（一）正犯说

客观主义刑法理论主张共犯从属性说，认为间接正犯当然地被理解为"正犯"。根据该说间接正犯把他人作为有生命的工具加以利用的行为，像直接正犯将器具或动物作为无生命的工具予以利用的行为一样，能够得到刑法同一的规范性评价。既然间接正犯是正犯，那么其独立于被利用人的实行行为，可以把利用人的利用行为本身视为犯罪的实行行为（间接正犯的独立性）。而且客观主义刑法理论把共犯理解为从属于他人（正犯）的实行行为而成立的犯罪（共犯的从属性）。这种客观主义理论如今一般把间接正犯的正犯性以工具理论或意思支配说来说明。

1. 工具理论

工具理论是最早研究间接正犯的一般性理论，如今肯定间接正犯其正犯性的学说多数以工具理论为基础。根据此理论在被利用人作为利用人实现犯罪的"不自由的工具"或者作为利用人"手足的延伸"而被利用的情况下，就像把没有生命的工具作为自己手足的延伸予以利用的人成为正犯一样，能够得到刑法同一的"规范性"评价。因此间接正犯作为背后利用人就是属于自己本人实施实行行为的正犯。而且在间接正犯中被利用人作

---

① 这里的"有生命"意味着作为工具被利用的他人至少具备了在刑法中属于行为概念范畴的主观要素的意思或者意思能力。

② 是指将他人作为"没有生命"的工具加以利用的直接正犯利用他人的反射运动或者在物理性暴力下动作的情况。

为工具利用，意味着被利用人大体上缺乏规范意识并难以期待对行为动机形成反对性动机。因而认为利用人的利用行为本身作为对法益直接侵害性的行为，可以视为实行行为。但是，如果由于被利用人具备了规范的意识否定其工具性时，其利用行为就会被评价为教唆犯而非间接正犯。

2. 意思支配说

意思支配说是为了论证间接正犯的正犯性而具体运用行为支配说（通说——作为区分正犯与共犯的基础理论）的一个学说。该说认为间接正犯中"行为支配"只有在发生结果为止的所有过程都体现为利用人操纵性意思的产物，而且凭借利用人自己的影响力把被利用人掌握在自己手中时，才能被予以认定。共同正犯中要成立"行为支配"除了需要作为犯罪手段的操纵性意思这一主观要素之外，还应具备为了实现各自的犯罪需要自己的加工行为这一客观要素。但是在间接正犯的"行为支配"中利用人缺乏客观的加工行为即缺乏有机分担的实行行为，取而代之的是利用人对被利用人的"操纵性意思的支配力"，以此来体现其正犯性。犯行支配说在间接正犯中以意思支配说的形态来运用。因而利用人如果具有意思支配就成立间接正犯，如果没有意思支配就成立教唆犯。

（二）从犯说

主观主义刑法理论主张共犯独立性说，认为间接正犯不属于正犯而是共犯。该说主张无须承认间接正犯的概念本身，应当将其解决在共犯概念之中。根据该理论在犯罪中原本只有自己的犯罪，不可能存在他人的犯罪。故所谓共犯不过是为了实现自己的犯罪而利用他人的行为。在利用他人的行为中是采取把他人作为工具加以利用的形态还是采取教唆他人的形态这一点，与共犯的本质没有任何的关系；两者（利用行为和既遂行为本身）在表征犯罪人的反社会性方面是一致的，因此独立于他人（被利用人和被教唆人）的实行行为而成立共犯。而且原本理应被作为共犯处理的间接正犯能够作为议题，其原因在于从前的通说采取了限制的正犯概念和极端的从属形式，导致难以处罚正犯的结果。为了解决难以处罚正犯问题不得已琢磨出了所谓"间接正犯"的概念。

主观主义刑法理论主张间接正犯无用论。根据极端的从属形式正犯的行为符合构成要件、违法而且有责才能成立从犯。因此，如果利用人利用无责任能力的人或无故意的人实现犯罪就不能成立共犯。另一方面，根据限制的正犯概念也无法认定在此情况下利用人的正犯性，其结果当然也无法处罚正犯。为解决难以处罚正犯的问题，把间接正犯的概念作为另外的第三种形态提出来并主张应当予以处罚。

（三）现行刑法的立场

由于现行刑法单独设条规定间接正犯（第34条第1款）同时在其处罚上又规定"依照教唆犯或者从犯之例"，所以有些学者认为间接正犯的本质为从犯。另有一些学者认为不能把在第34条第1款中"依照教唆犯或从犯之例"的规定理解为间接正犯"是教唆或从犯"，而应理解为根据利用人的利用形态"依照教唆或帮助的法定刑处罚"。因此，现行刑法究竟把间接正犯规定为正犯还是规定为共犯这一争议，需要靠理论来解决。通说认为解释第31条和第32条规定的共犯，既然站在"共犯的成立以正犯的实行行为为前提"这一"共犯从属性说"的立场，那么应当以客观主义刑法理论为基础把间接正犯的本质理解为"正犯"。

三　成立要件

间接正犯的成立要件，可以分为有关利用人的成立要件和有关被利用人的成立要件进行分析。

（一）有关利用人的成立要件

1. 利用行为

（1）利用行为的含义

要成立间接正犯，应存在利用人把被利用人作为实行犯罪的手段加以利用的行为。刑法第34条以"教唆或者帮助"来表现，但是间接正犯的利用行为不限于教唆或帮助等共犯性行为。利用行为除了"教唆或帮助"以外还可以包括欺骗、强迫等行为。

（2）因故意的利用行为

利用人的利用行为应当是故意行为。由于因过失的利用行为无法认定利用的意思，不能成立利用行为。

（3）因不作为的利用行为

利用行为原则上因作为而成立，但因不作为的利用行为也可以成立。处于防止结果发生的保证人地位的人，以利用相对方的意思实现不作为犯罪时可以成立因不作为的间接正犯。例如甲看见自己的小孩乙（6岁）手里拿着锋利的刀片与邻居家小孩丙（5岁）在自家院中一起玩耍，甲预想到有可能伤害到丙但又因自己一向对丙的母亲有怨恨，所以就放任不管。结果丙被乙的刀片刺伤。甲成立利用不作为的伤害罪的间接正犯。

2. 着手实行的时期

（1）利用行为时说

利用行为时说认为间接正犯是把他人作为有生命的工具加以利用的犯罪。因此，应当以工具利用人为中心决定着手实行的时期。

（2）被利用行为时说

被利用行为时说认为在被利用人开始行为时存在实行行为的着手，可以说这是强调构成要件的社会定型性的观点。也有人认为被利用人是恶意性工具时在被利用人开始行为之时、是善意性工具时在利用人开始利用行为之时存在实行的着手。

（3）区别对待说

该说属于多数说，该说立足于间接正犯的正犯性主张应当根据有关着手实行的"主观的客观说"来决定着手实行的时期。根据该说着手实行的时期通常不是单纯开始利用被利用人的时期，而是利用行为结束后被利用人开始脱离利用人的行为时，就是着手实行的时期。而且如果是只要工具实施一定的行为就会发生结果，那么利用行为之时存在实行的着手；但是根据间接正犯的犯罪计划只有工具实施进一步的具体行为才能发生法益侵害时，被利用人行为之时存在实行的着手。

（二）有关被利用人的成立要件

被利用人应当是"因某种行为"不受处罚的人或者以过失犯受处罚的人。

1. 因某种行为不受处罚的人

（1）被利用人的行为缺乏构成要件符合性的情况

某种行为要符合构成要件不仅应当具备客观的构成要件要素即应具备行为的主体、客体、方法、因果关系等要素，而且应具备作为主观的构成要件要素的故意、过失、不法领得意思、目的、动机等。行为中只要缺乏上述构成要件要素之一，被利用人的行为就不符合构成要件。利用人以唆使、强迫或欺骗等手段利用被利用人因而被利用人的行为不符合构成要件的情况主要包括以下几种。

① 真正身份犯

第一，身份人利用非身份人的情况。例如公务员甲让其妻乙收下 A 送到家里的信件，乙在毫不知情的情况下接受了信件，事实上信封里装的是 A

向甲提供的行贿物。妻子乙不具有公务员身份且无受贿的故意，故不受处罚。但是甲把乙作为有生命的工具加以利用，因此甲成立第 129 条受贿罪的间接正犯。

第二，非身份人利用身份人的情况。例如甲忌妒公务员乙为官清廉向来不受贿赂，把 A 向乙提供的行贿物谎称为信件使乙收下。对此，通说否定甲成立间接正犯。判例也持有相同的立场。

② 缺乏行为客体的行为

杀人罪、伤害罪、损坏罪等犯罪的行为客体是他人的生命、身体或财产等。因而自杀、自伤行为或损坏自己财物的行为不受处罚。但是参与他人的自杀、自伤或损坏自己财物行为的人，如果其意思支配被认定就可以成立间接正犯。例如甲向乙欺骗说乙所有的特定的财物没有价值扔掉，乙信以为真扔掉了该财物。对此，甲成立损坏罪的间接正犯。

以教唆、帮助、强迫、欺骗等手段使他人自杀的人，究竟成立第 250 条第 1 款规定的杀人罪的间接正犯还是第 252 条第 2 款规定的依嘱托、承诺的杀人罪或者成立第 253 条后段规定的依以伪计等的嘱托杀人罪？

刑法第 252 条第 2 款和第 253 条后段的规定都以自杀人本人认识自杀的意义为前提条件。刑法第 252 条第 2 款规定了不能认定自杀相关人对自杀人具有意思支配的情况，第 253 条后段规定了能够认定自杀相关人对自杀人具有意思支配的情况。因而第 253 条后段规定是对第 250 条第 1 款（杀人罪）间接正犯的特殊规定，因此，如果成立第 253 条后段的犯罪就不能成立第 250 条（杀人罪）的间接正犯。而且对于不具有自杀意识的人进行教唆、帮助、强迫、欺骗使其自杀，成立刑法第 250 条第 1 款杀人罪的间接正犯，不应以刑法第 252 条第 2 款或第 253 条后段规定处罚。判例也认为："被告人劝诱 7 岁以及 3 岁多的年幼子女一起自杀后，使他们跟着自己走入河水并溺死。被告人虽然没有直接把被害人推入河中，但其既然劝诱没有能力理解自杀的意义并对被告人的话唯命是从的年幼子女们自杀并导致溺死，就可以认定被告人具有明确的杀人故意。"（大判 1987. 1. 20. 86 DO 2395）

③ 缺乏故意的行为

利用没有故意的他人实施犯罪，他人不受处罚而利用人成立间接正犯。公正证书原本等不实记载罪（第 228 条）就是规定利用无故意的公务员使之制作虚假公文的间接正犯的典型例子。

④ 有故意但缺乏目的的行为

少数说认为利用虽有故意但缺乏目的的行为成立直接正犯或共犯，因为被利用人认识到所有客观的构成要件要素，其工具性质很淡薄，难以认定利用人的意思支配。但多数说认为成立间接正犯，因为在此情况下也能够认定规范的、心理的或者社会的犯行支配。判例持有间接正犯说。

（2）行为虽具有构成要件符合性但缺乏违法性的情况

在被利用人的行为虽具有构成要件符合性但因正当行为、正当防卫等事由阻却违法性的情况下，以强迫、欺骗等手段利用被利用人的人可以成立间接正犯。例如欺骗警察使之拘捕无辜的人（以欺骗的方法利用警察正当行为的逮捕罪间接正犯），甲出于伤害乙的目的唆使乙攻击丙，不知情的丙以正当防卫对乙造成伤害（利用正当防卫的间接正犯），孕妇乙的丈夫甲对乙实施堕胎行为引起了乙的大出血，甲急忙去找大夫求助，大夫为了挽救孕妇的生命而进行堕胎手术（利用大夫紧急避难的堕胎罪的间接正犯）等情况。

（3）行为虽具有构成要件符合性和违法性但缺乏责任的情况

利用无责任能力人的行为或者利用被利用人"被强迫的行为"，利用人成立间接正犯。在这种情况下被利用人的行为不仅具有构成要件符合性也具有违法性，根据限制的从属形式（通说）也可以认定利用人的共犯性。但是由于间接正犯毕竟是属于正犯的一种，只有能够认定意思支配才能对利用人以间接正犯处罚，如果不能认定意思支配就以共犯处罚。

（4）被利用人缺乏处罚条件的情况

被利用人具有人的阻却处罚事由或者缺乏客观的处罚条件，利用人可以成立间接正犯。但是此种情况比起其他缺乏犯罪成立条件的情况来说，可以说较难认定利用人的意思支配。如果不能认定利用人的意思支配，对利用人只能以共犯受处罚。

2. 以过失犯受处罚的人

被利用人以过失犯受处罚，利用人成立间接正犯。这里既包括被利用人的行为以过失犯受罚的情况也包括被利用人的行为属于无处罚规定即不可罚的情况。例如在利用被利用人的过失实施损坏行为的情况下，被利用人不构成犯罪而利用人成立损坏罪的间接正犯。

（三）犯罪行为结果的发生

要成立间接正犯应当发生犯罪行为的结果。这要求由被利用人实现符合犯罪构成要件的事实。即使没有发生犯罪行为的结果也可以成立间接正犯，但只能属于未遂犯，根据未遂犯的规定处罚。

四　间接正犯的处罚

间接正犯依照"教唆或帮助之例"处罚（第 34 条第 1 款）。因而利用行为被认定为教唆应依照第 31 条（教唆犯）、被认定为帮助应依照第 32 条（从犯）处罚。但是在间接正犯中不应存在以帮助犯的法定刑处罚的情况。因为如果利用人的行为仅限于帮助行为的程度，就无法认定其以优越的意思支配来支配犯罪行为。故不存在间接正犯依照帮助犯的法定刑受罚的情况，间接正犯只能依照正犯的法定刑（也即教唆犯）处罚。间接正犯属于正犯，当然依照正犯的法定刑处罚。

另外，第 34 条第 2 款规定"教唆或帮助受自己的指挥、监督的人发生前款规定结果的人，在教唆的情况下加重到正犯法定刑长期或多额的二分之一，在帮助的情况下应以正犯的刑罚处罚"。此规定被解释为既是对间接正犯的特殊规定（即特殊间接正犯）又是对共犯的特殊规定（即特殊教唆、特殊帮助犯）。第 34 条第 2 款中指挥、监督的依据并不限于法令或契约，只要存在事实上的指挥、监督关系即可。

在间接正犯中着手实行的时期应当以区别对待说（多数说）来解决。因此，在能够确认利用行为时存在"实行的着手"的情况下，即便没有被利用人的行为也应以未遂罪处罚；在不能确认利用行为时存在"实行的着手"的情况下，如果只有利用行为没有被利用人的行为，应以预备·阴谋罪来处罚。

五　相关问题

这里包括间接正犯的错误与因过失的间接正犯问题。

（一）间接正犯的错误

间接正犯的错误包括利用人对被利用人发生错误的情况，被利用人发生客体的错误、方法的错误的情况。

1. 对被利用人的错误

对被利用人的错误包括以下两种。

（1）利用人误认为被利用人不认识犯罪事实，但实际上被利用人认识犯罪事实。

此时利用人成立教唆犯、帮助犯还是成立间接正犯？通说认为此时支配犯罪行为的不是利用人而是被利用人，因此利用人不成立间接正犯而是成立教唆犯或帮助犯。把责任能力人误认为无责任能力人的情况也是如此。

（2）利用人误认为被利用人认识犯罪事实但实际上被利用人不认识犯罪事实。

此时客观上成立间接正犯但主观上成立教唆犯、帮助犯。通说认为利用人应当在所认识的范围内承担责任，故依照第 15 条第 1 款的规定成立教唆犯、帮助犯。

2. 被利用人的错误

当被利用人发生客体的错误或方法的错误等事实的错误时，作为利用人的间接正犯应承担何种责任成为争议的焦点。被利用人事实的错误限于同一个构成要件发生的具体事实的错误中，法定符合说和具体符合说会做出不同的解释。

（1）法定符合说

根据法定符合说被利用人客体的错误会成为利用人客体的错误，而且被利用人方法的错误也会成为利用人方法的错误。因此，法定符合说在这两种情况下都扬弃错误而认定利用人既遂犯、故意犯的成立。例如作为利用人的教主甲教唆作为狂徒的被利用人乙杀害 A，但乙把 B 误认为 A 予以杀害。根据法定符合说被利用人发生了"客体的错误"，而利用人甲也发生了"客体的错误"，甲和乙都应当对杀人既遂罪承担罪责。

（2）具体符合说

根据具体符合说，被利用人方法的错误虽然能够成为利用人方法的错误，但被利用人客体的错误原则上会成为利用人方法的错误。在前述例子中，根据具体符合说此时被利用人发生了"客体的错误"，而利用人甲发生了"方法的错误"，应当在对 A 的杀人未遂罪和对 B 的过失致死罪想象竞合关系中承担罪责。

（二）因过失的间接正犯

对过失犯可以成立间接正犯（第 34 条第 1 款），但是能否因过失成立间接正犯？

少数说认为由于间接正犯也属于正犯，故可以成立因过失的间接正犯。但多数学说认为利用人应具有认识被利用人的工具性而且按其计划操纵的意思，因此，过失不能成立间接正犯。

第八章

罪数论

第一节　一般理论

一　罪数论

罪数论是有关犯罪的数量为几个以及对此如何予以处理的理论。

现实中虽然存在犯罪人以一个行为实施一个犯罪的情况，但是较多发生的是犯罪人实施数个相同的行为或者实施数个不同行为的情况。而且存在对一个客体实施犯罪行为的情况，也有以一个行为对于数个客体实施犯罪或者以数个行为对于数个不相同的客体实施犯罪的情况。在这种情况下研究究竟成立几个犯罪或者在成立几个犯罪的情况下其刑罚效果如何的问题，就是罪数论的课题。

因此，罪数论涉及犯罪论和刑罚论互相关联的问题，是位于犯罪论和刑罚论两者之间的理论。

二　有关罪数标准的学说与判例

（一）学说

关于决定罪数标准的学说，学界存在着犯意标准说、行为标准说、法益标准说以及构成要件标准说之间的对立。

1. 犯意标准说

犯意标准说主张以犯罪意思（即犯意）的个数为标准决定罪数。也就是如果犯罪意思为一个那么即使存在数个行为或法益侵害也只能成立一罪；

如果是犯罪意思为数个即使存在一个行为或法益侵害也成立数罪。此时的犯罪意思既包括故意也包括过失。

根据意思标准说连续犯或想象竞合犯因其只有一个犯罪意思成立一罪。犯意标准说存在忽视犯罪社会定型性的问题，与将想象竞合犯解释为实质数罪的第 40 条规定不符。

2. 行为标准说

行为标准说认为应当根据犯罪以几个行为实现来决定罪数。即行为是一个犯罪也是一个，行为是数个犯罪也是数个。这里的行为应当是社会一般的观念性行为，即对自然性行为做出社会评价的行为。例如在某甲对某乙的头部和脸部各自击打一次的情况下，自然性行为是两个，但社会一般的观念行为是一个暴行行为。社会一般的观念性行为属于做出刑法评价之前的行为。例如以两个人名义伪造文书的行为从刑法意义来看构成两个犯罪。但是其伪造文书的行为在社会一般的观念上只是一个行为而不是两个行为。

行为标准说的特点在于，以位于自然性行为和刑法评价性行为之间的社会一般的观念性行为作为决定罪数的标准。根据该说接续犯、连续犯属于数罪，想象的竞合犯属于一罪。该说也无法解释一个构成要件由两个以上行为构成的结合犯；也不符合想象的竞合犯属于实质的数罪却以科刑上一罪处罚的现行刑法第 40 条的规定。

3. 法益标准说

法益标准说主张应当以因犯罪行为被侵害或被危及的保护法益的个数为标准决定罪数。因而在以一个行为侵害了数个法益或者以单一的犯罪意思侵害或危及了数个法益的情况下成立数罪，相反存在数个行为或者数个犯罪意思但是被侵害、危及的法益是一个，那么只能成立一罪。

根据法益标准说接续犯属于一罪，想象的竞合犯不仅是实质的数罪而且是科刑上的数罪。例如在扔出一个炸弹炸伤多人的情况下因其被侵害的法益是数个，所以成立数罪。法益标准说虽然将想象竞合犯视为数罪因而能够与刑法第 40 条规定相协调，但是难以解释将其作为科刑上一罪的理由。根据该说现住建筑物放火致死罪或强盗罪等侵害数个法益的犯罪也属于数罪。

4. 构成要件标准说

构成要件标准说把罪数论理解为法律解释上的构成要件符合性问题，

是主张以构成要件的符合次数为标准决定罪数的学说。根据该说即使存在数个行为但是一次符合构成要件那么只能成立一罪，如果存在一个行为但是数次符合构成要件就成立数罪。该说认为想象竞合犯虽然是实质上数罪但是因第40条的规定成立科刑上的一罪。

根据构成要件标准说犯罪是作为主观要素的犯意在客观上的实现，故不能忽视作为主观要素的犯意、作为客观要素的行为及法益侵害的结果。即该说提出了主客观相统一的标准。因而在上述种种学说中构成要件说相对较为合理，属于目前韩国学界的通说。

但是，根据此说以数次行为反复地符合同一构成要件的连续犯和集合犯成立数罪。

二　判例的立场

判例根据具体的犯罪或案例在上述四个学说中选用一个学说或结合其中几个学说决定罪数。

例如判例以杀害的目的对同一个人在不同的时间、地点多次地实施预备行为与攻击行为却未能既遂但最终还是达到了目的，那么只能成立一个杀人既遂罪而不成立杀人预备罪或杀人未遂罪（大判1965.9.28. 65DO695）。这是采用犯意标准说的判例。判例认定的连续犯为一罪，也是采用犯意标准说的结果。判例认为凭借婚姻奸淫罪是每次奸淫行为（大判1983.11.8. 83DO2474）、通奸罪是每次性交行为（大判1989.9.12. 89DO54）成立犯罪，这是属于判例采用行为标准说的情况。根据判例在以单一的犯意实施偷税行为时根据国税、直辖市税、区税的差异成立各自的犯罪；但是在同一直辖市税或同一区税中即便是具体税目存在区别或在数个行为中共犯人有变化，但是在单一而持续的犯意下实施的成立包括的一罪（大判1995.9.5. 95DO1269）。这是属于采用法益标准说的判例。判例在监禁行为成为强奸罪或强盗罪手段的情况下，认为监禁罪未能被强奸罪或强盗罪所吸收，另行成立犯罪（大判1997.1.21. 97DO2715）。这是采用构成要件标准说的判例。

根据判例在强奸致伤被害人后大约经过一个小时将该被害人带至另一个场所又实施强奸的情况下，成立强奸致伤罪和强奸罪实质的竞合（大判1987.5.12. 87 DO 694）。这是判例结合采用行为标准说和构成要件标准说的情况。判例认为在单一的犯意下从同一个人以相同的方法多次骗取钱财的情况下，成立包括的一罪；但是在难以认定犯意的单一性和持续性或者犯罪方法各不相同的情况下，各犯罪行为成立实质的竞合犯（大判2004.6.25. 2004 DO 1715）。这是判例结合采用行为标准说和犯意标准说的情况。

三 数罪的处罚

现行刑法采用了吸收主义、加重主义与并科主义等三种处罚方式。

（一）吸收主义

吸收主义是指在数个犯罪中以最重的犯罪和其刑罚处罚，而对于相对较轻的犯罪不另行处罚的处罚方法。例如在实施盗窃罪和强盗罪的情况下只以作为重罪的强盗罪和其刑罚处罚的方式。但是轻罪法定刑的下限比重罪法定刑的下限更重时，应在轻罪的下限和重罪上限的范围内处罚，被称为结合主义。

第38条第1款第1项规定了吸收主义，即："最重犯罪所规定的刑罚为死刑或无期惩役或无期禁锢时，以最重犯罪所规定的刑罚处罚。"第40条规定："在一个行为符合数个罪的情况下，以最重犯罪规定的刑罚处罚。"

（二）加重主义

加重主义是指在数个的犯罪中加重一定犯罪的刑罚而处罚的方法。例如实施了盗窃罪和强盗罪时在合算强盗罪和盗窃罪法定刑的范围内加重强盗罪法定刑予以处罚的方法。第38条第1款第2项规定了加重主义。即："各罪规定的刑罚为除了无期惩役或无期禁锢以外的同种刑罚时，加重到以最重犯罪刑罚的长期或多额的二分之一，但是不得超过各罪规定刑罚的长期或多额的总和。"

（三）并科主义

并科主义是指把数个犯罪的刑罚合算起来予以处罚的方法。例如如果实施了10个强盗罪（法定刑为处3年以上有期惩役）那么把10个强盗罪的法定刑短期和长期加以合算处30年以上150年以下惩役，或者实施了盗窃罪（法定刑为处6年以下有期惩役）和强盗罪时处3年1个月以上21年以下惩役的方式。有些英美法系国建采取了并可主义的立法例。

第38条第1款第3项规定了并科主义，即："各罪所规定的刑罚为无期惩役或无期禁锢以外的异种刑罚时，应当并科。但是科料和科料、没收和没收可以并科。"

第二节 一罪

一 一罪的种类

(一) 含义

一罪，是指成立一个犯罪的的情况。成立一罪的最典型的例子就是以单一的犯意和单一的行为侵害单一的法益而符合一个构成要件的情况。

但是存在虽然充足了复数的构成要件却只成立一罪的情况。这是由于已充足的构成要件相互之间处于特殊的关系，使得在已充足一个构成要件时即使同时充足了其他的构成要件也不能以充足其他构成要件为由予以处罚。这种情况被称为法条竞合。法条竞合包含特别关系、吸收关系、补充关系等，至于择一关系是否属于法条竞合存在意见的分歧。

而且也存在虽然由数个行为侵害了单一或复数的法益但只能充足一个构成要件的情况。这是因为此种情况下的构成要件本身一般被规定为伴随复数的行为或复数的法益。此种情况被称为包括的一罪。包括的一罪包含结合犯、继续犯、接续犯等，至于连续犯是否属于包括的一罪存在着意见的对立。

(二) 种类

一罪分为单纯的一罪和包括的一罪。

单纯的一罪包括法条竞合，而法条竞合包含特别关系、吸收关系、补充关系等，至于择一关系是否属于法条竞合存在意见的分歧。包括的一罪包含结合犯、继续犯、接续犯等，至于连续犯是否属于包括的一罪存在着意见的对立。

二 法条竞合

(一) 法条竞合的含义

法条竞合是指一个行为实现了数个犯罪构成要件，但是由于所发生的数个构成要件之间存在相互排斥的现象，只能适用其中一个构成要件而排斥其他构成要件适用的情况。

法条竞合的特征在于，发生竞合的构成要件之间只成立其中一个构成要件性犯罪。因此它与成立所有构成要件性犯罪的想象的竞合以及实体的竞合不同。

（二）法条竞合的种类

刑法并没有规定在法条竞合的情况下根据何种原理选择适用其中一个构成要件的问题。因此，只能靠法理来解决法条竞合的问题。

学说把法条竞合的种类即竞合的法条之间的相互关系分为特别关系、吸收关系、补充关系等，以此来说明构成要件相互间排斥的原理。

1. 特别关系

特别关系是指由于竞合的构成要件相互处于一般法对特别法的关系，如果适用特别法性质的构成要件就依照"特别法优先的原则"排斥适用一般法性质构成要件的情况。例如加重的或减轻的构成要件比起基本的构成要件处于特别关系。特别关系的特点在于，符合特别法性质构成要件的行为当然也符合一般法性质的构成要件。例如尊属杀害罪（第 250 条第 1 款）、婴儿杀害罪（第 251 条）对于普通杀人罪（第 250 条第 1 款）处于特别关系。因此，符合尊属杀害罪或婴儿杀害罪构成要件的行为也符合普通杀人罪的构成要件。

在特别关系中，依照"特别法优于一般法的原则"，适用特别法而排斥一般法的适用。例如符合特殊暴行罪（第 261 条）的行为虽然也符合普通暴行罪（第 260 条），但由于前者对后者来说属于特别法，故适用前者就不适用后者。

2. 补充关系

（1）含义

补充关系是指某个特定的构成要件在与其他构成要件的关系中只是作为一个补充规定及适用的情况。在补充关系中前者（即某个特定的构成要件）被称为补充规定，后者（即其他构成要件）被称为基本规定。例如对于外患诱致罪（第 92 条）、与敌罪（第 93 条）、募兵利敌罪（第 94 条）来说，一般利敌罪（第 99 条）处于补充关系。又例如对于现住建筑物放火罪（第 164 条）、公用建筑物放火罪（第 165 条）来说，一般建筑物放火罪（第 166 条）处于补充关系；对于前述三罪来说一般物品放火罪（第 167 条）又处于补充的关系。在补充关系中，依照"基本法优于补充法"的原则在适用基本法的情况下排斥补充法的适用，只有不适用基本法的情况下才能适用补充法。

特别关系和补充关系的不同点就是，在特别关系中对于适用特别法的情况一般法也能够适用，而在补充关系中对于适用基本法的情况补充法不能适用。例如作为一般法的普通杀人罪的规定也能适用于作为特别法的尊属杀害罪，但是作为补充法的一般建筑物放火罪的规定不能适用于作为基本法的现住建筑物放火罪或公用建筑物放火罪的规定。

（2）种类

在补充关系中像一般建筑物放火罪与一般物品放火罪一样明文规定补充关系的即明示的补充关系和默示的补充关系。默示的补充关系包括经过犯罪和轻微的犯罪行为。

① 经过犯罪。犯罪在经过一定过程的情况下前阶段的过程对于后阶段的过程处于补充关系。例如预备·阴谋和未遂、未遂和既遂各自处于补充法和基本法的关系，因此在成立未遂罪的情况下排斥预备·阴谋罪，在成立既遂罪的情况下排斥成立未遂罪。

② 轻微的犯罪行为。轻微的犯罪行为对于重的犯罪行为处于补充的关系。例如是共同正犯还是从犯尚未明确的情况下，如果成立共同正犯就不成立从犯；只有在不成立共同正犯的情况下才能成立从犯。从犯对于教唆犯来说也处于补充的关系。

3. 吸收关系

吸收关系是指虽然在外观上充足了数个构成要件，但是由于从概念上或一般经验法则上一个构成要件包含了其他构成要件的全部内容而不另行成立犯罪的情况。即一个构成要件的不法与责任的内容包容其他构成要件的不法与责任的内容，但又不属于特别关系与补充关系的情况。例如作为伴随于杀人或放火的较轻侵害行为或毁坏财物（罪）被杀人罪或放火罪所吸收；作为非法逮捕或监禁手段的暴行（罪）或胁迫（罪），被非法逮捕罪或非法监禁罪所吸收。

吸收关系分为只要成立一个构成要件就"当然"地包含其他构成要件全部内容的情况和虽然并非当然但是从"一般经验法则"上包含其他构成要件全部内容的情况。前者的例子有不可罚的伴随行为，后者的例子有不可罚的事后行为。

（1）不可罚的伴随行为

不可罚的伴随行为，是指如果行为人实施的特定犯罪"一般、典型的"（虽然没有必然性）充足了其他构成要件，那么由于其构成要件的不法内容或责任内容比起主要的犯罪轻微不被另行处罚的情况。例如甲用 B 的水果刀杀害了临时穿着 C 衣服的 A，此时甲不仅成立对 A 的杀害罪还可能成立对 B 水果刀的损坏罪、对 C 衣服的损坏罪。但是杀人罪一般、典型地（虽然并非必然地）包含了轻微的损坏财物罪。

但是如果在某种犯罪中存在超过"一般、典型的"程度伴随行为时，就不能成为不可罚的伴随行为。至于是否一般、典型的伴随，其程度由判例来判断。

（2）不可罚的事后行为

不可罚的事后行为是指作为主要犯罪成立以后的行为，虽然在外观上是犯罪行为但因为其当然包含于主要犯罪行为的内容，不另行成立犯罪的行为。例如盗窃财物的人损坏了窃取的财物，虽然在外观上符合损坏财物罪但是由于其作为窃取行为之后使用、收益、处分窃取物的行为已包含于盗窃罪（主要犯罪）中，不另行成立损坏财物罪。

在吸收关系中，依照"全部法废止部分法"的原则，只适用全部法（吸收法）排斥部分法（被吸收法）。

吸收关系和补充关系的区别就是，在吸收关系中主要犯罪和不可罚的伴随行为、不可罚的事后行为在外观上均可以成立犯罪，但是在补充关系中基本犯罪和补充犯罪中只能成立一个犯罪。例如损坏窃取物在外观上盗窃罪和损坏财物罪均可以成立，但现住建筑物放火罪和一般建筑物放火罪中只能成立其中一个犯罪。

（三）法条竞合的效果

法条竞合的特征在于，竞合的数个构成要件中只成立其中一个犯罪而其他的构成要件不成立犯罪。在这一点上法条竞合与发生竞合的所有构成要件均成立犯罪的想象的竞合或实体的竞合有区别。

法条竞合属于单纯的犯罪，故不能把法条竞合中的部分行为分离出来提起公诉，法院也无须对于竞合的每个行为判断其是否成立犯罪，而在总体上把握一个犯罪的成立就可以了。在想象的竞合或实体的竞合中检察官只能对其中一个行为提出公诉，对于整个犯罪提起公诉时法院应当对每一个构成要件判断是否成立犯罪。

三　包括的一罪

（一）含义

包括的一罪，是指虽然存在符合构成要件的数个行为但不是成立数罪而是包括地只成立一个犯罪的情况。

包括的一罪在虽然具有数个行为却只能成立一个犯罪这一点上类似于法条竞合。但是在包括的一罪中数个行为均能成为犯罪成立的构成要素，在法条竞合中只有部分行为能够成为犯罪成立的构成要素而其他行为不能成为构成要素。

在包括的一罪中存在数个行为，与只存在一个行为的想象的竞合有区别。包括的一罪在只能成立一个犯罪这一点上，与能够成立数个犯罪的实体的竞合不同。

（二）种类

包括的一罪包括结合犯、继续犯、接续犯，至于集合犯、连续犯是否属于包括的一罪的问题，学界存在着意见的对立。

1. 结合犯

（1）含义

结合犯，是指数个犯罪行为结合为一体形态的犯罪，即在构成要件的内容上要成立犯罪必须由数个犯罪行为结合为一体的犯罪。例如强盗实施强奸罪属于结合犯，依照刑法第339条规定构成强盗强奸罪；强奸犯实施强盗罪属于实质的竞合而不是结合犯，属于数罪。刑法中的结合犯除了强盗强奸罪之外，还包括强奸伤害罪（第301条）、强奸杀人罪（第301条的2）、人质强要罪（第324条的2）、人质伤害罪（第324条的3）、人质杀害罪（第324条的5）、强盗伤害罪（第337条）、强盗杀人罪（第338条）等。

即便是要成立犯罪需要数个行为形态的犯罪，如果各自的行为不能独立地构成犯罪就不是结合犯。例如在诈骗罪中虽然欺诈行为、财物的交付行为和财产上取得利益等行为结合在一起，但是各自行为不能独立地构成犯罪，因此不能成为结合犯。

（2）特征

刑法之所以规定结合犯是因为在几个独立的犯罪行为结合为一体的情况下，由于"犯罪的综合效果"产生了加重处罚的必要性。例如在强盗罪（第333条）和强奸罪（第297条）发生实体的竞合情况下只能判处3年以上有期惩役，但是这两个犯罪相结合的强盗强奸罪（第339条）可以判处10年以上有期惩役或无期惩役。又例如强盗罪和杀人罪（第250）发生实体的竞合情况下只能判处5年以上有期惩役、无期惩役直至死刑，但是这两个犯罪相结合的强盗杀人罪（第338条）可以判处无期惩役直至死刑。

2．继续犯

（1）含义

继续犯，是指犯罪既遂以后也在一定期间内犯罪行为能够继续的犯罪。包括监禁罪（第 276 条）、侵入住居罪（第 319 条第 1 款）、退去不应罪（第 319 条第 2 款）等。例如监禁罪在被害人的场所转移的自由被剥夺时成立既遂，但是此后被害人回复场所转移的自由为止可以继续其监禁行为。继续犯的犯罪行为在一定期间内继续，因此即使存在数个行为也不成立数罪而包括地成立一罪。

继续犯是与状态犯（即时犯）相对称的概念。所谓状态犯是指犯罪一旦达到既遂其犯罪行为也立即终了，只是犯罪行为导致的违法状态仍然存在。多数的犯罪属于状态犯。

（2）特征

在继续犯中既遂的时期和犯罪行为终了的时期不是一致的。由于在既遂以后犯罪行为继续，因而共同正犯与从犯的成立是可能的。公诉时效的起算点不是既遂的时期而是犯罪行为终了的时期。

3．接续犯

（1）含义

接续犯，是指虽然存在数个侵害法益的行为，但是由于这些行为是基于单一的犯罪意思从时间和场所上接续并侵害了同种法益，故包括地只成立一个犯罪的情况。例如盗窃犯趁人出差不在家把车停放在房屋门前，多次反复地从屋内偷出财物装入车内或者在同一机会数次实施强奸等，虽然存在数个符合构成要件的行为，但包括地只成立一个盗窃罪、强奸罪。之所以认定接续犯是因为即便存在数个符合构成要件的行为，但是这些行为不过是一个具有社会性意义的行为。

（2）成立要件

由于虽然存在数个侵害法益的行为但例外地只认定一个犯罪，应当具备以下成立要件：第一，反复的行为在时间和场所上应当接续；第二，犯罪意思应当单一；第三，侵害的是同种法益。

被侵害的法益只要是同种法益即可，而无须是同一法益。例如趁人不在家盗窃 A 的财物、B 的财物、C 的财物也可以成立接续犯，而不是只有数次盗窃 A 的财物才能成立接续犯。但是在侵害专属性权益的情况下，不能成立接续犯。例如在同一的场所和时间依次对 A、B、C 施以暴行的情况下不成立接续犯，而是成立实体的竞合犯或想象的竞合犯。

4．集合犯

（1）含义

集合犯，是数个同种行为基于单一的意思倾向反复地实施，故数个行为包括地只成立一个犯罪的情况。集合犯包括常习犯、营业犯、职业犯等。

常习犯是指由行为人的犯罪癖性而实施的犯罪。例如赌博罪的常习犯、盗窃罪的常习犯、诈骗罪的常习犯等。营业犯是指行为人通过反复的行为获取收入形态的犯罪，例如营利性贩卖淫乱物罪（第243条）等。职业犯是指犯罪的反复成为职业性、经济性活动形态的犯罪，例如无许可医疗罪（医疗法第25条第1款以及同法66条）等。

（2）法律性质

少数说认为通过常习犯、营业犯等概念并以行为人生活态度或内心意思的同一性为根据将数个独立行为认定为包括的一罪，是对具有特殊犯罪能量的犯罪人给以不合理的特殊处遇。因此应当将集合犯作为实体的竞合犯对待。

多数说认为如此的少数说把连续犯作为包括的一罪对待，集合犯比起连续犯在意思、被害法益或行为等方面以相对更为紧密的数个行为来构成。把连续犯作为包括的一罪对待，把集合犯当作竞合犯处理是一种缺失均衡性的做法。而且常习犯或营业犯在犯罪的概念上已经以实施复数行为为其条件，决定法定刑时已经对此予以考虑使得其刑量较高。少数说要求对此再次对竞合犯进行加重处罚违反了一事不再理原则，也是对被告人过于严厉的刑罚。

5．连续犯

（1）含义

连续犯，是指以继续的犯意反复实施同种行为而被一罪处断形态的犯罪。即虽然存在侵害数个法益的符合数个构成要件的行为，但是由于数个行为属于同种行为且行为人的犯罪意思单一不以数罪处理而是作为包括的一罪处断的犯罪。

连续犯没有像结合犯那样要求数个行为结合为一体而增大其危险性，不像接续犯那样要求时间和场所上的接近性，也不会像集合犯那样要求具有犯罪的癖性或者反复同一的行为。因此，连续犯在包括的一罪中数个行为相互之间的关联性相对最差。

（2）法律性质

现行刑法没有明文规定连续犯为包括的一罪。因此，对于能否将连续犯作为包括的一罪处断存在着理论上的对立。通说和判例认为连续犯属于包括的一罪，但是也有意见认为连续犯属于处断上的一罪或竞合犯。

在连续犯中数个行为相互之间的关联性比起其他包括的一罪相对最差，且现行刑法没有将连续犯规定为包括的一罪，故确实难以把连续犯把握为包括的一罪。但是把连续犯视为竞合犯或处断的一罪的观点也未必正确把握了连续犯的本质问题。

连续犯虽然没有像集合犯那样具有常习性、营业性等较强的犯罪要素，但是一些犯罪中还是能够在一定程度上预见到实施多数的犯罪行为。例如开始扒窃的人或收受贿赂的公务员即使不具有常习性或营业性，但还是能够预见到会实施多数的盗窃行为或受贿行为。因而在此情况下把全体行为包括起来作为一罪处断更为合理。

如果把连续犯视为科刑上的一罪或竞合犯，那么要求对所有行为的性质分别逐一把握。这不仅不符合诉讼的经济性要求而且会导致对被告人相当不利的后果。如果把连续犯视为数罪，那么应要求在提起公诉时对所有行为的公诉事实予以具体化，也不能适用一事不再理的原则。因而把连续犯作为包括的一罪处断还是合理的。把结合犯或继续犯视为一罪是在犯罪概念上的逻辑必然性结论。把接续犯视为一罪从犯罪行为的社会性意义这一观点几乎是必然的。可以说，把集合犯或连续犯视为一罪虽然不具有逻辑的必然性，但是存在将其视为一罪的现实必要性或政策必要性。

（3）成立要件

要成立连续犯就应当在单一、继续的犯意下把同种的犯罪行为反复实施一定期间，而且其被害法益应当具有同一性。也就是要成立连续犯就应当同时具备以下主客观方面的要件：① 主观要件：犯罪意思的单一性；② 客观要件：第一，犯罪方法上的同种性；第二，时间上的限制性；第三，被害法益的同一性。

① 主观要件

要成立连续犯就应当具有单一的犯意。单一的犯意是指具有以同种犯罪行为侵害同一法益的犯罪意思。不需要企图在一定期间内对一定的对象实施犯罪行为的所谓连续犯中对全体犯罪行为的故意即全体故意。在更新犯罪意思的情况下不成立接续犯。

② 客观要件

第一，行为方法上的同种性。

犯罪行为的方法应当具有同种性。犯罪行为的方法不仅包括属于同一构成要件的情况也包括属于修正的构成要件的情况。因此盗窃和特殊盗窃、强盗和特殊强盗、杀人和尊属杀害之间的连续犯也可以成立。预备罪和本罪、既遂和未遂之间的连续犯也可以成立，但是无须客体上的同一。不同罪质之间的故意犯以及故意犯与过失犯之间不可能成立连续犯。

至于正犯与共犯、作为犯与不作为犯之间能否成立连续犯，多数说认为可以成立连续犯，但是少数说认为不可能成立连续犯。

第二，时间上的接近性。

要成立连续犯就必须在一定期间之内实施犯罪行为。如果犯罪行为之间时间上的间隔太长就不能成立连续犯。但是也不要求犯罪行为之间相互接续地发生，存在一定程度的间隔是允许的。判例也认为在收受钱款的日期之间存在相当的期间，但是统括各个犯罪行为成立受贿罪包括的一罪（大判 2000. 1. 21 99 DO 4940）。

第三，侵害法益的同一性。

要成立连续犯被侵害的法益应当是同一的。如果被侵害的法益不相同，例如强盗罪和盗窃罪、伤害罪和诈骗罪之间不能成立连续犯。判例还认为："直辖市税、区税和国税等各自课税的主体不同而且能够收税的法律规定也各不相同，因此即使是在偷税的单一犯意下继续实施的一系列犯罪行为却不能将偷漏直辖市税、区税和国税的各犯罪行为统括为包括的一罪。"（大判 1995. 9. 5 95DO1269）

在生命、健康等专属性法益被侵害的情况下，如果被害人不同就不能成立连续犯，但是就像财产等非专属性法益被侵害的情况下即使被害人不同也能够成立连续犯。例如连续伤害多人的情况下成立实体的竞合或者想象的竞合，但是公务员从不同的人手中收受贿赂或者盗窃犯盗窃多人财物的情况下可以成立连续犯。

（三）包括一罪的效果

1. 实体法上的效果

在包括的一罪中只成立罪重的一罪。例如在连续地实施盗窃罪和特殊盗窃罪情况下只能成立特殊盗窃罪一罪。

构成包括一罪的各个犯罪行为经修订法律的前后时期实施时，无须比较新旧法中法定刑的轻重而应适用作为犯罪实行行为终了时法的新法。在特别刑法中存在就像《关于加重处罚特定经济犯罪等的法律》第3条、《关于加重处罚特定犯罪等的法律》第 2 条那样以犯罪的所得额为标准决定刑罚的情况。判例认为《关于加重处罚特定经济犯罪等的法律》第 3 条中所说的"所得额"，是指在单纯一罪中的所得额或者成立包括一罪的情况下所得额的合算金额，而不是在以竞合犯处断的数罪中各所得额的合算金额。但是加工于包括一罪的共犯只对参与以后的犯罪行为承担罪责。

2. 诉讼法上的效果

包括的一罪在诉讼法中以一个犯罪处理，因此其公诉时效自最终的犯罪行为终了的时期开始计算。在包括的一罪中即使没有具体明示构成其一罪的各个行为，但只要是明示了全体犯罪行为的开始时期和终了时期、犯罪行为的方法、被害人或相对方、犯罪行为的次数或被害的总金额等，就可以认定已特定了具体的犯罪事实。

包括的一罪也属于一罪，故应适用一事不再理原则。因而在犯罪行为中只对部分的犯罪行为以包括一罪的罪名提起公诉时，提起公诉的效力会影响到剩余其他的犯罪行为，也属于法院审判的范围内，确定判决的效力也会影响到剩余其他的犯罪行为。[①]

第三节　数罪

一　数罪的种类

刑法规定的数罪包括实体的竞合犯和想象的竞合犯。实体的竞合犯是指不仅在刑法而且在诉讼法中以数罪处理形态的犯罪。想象的竞合犯是指虽然在实体法中属于数罪但在诉讼法中以一罪处断形态的犯罪，因此被称为科刑上的一罪。

二　想象的竞合犯

（一）含义

想象的竞合，是以一个行为符合两个以上异种构成要件或者两次以上

---

① 判例认为："作为常习犯处于包括一罪关系的数个犯罪事实中对其中部分行为的有罪判决被确定的情况下，如果对于确定判决的'事实审'判决宣告以前所实施的剩余犯罪事实重新提起了公诉，那么重新提起的公诉等于对于确定判决的犯罪案件重新提起了公诉，对此应当做出免诉的判决。为了以便适用这种法理，应以确定判决中该被告人以常习犯被起诉和处断为前提。"（大判 2004. 9. 16. 2001 DO 3208）

符合同种构成要件的情况。前者例如以妨害公务的犯意伤害正在执行公务的公务员，因此发生妨害执行公务罪（第136条第1款）和伤害罪（第257条第1款）的想象竞合；后者例如以投掷一个炸弹的行为杀害两个人的情况。

刑法第40条规定：（想象的竞合）"在一个行为符合数个犯罪的情况下，以最重的犯罪规定的刑罚处罚"。想象竞合犯实际上是一个行为同时触犯数个不同罪名或相同罪名的情况，故也称为"观念的竞合"。

想象的竞合只有一个行为，与具有数个行为的包括的一罪不同；想象的竞合以一个行为实施数个犯罪，与以数个行为实施数个犯罪的实体的竞合不同。

（二）法律性质

根据有关决定罪数的行为标准说想象的竞合属于一罪，但是根据构成要件标准说和法益标准说想象的竞合属于数罪。刑法第40条把想象竞合犯规定为数罪。

既然把想象的竞合规定为数罪，为何又只以重罪规定的刑罚处断？通说和判例认为想象的竞合属于科刑上的一罪，即在实体法上是数罪而在诉讼法上以一罪处理。

（三）想象的竞合犯的成立要件

想象的竞合是一个行为符合数个犯罪的情况。因此，要成立想象的竞合实施的行为必须是一个行为且成立的犯罪为数个。

1. 一个行为

（1）"行为"的意义

对这里所说的"行为"，有的认为是指自然意义上的行为，有的认为是指作为法律概念的构成要件性行为，判例认为是通常的社会观念性行为。

在刑法中对于行为的个数依据自然的观察方法进行确定缺乏科学性。而且对经过刑法性评价的构成要件性行为要求同时符合其他的构成要件，在逻辑上是自相矛盾的。例如出于杀害A、B的故意投掷了一个炸弹，结果炸死了A炸伤了B。符合对A杀人既遂罪构成要件的行为要重新符合对B杀人未遂罪的构成要件在逻辑上是不可能的，是自我矛盾的说法。因而判例主张刑法第40条中的行为应当是做出刑法性评价之前通常的社会观念性行为，是较为合理的观点。在前述例子中，应认为投掷炸弹的行为不仅符合对A的杀人既遂罪，而且符合对B的杀人未遂罪。

（2）单一的行为

要成立想象的竞合应当只有一个行为。如果行为是数个就成立实体的竞合或包括的一罪。行为是否单一，只能根据通常的社会观念来确定。例如用手枪依次开枪打死多人的，在通常的社会观念上应视为数个行为，但是用机关枪向多人扫射的应视为一个行为。

行为的单一性可以在作为犯和作为犯之间、不作为犯与不作为犯之间、故意犯与过失犯之间认定。例如水上救助队员看见两个人溺水后见死不救而成立故意不作为杀人罪的想象的竞合。在事实错误中的方法的错误中可以成立故意犯和过失犯之间的想象的竞合。

2. 数个犯罪

（1）"符合数个犯罪的情况"的含义

要成立想象的竞合应当是一个行为符合数个犯罪。一个行为要符合数个犯罪，应当具备数个犯罪的所有成立要件。例如在两个犯罪中其中一个罪具备了所有的犯罪成立要件，而另一个犯罪虽具有构成要件符合性却不具有违法性或者具备了构成要件符合性、违法性但没有责任，就不能成立想象的竞合。

（2）数个犯罪中部分同一性的问题

就像包括的一罪那样存在数个行为，只有其中的一个行为同时符合其他犯罪的构成要件，那么其他的行为和其他成立犯罪的构成要件之间能否成立想象的竞合？例如 A、B、C、D 这四个行为是成立盗窃罪连续犯的行为，其中 C 行为不仅符合盗窃罪而且符合损坏财物罪。此时 C 行为和损坏财物罪之间明显能够成立想象的竞合，但 B、C、D 三个行为和损坏罪之间能否成立以一个行为符合数个犯罪的现象的竞合？

多数说认为即便是在符合数个构成要件的行为不完全相同而部分一致的情况下，也能够成立想象的竞合。

（四）想象的竞合的效果

想象的竞合在实体法上属于数罪，在诉讼法上属于一罪。因此在实体法上认定其数罪的效果，而在诉讼法上认定其一罪的效果。

1. 实体法上的效果

想象的竞合以最重的犯罪规定的刑罚处罚。例如 A、B 犯罪属于想象的竞合，A 罪的刑期为 10 年以下的惩役，B 罪的刑期为 1 年以上 5 年以下的惩役。那么应选择重罪 A 罪的刑罚判处 10 年以下的惩役还是因轻罪 B 罪的下限比 A 罪的下限高，而应判处 1 年以上 10 年以下的惩役。通说和判例选择了后一处罚方法。

2. 诉讼法上的效果

由于想象的竞合在诉讼法中以一罪处理，即使对想象的竞合犯中的部分犯罪提起公诉也会对其他犯罪产生公诉的效力。法院的审判范围当然包括全体犯罪，在对部分犯罪的判决被确定的情况下，对其他犯罪也产生一事不再理的效力。

但是因为想象的竞合属于数罪，对于各个犯罪的公诉时效、处罚条件或诉讼条件等应当独立地进行审查。而且如果其中部分犯罪属于亲告罪，那么放弃告诉或其取消的效力只影响到其部分犯罪。对部分犯罪可以独立地认定无罪或有罪，此时在判决理由中应当对所有犯罪做出有罪或无罪的判断。

三 实体的竞合犯

(一) 含义

实体的竞合犯，是指"判决尚未确定的数罪"或者"判决已确定的罪和其判决确定之前所犯的罪"（刑法第 37 条）。

理论上把前者称为同时的竞合犯，把后者称为事后的竞合犯。刑法考虑到对数罪具有同时裁判的可能性（第 37 条前段）或曾经有过裁判的可能性（第 37 条后段），为谋求刑罚适用或执行的合理性，设置了有关实体竞合犯的规定。

实体的竞合犯作为实质的竞合以数个行为构成数个犯罪，与以一个行为同时符合数个罪名的想象的竞合不同。实体竞合犯作为构成实质数罪的竞合，与构成实质一罪的法条竞合或包括性一罪不同。

实体竞合犯的概念与如何决定对数个犯罪的刑罚密切相关：

在采取单纯的并科主义前提下，对所发现的犯罪宣告相应的刑罚后再与先前确定的宣告刑一并执行就可以了，无须特别认定实体竞合犯的意义。但是现行刑法采用的原则以加重主义为主，根据如何确定数罪其刑罚的轻重也有所不同。这一点在事后的竞合犯中体现得尤为明显。

(二) 实体的竞合犯的成立要件

1. 同时的竞合犯

同时的竞合犯，是指判决尚未确定的数个犯罪。同时的竞合犯因为属于实体的竞合犯应当存在数个行为、成立数个犯罪，而且对数个犯罪不存在确定的判决。

（1）存在数个行为

即使成立数罪但是如果行为只有一个，那么只能成立想象的竞合犯。要成立实体的竞合必须以数个行为实施数个犯罪。此时的数个行为应当是通常的社会观念行为而不是法律意义上的数个行为。这一点与在想象的竞合中把一个行为作为通常的社会观念性行为相同。①

即使存在数个行为但如果这些行为包括地成立一罪，那么不能成立同时的竞合犯。只有成立数个犯罪才能成立同时的竞合犯。例如以恐吓的意思向对方实施胁迫而收取了对方交付的财物，这里虽然存在两个行为却只成立一个恐吓罪。但是一边胁迫对方一边在对方不知道的情况下自己拿起财物出来。这里存在两个行为成立胁迫罪和盗窃罪两个犯罪而成立实体的竞合。

（2）不存在对数罪禁锢以上的确定判决

在竞合犯中最重要的是如何决定其刑罚。因而对全体犯罪没有处以禁锢以上刑罚的确定判决与对其中部分犯罪处以禁锢以上刑罚的确定判决，其量刑的原理是有区别的。可以说，同时的竞合犯适用的是对全体犯罪没有处以禁锢以上刑罚的确定判决的量刑原理。确定判决虽然包括有罪判决、无罪判决及免诉判决等，但是确定的无罪或免诉判决不能成为事后竞合犯的问题而是尚未判决的犯罪之间同时竞合犯的问题。因而影响同时竞合犯是否成立的确定判决是处以禁锢以上刑罚的有罪判决。

（3）对数罪同时宣告其刑罚

在竞合犯中只对部分犯罪宣告刑罚的情况下，只有被宣告的犯罪之间才能成立同时的竞合犯。已经存在对部分犯罪处以禁锢以上确定的判决，需要对剩余的犯罪宣告判决的情况下，在判决已确定的犯罪和需要宣告判决的犯罪之间成立事后的竞合犯而不是同时的竞合犯。在数个犯罪中虽然对部分犯罪宣告了判决，但其判决尚未确定而由上诉审合并审理时可以同时判决。因此成立同时的竞合犯（大判 1972. 5. 9. 72 DO 597）。

2. 事后的竞合犯

事后的竞合犯，是指处以禁锢以上刑罚的判决被确定的罪和其判决确

① 例如为了抢劫财物在旅店对服务员实施暴力的过程中偶然看见正在走过来的店主转而对店主实施暴力抢劫了财物，由于只存在一个通常的社会观念性行为成立想象的竞合（大判 1991. 6. 25. 91 DO 643）。但是对于数个被害人实施了数个独立的欺诈行为，由于在通常的社会观念上存在数个行为而成立实体的竞合（大判 1997. 6. 27. 97 DO 508）。（2）成立数个犯罪。

定之前所犯的罪。例如依次实施了 A、B、C、D 罪但已有了对其中 D 罪处以禁锢以上刑罚的确定判决,那么 A、B、C 罪和 D 罪之间成立事后的竞合犯。这是因为 A、B、C 罪都属于在对 D 罪做出处以禁锢以上刑罚的判决被确定之前所犯的罪。

但是如果对 D 罪的判决确定以后又实施了 E、F 罪,那么 E 罪和 F 罪相互之间虽然是同时的竞合犯,但是 D 罪和 E、F 罪之间不是事后的竞合犯。A、B、C 罪和 E、F 罪之间也不是事后的竞合犯,但是成立同时的竞合犯。

(1) 确定判决的含义

在 "判决被确定的罪" 中确定判决是指有罪判决而且是处以禁锢以上刑罚的生效判决。因而在处以罚金刑或做出略式命令的确定判决时不成立事后的竞合犯。只要是处以禁锢以上刑罚的判决就无须考虑其是否执行犹豫或宣告犹豫的判决。如果是经过执行犹豫的考验期间已宣告的判决被视为失效或免诉,就属于处以禁锢以上刑罚的确定判决的情形。在处以禁锢以上刑罚的判决被确定以后获得了一般赦免,也属于处以禁锢以上刑罚的确定判决的情形。

(2) 处以禁锢以上刑罚的判决确定之前所犯的犯罪

事后的竞合犯是处以禁锢以上刑罚的判决被确定的罪和其判决确定之前所犯的罪。因此,处以禁锢以下刑罚的判决被确定的罪和其判决确定之前所犯的罪不能成立事后的竞合犯。处以禁锢以上刑罚的判决被确定以后实施的犯罪相互之间成立同时的竞合犯,但是与处以禁锢以上刑罚的判决被确定的罪或者与在其判决被确定之前实施的犯罪,不能成立事后的竞合犯。

判决的确定时期是判决宣告后经过了上诉提起期间或者大法院的判决宣告之时。因而在上诉提起期间实施的犯罪也属于处以禁锢以上刑罚的判决被确定之前所实施的犯罪,与判决被确定的罪成立事后的竞合犯。

(三) 实体的竞合犯的效果

1. 同时竞合犯的效果

刑法对于同时的竞合犯规定了吸收主义、加重主义和并科主义。

(1) 吸收主义。最重的犯罪所规定的刑罚为死刑或无期惩役或无期禁锢时,以最重的犯罪所规定的刑罚处罚 (第 38 条第 1 款第 1 项)。这是在最重的犯罪所规定的刑罚为死刑或无期刑时对其再予以加重或处以其他的刑罚,是对被告人过于苛刻或对达到刑罚目的不具有任何意义的。

（2）加重主义。对各罪所规定的刑罚是除无期惩役或无期禁锢以外的同种刑罚时，应加重到以最重犯罪刑罚的长期或多额的二分之一，但是不得超过各罪规定刑罚的长期或多额的总和（刑法第38条第1款第2项）。加重主义是折中对竞合犯的报应要求或者一般预防的要求乃至对犯罪人的改善、教育或回归社会等特别预防要求的处罚原则。加重主义并不能像并科主义那样充分地反映报应及一般预防的要求，但是能够防止因过重的刑罚导致犯罪人无法重新回到社会这种结果的发生。

判例认为轻罪规定刑罚的短期比起重罪规定刑罚的短期相对较重时，应当以轻罪所规定刑罚的短期为竞合犯的下限（大判1985.4.23 84 DO 2890）。例如A罪的法定刑为10年以下的惩役，B罪的法定刑为3年以上7年以下的惩役。那么A、B罪竞合犯的上限为加重到作为重罪的A罪长期的二分之一即15年以下；在A、B罪中轻罪B罪的短期相对较高，那么A、B罪竞合犯的下限为B罪的下限即3年以上的惩役。

（3）并科主义。各罪规定的刑罚为无期惩役或无期禁锢以外的异种刑罚时，应当并科。所谓异种刑罚是指惩役与罚金、惩役与资格停止、资格停止与罚金等规定在刑法第43条各项中的刑罚。但是惩役和禁锢被视为同种刑罚，应以惩役刑处罚。即便是同种刑罚但科料和科料、没收和没收可以并科。

2. 事后竞合犯的效果

（1）刑罚的宣告。在事后的竞合犯中如果存在尚未判决的犯罪，就应当考虑到将其罪和判决已确定的犯罪同时作判决时的平衡性，宣告对其罪的刑罚。此时可以减轻或免除刑罚。（刑法第39条第1款）

因竞合犯被判处刑罚的人对于其中某个犯罪得以赦免或免除刑罚的执行，应当对于其他犯罪重新决定刑罚（第39条第3款）。

（2）刑罚的执行。在执行对竞合犯的刑罚时，对于已经执行的刑期予以通算（第39条第4款）。

第九章

—— ❧❦❧ ——

刑罚论

第一节 一般理论

一 刑罚

围绕着刑罚的本质是什么（即实质意义的刑罚）即这一问题，存在着以下两种理论之间的对立，即认为刑罚的本质为报应的报应刑论和主张刑罚是为达到社会防卫或社会保全目的的手段的目的刑论或教育刑论。可以说，这一相互对立的理论构成了刑法理论的中心。关于这一理论已在第一章的"第二节 刑法理论"一节中做了阐述。在此，仅仅对形式意义上的刑罚进行阐述。

在形式意义上的刑罚，是作为对犯罪行为的法律效果是国家对犯罪人剥夺法益的处分。其特征为：

第一，刑罚的主体为国家。刑罚是以国家为其主体的公刑罚，是国家的刑罚。因而刑罚不同于个人之间的私人性制裁，不允许存在个人之间的"私"刑罚。有关刑罚立法、对具体案件刑罚的宣告以及刑罚的执行，都是国家的专属性任务。

第二，刑罚是以犯罪为前提作为其法律性效果而科处的。就像"没有法律就没有刑罚"一样，"没有犯罪就没有刑罚"。法律规定何种行为为犯罪，同时规定对作为犯罪的法律效果科处何种刑罚等内容。刑法规定了这种犯罪与刑罚之间的关系，又规定各个犯罪类型（构成要件）以及对它的刑罚内容。

第三，刑罚是对犯罪人科处的法律效果。刑罚是原则上对作为犯罪主体的犯罪人所科处的，而不是对以犯罪为原因的法律效果或者对犯罪科处的。

第四，刑罚以剥夺一定的法益为内容。例如死刑以生命、自由刑以自由、资格刑以资格、财产刑以财产为其剥夺的内容。但是从目的刑论或教育刑论的立场看，刑罚不是单纯的报应性法益剥夺，而是在社会防卫的目的或教育的目的考虑，其法益剥夺的意义就不同了。

二　刑罚的功能

关于刑罚的本质性功能已在"刑法理论"中详细阐述。在此只对其现实性的功能进行介绍。

1. 对社会一般人的功能

它是指刑罚的一般预防的功能。首先，可以以预告刑罚（即以法律规定有一定的犯罪就必须处以一定的刑罚）来抑制一般人的犯罪倾向（所谓心理强制作用）；其次，在现实中以宣告刑罚并执行刑罚来威吓、警戒社会的一般人不实施犯罪行为，将其防患于未然的一般预防的功能。

2. 对犯罪人（受刑人）的功能

它是指防止犯罪人再次犯罪的特别预防的功能。即以对犯罪人处以刑罚来教化、改善犯罪人的反社会性，使其能够作为人格健全的国民重新回归社会并适应社会生活，或者暂时或永久地从社会隔离起来防止其侵害社会法益的特别预防的功能。在前者的情况下，尤其通过执行自由刑对犯罪人实施有组织的改善、教育，让受刑人学习和掌握一个市民所应有的勤劳精神与劳动技术。

3. 对被害人的功能

这是通过对犯罪人处以刑罚来满足被害人其法益的不当被害不容忽视这种情感需求的功能。当然，如今的国家公刑罚并不是以满足被害人的报复感情为其直接的目的，但是也不能否定现实的刑罚不无这一方面的功能。

刑罚是作为对过去犯罪行为的法律效果而科处的处分，与考虑到行为人将来的危险性为了预先防止其犯罪而科处的"保安处分"有区别。

第二节　刑罚的种类

刑法第 41 条由重到轻的顺序规定了死刑、惩役、禁锢、资格丧失、资格停止、罚金、拘留、科料、没收等九种刑罚。其中，死刑被称为生命刑，惩役、禁锢和拘留被称为自由刑，资格丧失和资格停止被称为名誉刑、罚金、科料和没收被称为财产刑。

刑罚可分为主刑和附加刑。主刑是不依附于其他刑罚而可以独立适用的刑罚，附加刑是原则上不能独立适用应附加于其他刑罚适用的刑罚。根据第49条的规定没收原则上属于附加刑。

一 死刑

（一） 死刑的概念及制度沿革

死刑，是指以剥夺被告人生命为内容的刑罚。死刑虽然从古代开始被适用，但是在被称为威吓刑时代的近代初期绝对王权国家适用得最多。在绝对的王权国家犯罪被视为对绝对王权的挑衅行为。为了通过适用刑罚来炫耀权力者的权威、最大限度地扩张一般预防的效果，死刑广范围地被适用。因此，在英国伊丽莎白女王统治（1558～1603年）下的40多年间大约有8万人被处以死刑。当时能够处以死刑的犯罪种类达250多个，不仅对杀人等严重犯罪而且对盗窃等财产犯罪也处以死刑。根据记载仅仅9岁的少年以盗窃嫌疑被公开处死。

但是自从强调罪刑均衡的古典学派理论逐渐被接受、确立人道主义刑罚思想以来，死刑的适用范围开始大幅减少。如今相当数量的文明国家已废止了死刑，德国、法国、英国、瑞士、瑞典、荷兰、比利时、希腊等大多数西欧国家废止了死刑，保留死刑的多数国家也把死刑的适用范围限制在谋杀或反国家性犯罪等很小的范围。

（二） 现行刑法中的死刑

1. 刑法典中的死刑规定

韩国刑法典在制定当时就已规定了死刑，在刑法典中可以判处死刑的犯罪包括杀人罪（第250条第1款、第2款）、以伪计等的嘱托杀人等（第253条）、强奸等杀人（第301条之2全文）、人质杀害（第324条之4全文）、强盗杀人（第338条全文）、海上强盗杀人、海上强盗致死、海上强盗强奸罪（第340条第3款）、使用爆炸物罪（第119条）、现住建筑物等放火致死罪（第164条第2款后段）、现住建筑物等溢水致死罪（第177条第2款后段）、向饮用水投毒致死罪（第194条后段）、内乱首魁、从事重要任务罪（第87条）、内乱目的杀人罪（第88条）、外患诱致罪（第92

条）、与敌罪（第 93 条）、募兵利敌罪（第 94 条）、提供设施利敌罪（第 95 条）、破坏设施利敌罪（第 96 条）、间谍罪（第 98 条）等。

在上述犯罪中刑法典只对与敌罪以绝对的法定刑规定了死刑，对其他的犯罪均以相对的法定刑规定了死刑，以便法官能够以自由裁量权在死刑和自由刑之中选择适用。

2. 特别刑法和行政刑法中的死刑规定

韩国在现行的特别刑法和行政刑法中设置了较多的死刑规定。规定死刑的特别刑法有《军刑法》《国家保安法》《关于加重处罚特定犯罪等的法律》《关于惩治保健犯罪的特别措置法》《关于处罚性暴力犯罪及保护被害人等的法律》《关于处罚暴力行为等的法律》《关于处罚对船舶及海上救助物危害行为等的法律》《文化遗产保护法》《原子能源法》《保护原子能源设施等及原子能灾害对策法》《航空法》《关于航空安全及保安的法律》《关于为了禁止化学武器、规制制造、进出口特定化学物质等的法律》《关于移植器官等的法律》《关于规制地雷等常规武器使用及转移等的法律》《关于防止毒品类不法交易的特例法》《关于管理毒品类的法律》《设置战斗警察队法》等。

在特别刑法和行政刑法中，《军刑法》规定的死刑犯罪多达 42 种，对其中的 12 种规定了绝对的法定刑。特别刑法在一个条文中包含多个死刑规定的情况较多，故实际上能够判处死刑的罪种数量远远超过条文本身的数量。[①] 尤其是《关于加重处罚特定犯罪等的法律》总共由 16 个条文构成，在其中 13 个条文中都能找到死刑的规定，被称为"死亡的文书"。

3. 死刑的执行方法

从历史上看曾经存在过多种多样的死刑执行方法，越是重视威吓的时期就越使用残忍的执行方法，也公开执行死刑。确立近代刑法以来，缩小了残忍的执行方法和公开执行死刑。如今在文明国家通常使用的死刑执行方法有绞首、枪杀、电气杀、煤气杀、注射杀等。

根据刑法典"死刑在刑务所内以绞首的方法执行"（第 66 条），以此规定采用了绞首刑且不得公开执行死刑。而作为特别刑法的《军刑法》第 3 条规定"死刑在有所属军参谋总长或者军事法院管辖官所指定的场所以枪杀执行"，以此采用了枪杀刑。

---

① 金勇宇、崔在天：《刑事政策》（改订版），博英社，2006，第 203 页。

（三）死刑存废论

1. 关于死刑存废的争议

废止死刑的主张古代并非未曾出现过，但是死刑废止论真正受到重视而且被强调的是刑事古典学派出现以后的事情，进而已在多数国家的刑法中成为现实。据说刑事古典学派最大的历史性贡献就是确立了人道主义刑罚。这是因为之前最重要的刑罚为死刑，但因古典学派的主张大范围地被减少，自由刑取而代之成为最重要的刑罚。在古典学派中死刑废止论的代表人物为贝卡利亚。贝卡利亚强调犯罪与刑罚之间的均衡，认为刑罚的效果并非取决于它的严厉性而是来自执行的确实性、迅速性和公平性。因而贝卡利亚主张废止死刑制度，但是康德、卢梭等部分古典学派人物主张死刑的正当性以及不可避免性。

在韩国20世纪50年代制定和实施刑法典以来，有关存废死刑的争论一直持续到现在。大法院和宪法裁判所都肯定死刑符合宪法的规定。学界的多数说对死刑持否定说，"废止死刑协会"这一市民团体也正在开展为减少死刑以及废止死刑的运动。近年来，多数的国会议员正在努力制定为废止死刑的特别法。

2. 死刑废止论

死刑废止论者的主要论据如下：

第一，人的生命权属于先验的、自然法上的权利，不能对其予以剥夺。

第二，我国宪法的根本精神显然否定着死刑制度，生命权不能成为宪法第37条第2款有关限制基本权的一般性法律保留之对象；死刑制度是侵害生命权本质内容的、对生命权的限制。因此有悖于宪法第37条第2款的但书规定。

第三，死刑是剥夺犯罪人生命的刑罚，是抛弃对犯罪人改善可能性的刑罚。因此死刑违反了作为刑罚目的之一的改善目的。

第四，由于裁判是人所作的审判，不可能绝对地排除一些误判。在纠正误判之前执行死刑，即使事后判明为误判也不可能把人的生命恢复到原状。

第五，不能肯定死刑一般预防的效果有多大，尤其不能肯定死刑一般预防的效果大于无期惩役刑。

第六，如今的世界在政治、社会、文化、国际社会等诸多领域中朝着废除死刑制度的方向发展。

3. 死刑存置论

死刑存置论者的论据包括以下内容：

第一，死刑在国家刑事政策的侧面与人道主义侧面一直承受着批判，但是死刑作为在人类历史上具有悠久历史的刑罚之一，是对犯罪根源性报应的方法，也是一直被视为最有效的一般预防的方法。

第二，宪法虽然没有设置是否允许死刑的明示性规定，但是宪法第110条第4款（非常戒严之下的军事裁判……限于法律规定的情况可以以单审做出。但是宣告死刑的情况除外）至少间接地肯定死刑。

第三，死刑只要是根据比例的原则且为了保护他人的生命或者不亚于他人生命的公共利益不得已而例外的适用，就不会违反宪法第37条第2款的但书规定。

第四，死刑既然作为利用人类对死亡本能性恐惧心理的最严厉的刑罚，其威吓力很大，那么可以推定其一般预防的效果也相对很大。死刑抑制犯罪的效果大于无期刑的实证性根据是薄弱的，但是"无期刑具有与死刑相等甚至更大的抑制犯罪的效果，因而只以无期刑能够达到一般预防的效果"这种主张也仅仅是一个假设而已。

第五，死刑是人类对死亡本能的恐怖心理与对犯罪的报应欲求相呼应而被琢磨出来的"必要恶"，是不得已而选择的。

第六，不能忽视赞成死刑的多数国民的法律情感，综合考虑包括我国犯罪现状的社会状况，废止死刑还为时过早。

4. 死刑限制论

这种观点是折中死刑废止论和死刑存置论的立场。死刑限制论主张既然有关死刑存废的争议一时达不到一致的意见或者做不出统一的结论，还不如在存置死刑的前提下限制死刑的宣告及执行。只有达到参与法官一致的意见才能宣告死刑的"全员一致的制度"、把死刑执行犹豫一定期间后减为无期刑的"死刑执行犹豫制度"、令法官慎重作死刑宣告的"宣言性规定"的引进等，就是其例证。

（四）判例的立场

宪法裁判所和大法院一直持有死刑没有违反宪法的立场。例如宪法裁判所认为"生命权不能成为根据宪法第37条第2款一般性法律保留之对象，可以说对生命权的限制即意味着完全剥夺生命权。但是，只要是根据比例的原则且为了保护至少是具有同等价值的其他生命或者不亚于它的公共利益而不得已例外地适用死刑，即使其剥夺生命的刑罚也不能认为违反了宪法第 37 条第 2 款的但书规定。"（宪裁 1996.11.28. 95 宪 BA 1）

二　自由刑

（一）自由刑

自由刑，是指以剥夺或限制受刑人身体自由为内容的刑罚。作为剥夺身体自由的刑罚包括惩役、禁锢、拘留。作为限制身体自由的刑罚包括留刑、追放等。韩国的现行刑法没有规定限制自由的刑罚，只规定了剥夺自由的刑罚。

自由刑的主要目的为通过矫正、改善使犯罪人重新回归社会。《行刑法》第 1 条也规定自由刑的执行目的在于通过矫正、教化与技术教育使受刑人重新回到社会。因此，韩国在 1962 年的《行刑法》修订中把刑务所、少年刑务所和刑务官改称为教导所、少年教导所和教导官。

（二）刑法中的自由刑

现行刑法规定了惩役、禁锢、拘留三种自由刑（第 41 条第 2 项、第 3 项、第 7 项）。自由刑作为由法官宣告的一种刑罚，不同于为了执行罚金或科料对未缴清罚金或科料的受刑人强制留置并使其在劳役场从事劳役的"劳役场留置"。"劳役场留置"理论上被称为"换刑处分"。在未缴清罚金的情况下其期间为 1 日以上 3 年以下；在未缴清科料的情况下其期间为 1 日以上 30 日以下。

1. 惩役

惩役是把犯罪人羁押于教导所内强制其服务于定役（即劳役）的刑罚（第 67 条）。

惩役分为无期惩役和有期惩役。有期惩役的期间为 1 个月以上 30 年以下，但加重处罚时可以延长到 50 年（第 42 条本文的但书规定）。无期惩役为终身刑，但经过 10 年以后可以假释（第 72 条第 1 款）。有些学者主张无期刑属于剥夺受刑人的再社会化意志、截断其回归社会希望的非人道刑罚，也是违反宪法的。但是大多数学者认为无期刑的受刑人也可以在经过 10 年以后获得假释，因而维持了自由刑的受刑人再社会化功能；无期刑作为死刑的替代手段确是必不可少的刑罚。

2. 禁锢

禁锢是把犯罪人羁押于教导所内的刑罚，但是受刑人没有义务服务于定役。

禁锢在受刑人没有义务服务于劳役这一点上与惩役有区别。禁锢分为无期禁锢和有期禁锢。无期禁锢属于终身刑，有期禁锢的期间为 1 个月以上15 年以下。但是加重处罚时可以延长到 50 年（第 42 条本文的但书）。

从沿革意义来说，禁锢刑为了处罚像过失犯或政治犯等不具有廉耻犯性质的犯罪研制出来的刑罚，现行刑法也基本上奉行这种立场。例如对于业务上过失致死伤罪（第 268 条）、业务上过失赃物取得罪（第 364 条）、业务上失火罪（第 171 条）、过失爆炸物破裂等罪（第 173 条）以及其他过失犯处以禁锢刑、罚金刑而不是惩役刑。按照刑法典规定对于具有政治犯性质的内乱罪可以判处惩役刑或者禁锢刑（第 87 条）。但是在刑事特别法中未能彻底遵守这种原则。例如政治性很强的国家保安法、集市法等特别刑事法对于具有政治犯性质的犯罪多数只规定惩役刑而没有规定禁锢刑。

在禁锢刑中没有规定受刑人从事劳役的义务，但是在禁锢刑的受刑人提出申请的情况下可以服务于定役（行刑法第 38 条）。实际上有 90% 以上禁锢刑的受刑人根据申请服务于定役。因此禁锢刑与惩役刑的区分没有多少现实意义。

3. 拘留

拘留是指在 1 日以上 30 日以下期间内把受刑人羁押于教导所内的的刑罚（第 46 条、第 68 条）。在拘留刑中没有劳役的义务，但是可以根据申请服务于定役（行刑法第 38 条）。

（三）自由刑中存在的问题及其改革

1. 自由刑的简便化问题

刑法把自由刑区分为在受刑期间服务于定役的惩役和无须服务于定役的禁锢以及羁押期间很短的拘留等三种。对此多数学者提出主张，以应否服务于定役为标准区分惩役和禁锢，不过是报应性思维的历史遗产；从合理而人道的刑事政策的观点来看缺乏有力的根据。应当对自由刑进行简便化的改革。也就是取消惩役刑与禁锢刑的区分而改为单一的惩役刑，把作为短期刑的拘留在自由刑中废止。其论据为；第一，如果把刑罚的目的视为改善或教育那么为了维持矫正性行政政策的一贯性也应当进行简便化的改革；第二，虽然立法者的意图在于对廉耻犯处以惩役刑而对有必要尊重名誉的政治犯和过失犯处以禁锢刑，但是作为区分两者标准的廉耻性判断不是那么容易的；第三，以刑罚个别化的名义提出应否服务于定役，这不过是歧视劳动的落后思想，如果把劳动视为神圣的工作也不会认为科处定役能够毁损名誉。而且在现实中大多数的禁锢受刑人根据申请自愿从事劳役。

实际上在 1951 年柏林的国际刑法与刑务大会上，都深入探讨了自由刑的简便化改革。德国的现行刑法第 38 条第 2 款规定了自由刑的期间为 1 个月以上 20 年以下，废止了拘留，以此实现了自由刑的简便化。单一的自由刑已经成为各国自由刑改革的趋势。

2. 短期自由刑的废止问题

短期自由刑是指刑期较短的自由刑。至于是否短期的标准，1949 年的国际刑法、刑务会议提出了 3 个月以下，1959 年的联合国防止犯罪会议提出了 6 个月以下，美国所提出的标准为 1 年以下。

韩国的多数学者把 6 个月以下视为短期自由刑。他们认为，在执行短期自由刑的情况下致使受刑人接受精通犯罪并反社会性强的在狱人社会集团的下位文化，尤其是由于从其他受刑人被传授犯罪手法等恶性感染，带来难以实现受刑人再社会化这种负面效果的可能性大。短期自由刑被认为对于改善、教育受刑人来说是过于短暂的期间，但是对因恶性感染而污染受刑人来说却是充足的期间。

在废止短期自由刑的情况下，作为其替代的刑事制裁方法包括罚金刑、附保护观察的执行犹豫、宣告犹豫或者周末、周日拘禁、住宅拘禁、恢复原状制度等。

三 财产刑

（一）财产刑及其种类

财产刑是指以剥夺被告人财产为内容的刑罚。刑法规定的财产刑包括罚金、科料与没收等三种。罚金和科料只有数额的差异。但罚金和没收在性质、要件和内容上都存在着差异。没收是具有防止犯罪的重复、剥夺犯罪所生利益之意义的刑罚，同时还具有保安处分的性质。因而 1992 年的刑法修订案曾把没收从刑罚的种类中删除过。

（二）罚金

1. 罚金刑的意义

罚金刑是指让被告人承担义务向国家缴纳一定数额金钱的刑罚。在未缴纳罚金的情况下可以强制执行，但对未缴清的受刑人留置到劳役场（第

69 条）。

目前罚金刑在所有刑罚种类中占有的比例最高。在整个犯罪案件中宣告罚金刑的案件近 90%。罚金刑的最终目的不在于让被告人承担财产上的痛苦，而是通过使其承受财产上的痛苦，限制其日常生活、活动以及自由，以达到报应、一般预防和特别预防的目的。

2. 罚金刑的内容

刑法只采用了规定罚金具体数额的方式，这种罚金制称为总额罚金制。罚金刑以 5 万元为最低数额即下限。但是在减轻处罚时可以判处 5 万元以下（刑法第 45 条）。刑法总则对罚金的最低数额做出了限制性规定，但是罚金的最高数额即上限由刑法各则以及其他各个刑事法律来做出规定。

罚金和科料应当在判决生效之日起 30 日之内缴清。但在宣告罚金时可以同时做出命令将受刑人留置于劳役场，留置到缴清其金额为止。对未缴纳罚金的人，应当留置到劳役场使其服务于劳役，留置期间为 1 日以上 3 年以下（刑法第 69 条）。

3. 罚金刑的特征和问题

（1）罚金刑的特征

罚金刑不拘禁被告人并使其过着正常的日常生活，通过罚金限制其实质上的自由，因此比自由刑更为人道。罚金刑因不拘禁受刑人可以防止因拘禁被其他拘禁人恶性感染，因此在防止受刑人再犯问题上比自由刑更有效果。国家也无须运营用以收容受刑人的设施，比自由刑更为经济。

（2）罚金刑的问题

罚金刑具有向犯罪人以外的其他人转嫁罚金或者对财产上富有的人难以起到作为刑罚的应有威慑力等问题。而且现行刑法只规定了罚金刑的宣告犹豫（即缓期宣告）却没有规定罚金刑的执行犹豫（即缓期执行），而且没有规定罚金的分期缴纳制度，尤其是对于特定的犯罪只规定了自由刑而没有规定罚金刑。

4. 罚金刑的改善方案

为了改善罚金刑的上述问题，学者们提出了日数罚金制度、罚金刑的执行犹豫制度、分期缴纳罚金制度、扩大罚金刑的适用范围等改革方案。

（1）日数罚金制度的引进

日数罚金制度是根据行为人对犯罪的责任决定罚金的日数、根据行为人经济状况决定罚金数额的制度。这一制度是从北欧国家引入到德国等其他西欧国家予以适用的罚金制度。这一制度追求的目标是纠正在总额罚金制度中存在的对穷人不利而对富人有利的弊端进而实现分配上的公平与正义。

根据日数罚金制度确定罚金数额可分为两个阶段：第一阶段为决定罚金的日数，在这一阶段不考虑犯罪人的经济状况，只根据犯罪行为和犯罪人的责任而决定；在第二阶段决定 1 日的罚金数额，此时根据犯罪人的经济状况而决定。例如以"对被告人宣告 120 日的罚金。1 日的罚金数额为 10 万元"的形式宣告罚金。在决定 120 日罚金的情况下考虑违法与责任，在决定罚金数额时考虑被告人的经济状况。在德国，罚金刑的日数以 5 日以上 360 日以下为原则。1 日的罚金数额在 2 马克以上 1 万马克以下的幅度内考虑被告人个人的经济状况决定。因此，在富翁 A 和穷人 B 共同伤害他人的情况下，对 A 和 B 分别宣告 100 日的日数罚金，对富翁 A 决定 1 日 1 万马克、对穷人 B 决定 1 日 2 马克的罚金数额。那么罚金总额为 A 达到 100 万马克、B 达到 200 马克。

韩国在 1985 年至 1992 年的刑法典修订过程中也探讨过日数罚金制度的引进问题。如果日数罚金制度要真正发挥其应有的功能，应当具备有关能够准确掌握个人财产状况的较为完善的制度。但是当时韩国还未确立金融实名制或不动产实名制等掌握个人财产状况的相关制度。因此，以时机尚未成熟为由没有引进日数罚金制度。

（2）罚金刑的执行犹豫制度的引进

现行刑法规定了罚金刑的宣告犹豫（第 59 条），但未规定执行犹豫。对此学者们提出批判，规定惩役或禁锢的执行犹豫却未规定相对较轻的罚金刑的执行犹豫是不符合均衡性要求，故应当规定罚金刑的执行犹豫。因此，1992 年的刑法修订案曾在第 62 条中规定过罚金刑的执行犹豫。

（3）罚金分期缴纳、延期缴纳制度的引进

根据现行刑法的规定，宣告罚金后应当在 30 日之内缴纳罚金，如果未缴清罚金就应当留置到劳役场（刑法第 69 条第 1 款）。这对于经济能力较差的被告人来说确是过短的期间，如果由他人代为缴纳就有悖于刑罚一身专属性的原则。因而有必要引进延期缴纳罚金或分期缴纳罚金的制度。

（4）扩大罚金刑的使用范围

在现行刑法中只规定自由刑的犯罪较多。因此学者们提出主张自由刑尤其是短期自由刑的弊端多，作为其改善方案之一就是扩大罚金刑的适用范围。故 1995 年的修订刑法对于滥用职权罪（第 123 条），妨害执行公务罪（第 136 条、第 137 条），诬告罪（第 156 条），制作虚假公文罪（第 227 条），伪造私人文书罪（第 231 条），以冒用资格制作私人文书罪（第 232 条），伤害罪及尊属伤害罪（第 257 条），尊属暴行罪（第 260 条第 2 款），遗弃罪及尊属遗弃罪（第 271 条第 1 款、第 2 款），逮捕、监禁罪及尊属逮捕、监禁罪（第 276 条），损毁名誉罪（第 307 条）等犯罪增设了罚金刑作为其选择刑。尽管如此，应把罚金刑作为选择刑做出规定的犯罪还不少。

（三）科料

科料是处以两千元以上 5 万元以下金钱缴纳义务的刑罚（刑法第 47 条）。科料与罚金在内容上相同，但在金额上有差异。科料属于刑罚的一种，所以与作为行政处罚之一的过怠料有区别。未缴纳科料的受刑人应当处以劳役场留置，其间为 1 日以上 30 日以下（第 69 条第 1 款）。现行刑法没有规定单处科料的犯罪。多数学者主张区分罚金和科料没有实际意义，应当取消对两者的区分。

（四）没收

1. 没收的概念和种类

（1）没收的概念

没收是国家强制取得或废弃与犯罪有关的财物或文书的刑罚。罚金或科料不对犯罪人的财产行使物理性强制；但是没收对于与犯罪相关的财物或文书行使物理性强制。

没收在原则上附加于其他刑罚适用，但是作为例外对犯罪人不做出有罪裁判时，如果充足了没收的条件就可以独立宣告没收（第 49 条）。例如可以在宣告缓豫主刑的同时宣告没收，但是不能对主刑不宣告缓豫却对没收宣告缓豫。

（2）没收的种类

没收分为必要的没收和任意的没收。刑法总则第 48 条规定了任意的没收，故没收原则上是任意的没收。但是在刑法各则的没收规定中有一些设置必要没收的情况。例如对于犯罪人或知情的第三人所受的贿赂物或供于行贿的财物（第 134 条），向有关鸦片犯罪提供的鸦片、吗啡或其化合物、鸦片吸食工具（第 206 条），因背任受贿罪取得的财物（第 357 条）等的没收属于必要的没收。

2. 没收的性质

多数学者认为没收本质上属于保安处分，但是也有学者认为由于刑法把没收规定为刑罚的一种，因此没收不仅在形式上而且在实质上都具有刑罚的性质。也有一些学者认为对犯罪人财物的没收属于刑罚，对第三人财物的没收属于保安处分。

判例既肯定惩罚性的没收（刑罚）[1] 又肯定以剥夺因犯罪行为所生利益为目的的没收（保安处分）。[2]

3. 没收的对象

刑法第 48 条第 1 款规定："对于不属于犯罪人以外的人或犯罪后犯罪人以外的人知情而取得的下列财物，可以没收其全部或一部：① 提供于犯罪行为或者准备提供于犯罪行为的财物；② 因犯罪行为所生财物或者获取的财物；③ 以前 2 项规定内容为代价取得的财物。"

因此，没收的对象包括以下三种情况下的财物：

（1）提供于犯罪行为或者准备提供于犯罪行为的财物。例如使用于强盗行为的凶器、搬运赃物的机动车等，属于这种情况的没收对象。

（2）因犯罪行为所生之物或者获取的财物。所谓因犯罪行为所生财物是指由伪造文书罪制成的伪造文书等；因犯罪行为获取的财物是指像通过实施财产犯罪而获取的财物等犯罪的客体。因而在以杀人为代价收取他人金钱的情况下，不能将其视为因杀人行为获取的财物，而是应称其为因杀人行为所生财物。

（3）以前 2 项规定内容为代价取得的财物。以前 2 项规定内容为代价取得的财物是指向犯罪行为提供财物以此为代价获取的财物。例如借给使用于犯罪的汽车或约定借出，以此为代价获得的财物。

上述三种没收对象应当不属于犯罪人以外的人的财物。可以没收属于犯罪人本人所有的财物或无主物，但不能没收属于犯罪人以外的人所有的财物。这是因为如果单纯以与犯罪有关为由没收无任何责任人的财物，就会导致侵害所有人财产权的结果。但是犯罪后犯罪人以外的人知情而获得的财物可以没收（第 48 条第 1 款本文）。"知情"是指知道第 48 条各项规

---

[1]　"《关于管理毒品类的法律》第 67 条所规定的没收或追缴，不是以剥夺因犯罪行为所生利益为目的，而是具有惩罚性质的处分。因此，即使未能获得因其犯罪行为所生利益，法院也应当命令追缴其价额。"（大判 2001. 12. 28. 2001 DO 5158）

[2]　"没收的目的在于剥夺犯罪人或者知情的第三人所受的财物或其他利益，使他们无法保有非法获取的利益。因而数人以对公务员处理的事件或事务请托的名义所受的金钱共同进行分配，那么应当只对各自实际上分得的金额个别地予以没收或者追缴其价额。"（大判 1996. 11. 29. 96DO2490）

定的情况，不是指具体知道属于没收的对象。

4. 追缴

（1）追缴的概念

刑法规定："无法没收没收对象的财物时，追缴其价额。"（第48条第2款）因此，追缴是在无法没收的情况下强制犯罪人缴纳作为没收对象的财物其价额。但是在不缴纳价额的情况下不能适用劳役场留置，可以根据一般的强制执行程序强制执行被告人的财产。"无法没收"是指法律上或者事实上不可能没收，不问其是否消费、丢失、转让、混同或者隐匿等原因。

（2）追缴的法律性质

由于没收属于附加刑，所以追缴也属于附加的处分。因而对主刑处以宣告犹豫的情况下，也可以对作为附加处分的追缴处以宣告犹豫。但是如果对其主刑不处以宣告犹豫，那么不能对作为其附加处分的追缴处以宣告犹豫。

（3）追缴的方法

根据判例惩罚性质的没收与剥夺利益性没收的追缴方法有所不同。在具有惩罚性质的没收中适用共同连带追缴的原则，[①]而在利益剥夺性没收中适用个别性、分配性追缴原则。[②]

（4）价额的计算方法

在无法没收时应追缴价额的计算，应当以裁判宣告时的价格为标准。而且其价额也应当以根据正常的流通过程所形成的市场价格为标准。

四　名誉刑

（一）名誉刑

名誉刑是指剥夺或停止犯罪人的名誉或者资格的刑罚。现行刑法没有

---

① "可以认为，外汇管理法中的没收和追缴与一般刑事法不同而具有对犯罪事实的惩罚性制裁的性质。因此在多人共谋实施违反行为而无法没收作为其没收对象的外汇等情况下，应当命令追缴各违反行为人获取外汇的全部价额。如果其中一人能够缴纳全部追缴价额，其他违法行为人可以免除追缴的执行；但是只要其中一人未能缴清追缴价额，那么在其范围内其他各违反行为人就不能免除追缴的执行。"（大判1998.5.21. 95 DO 2002）

② "没收的目的在于剥夺犯罪人或知情的第三人所受的财物或其他利益使他们无法保有非法获取的利益。因此数人以对公务员处理的事件或事务请托的名义所受的金钱共同进行分配，那么应当只对各自实际上分得的金额个别地予以没收或者追缴其价额。"（大判1996.11.29. 96DO2490）

规定剥夺、限制名誉的刑罚，只规定了剥夺、限制资格的资格丧失、资格停止两种刑罚。

（二）资格丧失

资格丧失，是指一旦被判处一定的刑罚，作为其附随效果就会丧失一定资格的刑罚。

被判处死刑、无期惩役或无期禁锢的人丧失以下资格：第一，成为公务员的资格；第二，公法上选举权与被选举权；第三，由法律规定其要件的有关公法上业务的资格；第四，成为法人的理事、监事或者经理以及其他有关法人业务的检查人员或财产管理人员的资格（第43条第1款）。刑法各则没有规定独立判处资格丧失的条款。

（三）资格停止

资格停止，是指在一定期间内停止一定资格的全部或者一部分的刑罚。

资格停止包括在被判处一定刑罚的情况下附随地资格被停止的"当然停止"以及因被宣告停止资格判决的"宣告停止"两种。

1. 当然停止

被判处有期惩役或者有期禁锢的人，至其刑罚执行终了或免除为止以下资格被停止：第一，成为公务员的资格；第二，公法上选举权与被选举权；第三，由法律规定其要件的有关公法上业务的资格（第43条第2款）。

成为法人的理事、监事或者经理以及其他有关法人业务的检查人员或财产管理人员的资格，不会因此被停止。

2. 宣告停止

可以因宣告停止资格的判决而其资格全部或一部被停止，称为宣告停止。

资格停止的选科刑即资格停止与其他刑罚一起被规定为选择刑时，既可以独立宣告也可以并科宣告。宣告停止的期间为1年以上15年以下（第44条第1款）。

对有期惩役或有期禁锢并科宣告停止资格时，其期间自惩役或禁锢执行终了或免除之日起计算（第44条第2款）。资格停止的并科刑包括必要的并科和任意的并科，资格停止的并科刑以任意的并科为原则，以必要的并科为例外（即堕胎罪－第270条）。

五 刑罚的轻重

在刑罚的适用中，有必要决定刑罚的轻重。例如，"以最重的犯罪所规定的刑罚处罚"（刑法第 40 条）或者"……与伤害罪比较以重的刑罚处断"（刑法第 275 条）或者"如果犯罪后因法律的变更其刑罚比旧法轻就适用新法"（刑法第 1 条第 2 款）。

现行刑法对刑罚的轻重在第 50 条中规定如下：

1. 刑罚的轻重应依照第 41 条所记载的顺序（第 50 条第 1 款）。因而在刑罚的轻重中死刑最重，然后是惩役、禁锢、资格丧失、资格停止、罚金、拘留、科料、没收的顺序。不过，无期禁锢和有期惩役是以禁锢为重，有期禁锢的长期超过有期惩役的长期时以禁锢为重。

2. 在同种的刑罚中以相对更长的长期、相对更多的多额为重。在长期或者多额相同的情况下，以相对更长的短期和相对更多的少额为重（同条第 2 款）。因而在同种刑罚的相互之间的轻重，应当首先比较各自的上限。相对更大的上限（长的和多的）不论下限（短期或少额）的大小总是会成为重的刑罚。

3. 对于除上述两种规定以外的情况，应当依照犯罪性质和犯罪情节而决定刑罚的轻重（同条第 3 款）。在法定刑完全相同（例如两个以上的死刑或者长期、短期和多额、少额完全相同）时不可能依照第 1 种或者第 2 种记载规定决定刑罚的轻重，因此由法院根据罪质和犯罪情节而决定。

上述内容虽然是有关判断法定刑轻重的方法，但是也可以作为有关判断处断刑、宣告刑轻重的方法。例如刑罚的执行犹豫比刑罚的免除执行轻（大判 1963. 2. 14. 62 DO 248）。其理由是经过执行犹豫期间之后宣告刑罚的效力归于无效，但是刑罚的免除执行只是免除其刑罚的执行。有期惩役 1 年执行犹豫 3 年的刑罚，比有期惩役 6 个月的刑罚轻（大判 1965. 12. 10. DO 826）。

第三节　量刑

一　量刑

量刑也称为刑的量定，是指以法定刑为基础决定具体宣告刑的过程。这种量刑概念被称为广义的量刑概念。此外量刑概念还包括狭义的概念和最狭义的概念。

广义的量刑是在法定刑中规定数种刑罚供于选择的情况下，选择刑种并决定是否加重或减轻刑罚而作为处断刑，决定执行犹豫或宣告犹豫，决定是否处以社会奉仕命令、授奖命令、保护观察等，在处断刑的范围内决定具体的宣告刑等都包含在内的概念。

狭义的量刑概念，是指在广义的量刑中排除执行犹豫、宣告犹豫以外的量刑概念。最狭义的量刑概念，是指在处断刑的范围内决定具体宣告刑的量刑。

二　量刑的阶段

量刑的阶段由把法定刑作为出发点，在法定刑中选择刑种将其加重或减轻作为处断刑，并以此为基础决定具体的宣告刑的过程来形成。

（一）法定刑

法定刑，是在刑法中对于一定的犯罪以抽象的形式规定的刑罚即对应于各本条的构成要件所规定的刑罚。法定刑是作为适用刑罚基本标准的刑罚。例如刑法第 250 条第 1 款的杀人罪中"死刑、无期或 5 年以上的惩役"等。（相对的法定主义）

刑法在规定对各种犯罪的刑罚方式中从来存在过三种方式。第一种，不以法律来特定对一定犯罪的刑罚，而是把刑罚的适用完全委任给法官自由裁量的"绝对的专断刑"立法方式。这种方式是在中世纪以及近代初期（威吓刑时代）罪刑擅断主义的立法方式。第二种，在刑法中严格规定对一定犯罪的刑罚种类及其分量，不允许法官任何裁量的"绝对的法定刑"立法方式。这是基于近代的启蒙时代罪刑法定主义思想的立法方式。第三种，在刑法中对一定犯罪的刑罚种类及其分量规定一定的范围，在其范围内将刑罚的适用委任给裁判官的所谓"相对的法定刑"立法方式。这是基于现代刑罚的个别化要求的立法方式。

现行刑法以相对的法定刑主义为原则。即首先原则上允许对刑罚的种类进行选择，例如杀人罪的法定刑为"死刑、无期或 5 年以上的惩役"。其次，对于有期的自由刑和财产刑规定其上限（即长期或多额）和下限（即短期或少额），在其范围内允许法官裁量刑罚（在各法条中没有规定长期、短期或者多额、少额的情况下，应当依照刑法总则第 42 条规定的一般的界限。）在现行刑法中规定绝对的法定刑的情况只有第 93 条与敌罪中的死刑。

（二）处断刑

处断刑，是在把规定于刑法各法条的法定刑对具体犯罪事实的适用过程中，如果法定刑允许选择刑罚种类，那么首先对刑种进行选择，然后对这一选择刑予以加重或减轻的、能够作为宣告刑最终基础的刑罚。因而在没有刑法总则或各则规定的加重、减轻事由而无须加重、减轻的情况下，被选择的刑罚就会成为处断刑；在因法定刑不允许选择刑种而不能选择的情况下，法定刑本身就会成为处断刑。例如刑法第333条强盗罪的法定刑为长期15年（虽然没有上限但根据第42条本文规定成为15年）、短期3年的有期惩役。但是根据刑法第55条第1款第2项的规定，在减轻处罚时成为其刑期的二分之一即长期7年6个月、短期1年6个月的有期惩役，这就是处断刑。此时如果没有减轻（或者加重）的事由法定刑即长期15年、短期3年就会成为处断刑。

（三）宣告刑

宣告刑，是指法院在处断刑的范围内具体量刑而对特定被告人宣告的刑罚。例如上述处断刑的例子中，如果在强盗罪的处断刑（减轻的情况）范围即长期7年6个月、短期1年6个月的范围内宣告惩役3年，这就是宣告刑。

宣告自由刑的方式包括"定期刑"与"不定期刑"。"定期刑"是指在裁判中确定自由刑的期间而宣告的情况。"不定期刑"是指在裁判中不确定自由刑的期间而宣告的情况，而根据其执行的具体状况决定是否释放。而且不定期刑分为"绝对的不定期刑"和"相对的不定期刑"。所谓"绝对的不定期刑"是在裁判中不确定刑期而宣告的情况，例如"处以惩役"等；"相对的不定期刑"是在裁判中确定一定的长期和短期而宣告的情况，例如"处以长期5年、短期3年的惩役"等。现行刑法以定期刑为原则，作为一种例外《少年法》对少年犯规定了相对的不定期刑（少年法第60条）。

三　刑罚的加重、减轻与免除

（一）刑罚的加重

现行刑法中的刑罚加重只限于事先由法律明文规定的加重即"法定的加重"，决不允许裁判上的"酌定的加重"。而且法定的加重包括由刑法总则规定的加重事由即一般的加重事由和由刑法各则的各本条规定的加重事由即特殊的加重事由等两种。现行刑法所规定刑罚的一般的加重事由包括特殊教唆、帮助的加重（第34条第2款）、累犯的加重（第35条第2款）、竞合犯的加重（第38条第1款第2项）等。

刑罚的加重属于必要的加重（例如……加重处罚）而不是任意的加重

（例如……可以加重处罚）。而且这里的加重并非指的是决定超过其法定刑的宣告刑，而是在加重的处断刑范围内决定其宣告刑。例如如果刑法第329条盗窃罪（法定刑为处以6年以下的惩役）属于累犯，不是要求决定超过6年的宣告刑，而是把法定刑的长期6年加重到12年作为处断刑的长期，并在这一加重的处断刑范围内决定宣告刑。此时即使把1年的惩役刑决定为其宣告刑，也可以认为是刑罚的加重。

（二）刑罚的减轻

刑罚的减轻包括法定的减轻和裁判的减轻（酌定减轻）。

1. 法定的减轻

法定减轻包括刑法总则规定的减轻事由即一般的减轻事由和刑法各则中各本条规定的减轻事由即特殊的减轻事由（例如刑法第90条第1款但书）等两种。

而且法定减轻又包括必要的减轻和任意的减轻。必要的减轻就像从犯（第32条第2款）那样只要具有一定的事由就当然地应当减轻的情况；任意的减轻就像未遂犯（第25条）那样如果具有一定的事由就可以由法院的裁量予以减轻的情况。但是两者均根据法律上的明文规定减轻，因此被称为法定减轻。

法定的一般性减轻事由包括：

（1）必要的减轻事由

第一，心神微弱者（第10条第2款）；第二，聋哑者（第11条）；第三，中止犯（第26条，与"免除"并列选择适用）；第四，从犯（第32条第2款）。

（2）任意的减轻

第一，因"在外国所受刑罚的执行"的减轻（第7条）；第二，过剩防卫（第21条第2款）；第三，过剩避难（第22条第3款）；第四，过剩自救行为（第23条第2款）；第五，未遂犯（第25条第2款）；第六，不能未遂犯（第27条但书）；第七，自首或自服（第52条第1款、第2款）。

在上述任意的减轻事由中，除了未遂犯以外都与"免除"并列选择适用。

2. 裁判的减轻

裁判的减轻又称为酌定的减轻，是指即使法律上没有任何特定的减轻事由但是如果在犯罪的情状中存在能够参酌的事由，法院可以酌定减轻其刑罚（参照刑法第53条）

在做出法定的加重或减轻刑罚之后，还可以再做出酌定减轻（第 56 条第 6 项）。因为法定的加重或减轻只不过是对刑罚合理的适用，不能因此而认为刑罚对具体的案情总是适合的。即根据犯罪的情状认为法律上的科刑还是重的，为了对该案件公正的裁判有必要再做出酌定的减轻。

（三）刑罚的免除

刑罚的免除，是虽然成立犯罪（因而暂且发生了刑罚权）但因某种事由不予科处刑罚的情况。所以刑罚的免除判决属于有罪判决的一种（刑事诉讼法第 322 条、第 323 条）。而且刑罚的免除与刑罚的免除执行不同。

在现行刑法中刑罚的免除包括必要的免除和任意的免除，但都限于法定的免除不允许裁判的免除（酌定的免除）。而且法定的免除又包括刑法总则规定的免除事由即一般的免除事由和刑法各则中各本条规定的免除事由即特殊的免除事由。

法定的一般性免除事由具体包括：第一，因"在外国所受刑罚的执行"的免除（第 7 条）；第二，中止犯（第 26 条）；第三，不能未遂犯（第 27 条但书）；第四，过剩防卫（第 21 条第 2 款）；第五，过剩避难（第 22 条第 3 款）；第六，过剩自救行为（第 23 条第 2 款）；第七，自首、自服（第 52 条第 1 款、第 2 款）等。这些免除事由都与减轻并列规定为选择刑；其中只有中止犯才属于必要的免除，其余的都是任意的免除。

四　刑罚的加减例

刑罚的加减例，是指在加重或减轻刑罚时，有关于其顺序以及程度、方法的准则。

（一）加重、减轻刑罚的顺序

1. 在一个犯罪中规定了两个以上刑种时，应当首先选择要适用的刑种，然后加重或减轻刑罚（第 54 条）。

2. 在加重或减轻刑罚的事由发生竞合时，应当依照以下顺序处理。

第一，依照各则各本条规定的加重；第二，依照第 34 条第 2 款规定（特殊教唆、帮助）的加重；第三，累犯加重；第四，法定减轻；第五，竞合犯加重；第六，酌定减轻。

（二）加重、减轻刑罚的程度与方法

1. 关于加重刑罚的程度与方法

刑法总则规定的加重刑罚的情况只包括特殊的教唆与帮助、竞合犯、

累犯等三种。对于特殊教唆、帮助与竞合犯，其加重刑罚的程度及方法已分别在"共犯论"、"罪数论"等章节中加以介绍。对于累犯的刑罚，加重到其罪法定刑长期的 2 倍（刑法第 35 条第 2 款）。

但是，在加重有期惩役或有期禁锢的情况下，不能超过 50 年（第 42 条但书规定）。

2. 关于减轻刑罚的程度及方法

（1）法定减轻的程度与方法如下：（第 55 条第 1 款）

① 减轻死刑，应当减为无期或者 20 年以上 50 年以下的惩役或禁锢；② 减轻无期惩役或无期禁锢，应当减为 10 年以上 50 年以下的惩役或禁锢；③ 减轻有期惩役或有期禁锢，应当减为其刑期的二分之一；④ 减轻资格丧失，应减为 7 年以上的资格停止；⑤ 减轻资格停止，应当减为其刑期的二分之一；⑥ 减轻罚金，应当减为其多额的二分之一；⑦ 减轻拘留，应当减为其长期的二分之一；⑧ 减轻科料，应当减为其多额的二分之一。

存在数个法定的减轻事由时，可以重复减轻（第 55 条第 2 款）。

（2）酌定减轻的程度及方法，现行刑法未做出任何规定。

但是，从法理上说当然可以解释为应当准用上述法定的减轻例（大判 1964. 10. 28. 64 DO 454）。在酌定减轻中即使存在数个可酌定减轻的事由也不能重复减轻（大判 1964. 4. 7. 63 DO 10）。在做出法定减轻之后还可以再做出酌定减轻（第 56 条第 4 项、第 6 项）。

五 量刑的条件

刑法第 51 条规定了在量刑过程中应当着重参酌的一般性条件，称之为量刑条件或量刑的参酌事项。

1. 犯罪人的年龄、性情、智力能力和环境

考虑犯罪人的老幼、性格、素质、经历、习惯、遗传、智力的发育程度以及其他有关犯罪人个人与社会的环境等。

2. 对被害人的关系

参酌是否滥用或蔑视与被害人亲属、监护、师弟、雇佣以及其他类似的关系而实施犯罪或致使犯罪等。

3. 犯罪行为的动机、手段和结果

考虑犯罪行为的动机是否起因于恐怖、兴奋、惊愕、慌忙、挑拨、威吓、群众暗示、公愤或私人感情以及其他事由，而且也应当参酌犯罪的手

段是否残忍、狡猾或者犯罪计划的大小或者因犯罪发生的危险或实害的轻
重等。

4. 犯罪后的情况

参酌犯罪后是否悔悟、补偿被害以及其他为减轻损害而努力等。

总之，在量刑中应当综合参酌上述各个条件并且具体考虑到对犯罪和
犯罪人具体事实的认识、对此的刑法性评价以及给裁判和执行带来的社会
效果等。

六 自首与自服

刑法第 52 条规定了自首、自服作为在量刑中法定的减免事由（任意的
减免），即：（自首、自服）"实施犯罪后向负有侦查责任的官署自首的，可
以减轻或免除其刑罚。"（第 1 款）"实施违反被害人意思不能处罚的犯罪后
向被害人自服的，与前款规定相同。"（第 2 款）

"自首"是指犯罪人自己向侦查机关（即检察官、司法警察官）申告自
己的犯罪事实要求处分的意思表示。自首是犯罪人主动申告自己的犯罪事
实，与针对侦查机关的讯问承认自己犯罪事实的自白有区别。而且即使犯
罪人没有亲自到警察署自首，但是在能够立即接受侦查机关处分的状态下
告知自己的犯罪事实，例如通过代理人告知也可以成立自首。

"自服"是指向被害人告知自己的犯罪事实，刑法中的自服限于不能违
背被害人的意思而处罚的犯罪（例如第 260 条的暴行罪）。

把"自首"、"自服"规定为刑罚的减免事由，其理由在于"悔悟的人
得到宽恕"这一东方特有的刑法传统。同时也出自使侦查、处罚变得容易
的刑事政策性考虑。

七 判决的公示

现行刑法为了恢复被害人或被告人的名誉规定了可以宣告判决公示的
主旨。即"为了被害人的利益如认为有必要限于被害人提出请求的情况，
可以由被告人负担宣告判决公示的主旨。"（第 58 条第 1 款）"对于被告案
件在宣告无罪的情况下，应当宣告判决公示的主旨。但是被判决无罪的被
告人不同意宣告无罪判决公示的主旨或者无法征得被告人同意的情况除
外。"（同条第 2 款）"对被告案件宣告免诉的判决，可以宣告免诉判决公示
的主旨。"（同条第 3 款）

例如在被告人以损毁名誉罪或诬告罪被判有罪的情况下，以判决公示的方式让社会的一般人周知被散布或申告的事实属于无任何根据的虚伪事实，以此证明被害人的真实性或者无辜。在被告人被判处无罪或免诉的情况下，以判决公示的方法证明被告人原来是无罪的诚实之人，也能够消除被告人在社会一般人心中的负面印象。

第四节　累犯

一　累犯

（一）累犯

累犯的概念包括广义的累犯和狭义的累犯。对于已经受确定判决的犯罪来说，其后所实施的犯罪就是广义的累犯。狭义的累犯，是指广义的累犯中在一定的条件下加重其刑罚的累犯。刑法中的累犯，就是指狭义的累犯。

现行刑法第35条规定：（累犯）"被判处禁锢以上的刑罚已终了其执行或者被赦免以后3年以内又实施应当判处禁锢以上刑罚之罪的人，以累犯处罚。"（第1款）"累犯的刑罚，应加重到其罪法定刑长期的2倍。"（第2款）

（二）累犯与常习犯的区别

累犯与常习犯不是相同的概念。累犯的概念中包含了因无视前一刑罚的体验增大责任的意义。常习犯是着眼于反复实施同种犯罪的行为人危险性的概念。概言之，累犯是以罪数为基础的概念；常习犯是以行为人常习的癖性为基础的概念。刑法在总则中没有规定常习犯，而是在各则中予以规定加重其刑罚。

二　累犯加重的意义

累犯被加重处罚的理由是，已经被刑罚处罚的人不知悔改又实施了犯罪，因而其非难的可能性比初犯更强，其责任也更重。而且这种行为人被其反复的犯罪所表征出来的反社会的危险性则更大。另一方面，累犯的发生直接地反映了前一刑罚对行为人没有起到任何效果。那么不禁使人产生怀疑，对于累犯仅仅依靠这种加重刑罚的方法能否实现所期的刑罚目的。尤其是到19世纪后半叶，累犯的激增对近代刑法学派的诞生形成了非常重要的契机，累犯政策成为当时刑事政策的重要课题。从此对于刑罚执行终了人的更生保护事业开始被强调与重视，越来越多的人主张与其对危险的常习犯或职业犯加重其刑罚，还不如在立法上规定不定期刑以及保安处分制度。

三 累犯的构成要件

累犯的构成要件包括以下内容。（第 35 条第 1 款）

（一）前罪被判处禁锢以上的刑罚，后罪也可能被判处禁锢以上刑罚的犯罪

如果前罪或后罪是被判处或可能被判处比禁锢轻微的刑罚即资格丧失、资格停止、罚金、拘留、科料或没收等刑罚的犯罪，就不能成立累犯。而且在前罪中被判处禁锢以上的刑罚的受刑人要成立累犯，应当因赦免、减刑或者其他事由（如刑罚的时效）免除其刑罚的执行或者终了其刑罚的执行。所谓后罪中也可能被判处禁锢以上刑罚的犯罪，是指对于作为科刑对象的犯罪事实来说，属于应当以禁锢以上刑罚予以处断的情况。因此，在后罪的法定刑为禁锢以上的刑种与禁锢以下的刑种并列为选择刑的情况下，只能发生限于选择禁锢以上刑罚予以处断的情况而加重累犯的问题。

（二）前罪的刑罚终了执行或者被赦免以后 3 年以内又实施了应当判处禁锢以上刑罚的犯罪

如果在惩役或禁锢刑的执行中又实施应当判处禁锢以上刑罚的犯罪，就不能成立累犯。而且无论在宣告犹豫期间或者执行犹豫期间还是在其犹豫没有被取消或失效而经过了宣告犹豫期间或执行犹豫期间之后 3 年以内又实施了应当判处禁锢以上刑罚的犯罪，也不会构成累犯（参照第 60 条、第 65 条）。即使是因前罪被判处禁锢以上的刑罚但是由一般赦免丧失了其刑罚的宣告效力，那么不能适用累犯的加重。

通说认为，"3 年以内的期间"应当自终了刑罚的执行或者免除刑罚的执行之日起计算。而且是否在 3 年之内实施后罪，应当以后罪着手实行的时期为标准而判断。但是在阴谋·预备属于着手实行前一阶段的行为，因而应当认为只要是存在 3 年以内的阴谋·预备行为就能够充足累犯加重的要件。而且对常习犯来说既然其部分行为在累犯期间实施，那么即使其余行为是累犯期间经过之后实施的，也应当视为其整个行为处在累犯关系之中。

四 累犯的处罚

（一）累犯的处罚例

刑法第 35 条第 2 款规定："累犯的刑罚，加重到其罪法定刑长期的 2 倍。"因而累犯的处断刑应当是短期以上其罪法定刑长期的 2 倍以下。例如强盗罪（第 333 条）的法定刑为 3 年以上 15 年以下惩役，那么强盗罪累犯的处断刑为 3 年以下 30 年以下的惩役。

（二）判决宣告后发现累犯

宣告判决后发现是累犯的，可以通算其宣告的刑罚重新决定其刑罚（第 36 条）。

本规定的意图在于，在裁判当时因被告人使用假名或其他事由没有发现其作为累犯的事实，判决生效之后发现是累犯的，可以根据累犯加重的原则加重已宣告的刑罚。

但是宣告的刑罚已执行终了或免除其执行后发觉的除外（第 36 条但书）。但书规定存在的理由为，需要尊重已经恢复自由而回到平稳社会生活的犯罪人的现有状态。

第五节　刑罚的执行

一 死刑的执行

死刑的执行方法为绞首，其执行场所为教导所之内（刑法第 66 条）。

死刑执行命令应当在判决确定之后 6 个月内做出（刑事诉讼法第 465 条）。被宣告判处死刑的人至执行为止羁押于教导所内。死刑执行时期为法务部长官签发执行命令之日起 5 日之内（同法第 466 条）。

对心神丧失人或者孕妇根据法务部长官的命令停止死刑的执行。经过治疗或分娩后由法务部长官签署命令予以执行（同法第 469 条）。作为对少年犯的特例，对于犯罪时未满 18 周岁的人不适用死刑（少年法第 59 条）。

二 自由刑的执行

惩役、禁锢和拘留都把受刑人拘置在教导所执行。被判处惩役的受刑人有义务服务于定役，但是被判处禁锢和拘留的受刑人没有义务服务于定役（刑法第 67 条、第 68 条）。

自由刑的执行被称为"行刑"，其执行的具体方法由《行刑法》来规定。对心神障碍人应停止自由刑的执行，对具有其他一定的法定事由的受刑人也可以停止自由刑的执行（刑事诉讼法第 470 条、第 471 条）。

判决宣告前的拘禁（称为未决拘禁）不属于刑罚的执行，不过是诉讼法所认定的拘禁。但是其在剥夺犯罪人自由这一点上与自由刑没有区别，将其视为执行刑罚的一部分才能符合公平的理念。因而刑法对于宣告判决前拘禁日数的通算做出了以下的规定：把宣告判决前的拘禁日数全部计入有关有期惩役、有期禁锢、罚金、科料的留置或拘留（刑法第 57 条第 1 款）。在这种情况下，拘禁日数的 1 日折抵关于惩役、禁锢或科料的留置或拘留期间的 1 日。（同条第 2 款）。

三　财产刑的执行

罚金和科料应当在判决确定之日起 30 日以内缴清。但是在宣告判决时可以命令至缴清其金额为止留置到劳役场（刑法第 69 条第 1 款）。对于不缴纳罚金的人在 1 日以上 3 年以下、对不缴纳科料的人在 1 日以上未满 30 日的期间留置到劳役场服务于作业（同条第 2 款）。宣告罚金或科料，应当宣告未缴纳罚金或科料情况下的留置期间（第 70 条第 1 款）。宣告的罚金为 1 亿元以上未满 5 亿元的其留置期间为 300 日以上，5 亿元以上未满 50 亿元的其留置期间为 500 日以上，50 亿元以上的其留置期间为 1000 日以上，由法官决定留置的具体期间（同条第 2 款）。被判处罚金或科料的人缴纳罚金或科料的部分金额时，对于罚金额或科料额换算成留置期间的日数后，把相当于已缴纳金额的如数扣除（第 71 条）。

关于财产刑的执行方法，由刑事诉讼法第 477 条至第 481 条做出规定，其他执行方法准用民事诉讼法关于执行的规定（刑事诉讼法第 477 条第 3 款）。

四　名誉刑的执行

资格丧失或资格停止是使犯罪人在一定期间内丧失或停止一定内容资格的刑罚（刑法第 43 条、第 44 条）。

因此，对于被判处资格丧失或资格停止的人应当将其记载于原簿，并及时把副本送达给被判处资格丧失或资格停止的人户籍所在地或者居住地的市长、邑长或面长（刑事诉讼法第 476 条）。

第六节　刑罚的犹豫与假释放

一　刑罚犹豫的意义

在刑事政策的目的意义来说，有时没有必要对犯罪情节轻微的偶发性初犯执行刑罚。尤其是短期自由刑对于改善、教化受刑人是过于短暂的刑期，因其执行使受刑人自暴自弃而且容易受到其他受刑人的恶性感染或者使受刑人难以重返正常的社会生活，极有可能致使其重新走上犯罪的道路。

为了尽可能克服在短期自由刑中存在的这些弊端，立法者设计出可不执行刑罚却能够达到刑罚目的的制度，就是刑罚的宣告犹豫制度以及刑罚的执行犹豫制度。这种制度在一定期间暂缓刑罚的宣告或执行，如果犯罪人在其期间内没有发生特定的事故表现良好，就不仅永远不执行刑罚，而且赋予与未曾宣告有罪判决相同的法律效力。现行刑法在规定刑罚的执行犹豫制度的同时规定了刑罚的宣告犹豫制度。

二　刑罚的宣告犹豫

（一）宣告犹豫

刑罚的宣告犹豫，是指对于犯罪情节轻微的犯罪人在一定期间内暂缓刑罚的宣告，如果在其暂缓期间内没有发生特定的事故而期满，就免除其刑罚宣告的制度。

现行刑法对于刑罚的宣告犹豫在第 59 条至第 61 条中规定了其要件、期间以及效果等具体内容。

（二）宣告犹豫的要件

要判处刑罚的宣告犹豫应当具备以下要件（第 59 条第 1 款）：

1. 属于应当判处 1 年以下的惩役、禁锢或资格停止或罚金刑的犯罪。

2. 根据刑法第 51 条规定的事项（即量刑的条件），具有显著的悔改情状。在考虑是否有显著的悔改情状时，要重点考察是否具有再犯的危险性。

3. 没有被判处资格停止以上刑罚的前科。

（三）并科刑罚或保护观察

在并科刑罚的情况下，可以对部分或全部刑罚判处宣告犹豫（第 59 条第 2 款）。

在判处刑罚的宣告犹豫的情况下，为了防止再犯而且有必要进行指导或援护时，可以命令接受保护观察。此时，保护观察的期间为 1 年（第 59 条之 2）。

（四）宣告犹豫的效果

被判处宣告犹豫之日起经过 2 年期满的，视为免诉（第 60 条）。免诉不同于无罪。无罪的判决意味着一开始不存在实体的公诉权（即刑罚权）。但是免诉的判决意味着原先发生的实体的公诉权（刑罚权）归于消灭。

（五）宣告犹豫的失效

被判处宣告犹豫的人如果在犹豫期间内被处以资格停止以上刑罚的判决被确定或者被处以资格停止以上刑罚的前科被发现，应当宣告已犹豫的刑罚（第 61 条第 1 款）。

根据第 59 条之 2 的规定命令保护观察的被宣告犹豫人，在保护观察期间严重地违反其遵守事项时，可以宣告已犹豫的刑罚（第 61 条第 2 款）。

三 刑罚的执行犹豫

（一）执行犹豫

刑罚的执行犹豫，是指认定有罪以后宣告刑罚时根据犯罪情节在一定期间内暂缓刑罚的执行，如果在暂缓期间内没有发生特定的事故而期满就免除刑罚执行并且发生与未曾宣告其刑罚相同法律效果的制度。

现行刑法对于刑罚的执行犹豫在第 62 条至第 65 条中规定了执行犹豫的要件、期间以及效果等具体内容。

（二）执行犹豫的要件

如果具备了以下要件，法院就可以在宣告刑罚的同时宣告刑罚的执行犹豫（刑法第 62 条第 1 款）。

1. 属于可能判处 3 年以下的惩役或者禁锢刑罚的犯罪。

2. 根据刑法第 51 条规定的事项（即量刑的条件），在其情状中具有可以参酌的事由。在考察其情状中是否具有参酌的事由时，要重点考察是否具有再犯的危险性。

3. 被处以禁锢以上刑罚的判决终了执行或者免除以后经过 3 年的。

执行犹豫的期间为 1 年以上 5 年以下。

（三）并科刑罚或保安处分

在并科刑罚的情况下，可以对其部分刑罚判处执行犹豫（第 62 条第 2 款）。

在判处刑罚的执行犹豫时，可以同时命令接受保护观察或者社会奉仕或受讲（第62条之2第1款）。此时，保护观察的期间为执行犹豫的期间。但是法院可以在执行犹豫的期间内决定保护观察的具体期间。社会奉仕命令或受讲命令应当在执行犹豫期间内执行（第62条之2的第2款、第3款）。

（四）执行犹豫的效果

被判处执行犹豫后其没有失效或者被取消，犹豫期间届满后刑罚的宣告就失去效力（第65条）。这里所说的"刑罚的宣告就失去效力"，是指不仅免除刑罚的执行而且发生与未曾被判处刑罚相同的法律效果。

（五）执行犹豫的失效

被判处执行犹豫的人在犹豫期间内因故意犯罪被处以禁锢以上刑罚的判决被确定，其执行犹豫失去效力（第63条）。在这种情况下应当执行被犹豫的刑罚。

（六）执行犹豫的取消

被判处刑罚的执行犹豫后发现犯罪人具有第62条第1款但书规定的事由时，应当取消执行犹豫（第64条第1款）。第62条第1款但书规定的内容为："但是对于在处以禁锢以上刑罚的判决终了执行或者免除后3年内所犯的犯罪判处刑罚的情况除外。"这里所说的"处以禁锢以上刑罚"，不仅包括被判处实刑也包括被判处执行犹豫。

执行犹豫的取消，是必要的取消而不是任意的取消。执行犹豫一旦被取消，应当执行被犹豫的刑罚。

根据第62条之2的规定，命令保护观察或者社会奉仕或受讲的被执行犹豫人，在严重地违反应当遵守的事项或命令时，可以取消执行犹豫的宣告（第64条第2款）。

四 假释放

（一）假释放的意义

假释放，是指正在被执行自由刑（惩役或禁锢）的人其悔改表现良好而教化改善的效果显著时，在刑期届满前附条件的临时释放受刑人，只要其在临时释放没有被取消（或失效）的情况下经过了一定的期限，就视为刑罚的执行终了的制度。

假释放制度是为了缩短不必要的刑罚的执行期间、促使受刑人较为容易重返社会的制度。也是为实现"促成行刑中的受刑人为尽早回归社会自觉而积极做出努力”这一特别预防目的的制度。而且根据假释放制度的适用，可以弥补定期刑制度对受刑人的悔改情状不加以任何考虑而执行预定刑期的缺陷。[①] 因此，假释放制度被称为"残余刑罚的执行犹豫"。

现行刑法对于假释放制度在第 72 条至第 76 条中规定了成立要件、期间以及效果等具体内容。

（二）假释放的要件

在具备以下要件的情况下，可以以行政处分做出假释放的决定：

第一，正在被执行惩役、禁锢刑的人，悔改表现良好而教化、改善的效果显著。这是指具有能够认定遵守监规、保障善行而正在悔悟的情状，实际上被认为没有再犯的危险性。

第二，无期刑是经过 20 年、有期刑是经过原判刑期的三分之一以后（第 72 条第 1 款）。

第三，在并科罚金或科料的情况下，要求缴清罚金或科料（第 72 条第 1 款）。

具备以上要件，法务部长官以行政处分许可假释放（行刑法第 52 条）。已折抵刑期的判决宣告之前拘禁的日数，计入到假释放中执行经过的期间（第 73 条第 1 款）。已计入有关罚金或科料的留置期间的判决宣告之前的羁押日数，在第 72 条第 2 款的情形下应视为已缴纳相当于罚金或科料的金额（第 73 条第 2 款）。

（三）假释放的期间和保护观察

1. 假释放的期间

假释放的期间，无期刑为 10 年。有期刑为剩余的刑期，但是其期间不能超过 10 年（第 73 条之 2 第 1 款）。

2. 保护观察

假释放的人在假释放期间应当接受保护观察。但是许可假释放的行政官厅认为没有必要的除外（第 73 条之 2 第 1 款）。

（四）假释放的失效或取消

1. 假释放的失效

在假释放的期间被处以刑罚的判决确定时，假释放的处分就失去效力。但是因过失犯罪被判处刑罚的除外（第 74 条）。

---

① 李在祥、张永珉、姜东范：《刑法总论》（第 8 版），博英社，2015，第 613 页。

2. 假释放的取消

受假释放处分的人严重地违反了有关监视的规则或保护观察的遵守事项，可以取消假释放的处分（第75条）。取消假释放的权限当然归属于有权决定假释放处分的行政官厅即法务部长官。

3. 假释放失效或被取消的效果

在假释放失效或被取消的情况下，假释放中的日数不计入刑期（第76条第2款）。因而假释放一旦失效或被取消，应当执行假释放当时的剩余刑期（无期刑回归到无期）的刑罚。这里所说的"假释放中的日数"，是指自被假释放的次日起算直至其失效或者被取消后重新被羁押前日的日数。

（五）假释放的效果

受假释放的处分后其处分没有失效或者被取消而经过了假释放的期间，视为刑罚执行已终了（第76条第1款）。因而其效果不同于在执行犹豫中宣告刑罚本身失去效力的情况，也不会影响有罪判决本身。

对少年犯有假释放的特例（少年法第65条、第66条）。

第七节　刑罚的时效、消灭及期间

一　刑罚的时效

（一）行刑时效的意义

刑罚的时效即行刑时效，是被判处刑罚的人在没有执行刑罚的情况下经过了一定的期间，其执行被免除的情况。

现行法中的刑事时效包括行刑时效与追诉时效两种。两者的区别在于，前者是指因一定时日的经过已经确定的刑罚权即刑罚的执行权归于消灭；而后者是指因一定时日的经过尚未确定的刑罚权即公诉权归于消灭。

关于肯定刑事时效的合理性根据，有些人提出因经过了一定的时日就可以推测犯罪人的改善或难以证明犯罪事实或者犯罪人因经历了长期的逃避生活已经承受了不亚于刑罚的痛苦或磨难等理论依据。此外，因时日的经过对于犯罪（或者宣告刑罚与其执行）本身社会性意义的减少以及尊重、维持持续一定期间的平稳状态等，也是重要的理论根据。

现行法律把刑事时效分为"刑的时效"与"公诉时效"，把"刑的时效"规定在刑法中，将"公诉时效"规定在刑事诉讼法中。

（二）行刑时效的效果

被判处刑罚的人因时效的完成免除其执行（刑法第 77 条）。

因而完成时效的同时在法律上发生免除其执行的效果，也不要求另外进行裁判等其他的行为。

（三）行刑时效的期间

行刑的时效，因判处刑罚的裁判确定后（即确定之日起）在没有执行的情况下经过以下的期间而完成（刑法第 78 条）。

1. 死刑为 30 年；

2. 无期惩役刑或无期禁锢刑为 20 年；

3. 10 年以上的惩役刑或禁锢刑为 15 年；

4. 3 年以上的惩役或禁锢或者 10 以上的资格停止为 10 年；

5. 未满 3 年的惩役或禁锢或者 5 年以上的资格停止为 5 年；

6. 未满 5 年的资本停止或者罚金、没收或追缴为 3 年；

7. 拘留或者科料为 1 年。

（四）行刑时效的停止及中断

1. 行刑时效的停止

行刑时效在刑罚的执行犹豫或者刑罚的执行停止或者假释放或者其他不能执行的期间，停止其进行（第 79 条第 1 款）。

关于"刑罚的执行停止"，应当参照刑事诉讼法第 49 条。对于两个以上刑罚的执行除了资格丧失、资格停止、罚金、科料、没收之外，以优先执行较重刑罚为原则（刑事诉讼法第 462 条）。因此，在执行较重刑罚时当然停止较轻刑罚的执行。在较重刑罚的执行过程中较轻刑罚不会因时效免除其执行。

这里所说的"其他不能执行的期间"，是指因自然灾害或其他事变不能执行刑罚的期间。但是不包括被判处刑罚的人逃跑或者居所不明的期间。因为如果将这些情况都包含在其中，那么时效制度就会变得毫无意义。

行刑时效在刑罚被确定后还未执行其刑罚的人，以规避刑罚的目的滞留国外的期间，停止其进行（同条第 2 款）。

时效停止的特点在于，自消灭停止事由时起继续进行剩余时效的期间。

2. 行刑时效的中断

行刑时效在死刑、惩役、禁锢及拘留中因拘禁受刑人而中断；在罚金、科料与没收、追缴中因开始强制处分而中断（第 80 条）。

时效中断的特点在于,已经经过的时效期间其效果溯及时效开始时丧失。因而在中断时效的情况下,应当重新起算时效即只有重新经过时效的整个期间才能完成时效。

二 刑罚的消灭

(一) 刑罚消灭的意义

刑罚的消灭是刑罚执行权即根据确定的有罪判决发生的国家具体的刑罚权的消灭。

刑罚的消灭和公诉权的消灭不同。公诉权的消灭是对于犯罪的刑罚请求权的消灭;但是刑罚的消灭是依法提起公诉并有罪判决被确定后其执行权归于消灭的情况。

刑罚的消灭原因包括刑罚的执行终了、刑罚的执行免除、届满刑罚的宣告犹豫期间或者执行犹豫期间、届满假释放的期间、时效的完成、犯罪人的死亡、赦免、刑罚的失效及复权等。

下面只对在本章的前文中没有阐述过的犯罪人的死亡、赦免、刑罚的失效以及复权进行介绍。

(二) 犯罪人的死亡

刑事责任具有犯罪人一身专属性(即罪责自负、不株连他人)的特征。就像在犯罪人已经死亡的情况下不能对其追诉的一样,已经确定的刑罚其执行权也归于消灭。在作为犯罪人的法人消灭的情况下也是如此。

但是,没收、追缴的目的在于保安和阻止在经济价值上不当的归属;而且根据有关租税、专卖以及其他公共税费的法令所判处的罚金、没收或追缴其主要目的在于征收。因此,即使是受判决处罚的人在判决被确定后死亡,也可以对其遗留财产执行罚金、没收或追缴(刑事诉讼法第478条)。而且对法人处以罚金、科料、没收的判决确定之后即使该法人因合并而消灭,但是可以对于合并后存续的法人或者因合并而设立的法人予以执行(同法第479条)。这是根据法人特殊的经济性机能而确认的例外规定。

(三) 赦免

赦免,是指依据国家元首的特权将刑罚权归于消灭或者将其效力予以减轻的制度。

总统有权根据法律(赦免法)的规定命令赦免、减刑、复权(宪法第79条)。赦免法规定了有关赦免、减刑和复权的事项(赦免法第1条)。赦免的种类包括一般赦免和特别赦免（同法第 2 条）。

1. 一般赦免

一般赦免，对于犯罪人事先确定罪种或者刑种的范围并由总统予以公布（赦免法第 3 条第 1 项、第 8 条）。

一般赦免的效力，原则上使已被判处的刑罚失去效力，对于尚未被判处刑罚的人失去其公诉权（同法第 5 条第 1 款第 1 项）。

2. 特别赦免

特别赦免，对已被判处刑罚的特定人由总统予以公布（同法第 3 条第 2 项、第 9 条）。

特别赦免的效力，原则上免除刑罚的执行。

赦免的效力只是着眼于将来使被判处的刑罚失效或者免除其执行。因此，被判处刑罚后既成的效果不因赦免而变更（同法第 5 条第 2 款）。

（四）刑罚的失效及复权（裁判上的复权）

1. 制度的意义

刑罚权因刑罚执行终了、免除刑罚的执行等原因被消灭，但并非因此而必定能够消除其后的法律效果。也就是作为前科的既定事实并没有消失而继续存在。由于这一前科事实，前科人受到成为公务员的资格、从事一定职业的资格或其他必要资格方面的限制，继续处于不利的境地。消灭前科人的既成的前科事实、回复其必要的资格，使其尽早正常地回归社会，成为刑事政策上的课题。

因此，现行刑法单独设置了"刑的消灭"一节，规定了"刑的失效"与"复权"这两种制度。这种刑罚的失效与根据赦免的刑罚失效与复权有区别。

2. 刑的失效

（1）裁判上的失效

执行终了惩役刑或禁锢刑或被免除其执行的人补偿被害人的损失，并在没有被判处资格停止以上刑罚的情形下经过了 7 年，就可以根据本人或者检察官的申请宣告其裁判的失效（刑法第 81 条）。

因而失效的对象仅限于惩役与禁锢，不是经过了期间自动地失效而是经过裁判才能失效。而且裁判被确定后因判处刑罚的法律效果面向未来被消灭。

（2）当然的失效

《关于刑的失效等的法律》把刑罚失效的范围扩大到罚金、拘留和科料，并根据刑罚的种类经过一定的期间后或者立即自动地失效。也就是说，受刑人没有再被判处资格停止以上刑罚的情况下，3 年以上的惩役与禁锢是经过 10 年、3 年以下的惩役与禁锢是经过 5 年、罚金经过 2 年后其刑罚自动地失效，拘留和科料刑罚执行终了或免除其执行时立即失效（同法第 7 条第 1 款）。

3. 复权

被判处资格停止的人补偿被害人的损失，在没有被判处资格停止以上刑罚的情形下经过了停止期间的二分之一，就可以根据本人或者检察官的申请宣告恢复资格（第 82 条）。

本规定的意义在于，被判处资格停止的人即使没有届满资格停止的期间但在一定的条件下恢复其资格，以便为其扫除重返社会的障碍。

4. 裁判程序

刑罚失效及复权的宣告，应当向与保管其案件记录的检察厅相对应的法院申请（刑事诉讼法第 337 条第 1 款）。接受该申请的法院应当以决定予以宣告（同条第 2 款）。

申请人对驳回申请的决定有权提出即时抗告（同条第 3 款）。

三 刑罚的期间

（一）期间的计算

以年、月规定的期间，按照历数计算（第 83 条）。

本条是刑法中计算期间的方法，规定了采用历数的计算方法。历数的计算方法，不计算中间的日、时、分，秒，而按照历数以月、年为单位计算。根据这一计算方法因平年和闰年以及月的大小不同而发生一些差异，但是也有简便易用的特点。例如 3 月的期间从 1 月 1 日起计算，3 月 31 日就会届满。

（二）期间的起算

1. 刑期从判决被确定之日起计算（第 84 条第 1 款）

这里的"判决被确定"，从形式上说对判决已经以通常的上诉方法不能解决的状态（形式的确定），从实质上说意味着带来对其案件不能再提起公诉进行审判的效果（实质的确定力—既判力）。

2. 在惩役、禁锢、拘留和留置中没有被拘禁的日数不计入刑期（第 84 条第 2 款）

本规定说明存在即使判决被确定也没有立即被拘禁的情况，而且还有刑罚的执行过程中由于逃走等原因一时未能拘禁的情况。因此，没有被拘禁的日数是不能计入刑期的。

（三）刑罚的执行与时效期间的初日以及释放日

1. 刑罚的执行和时效期间的初日，不以时而以日计算（第85条）。

2. 释放日，为刑期终了之日（第86条）。

第十章

---❦〜❦---

保安处分

第一节　一般理论

一　保安处分及其种类

（一）保安处分

保安处分是指防止具有将来实施犯罪危险性的犯罪人的再犯并以此寻求确保社会一般人安全的刑事制裁。

刑罚是以过去的犯罪行为作为依据的刑事制裁，保安处分是以将来的再犯危险性为根据的刑事制裁。因此，在刑罚中强调责任主义原则，但是在保安处分中强调再犯可能性的预测与保安处分之间的比例性原则。例如根据刑法规定精神病人等心神障碍人实施了犯罪行为，不予处罚或减轻刑罚。但是由于这些人患有精神病等心神障碍存在着再犯的危险性，导致社会一般人处于被犯罪侵害的危险之中。在此情况下，有必要采取措施治疗心神障碍人防止其再犯的危险性，这种措施被称为保安处分。

保安处分行使着补充或者替代以责任主义为基础的刑罚的功能。

（二）保安处分的种类

1. 对人的保安处分和对物的保安处分

这是根据保安处分的对象所做的分类。对人的保安处分包括治疗监护、保护观察、保安观察等，现行法律只规定了对人的保安处分。对物的保安处分是指以财物作为对象的保安处分，在韩国将没收规定为刑罚的一种，故在现行刑法中没有对物的保安处分。在国外认定的对物的保安处分中包括没收、关闭营业所等。

2. 剥夺自由的保安处分和限制自由的保安处分

对人的保安处分可以分为拘禁对象人的剥夺自由的保安处分和不拘禁对象人而是使之在社会内接受一定的监督和指导的限制自由的保安处分。

现行法律中剥夺自由的保安处分包括治疗监护、对少年的保护处分中的"送致少年院处分"两种。限制自由的保安处分包括保护观察、保安观察等。刑法典中的保护观察、社会奉仕命令、受讲命令等也是限制自由的保安处分。少年法中保护观察处分也属于限制自由的保安处分。

二　保安处分制度的沿革

韩国刑法典于 1953 年制定当时没有规定保安处分，只是由一些特别刑法对于特定的犯罪规定了保安处分。例如 1958 年制定的《少年法》中"保护处分"就是具有保安处分性质的处分。于 1975 年制定的《社会安全法》对国事犯罪规定了保护观察、住居限制、保安监护等多种保安处分。但该法于 1989 年被《保安观察法》取代，而《保安观察法》只规定了对国事犯罪的保安观察制度。

可以说，韩国真正引进保安处分制度是以 1980 年制定的《社会保护法》为其标志的。根据该法规定其立法目的在于为了从常习犯、心神障碍犯罪人保护社会以及教育、改善、治疗这些人而设置了保安处分制度（第 1 条）。与以往的其他有关立法不同，该法把一般的犯罪人中具有再犯危险的人作为其规制对象，因而该法被认为是在韩国第一个一般性保安处分的立法。该法规定的保安处分种类主要包括保护监护、治疗监护和保护观察等。实施 20 多年的《社会保护法》因种种原因于 2005 年被废止。取而代之的《治疗监护法》（2005 年）保留了对心神障碍人和毒品类中毒者的治疗监护和对他们的保护观察等保安处分，但保护监护被废除。在 1995 年的刑法典修订中也引进了保护观察、社会奉仕命令和受讲命令等保安处分制度。

三　保安处分与刑罚

（一）保安处分和刑罚的关系

围绕着保安处分与刑罚在其目的、内容、范围、界限和程序等方面处于何种关系这一问题，存在着认为两者具有本质区别的二元论和主张两者基本上一致的一元论之间的对立。

1. 二元论

通说认为保安处分与刑罚，在其目的、内容、范围、界限、程序上存在着本质的区别。

第一，保安处分的主要目的在于特别预防以及通过特别预防的社会保护；但刑罚的主要目的是报应或者一般预防。

第二，保安处分未必以痛苦或恶害为内容；刑罚却以对犯罪人的恶害或痛苦为内容。

第三，保安处分由于不以犯罪人的痛苦或恶害为其内容，故不以对行为人的非难可能性为要件，对具有再犯危险性的人不论其有无责任能力都可以处以保安处分。但是刑罚以犯罪人的痛苦或恶害为其内容，以对行为人的非难可能性为其要件，遵循责任主义原则，因此对无责任能力人不能科处刑罚。

第四，保安处分的科处要求具有再犯危险性，但是刑罚的科处不要求具有再犯危险性。

第五，保安处分的内容可以包括援护或支援而非痛苦或恶害，强调其合目的性。因此，在程序上通过非司法处遇的行政处分也是允许的。但是刑罚以恶害和痛苦为内容，强调法律的稳定性，因而在程序上应当依照司法处分才能科处。

2. 一元论

根据近代学派的刑法理论报应或一般预防没有刑法性意义，只有通过对犯罪人的改善、教育或隔离、去除来实现防止犯罪人的再犯这种特别预防的目的才能具有刑法性意义。不论刑罚还是保安处分，其目的都在于防止犯罪人的再犯与以此保护社会一般人，所以没有必要在内容、范围、界限和程序上对两者进行区分，区分刑罚与保安处分两者本身就没有任何意义。在两者同时被法律做出规定的情况下，应由法官选择其宣告和适用。如今在韩国很少有学者支持一元论。

3. 判例的态度

大法院的判例支持二元论的立场。例如："刑罚和治疗监护处分虽然在都是剥夺身体自由的收容处分这一方面较为类似，但是两者在其本质和目的以及功能上属于具有相互不同意义的制度。既然不存在明示的排除性条款等，那么就不能主张以属于哪一方的适用对象为理由排除相对另一方对它的适用。"①

（二）保安处分与刑罚的执行方法

在依照二元论适用保安处分时，会发生如何适用、执行刑罚和保安处分的问题。

1. 择一主义

这是主张在刑罚和保安处分中选择适用其中之一的理论。在强调报应、一般预防的目的时选择适用刑罚；在强调特别预防的目的的情况下选择适用保安处分。

2. 并科主义

这是把刑罚和保安处分都予以宣告和执行的方式。这里也有多种具体的执行方法，但是通常采用先执行刑罚后执行保安处分的方法。并科主义的理论根据是，从报应、一般预防的目的来看当然要科处刑罚；即便是已执行刑罚但犯罪人身上仍然存在再犯的危险性，那么应当执行保安处分。对这种并科主义有些学者认为，刑罚和保安处分事实上没有差异而且可以说不定期的保安处分比刑罚还要严厉，只以两者在目的与性质上存在差异的理由予以并科，充其量只能是其刑期的延长而已。

3. 代替主义

这是把刑罚和保安处分都予以宣告，但把保安处分的执行期间算入在刑期之内的方式。这里也有多种具体的执行方法，但通常采用的方法是：第一，优先执行保安处分；第二，将保安处分的执行期间计入到刑期之内；第三，执行保安处分后审查是否暂缓刑罚的执行等。

优先执行保安处分的理由在于，比起报应、一般预防来说，优先重视特别预防的目的。刑罚与保安处分实际上没有多大的区别，因此把保安处分的期间计入到刑期；如果由于执行保安处分犯罪人的再犯危险性被消除了，执行刑罚的必要性不显得那么重要了。因此产生了暂缓执行剩余刑罚的可能性。对于代替主义也有人认为，刑罚也具有特别预防的目的；既然保安处分也属于刑事制裁，也具有报应、一般预防的目的。因此，难以明确区分两者。

4. 现行法律

韩国刑法典和《治疗监护法》在二元论的立场规定了刑罚和保安处分，

---

① 大判 2007.8.23.2007 DO 3820.

但在执行方法上采用了代替主义。

现行刑法规定了保护观察、社会奉仕命令和受讲命令，判例将其解释为保安处分。这些保安处分与刑罚的宣告犹豫或执行犹豫结合在一起，即这些保安处分附带适用于刑罚的宣告犹豫或执行犹豫。对于刑罚与保安处分的执行方法，根据治疗监护法在并科刑罚与监护治疗的情况下，把治疗监护的执行期间计入在刑罚的刑期之内（第18条，代替主义）。

第二节　治疗监护

一　治疗监护

治疗监护是指处于心神障碍、精神性障碍的状态或者处于毒品、酒精以及其他药物中毒状态的人，实施了应被判处禁锢以上刑罚的犯罪，有必要治疗监护并具有将来再犯的危险性时，对其收容于治疗监护设施采取治疗措施的保安处分。

治疗监护把治疗监护对象人收容于治疗监护设施，因此属于剥夺自由的保安处分。

不能处以刑罚的心神丧失人，减轻刑罚的心神微弱人，处于毒品、酒精以及其他药物性中毒的状态或精神性障碍的人，由于其处于心神障碍、精神性障碍的状态或者毒品、酒精或其他药物中毒的状态而实施犯罪的情况较多。对于这些人或者不能处以刑罚或者即使处以刑罚但减少再犯危险性的效果不大。因而有必要采取除刑罚以外的治疗那些心神障碍人、精神性障碍人或者处于毒品、酒精或其他药物性中毒状态的人的措施，这就是监护治疗。

二　治疗监护的要件

要判处治疗监护，心神障碍人、精神性障碍人或毒品、酒精或其他药物性中毒人实施可能被判处禁锢以上刑罚的犯罪，而且具有治疗监护的必要性和再犯的危险性。

判断其是否符合治疗监护的要件，应当以判决宣告时为标准，而不是以实施犯罪行为时为标准，这是为了防止将来的再犯——这一保安处分的目的来说是当然的。

（一）治疗监护对象人

治疗监护对象人，是指以下三种情况之一的人（《治疗监护法》第2条第1款，以下简称为"本法"）。

1. 心神丧失、微弱人实施了应当判处禁锢以上刑罚的犯罪（同条第1款第1项）。

是否心神障碍，应当根据刑法第10条规定决定。"禁锢以上的刑罚"是指法定刑而不是宣告刑。由于心神障碍和实施犯罪之间应具有因果关系，所以如果实施犯罪与心神障碍之间不存在因果关系就不能处以治疗监护。

2. 毒品、酒精或其他药物的癖性、中毒人实施了应当判处禁锢以上刑罚的犯罪。

向饮食、摄取、吸入、吸燃或者注入毒品、精神性医药品、大麻以及其他有可能被滥用或起到毒害作用的物质、酒精的癖性或其中毒人，实施了应判处禁锢以上刑罚的犯罪。实施犯罪和毒品等的习性或中毒之间应存在因果关系。如果两者之间不具有因果关系就不能处以治疗监护（同条第2条第1款第2项）。

3. 具有小儿性嗜好症、性虐待症等"性癖好"的精神性障碍人实施了应当判处禁锢以上刑罚的性暴力犯罪（同条第2条第1款第3项）。

这里所说的"性暴力犯罪"，包括以下犯罪（同法第2条之2）。

（1）在《刑法》中第297条的强奸罪、刑法第297条之2的类似强奸罪、第298条的强制猥亵罪、第299条的准强奸罪和准强制猥亵罪、第300条的未遂犯、第301条强奸等伤害·致伤罪、第301条之2的强奸等杀人·致死罪、第302条对未成年人等的奸淫罪、第303条的以业务上威力等的奸淫罪、第305条的对未成年人的奸淫·猥亵罪、第305条之2的常习犯、第333条的强盗强奸罪、第340条的海上强盗罪（其中第3款强奸部分）、第342条的未遂犯（包括第339条以及第340条第3款中强奸罪的未遂犯）（同条第1项）。

（2）在《关于处罚性暴力犯罪等的特例法》中第3条至第10条以及第15条（限定为第3条至第9条的未遂犯）的罪（同条第2项）。

（3）在《关于儿童、青少年性保护的法律》中第7条（对儿童、青少年的强奸、强制猥亵等）、第9条（强奸等伤害·致伤）、第10条（强奸等杀人·致死）的罪（同条第3项）。

（4）属于第1项至第3项的罪，依照其他法律被加重处罚的犯罪。

（二）具有治疗监护的必要性

旧的《社会保护法》未曾规定治疗监护的必要性这一要件，但是本法新设了此一规定。因而即使存在再犯的危险但如果没有治疗监护的必要性，也不能宣告治疗监护。

（三）存在再犯的危险性

再犯的危险性，是指被监护请求人具有将来因心神障碍、精神性障碍或毒品酒精等的中毒具有再次犯罪的相当盖然性。

大法院的判例认为"有无再犯的危险性，应当根据以下诸多情况进行综合性评价并做出客观的判断：第一，宣告判决当时被监护请求人的癖性或中毒症状的程度，治疗的难易程度，心神障碍的程度，可能成为心神障碍原因的病患的性质和治疗的难易程度，是否具备了今后能够继续治疗的环境，被监护请求人本人有无治疗的意志及其程度。第二，被监护请求人的年龄、性格、家族关系、职业、财产程度、前科事实、悔改的情状等。第三，有关作为反映被监护请求人上述癖性或中毒症状表征的成为该监护请求原因的犯罪行为的动机、手段以及内容。第四，之前实施犯罪的内容及以前犯罪与本次犯罪之间的时间间隔等。"[1]

三　治疗监护的内容

（一）治疗监护的诉讼程序

1. 检察官的治疗监护请求

检察官在认为治疗监护对象人有必要接受治疗监护时，可以向管辖法院请求治疗监护。检察官提出治疗监护的请求，应当在提起公诉案件后抗诉审的辩论阶段终结之前。法院审理提起公诉的案件后认为应当处以治疗监护，可以要求检察官提出请求治疗监护。但是，要求检察官提出治疗监护的请求，不是法院的义务。在提起对治疗监护对象人的治疗监护请求时，应参考精神健康医学科等专门医的诊断或鉴定；但是在提起对依照第2条第1款第3项的治疗监护对象人的治疗监护请求的情况下，必须具有精神健康医学科等专门医的诊断或鉴定（本法第4条第1款至第7款）。

检察官认为有必要对治疗监护对象人治疗监护，但是治疗监护对象人没有一定的居所或有毁灭证据的可能或有逃匿的可能，可以向管辖地方法

---

[1]　大判 2000. 7. 4. 2000 DO 1908.

院的法官请求签发治疗监护令状，采取"保护拘禁"的措施。对于符合第6条第1款条件的治疗监护对象人，司法警察官可以申请检察官向管辖地方法院的法官提出请求签发治疗监护令状，采取保护拘禁的措施（第6条）。对于根据逮捕令状被逮捕的犯罪被疑人，检察官做出不提起公诉的决定而只提出治疗监护的请求时，逮捕令状如同治疗监护令状不会失去其效力（第8条）。

在个别情况下，检察官可以不提起公诉只提出治疗监护的请求，称之为监护治疗的独立请求（第7条）。这些特殊情况包括：①犯罪被疑人因属于刑法第10条第1款规定的情况而不能处罚（同条第1项）；②在告诉、告发才能处理的犯罪中没有告诉、告发或者其告诉、告发被取消，或者在违反被害人明示的意思不能处罚的犯罪中被害人做出意思表示不同意处罚或者撤回同意处罚的意思表示（同条第2项）；③对犯罪被疑人根据刑事诉讼法第247条的规定，做出不提起公诉的决定（同条第3项）。

2. 法院的审理与判决

法院需要"保护拘禁"被治疗监护请求人，有关治疗监护令状等准用第6条第1款规定。法院在被治疗监护请求人因刑法第10条第1款的心神障碍不能出席公判审理时，可以缺席进行审理（第9条）。根据本法第7条第1项规定，开始公判审理治疗监护请求案件后发现被治疗监护请求人不属于心神障碍的确实证据且检察官提出请求的，法院应及时转入到刑事诉讼法规定的公判程序。审理治疗监护请求案件后认为其请求的理由成立，就应当判决宣告治疗监护；如果其理由不成立或者对于被告案件以心神丧失以外的事由宣告无罪或宣告死刑时，就以判决宣告驳回请求。治疗监护案件的判决应与被告案件的判决同时宣告。但是在独立的治疗监护请求的情况除外。

3. 上诉权人的上诉等

检察官或者被治疗监护请求人以及被刑事诉讼法第339条至第341条规定的人有权根据刑事诉讼法的规定提起上诉。对被告案件的判决提起上诉或抛弃、撤回上诉的，视为对治疗监护请求案件的判决也提起上诉或者抛弃。在恢复上诉权或请求再审或非常上告的情况下也是如此（第14条）。

（二）治疗监护的期间与设施

对被判处治疗监护的人收容于治疗监护的设施进行治疗（第16条第1款）。治疗监护的设施包括治疗监护所和指定法务医院。指定法务医院，是指在国家设立和运营的国立精神医疗机关中由法务部长官指定的机关。指定法务医院应把被治疗监护人和其他患者分离收容，国家对指定法务医院在预算的范围内补助设施的装备及运营所需的经费。

对心神障碍人和精神性障碍人的收容期间不得超过15年（同条第2款第1项）；对因毒品、酒精或其他药物的癖性、中毒的被治疗监护人的收容期间不能超过2年（同条第2款第2项）。旧《社会保护法》中的治疗监护是绝对的不定期处分，因为其有悖于罪刑法定主义，《治疗监护法》规定了其期间。

因实施《关于对特定犯罪人的保护观察及附着电子装置等的法律》第2条第3项之2规定的杀人犯罪（以下简称"杀人犯罪"）被判处治疗监护的人，被认为具有再犯"杀人犯罪"的危险性且有必要继续治疗时，根据治疗监护设施的负责人的申请并经检察官提出请求，法院可以做出每次不超过2年的范围内延长第16条第2款各项规定期间的决定，而且可以延长三次（同条第3款）。

（三）治疗监护的执行方法

治疗监护的执行由检察官指挥，以添附判决书副本的书面方式进行。（第17条）。

在并科治疗监护与刑罚的情况下，先执行治疗监护。已执行的治疗监护期间折抵刑罚的刑期（第18条）。理论上称之为代替主义。

对于因心神障碍、精神性障碍等治疗监护对象人和因毒品、酒精等中毒的治疗监护对象人，应当分离收容（第19条）。

为了执行对未被"保护拘禁"的被治疗监护人的治疗监护，检察官可以传唤被治疗监护人。如果被治疗监护人拒绝检察官的传唤，检察官就可以签发治疗监护执行状来"保护拘传"被治疗监护人。在被治疗监护人有可能逃匿或者无法查明其现有住所的情况下，检察官可以直接签发治疗监护执行状"保护拘传"被治疗监护人。治疗监护执行状具有与治疗监护令状相同的法律效力（第21条）。

治疗监护审议委员会在开始执行治疗监护后每6个月审查、决定能否把被治疗监护人从治疗监护所移送到指定法务医院。被移送到指定法务医院的被治疗监护人，在因其破坏收容秩序或病情恶化等事由难以在指定法务医院继续治疗时，治疗监护审议委员会可以做出把在指定法务医院的被治疗监护人移送到治疗监护所的决定（第21条之2）。

（四）被治疗监护人的设施内处遇

对被治疗监护人的医疗性处遇，应当按照精神病院的标准并遵照医生的处置。为了维持收容秩序或进行治疗，治疗监护设施的负责人应保障被治疗监护人的会见、收信和发信、使用电话等权利，而且保障被治疗监护人视听电视、收音机以及阅览报纸和图书的自由。

（五）治疗监护的执行终了、委托治疗和执行停止

治疗监护审议委员会是法务部直属的、为了审查和决定有关治疗监护与保护观察的管理、执行等事项的机构。治疗监护审议委员会应当对于被治疗监护人在开始执行后每6个月审查、决定其能否执行终了或假终了（临时终了）；对于被委托治疗的被治疗监护人在被委托治疗后每6个月审查和决定其能否终了或假终了（第22条）。治疗监护审议委员会对于单独被判处治疗监护并已经执行满1年的人，以及并科被判处治疗监护和刑罚并已经执行相当于刑期的治疗监护期间的人，可以决定一定的期间并委托其法定代理人、配偶、直系亲属或兄弟姐妹在治疗监护设施以外进行治疗（第23条第1款、第2款）。

被治疗监护人具有刑事诉讼法第471条第1款各项规定的事由之一时，根据同条的规定检察官可以停止治疗监护的执行。对被停止执行治疗监护的人进行观察，应当依照对被停止执行刑罚的人的观察之例（第24条）。

四 保护观察

（一）决定保护观察

如果发生以下两种特殊情况，应当对被治疗监护人决定保护观察。

第一，被治疗监护人由治疗监护审议委员会决定假终了；第二，被治疗监护人由治疗监护审议委员会委托给法定代理人、配偶、兄弟姐妹、直系亲属在治疗监护设施外接受治疗（第32条第1款）。保护观察的期间为3年（第32条第2款）。

（二）终了保护观察

被保护观察人具有以下几种情况下之一的，终了保护观察。

第一，保护观察期间届满；第二，即使没有届满保护观察的期间，但是治疗监护审议委员会做出治疗监护终了的决定；第三，即使没有届满保护观察的期间，但是被保护观察人因需要重新接受治疗监护而被收容，或者因新的犯罪被判处禁锢以上的刑罚（同条第3款）。

被治疗监护人应当依照《关于保护观察等的法律》第32条第2款的规定诚实履行所需遵守的事项。治疗监护委员会考虑到被治疗监护人的特点，

可以命令其他特别需要遵守的事项（第33条）。被保护观察人或其法定代理人等应当根据总统施行令的规定事先向治疗监护设施的负责人申告出所后的预定居住地或其他必要的事项。被保护观察人或其法定代理人等应当在出所后的10日之内向保护观察官申告其住居、职业、接受治疗的医院、被保护观察人登记的由《精神保健法》第13条第3款规定设立的"精神保健中心"以及其他必要的事项（第34条）。

（三）取消假终了、委托治疗或重新治疗

治疗监护审议委员会在被保护观察人具有以下情况之一时，可以以决定取消假终了或者委托治疗或重新治疗监护。

第一，实施了应当判处禁锢以上刑罚的犯罪，但是过失犯除外；第二，违反了本法第33条规定的遵守事项或者其他有关保护观察的指示、监督；第三，依照本法第32条第1款第1项的规定（即因治疗监护假终了而被保护观察）已开始保护观察的被保护观察人，由于其症状恶化被认为有必要治疗监护（第36条）。

五 治疗监护审议委员会

为了审查和决定关于治疗监护与保护观察的管理、执行的事项，在法务部设立治疗监护审议委员会（第37条）。治疗监护审议委员会（以下简称为"委员会"）由不超过6名的法曹人（即法官、检察官及律师）委员和不超过3名具有精神健康医学科等专门医资格的委员组成。委员长由法务部次官担任。"委员会"可以根据委员长的提请、以法务部长官的委任的方式聘请具有专业知识和德高望重的人为咨询委员（第37条第2款、第4款）。

"委员会"审查和决定以下各事项：第一，有关对被治疗监护人移送治疗监护设施之间的事项；第二，有关对被治疗监护人委托治疗、假终了或其取消和是否终了治疗监护的事项；第三，有关对被治疗监护人决定需要遵守的事项以及指示、监督和其违反时需要制裁的事项；第四，其他有关事项（第37条第3款）。"委员会"在以包括委员长在内的二分之一以上的委员出席情况下才能进行评议，以出席委员二分之一以上的赞成票做出决定。但是在赞成票与反对票相等的情况下，由委员长做出决定。决定书应明示做出决定的理由，由出席的委员记名和盖章。

"委员会"为了审查上述事项可以责令法务部所属公务员调查做出决定所必要的事项，或者直接传唤、审问或调查被治疗监护人或被保护观察人

或其他有关人员。被责令作调查的公务员具有以下权限：第一，传唤、审问或调查被治疗监护人、被保护观察人或其他有关人员；第二，对国、公立机构或其他公共团体、民间团体进行查询或要求提出有关资料。被治疗监护人、被保护观察人或其他有关人员有义务服从上述传唤、审问或调查；国、公立机关或其他公共团体、民间团体被查询或被要求提出资料时，除了国家机密或对公共的平安秩序有害以外不得拒绝（第40条）。

管辖被治疗监护人或被保护观察人居住地（被收容于设施时，将其设施视为居住地）的地方检察厅或支厅的检察官，可以就第37条第3款规定的事项向"委员会"申请其审查和决定。被治疗监护人及其法定代理人、配偶、直系亲属、兄弟姐妹有权以被治疗监护人已治愈到无须再治疗监护的程度为理由，向"委员会"提出申请其审查、决定是否终了治疗监护（第43条、第44条）。

六　罚则

被治疗监护人没有正当的理由不服从治疗监护执行人为执行治疗监护所做出的命令或者逃匿的，处1年以下的惩役。2名以上被治疗监护人共同实施上述犯罪的，处3年以下的惩役（第52条第1款、第2款）。

治疗监护的执行人使被治疗监护人逃匿或使逃匿容易的，处1年以下的惩役。治疗监护的执行人收受或要求贿赂或者约定而实施上述犯罪的，处2年以上的有期惩役（同条第3款、第4款）。

出于使他人被判处治疗监护处分的目的，向公共机关或公务员申报虚假事实的，处10年以下的惩役或者1500万元以下的罚金。受委托治疗被治疗监护人的法定代理人、配偶、直系亲属、兄弟姐妹违反其誓约使被治疗监护人逃匿或使逃匿容易的，处3年以下的惩役或500万元以下的罚金（同条第5款、第9款）。

第三节　保护观察

一　保护观察

保护观察，是指对犯罪人不执行刑罚而使之过着一般人的社会生活的同时对其实施辅导与改善的保安处分。

这一制度早在美国与刑罚的宣告犹豫制度不可分的关系产生，1978 年马萨诸塞州最初制定并实施《保护观察法》以来，其他各州也纷纷效仿。在采用保护观察制度的一些国家，为了执行保护观察以设置"保护观察官"这种特殊的机关为必要。[①] 韩国在 1995 年修订刑法时引进了保护观察制度，也就是第 59 条之 2、第 62 条之 2、第 73 条之 2 分别规定了对于被判处刑罚的宣告犹豫、执行犹豫以及假释放的人附随地执行保护观察、社会俸仕、受讲命令等。自 1997 年 1 月 1 日施行的特别刑法《关于保护观察等的法律》作为关于保护观察制度以及社会俸仕、受讲命令、更生保护等其他保安处分制度的专门法，详细规定了上述保安处分制度。此外，《治疗监护法》《少年法》等其他的特别刑法也规定了对被治疗监护人、少年犯等的保护观察制度。本节内容只就一般的保护观察制度即《关于保护观察等的法律》（以下简称"本法"）中保护观察制度中的主要内容予以介绍。

二 保护观察的机关与对象人

（一）保护观察审查委员会

保护观察审查委员会（以下简称审查委员会），是隶属于法务部长官的有权审查和决定有关保护观察事项的国家机关。审查委员会设置于高等检察厅所在地等由总统令规定的地域（第 5 条）。

审查委员会由包括委员长在内的 5 人以上 9 人以下的委员构成。审查委员会的委员长由法务部长官在高等检察厅的检察长或高等检察厅所属检察官中任命。审查委员会的委员由法务部长官在法官、检察官、律师、保护观察所所长、地方矫正厅厅长、教导所所长、少年院院长或者对有关保护观察的知识和经验丰富的人士中任命。

审查委员会有关审查、决定的权限包括：第一，有关假释放和其取消的事项；第二，有关保护观察的停止和其取消的事项；第三，有关保护观察的临时解除和其取消的事项；第四，有关临时退院、临时退院的取消以及根据《关于保护少年等处遇的法律》第 43 条第 3 款规定的保护少年的退院的事项；第五，有关正在假释放中的人不定期刑终了的事项等。

（二）保护观察所

保护观察所，是指隶属于法务部长官的管理有关保护观察、社会俸仕、

---

① 郑永锡：《刑法总论》（第 5 全订版），法文社，1987，第 342 页。

受讲及更生保护事务的国家机关。为了处理保护观察所的部分事务，可以在其管辖区域设立保护观察支所（第14条）。

保护观察所的业务范围包括：第一，保护观察、社会俸仕命令及受讲命令的执行；第二，更生保护；第三，检察官以保护观察官的善导为条件暂缓起诉而委托的善导业务；第四，对预防犯罪自愿者委员的教育训练及业务指导；第五，预防犯罪活动等。

保护观察事务，由管辖保护观察对象人居住地的保护观察所所属的保护观察官承担（第31条）。

（三）保护观察对象人

接受保护观察的人（以下简称保护观察对象人）的范围包括：

第一，根据刑法第59条之2规定以保护观察为条件被判处刑罚的宣告犹豫的人；第二，根据刑法第62条之2规定以保护观察为条件被判处刑罚的执行犹豫的人；第三，根据刑法第73条之2或者"本法"第25条规定以保护观察为条件被假释放、临时退院的；第四，根据《少年法》第32条第1款第4项、第5项规定被处以保护处分的人；第五，其他法律规定根据"本法"接受保护观察的人。

三　有关保护观察的程序

（一）判决前的调查

1. 判决前的调查

法院为了命令被告人依据刑法第59条之2及第62条之2的保护观察、社会奉仕或受讲，可以要求管辖其法院所在地或被告人居住地的的保护观察所的所长调查有关被告人的犯罪动机、职业、社会环境、交友关系、家庭情况、是否恢复被害等事项。接受要求的保护观察所的所长应当立即进行相关调查并以书面形式通报有关法院。必要时可以传唤被告人或其他关系人进行审问，或者让所属保护观察官调查必要的事项（第19条）。

2. 决定前的调查

法院为了调查或审理少年的保护案件，可以委托管辖其法院所在地或少年居住地的保护观察所的所长调查有关少年的品行、经历、家庭情况及其他环境等必要的事项。接受要求的保护观察所的所长应当立即进行相关调查以书面形式通报有关法院。必要时可以传唤被告人或其他关系人进行审问，或者让所属保护观察官调查必要的事项（第19条之2）。

（二）判决的送达

法院应当自根据刑法第 59 条之 2（刑罚的宣告犹豫等）或第 62 条之 2（刑罚的执行犹豫等）命令保护观察的判决被确定之日起 3 日之内，将判决书副本及记载遵守事项等的书面文书送达管辖被告人住所地的保护观察所的所长（第 20 条第 1 款）。

（三）教导所所长等的通报义务

教导所、拘留所、少年教导所的所长应当在被判处惩役刑或禁锢刑的少年（以下简称为"少年受刑人）经过了少年法第 65 条各项规定的期间后，向管辖其教导所、拘留所、少年教导所所在地的审查委员会通报其事实。少年院院长应当在保护少年被收容之日起经过 6 个月后，向管辖其少年院所在地的审查委员会通报其事实（第 21 条）。

（四）假释放、退院、临时退院的申请

教导所、拘留所、少年教导所、少年院（以下简称"收容机关"）的所长（或院长），对经过少年法第 65 条各项规定期间的少年受刑人或正在收容中的保护少年，可以向管辖审查委员会申请假释放、退院或临时退院的审查（第 22 条第 1 款）。

（五）假释放、退院、临时退院、保护观察的审查与决定

1. 假释放、退院、临时退院的审查和决定

审查委员会如果受理根据第 22 条第 1 款的的申请，可以对少年受刑人的假释放或对保护少年的退院、临时退院是否合理进行审查并做出决定（第 23 条第 1 款）。审查委员会对依照第 21 条规定被通报的人即使没有收容机关负责人的申请，也可以依职权审查假释放或退院、临时退院是否合理后做出决定（同条第 2 款）。

审查委员会在根据第 1 款或第 2 款规定审查对少年受刑人的假释放是否合理时，应审查保护观察的必要性而决定（同条第 3 款）。审查委员会在根据第 1 款至第 3 款进行审查、决定时，应当考虑本人的人格、矫正成绩、职业、生活态度、家庭关系及再犯的危险性等所有情况（同条第 4 款）。

2. 对成年受刑人保护观察的审查和决定

审查委员会对于根据《关于刑罚的执行及收容人处遇的法律》第 122 条规定假释放的人，审查其保护观察的必要性并做出决定（第 24 条）。

3. 法务部长官的许可

审查委员会经审查决定假释放、退院或临时退院为适当以及决定没有

必要保护观察时，应对决定书添附相关资料向法务部长官申请许可。法务部长官认为审查委员会的决定正当的，可以许可（第25条）。

四　保护观察的内容

（一）保护观察的期间与开始

1. 保护观察的期间

①以保护观察为条件被判处刑罚的宣告犹豫的人，为1年；②以保护观察为条件被判处刑罚的执行犹豫的人，为其犹豫期间。但是法院另外决定保护观察期间的，为其期间；③假释放的人，为根据刑法第73条之2或少年法第66条规定的期间；④临时退院人，为自退院之日起6个月以上2年以下的范围内由审查委员会决定的期间；⑤根据少年法第32条第1款第4项、第5项规定受保护处分的人，为其法律规定的期间等（第30条）。

2. 保护观察的开始

保护观察从法院的判决或决定被确定之时起或假释放、临时退院之时起开始。保护观察对象人应当根据总统令规定的要求向所属管辖保护观察所的所长申告其住居、职业、生活计划以及其他必要的事项（第29条）。

（二）保护观察对象人应遵守的事项

"本法"明确并详细地规定了保护观察对象人应遵守的事项（第32条）。

1. 保护观察对象人应当接受保护观察官的指导、监督，自愿遵守应遵守的事项，努力成为正常的社会人。

2. 保护观察对象人应遵守的其他事项包括：第一，在常住地从事生业；第二，摒弃容易引起犯罪的恶习，积德行善，远离具有犯罪危险性的人；第三，接受保护观察官的指导和监督，接受保护观察官的访问；第四，迁居或国内外旅行的时间超过1个月的，应当事先向保护观察官申告。

3. 除了上述应遵守的事项以外，法院或审查委员会在宣告判决或者告知决定时考虑到犯罪的内容与本人的特性，可以在保护观察期间的范围内指定一定的期间科处以下内容作为应遵守的特别事项：第一，限制在夜间等有可能提供再犯的机会或冲动的特定时间外出；第二，禁止在有可能提供再犯的机会或者冲动的特定区域或场所的出入；第三，禁止向被害人等有可能成为再犯对象人的特定人的接近；第四，限制进行投机性行为；第五，努力恢复因犯罪行为造成的损害；第六，对没有一定住居的人限制其住居场所；第七，限制饮酒量；第八，禁止使用毒品等具有中毒性的物质；

第九，根据《关于管理毒品类等的法律》规定接受有关毒品类的投药、吸燃、摄取等的检查。

（三）指导与监督

保护观察官为了防止保护观察对象人的再犯、促进顺利地重返社会而进行必要的指导和监督。指导与监督的方法为：第一，与保护观察对象人保持紧密的接触，经常观察其行动及环境等。第二，向保护观察对象人做出适当的指示促使其遵守第32条规定的遵守事项。第三，为了保护观察对象人顺利回归社会采取必要的措施（第33条）。

（四）分类处遇和援护

1. 分类处遇：保护观察所的所长应考虑犯罪行为的内容、再犯的危险性等保护观察对象人的不同特性，按照符合其特性的指导、监督方法和标准进行分类处遇（第33条之2）。

2. 援护：以保护观察对象人为了自立做出努力为前提，保护观察官应当向其提供改善和自立所必要而适当的援护。援护的方法包括：第一，住所及就业的斡旋；第二，就业训练机会的提供；第三，环境的改善；第四，向保护观察对象人提供其顺利回归社会所必要的援助（第34条）。

五　强制措施

（一）拘引

保护观察所的所长在保护观察对象人违反了第32条的遵守事项或者具有能够怀疑其违反的相当理由且符合以下事由之一时，可以向所辖地方检察厅的检察官提出申请，由检察官请求所辖地方法院的法官签发拘引状拘引保护观察对象人：第一，保护观察对象人没有一定的居所；第二，保护观察对象人拒绝根据第37条第1款的传唤；第三，保护观察对象人逃匿或有逃跑的可能性（第39条第1款）。

拘引状根据检察官的指挥由保护观察官执行。但是保护观察官执行有困难的，可以由司法警察官执行（同条第2款）。

（二）紧急拘引

保护观察所的所长在保护观察对象人具有第39条第1款事由之一并且因紧急无法依照第39条规定申请签发拘引状的情况下，可以告知其事由并拘引保护观察对象人。这里所说的"紧急"是指偶然地发现保护观察对象人，但是没有申请签发拘引状的时间余地的情况（第40条第1款）。

保护观察所的所长在根据第 1 款的规定拘引保护观察对象人时，立即制作紧急拘引书，得到所辖地方检察厅检察官的承认。如果得不到承认就应当立即释放保护观察对象人（同条第 2 款、第 3 款）。

保护观察所的所长根据第 39 条、第 40 条规定拘引保护观察对象人，除了根据第 42 条规定请求留置许可的情况外，应当在拘引的 48 小时之内予以释放。但是没有得到留置许可的，应当立即释放保护观察对象人（第 41 条）。

（三）留置

保护观察所的所长可以在具有以下几种情况下把已拘引的保护观察对象人留置到收容机关或者少年分流审查院：第一，申请失效以保护观察为条件判处刑罚的宣告犹豫或者取消刑罚的执行犹豫（第 42 条第 1 款第 1 项）；第二，申请取消假释放及临时退院（同条同款第 2 项）；第三，申请变更保护处分（同条同款第 3 项）。

留置应当由保护观察所的所长提出申请，并经检察官向所辖地方法院的法官请求征得其许可。此时，检察官应当在保护观察对象人被拘引后 48 小时之内请求留置许可。保护观察所的所长应在得到留置许可的 24 小时内提出第 1 款规定各项申请。检察官接受保护观察所所长提出的第 1 款第 1 项的申请后，认为其理由合理应当在 48 小时内向所辖地方法院提出关于失效以保护观察为条件判处刑罚的宣告犹豫或取消执行犹豫的请求（第 42 条第 2 款、第 3 款、第 4 款）。

留置的期间，为自拘引之日起 20 日。法院对于第 42 条第 1 款第 1 项或第 3 项的申请，可以在每个审级中以 20 日为限延长一次留置的期间。保护观察所的所长对于第 42 条第 1 款第 2 项的申请，向检察官提出申请并由检察官征得地方法院法官的许可，可以以 10 日为限延长一次留置的期间（第 43 条）。

如果对被留置人以保护观察为条件所判处刑罚的宣告犹豫失效或者执行犹豫被取消，其留置的期间计入刑期（第 45 条）。

（四）保护装具的使用

保护观察官在履行职务的过程中，为了防止保护观察对象人逃匿、抑制其抗拒或者为了自己或他人的生命、身体免受侵害，如果具有足以认定其必要性的相当理由就可以使用手铐、绳索、电棍、煤气枪等保护装具（第 45 条之 2 第 1 款）。

保护装具应当在必要的最小范围内使用，其使用的必要性一旦消失应当立即中止使用。而且使用之前应向保护观察对象人提出警告，但是因紧急状况事先没有能够提出警告的时间除外（同条第 2 款、第 3 款）。

六　保护观察的终了、临时解除与停止

（一）保护观察的终了

保护观察在保护观察对象人具有以下各种情况下终了（第 51 条）：

第一，保护观察的期间届满；第二，以保护观察为条件的刑罚的宣告犹豫失效，或者以保护观察为条件的刑罚的执行犹豫失效或被取消；第三，假释放或临时退院失效或被取消；第四，保护处分被变更；第五，决定终了不定期刑；第六，在保护观察期间被执行禁锢以上刑罚的。

（二）保护观察的临时解除

审查委员会在保护观察对象人的成绩良好时，可以根据保护观察所所长的申请或者以职权临时解除保护观察。在临时解除期间不执行保护观察，但是保护观察对象人应当继续履行遵守义务。审查委员会对于被临时解除保护观察的人，认为需要重新执行保护观察的，根据保护观察所所长的申请或者依职权取消临时解除的决定。

在临时解除的决定被取消的情况下，其临时解除的期间计入保护观察的期间。

（三）保护观察的停止

审查委员会在无法查明被假释放或临时退院的人的去向不能继续执行保护观察的情况下，可以根据保护观察所所长的申请或依职权做出停止保护观察的决定。审查委员会如果已查明被停止保护观察人的去处，就应当立即做出解除其停止的决定。被停止保护观察的人被拘引的，视为被拘引之日做出停止解除的决定（第 53 条）。

第四节　保护处分

一　保护处分

保护处分，是指对少年犯的保安处分。

少年犯是从年龄上进行划分的犯罪主体，由于其犯罪主体的特殊性即

从其处于发育成长期这一特点，不论在立法、审判还是在行刑上都与一般的成年犯予以区别给以特殊的处遇。至于少年犯的年龄界限，各国的立法多少有些不同，韩国现行的《少年法》把未满 19 周岁的人规定为少年（少年法第 2 条）。

少年犯多数是因其年龄上尚未成熟实施了犯罪，比起成年犯罪人容易教化和改善；而且少年犯的犯罪习性或癖性还没有达到成型的程度，而且少年是国家和社会的未来。因此，在国家的刑事政策上需要采取以教育、改善为基本的处遇对策。如今的世界各国几乎没有国家不具有作为对少年犯的特殊政策诸如少年法、少年裁判所、少年监狱、少年院等制度。

韩国于 1958 年制定并实施了《少年法》，后经多次修改。该法第 1 条规定："本法的目的在于，调整具有反社会性的少年的环境，采取为矫正品行的保护处分等必要的措施，采用有关刑事处分的必要措施，以促使少年健康的成长。"因此，对于少年犯在原则上处以保护处分（同法第 32 条以下）实施其教育与改善①；即使在应处以刑事处分的情况下也禁止适用死刑和无期刑（第 59 条），采用不定期刑（第 60 条）在行刑上给以特殊处遇，体现了教育刑主义的刑罚目的。下面就在少年法中对少年犯的保护处分制度的主要内容做一介绍。

二　保护案件

（一）一般规定

1. 保护案件的对象范围

对于具有以下各项情况之一的少年，由家庭法院的少年部或者地方法院的少年部（以下简称为少年部）以少年保护案件审理（第 4 条第 1 款）。

① 犯罪的少年；

② 实施触犯刑法行为的已满 10 岁未满 14 岁的少年；

③ 属于下列各种事由之一，而且根据其性格或环境有可能今后实施触犯刑法行为的 10 岁以上的少年：第一，具有聚众横行给周围的人造成紧张情绪的癖性；第二，没有正当的理由离家出走；第三，具有饮酒闹事或接

---

① 该法总共由四章内容构成，即第一章为总则（第 1 条、第 2 条），第二章为保护案件（第 3 条至第 47 条），第三章为刑事案件（第 48 条至第 67 条），第四章为罚则（第 68 条至第 71 条）。

触有害环境的癖性。

2. 案件的送致

（1）警察署的送致：发现符合第1款第2项、第3项规定的少年，警察署的署长应当直接将其少年向少年部送致（第4条第2款）。送致少年保护案件时，应当在送致书上写明少年的住所、姓名、出生年月日以及行为的简要情况、家庭状况，添附其他的参考资料（第5条）。

（2）少年部的送致：少年部调查和审理后发现应判处禁锢以上刑罚的犯罪事实，认为根据其动机和罪质有必要给以刑事处分，应以决定把案件向与地方法院的对应的检察厅检察官送致。少年部经调查和审理查明案件的本人属于19岁以上的人，应当以决定将案件向与地方法院的对应的检察厅检察官送致（第7条）。

（3）检察官的送致：检察官侦查对少年的被疑（犯罪）案件后认为具有给以保护处分的事由，应当把案件向管辖少年部送致（第49条第1款）。

（4）少年部的送致；少年部对于依照前款规定被送致的案件进行调查和审理，认为有必要给以禁锢以上刑罚的刑事处分，可以以决定把案件向该检察厅的检察官送致（同条第2款）。

（二）调查

1. 调查的方针等

（1）调查的方针：调查应当积极利用医学、心理学、教育学、社会学或其他专业知识，努力查明少年和保护人或者参考人的品行、经历、家庭状况及其他环境等（第9条）。

（2）参酌事项：少年部在调查或审理时应考虑精神健康医学科医生、心理学家、社会事业家、教育家以及其他专家的诊断、少年分流审查院分流审查的结果和意见、保护观察所的调查结果和意见等（第12条）。

（3）沉默权的告知：少年部或者调查官在就犯罪事实调查少年时，应当事先告知少年有权拒绝进行对自己不利的陈述（第10条）。

（4）检察官决定前的调查：

检察官在少年的被疑案件中为了送致少年部、提起公诉或附条件暂缓起诉等处分的决定，可以要求管辖被疑人居住地或者检察厅所在地的保护观察所所长、少年分流审查院院长进行有关被疑人的品行、经历、生活环境或其他必要事项的调查。保护观察所的所长等应当立即进行调查并向该检察官通报，必要时可以让所属保护观察官、分流审查官传唤被疑人或关系人出席做陈述等方法进行相关的调查。检察官应参考由保护观察所的所长等报送的调查结果，做出最适合教化、改善少年被疑人的处分（第49条之2）。

2. 调查措施

（1）传唤。少年部的法官根据案件的调查或审理的需要，可以指定期日传唤案件本人或保护人或参考人。

（2）同行令状。如果案件的本人或保护人没有正当的理由而拒绝传唤，少年部的法官可以签发同行令状（第13条）。为了保护案件的本人，少年部的法官认为有必要采取紧急措施可以未经传唤而直接签发同行令状（第14条）。同行令状由调查官执行。少年部法官可以使少年部的法院书记官、法院事务官、法院主事、法院主事补、保护观察官或司法警察官吏执行同行令状。执行同行令状后立即告知保护人或辅助人。

（3）临时措施。关于少年的监护，少年部的法官根据案件的调查或审理的需要以决定采取以下各项措施（第18条）：第一，向保护人、能够保护少年的适当的人或设施委托少年；第二，向医院或其他疗养所委托少年；第三，向少年分流审查院委托少年。第一种、第二种委托的期间为3个月，第三种委托的期间为1个月。但是在需要继续采取措施时，可以决定延长一次（第18条第2款、第3款）。

3. 辅助人的选任

（1）私选辅助人的选任。案件的本人或保护人可以经少年部法官的许可选任辅助人。把保护人或律师选任为辅助人时无须经法官的许可。少年部的法官在判断辅助人实施故意推延审理程序等妨碍审理的行为或有可能实施不利于少年利益的行为时，可以取消辅助人选任的许可。辅助人应当在每个审级重新选任（第16条）。

（2）国选辅助人的选定。少年被委托给少年分流审查院却没有辅助人时，法院应当把律师等适当的人选定为辅助人。少年即使没有被委托给少年分流审查院但具有以下情况之一的，法院可以依职权或根据少年或保护人的申请选定辅助人：第一，少年被怀疑具有身体或精神性障碍；第二，因贫困或其他事由不能选任辅助人；第三，其他少年部的法官认为需要辅助人的（第17条）。

4. 不开始审理的决定

少年部的法官根据送致书和调查官的调查报告，认为不能开始案件的审理或者没有必要开始审理，应当做出不开始审理的决定。此决定应当通知案件的本人和保护人（第 19 条第 1 款）。以案情轻微为由做出不开始审理决定时，训诫少年或者要求保护人严格管理或教育少年（同条第 2 款）。

（三）审理

1. 开始审理的决定

少年部的法官根据送致书和调查官的调查报告认为有必要进行审理的，应做出开始审理的决定。本决定应当通知案件的本人和保护人。此时，应当告知开始审理的事由和有权选任辅助人（第 20 条）。

2. 审理的方式

审理以不公开的方式进行，但少年部的法官认定为适当的人可以允许其出席（第 24 条）。

3. 陈述权的保障与劝告和解

在审理期日调查官、保护人及辅助人可以出席。调查官、保护人以及辅助人可以在审理过程中陈述意见（第 25 条）。少年部的法官在被害人或其法定代理人、辩护人、配偶、直系亲属或兄弟姐妹提出申请陈述意见时，应当向被害人或其法定代理人等提供在审理期日陈述其意见的机会（第 25 条之 2）。

为了矫正少年的品行及保护被害人，少年部的法官认为有必要可以劝告少年就赔偿问题与被害人和解。法官为了和解认为有必要可以指定期日传唤少年、保护人或者参考人。少年部的法官在少年根据劝告与被害人达成和解的情况下，可以在决定保护处分时予以考虑（第 25 条之 3）。

4. 鉴证、扣押和搜索等

少年部的法官可以鉴证、扣押和搜索。少年部的法官就其职务可以向所有的行政机关、学校、医院以及其他公私团体提出要求必要的协助和援助。上述公私团体拒绝少年部法官的协助和援助要求，应当提示正当的理由（第 27 条、第 28 条）。

5. 不处分的决定

少年部的法官经审理认为没有必要或者不能给以保护处分的，做出不处分的决定。并将其通知给案件的本人和保护人（第 29 条）。

三 保护处分及其内容

（一）保护处分的种类

少年部法官经审理后认为有必要给以保护处分，应当以决定做出以下各项之一的处分（第 32 条第 1 款）。

①向保护人或者能够代替保护人保护少年的人委托监护；②受讲命令；③社会奉仕命令；④保护观察官的短期保护观察；⑤保护观察官的长期保护观察；⑥向根据《儿童福祉法》设立的儿童福祉设施或其他少年保护设施委托监护；⑦向医院、疗养所或《关于保护少年等处遇的法律》规定的少年医疗保护设施委托；⑧一个月以内的少年院送致；⑨以短期送致少年院；⑩以长期送致少年院。

在以下各项范围内的处分相互之间可以全部或者部分并科（同条第 2 款）：

① 第 1 款第 1 项、第 2 项、第 3 项、第 4 项处分；

② 第 1 款第 1 项、第 2 项、第 3 项、第 5 项处分；

③ 第 1 款第 4 项、第 6 项处分；

④ 第 1 款第 5 项、第 6 项处分；

⑤ 第 1 款第 5 项、第 8 项处分。

第 1 款第 3 项的处分只能对 14 岁以上的少年适用（第 3 款）。第 1 款第 2 项、第 10 项的处分只能对已满 12 岁以上的少年适用（第 4 款）。少年的保护处分不会对该少年将来的身份起到任何影响（第 6 款）。

（二）保护处分的期间

第 32 条第 1 款第 1 项、第 6 项、第 7 项的委托期间为 6 个月，而且少年部法官可以决定在 6 个月的范围内延长 1 次其期间。但是少年部的法官认为有必要随时可以决定终了其委托（第 33 条第 1 款）。

第 32 条第 1 款第 4 项短期保护观察的期间为 1 年。第 32 条第 1 款第 5 项长期保护观察的期间为 2 年，但是少年部的法官可以根据保护观察官的申请以决定在 1 年的范围内延长 1 次其期间。第 32 条第 1 款第 2 项受讲命令的时间为 100 小时；第 32 条第 1 款第 3 项社会奉仕命令的时间不得超过 200 小时；保护观察官执行其命令时不应当妨碍案件本人的正常生活（同条第 2 款、第 3 款、第 4 款）。对于第 32 条第 1 款第 9 项以短期送致少年院的少年其保护期间不得超过 6 个月；对于第 32 条第 1 款第 10 项以长期送致少年院的少年其保护期间不得超过 2 年（同条第 5 款、第 6 款）。被处以第 32 条第 1 款第 6 项至第 10 项的处分之一的少年，在被收容或委托于设施以后脱离其设施的，上述保护处分的期间停止其计算，自再被收容或再被委托于设施起重新计算（同条第 7 款）。

（三）没收

少年部的法官对属于第 4 条第 1 款第 1 项、第 2 项的少年给以第 32 条规定的处分时，可以以决定没收以下财物（第 34 条第 1 款）。

1. 提供于或准备提供于犯罪或者触犯刑罚法规行为的财物；

2. 因犯罪或因触犯刑罚法规行为所生或者因此而取得的财物；

3. 以前两项为代价获取的财物。

上述没收决定只有在其财物不属于案件的本人以外的其他人所有时才能做出。但是案件的本人实施行为后对其知情而获取的人所有的除外（同条第 2 款）。

（四）决定的执行

少年部的法官在做出保安处分决定后，可以让调查官、少年部的法院书记官、法院事务官、法院主事、法院主事补、保护观察官、少年院或者少年分流审查院所属公务员以及其他被委托或送致机关所属的公务员执行其决定（第 35 条）

（五）保护处分和有罪判决等

在保护处分的执行期间如果对案件本人的有罪判决被确定，而且做出保护处分决定的少年部法官人认为没有必要继续执行保护处分，可以以决定取消保护处分（第 39 条）。

（六）保护处分的竞合

在保护处分的执行期间如果对案件的本人给以新的保护处分，那么给以其处分的少年部法官应当照会以前给以保护处分的少年部取消其中的保护处分（第 40 条）。

四　抗告

（一）抗告的事由与期间等

1. 抗告事由

根据第 32 条保护处分的决定、根据第 32 条之 2 附加处分的决定、根据第 37 条保护处分与附加处分的决定，如果具有以下情况之一，案件的本人、保护人、辅助人或者其法定代理人可以向管辖家庭法院或者地方法院本院合议部提起抗告：第一，存在重大的事实误认或者严重违反法令；第二，处分显著不当（第 43 条第 1 款）。

2. 抗告的期间与提起

可以提起抗告的期间为 7 日（第 43 条第 2 款）。提起抗告时应当向原审少年部提出抗告状。接受抗告状的少年部应在 3 日之内添附意见书后向抗告法院送付（第 44 条）。抗告没有停止执行决定的效力（第 46 条）。

（二）抗告状的裁判

抗告法院认为抗告无理由或者抗告程序违反了法律，以决定驳回抗告（第 45 条第 1 款）。抗告法院认为抗告理由成立，应当取消原决定并把案件还送原少年部或者移送其他少年部。

（三）再抗告

对于驳回抗告的决定，只有其决定违反法令时才可以向大法院提出再抗告（第 47 条）。

附录

韩国刑法典

刑 法

制定

(1953 年 9 月 18 日　法律　第 293 号)

修订

1975 年 3 月 25 日法律第 2745 号

1988 年 12 月 31 日法律第 4040 号

1995 年 12 月 29 日法律第 5057 号

1997 年 12 月 13 日法律第 5454 号

2001 年 12 月 29 日法律第 6543 号

2004 年 1 月 20 日法律第 7007 号

2005 年 3 月 31 日法律第 7427 号

2005 年 7 月 29 日法律第 7623 号

2010 年 4 月 15 日法律第 10259 号

2012 年 12 月 18 日法律第 11574 号

2013 年 4 月 5 日法律第 11731 号

2014 年 5 月 14 日法律第 12575 号

2014 年 12 月 30 日法律第 12888 号

第1编 总则

第1章 刑法的适用范围

第1条【犯罪的成立和处罚】①犯罪的成立和处罚依照行为时的法律。

②犯罪后依法律之变更，其行为不构成犯罪或者新法比旧法处罚轻，适用新法。

③裁判确定后依法律的变更其行为不构成犯罪的，免除其刑罚的执行。

第2条【国内犯】本法适用于大韩民国领域内实施犯罪的内国人和外国人。

第3条【内国人的国外犯】本法适用于在大韩民国领域外实施犯罪的内国人。

第4条【在国外的内国船舶上等外国人实施的犯罪】本法适用于在大韩民国领域外的大韩民国船舶或航空器内实施犯罪的外国人。

第5条【外国人的国外犯】本法适用于在大韩民国领域外实施以下犯罪的外国人：

1. 内乱罪

2. 外患罪

3. 有关国旗的犯罪

4. 有关通货的犯罪

5. 有关有价证券、邮票和印花的犯罪

6. 在有关文书的犯罪中自第225条至230条规定的罪

7. 在有关印章的犯罪中第238条规定的罪

第6条【对大韩民国和大韩民国国民的国外犯】本法适用于在大韩民国领域外对大韩民国和大韩民国国民实施除前一条款记载以外犯罪的外国人。但是依照行为地的法律不构成犯罪或者免除追诉或刑罚执行的情况除外。

第7条【在外国所受刑罚的执行】对于因犯罪在外国已执行全部或部分刑罚的人，可以减轻或免除其刑罚。

第8条【总则的适用】本法总则适用于其他法令规定的犯罪，但是其法令有特别规定的除外。

第2章 犯罪

第1节 犯罪的成立和刑罚的减免

第9条【刑事未成年人】未满14岁人的行为不予处罚。

第10条【心神障碍人】①因心神障碍没有辨别事物的能力或者意思决定能力的人，其行为不予处罚。

②因心神障碍事物辨别能力或意思决定能力微弱的人。其行为减轻刑罚。

③对于已经预见发生的危险并自意引起心神障碍状态人的行为，不适用前两款的规定。

第11条【聋哑人】聋哑人的行为，减轻刑罚。

第12条【被强迫的行为】被无法抵抗的暴力或者对自己或亲属的生命、健康无法防御的危害胁迫的被强要的行为，不予处罚。

第13条【犯意】没有认识作为犯罪成立要素的事实之行为，不予处罚。但是法律有特别规定的除外。

第14条【过失】因怠慢正常的注意义务没有认识作为犯罪成立要素的事实之行为，限于法律有特别规定的情况处罚。

第15条【事实的错误】①没有认识到成立特别重的犯罪之事实的行为，不以重的犯罪处罚。

②在因其结果加重刑罚的犯罪中不能预见其结果发生时，不以重的结果处罚。

第16条【法律的错误】误认为自己的行为依照法令不构成犯罪的行为，限于在其误认具有正当理由的情况不予处罚。

第17条【因果关系】任何行为在没有与作为犯罪要素的危险发生相连接时，不能因其结果受处罚。

第18条【不作为犯】负有防止危险发生的义务或者因自己的行为引起危险发生原因的人不防止其危险发生时，应当依其发生的结果处罚。

第19条【独立行为的竞合】同时或异时实施的独立行为之间发生竞合而作为导致其结果的原因行为未能判明时，对各行为以未遂犯处罚。

第20条【正当行为】依法令的行为、因业务的行为以及其他不违背社会常规的行为，不受处罚。

第21条【正当防卫】①为了防卫对自己或他人的法益发生现在不当侵害而实施的行为，具有相当的理由时不予处罚。

②防卫行为超过其程度的，可以根据其情况减轻或免除处罚。

③在前款的情况下，其行为在夜晚或者其他不安心理的状态下因恐怖、惊愕、兴奋或者惊慌引起的，不予处罚。

第22条【紧急避难】①为了避免对自己或他人法益发生的现在危难而实施的行为，具有相当的理由时不予处罚。

②对于负有责任不能避难的人，不适用前款的规定。

③前条第2款、第3款的规定，准用于本条。

第23条【自救行为】①依法定程序无法保全其请求权的情况下，为了避免无法实行或者明显难以实行请求权的行为，具有相当的理由时不予处罚。

②前款的行为超过其程度的，可以根据其情况减轻或免除处罚。

第24条【被害人的承诺】依照有权处分人的承诺损害其法益的行为，除法律有特别规定的以外不予处罚。

第2节　未遂犯

第25条【未遂犯】①着手犯罪的实行却没有终了其行为或者没有发生结果的，以未遂犯处罚。

②对未遂犯，可以比既遂犯减轻刑罚。

第26条【中止犯】犯罪人自意地中止着手实行的行为或者防止因其行为发生的结果，减轻或免除其刑罚。

第27条【不能犯】即使因其实行的手段或对象错误不可能发生结果但具有危险性的，予以处罚。但是可以减轻或者免除刑罚。

第28条【预备、阴谋】犯罪的阴谋或预备行为还没有着手实行时，除法律有特别规定的以外不予处罚。

第29条【未遂犯的处罚】处罚未遂犯的罪，由各本条规定。

第三节　共犯

第30条【共同正犯】2人以上共同实施犯罪的，以各自其罪的正犯处罚。

第31条【教唆犯】①教唆他人实施犯罪的人，处以与实行犯罪的人相同的刑罚。

②被教唆人承诺犯罪的实行而没有着手实行的，对于教唆人和被教唆人准予预备·阴谋处罚。

③被教唆人没有承诺犯罪的实行，对教唆人处以与前款相同的刑罚。

第32条【从犯】①帮助他人犯罪的人，以从犯处罚。

②从犯的刑罚，比照正犯减轻处罚。

第33条【共犯与身份】向因身份关系而成立的犯罪进行加工的行为，

对不具有身份关系的人也适用前3条的规定。但是在因身份关系加减其刑罚的情况下，不以重的刑罚处罚。

第34条【间接正犯，对特殊教唆、帮助的刑罚加重】①教唆或者帮助因某种行为不受处罚的人或者以过失犯受处罚的人发生犯罪行为结果的人，依照教唆或帮助之例。

②教唆或帮助受自己的指挥、监督的人导致前款规定结果发生的人，在教唆的情况下加重到正犯法定刑长期或多额的二分之一，在帮助的情况下以正犯的刑罚处罚。

第4节 累犯

第35条【累犯】①被判处禁锢以上的刑罚已终了其执行或者被赦免以后3年以内又实施应当判处禁锢以上刑罚之罪的人，以累犯处罚。

②累犯的刑罚，应加重到其罪法定刑长期的2倍。

第36条【判决宣告后的累犯发觉】宣告判决后发现是累犯的，可以通算其宣告的刑罚重新决定其刑罚。但是宣告的刑罚已执行终了或免除其执行后发现的除外。

第5节 竞合犯

第37条【竞合犯】判决尚未确定的数罪或者处以禁锢以上刑罚的判决已确定之罪和其判决确定之前实施的罪，属于竞合犯（2004.1.20.修订）。

第38条【竞合犯与处罚例】①同时判决竞合犯时，应当依照以下区别处罚。

1. 最重的犯罪所规定的刑罚为死刑或无期惩役或无期禁锢时，以最重的犯罪所规定的刑罚处罚。

2. 对各罪规定的刑罚是除无期惩役或无期禁锢以外的同种刑罚时，加重到以最重犯罪刑罚的长期或多额的二分之一，但是不得超过各罪所规定刑罚的长期或多额的总和。

3. 各罪所规定的刑罚为无期惩役或无期禁锢以外异种的刑罚时，应当并科。

②对前款各项中的惩役和禁锢视为同种刑罚，以惩役刑处罚。

第39条【没有被判决的竞合犯、数个判决和竞合犯、刑罚的执行和竞合犯】①在竞合犯中如有尚未判决的犯罪，应当考虑将其罪和判决已确定的罪同时作判决时的平衡性，宣告对其罪的刑罚。此时对其刑罚可以减轻或免除（2005.7.29.修订）。

②删除（2005. 7. 29）

③因竞合犯被判处刑罚的人对于其中某个犯罪得以赦免或免除刑罚的执行时，应当对于其他犯罪重新决定刑罚。

④在执行前 3 款刑罚的情况下，通算已执行的刑罚。

第 40 条【想象竞合犯】在一个行为符合数个犯罪的情况下，以最重的犯罪规定的刑罚处罚。

第 3 章　刑罚

第 1 节　刑罚的种类和轻重

第 41 条【刑罚的种类】刑罚的种类如下：

1. 死刑

2. 惩役

3. 禁锢

4. 资格丧失

5. 资格停止

6. 罚金

7. 拘留

8. 科料

9. 没收

第 42 条【惩役或禁锢的期间】惩役或禁锢包括无期和有期，有期为 1 个月以上 30 年以下。但是对于有期惩役或有期禁锢加重刑罚时不得超过 50 年（2010. 4. 15. 修订）。

第 43 条【刑罚的宣告与资格丧失、资格停止】①被判处死刑、无期惩役或者无期禁锢的人丧失以下资格。

1. 成为公务员的资格

2. 公法上选举权与被选举权

3. 由法律规定其要件的有关公法上业务的资格

4. 成为法人的理事、监事或者经理以及其他有关法人业务的检查人员或财产管理人员的资格

②被判处有期惩役或者有期禁锢的人，至其刑罚执行终了或免除为止前款第 1 项至第 3 项记载的资格被停止。

〔单纯的违宪，2012 宪 MA 409・510，2013 宪 MA（合并），2014. 1. 28. 刑法

（以 1953.9.18. 法律第 293 号制定）第 43 条第 2 款中被判处有期惩役或者有期禁锢正在刑罚的执行犹豫期间中的人，关于"公法上选举权"的部分违反了宪法。｝

｛不符合宪法，2012 宪 MA409·510，2013 宪 MA（合并），2014.1.28. 刑法（以 1953.9.18. 法律第 293 号制定）第 43 条第 2 款中被判处有期惩役或有期禁锢而其刑罚的执行尚未终了的人，关于"公法上选举权"的部分，不符合宪法。上述法律条款的部分以 2015.12.31. 为时限至立法者修订为止继续适用。｝

第 44 条【资格停止】①停止前条记载中资格的全部或部分，其期间为以 1 年以上 15 年以下。

②对于有期惩役或有期禁锢并科宣告资格停止，从惩役或禁锢执行终了或被免除之日起计算。

第 45 条【罚金】罚金刑为 5 万元以上。但是在减轻处罚时可以判处 5 万元以下（修订 1995.12.29）。

第 46 条【拘留】拘留为 1 日以上 30 日以下。

第 47 条【科料】科料为 2000 元以上 5 万元以下（1995.12.29. 修订）。

第 48 条【没收的对象与追缴】①对于不属于犯罪人以外的人或者犯罪后犯罪人以外的人知情而取得的下列财物可以没收其全部或一部。

1. 提供于犯罪行为或者准备提供于犯罪行为的财物

2. 因犯罪行为所生财物或者获取的财物

3. 以前 2 项规定内容为代价取得的财物

②无法没收没收对象的财物时，追缴其价额。

③文书、图画或电子记录等特殊媒体记录或者有价证券属于没收对象的一部分时，废弃其部分（修订 1995.12.29）。

第 49 条【没收的附加性】没收附加于其他刑罚适用，但是对犯罪人不做出有罪裁判时，如具有没收的条件可以独立宣告没收。

第 50 条【刑罚的轻重】①刑罚的轻重依照第 41 条所记载的顺序。但是无期禁锢和有期惩役是以禁锢为重，有期禁锢的长期超过有期惩役的长期时以禁锢为重。

②在同种的刑罚中以相对更长的长期、相对更多的多额为重；在长期或者多额相同的情况下以相对更长的短期和相对更多的少额为重。

③对除了前 2 款以外的情况，依照犯罪性质和犯罪情节决定其轻重。

第 2 节　刑的量定

第 51 条【量刑的条件】在刑的量定中应当参酌以下事项。

1. 犯罪人的年龄、性情、智力能力和环境

2. 对被害人的关系

3. 犯罪行为的动机、手段和结果

4. 犯罪后的情况

第 52 条【自首、自服】①实施犯罪后向负有侦查责任的官署自首的，可以减轻或者免除其刑罚。

②实施违反被害人意思不能处罚的犯罪后向被害人自服的，与前项规定相同。

第 53 条【酌量减轻】在犯罪的情状中存在能够参酌的事由时，可以酌量减轻其刑罚。

第 54 条【选择刑和酌量减轻】对一个犯罪规定的刑罚为数种时，先决定所要适用的刑罚后减轻其刑罚。

第 55 条【法律上的减轻】①法律上的减轻如下（2010.4.15. 修订）。

1. 减轻死刑，减为无期或 20 年以上 50 年以下的惩役或禁锢。

2. 减轻无期惩役或无期禁锢，减为 10 年以上 50 年以下的惩役或禁锢。

3. 减轻有期惩役或有期禁锢，减为其刑期的二分之一。

4. 减轻资格丧失，减为 7 年以上的资格停止。

5. 减轻资格停止，减为其刑期的二分之一。

6. 减轻罚金，减为其多额的二分之一。

7. 减轻拘留，减为其长期的二分之一。

8. 减轻科料，减为其多额的二分之一。

②存在数个法律上减轻事由时，可以重复减轻

第 56 条【加重减轻的顺序】在加重减轻刑罚的事由发生竞合时，依照以下顺序处理。

1. 依照各则各本条规定的加重

2. 依照第 34 条第 2 款规定的加重

3. 累犯加重

4. 法律上的减轻

5. 竞合犯加重

6. 酌量的减轻

第 57 条【判决宣告前拘禁日数的通算】①判决宣告前的拘禁日数，其全部计入到有关有期惩役、有期禁锢、罚金、科料的留置或者拘留（2014.12.30. 修订）。

②在前款的情形下，拘禁 1 日换算为有关惩役、禁锢、罚金或科料的留置或拘留期间的 1 日（2014.12.30. 修订）。

第 58 条【判决的公示】①为了被害人的利益，如果认为有必要限于被害人提出请求的情况，以被告人负担为条件可以宣告判决公示的主旨。

②对于被告案件在宣告无罪判决的情况下，应当宣告无罪判决公示的主旨。但是被判决无罪的被告人不同意宣告无罪判决公示的主旨或者无法征得被告人同意的情况除外（2014.12.30. 修订）。

③对被告案件宣告免诉的判决，可以宣告免诉判决公示的主旨（2014.12.30. 增设）

第 3 节 刑罚的宣告犹豫

第 59 条【宣告犹豫的要件】①在判处 1 年以下的惩役、禁锢或资格停止或罚金等刑罚的情况下，参酌第 51 条规定的事项具有显著的悔改情状时可以犹豫其宣告。但是具有被判处资格停止以上刑罚前科的人除外。

②在并科刑罚的情况下，可以对部分或全部刑罚犹豫其宣告。

第 59 条之 2【保护观察】①在判处刑罚的宣告犹豫的情况下，为了防止再犯且有必要进行指导或援护时，可以命令接受保护观察。

②第 1 款规定的保护观察的期间，为 1 年。

（增设本条 1995.12.29）。

第 60 条【宣告犹豫的效果】被宣告犹豫之日起经过 2 年期满的，视为免诉。

第 61 条【宣告犹豫的失效】①被宣告犹豫的人在犹豫期间内被处以资格停止以上刑罚的判决被确定或者被处以资格停止以上刑罚的前科被发现时，应当宣告犹豫的刑罚（修订 1995.12.29）。

②根据第 59 条之 2 的规定命令保护观察的被宣告犹豫人，在保护观察期间严重违反其遵守事项时，可以宣告其犹豫的刑罚（增设 1995.12.29）。

第 4 节 刑法的执行犹豫

第 62 条【执行犹豫的要件】①在判处 3 年以下惩役或者禁锢等刑罚的情况下，参酌第 51 条规定的事项其情状中具有可以参酌的事由时，可以在 1 年以上 5 年以下期间内犹豫其刑罚的执行。但是对于在处以禁锢以上刑罚

的判决执行终了或者免除后 3 年内实施的犯罪判处刑罚的情况除外。（修订 2005. 7. 29）

②在并科刑罚的情况下，可以对部分的刑罚犹豫其执行。

第 62 条之 2【保护观察、社会俸仕、受讲命令】①犹豫刑罚的执行时，可以同时命令接受保护观察或者社会奉仕或受讲。

②第 1 款规定的保护观察的期间，为执行犹豫的期间。但是法院可以在执行犹豫的期间内决定保护观察的期间。

③社会奉仕命令或受讲命令应当在执行犹豫期间内执行。

（增设本条 1995. 12. 29）。

第 63 条【执行犹豫的失效】被判处执行犹豫的人在犹豫期间内因故意犯罪被判处禁锢以上刑罚的判决被确定，执行犹豫的宣告失去效力。（修订 2005. 7. 29）

第 64 条【执行犹豫的取消】①被判处执行犹豫后第 62 条第 1 款但书的事由被发现时，取消执行犹豫的宣告（修订 1995. 12. 29）。

②依第 62 条之 2 的规定命令保护观察或者社会奉仕或受讲的被执行犹豫人，在严重地违反其遵守事项或命令时，可以取消执行犹豫的宣告。（增设 1995. 12. 29）

第 65 条【执行犹豫的效果】被宣告执行犹豫后其执行犹豫没有失效或者被取消，犹豫期间届满，刑罚的宣告失去效力。

第 5 节　刑罚的执行

第 66 条【死刑】死刑，在刑务所内以绞首执行。

第 67 条【惩役】惩役，在刑务所拘置令其服于定役。

第 68 条【禁锢、拘留】禁锢和拘留，在刑务所拘置。

第 69 条【罚金和科料】①罚金和科料应在判决确定之日起 30 日以内缴纳。但是在宣告判决时可以命令至缴清其金额为止留置到劳役场。

②对不缴纳罚金的人在 1 日以上 3 年以下、对不缴纳科料的人在 1 日以上 30 日以内的期间，留置到劳役场服务于作业。

第 70 条【劳役场留置】①宣告罚金或者科料，应当决定并同时宣告未缴纳罚金或科料情况下的留置期间。（2014. 5. 14. 修订）

②宣告的罚金为 1 亿元以上未满 5 亿元的留置期间为 300 日以上，5 亿元以上未满 50 亿元的留置期间为 500 日以上，50 亿元以上的留置期间为 1. 000 日以上，决定其留置的具体期间。

（2014.5.14. 增设）

第 71 条 【留置期间的扣除】 被判处罚金或科料的人缴纳罚金或科料的部分金额时，把罚金金额或科料金额换算成留置期间的日数后，扣除相当于已缴纳金额的如数。

第 6 节　假释放

第 72 条 【假释放的要件】 ①正在被执行惩役、禁锢的人其悔改表现良好而教化改善的效果显著时，无期刑经过 20 年、有期刑经过原判刑期的三分之一后，可以由行政处分做出假释放的决定。（2010.4.15. 修订）

②并科罚金或科料的情况下，应当缴清罚金或科料。

第 73 条 【判决宣告前拘禁和假释放】 ①已折抵刑期的判决宣告之前拘禁的日数，应当计入到假释放中经过执行的期间。

②已计入有关罚金或科料的留置期间的判决宣告之前拘禁的日数，在前条第 2 款的情况下应视为已缴纳其罚金或科料的相当金额。

第 73 条之 2 【假释放的期间及保护观察】 ①假释放的期间，无期刑为 10 年、有期刑为剩余刑期，其期间不能超过 10 年。

②假释放的人在假释放期间应当接受保护观察。但是许可假释放的行政官厅认为没有必要的除外。

（1995.12.29. 增设本条）

第 74 条 【假释放的失效】 在假释放的期间内被处以刑罚的判决确定时，假释放的处分失去效力。但是因过失犯罪被判处刑罚的除外。

第 75 条 【假释放的取消】 受假释放处分的人违反了有关监视的规则或保护观察的遵守事项且程度严重时，可以取消假释放的处分。

（1995.12.29. 修订全文）

第 76 条 【假释放的效果】 ①受假释放的处分后其处分没有失效或者被取消经过了假释放的期间，视为刑罚的执行已终了（1995.12.29. 修订）。

②前 2 条的情况下，假释放中的日数不计入刑期。

第 7 节　刑罚的时效

第 77 条 【时效的效果】 被判处刑罚的人，因时效的完成免除其执行。

第 78 条 【时效的期间】 时效因判处刑罚的裁判确定后没有被执行，经过以下的期间而完成。

1. 死刑，为 30 年

2. 无期的惩役或禁锢，为 20 年

3. 10 年以上的惩役或禁锢，为 15 年

4. 3 年以上的惩役或禁锢或者 10 以上的资格停止，为 10 年

5. 未满 3 年的惩役或禁锢或者 5 年以上的资格停止，为 5 年

6. 未满 5 年的资本停止或者罚金、没收或追缴，为 3 年

7. 拘留或者科料，为 1 年

第 79 条【时效的停止】①时效在刑罚的执行犹豫或停止或者假释放或其他不能执行的期间，停止其进行（2014. 5. 14. 修订）。

②时效在刑罚被确定后还未执行其刑罚的人以规避刑罚的目的滞留国外的期间，停止其进行。（2014. 5. 14. 增设）

第 80 条【时效的中断】时效在死刑、惩役、禁锢及拘留中因拘禁受刑人，在罚金、科料与没收、追缴中因开始强制处分而中断。

第 8 节　刑罚的消灭

第 81 条【刑罚的失效】惩役或禁锢被执行终了或被免除的人补偿被害人的损失，且在没有被判处资格停止以上刑罚的情形下经过了 7 年，可以根据本人或者检察官的申请宣告其裁判的失效。

第 82 条【复权】被判处资格停止的人补偿被害人的损失，在没有被判处资格停止以上刑罚的情形下经过了停止期间的二分之一，可以根据本人或者检察官的申请宣告恢复资格。

第 4 章　期间

第 83 条【期间的计算】以年、月规定的期间，按照历数计算。

第 84 条【刑期的起算】①刑期从判决被确定之日起计算。

②在惩役、禁锢、拘留和留置中没有被拘禁的日数，不计入刑期。

第 85 条【刑罚的执行和时效期间的初日】刑罚的执行和时效期间的初日，不以时而以日计算。

第 86 条【释放日】释放日，为刑期终了之日。

第 2 编　各则

第 1 章　内乱犯罪

第 87 条【内乱】以僭窃国土①或紊乱国宪为目的实施暴动的人，根据

---

① 僭窃国土，是指对于大韩民国行使统治权的领土非法排挤领土主权的行为。

以下区别处罚。

1. 首魁处死刑、无期惩役或无期禁锢。

2. 参与谋议、指挥或从事其他重要任务的人，处死刑、无期或 5 年以上惩役或禁锢。参与杀人、伤人、破坏或掠夺者也处以相同刑罚。

3. 附和遂行或单纯参与暴动的人，处 5 年以下惩役或禁锢。

第 88 条【内乱目的的杀人】以内乱为目的的杀人、以出卖国土或紊乱国宪为目的而杀人的，处死刑、无期惩役或无期禁锢。

第 89 条【未遂犯】前 2 条的未遂犯予以处罚。

第 90 条【预备、阴谋、煽动、宣传】①以实施第 97 条或第 88 条的犯罪为目的而预备、阴谋的人，处 3 年以上有期惩役或禁锢。但是在着手实行之前自首的，减轻或免除刑罚。

②宣传、煽动实施第 87 条或第 88 条规定犯罪的人，与前款规定相同。

第 91 条【紊乱国宪的定义】本章所说的紊乱国宪是指符合以下各项规定的行为之一。

1. 不遵守宪法或法律规定的程序导致宪法或法律的功能归于消灭

2. 颠覆依法设立的国家机关或致使无法行使其权能

第 2 章 外患犯罪

第 92 条【引致外患】与外国通谋在大韩民国引起战乱或者与外国通谋以大韩民国为敌的人，处死刑或无期惩役。

第 93 条【与敌】与敌国合谋抵抗大韩民国的人，处死刑。

第 94 条【募兵利敌】①为敌国募兵，判处死刑或无期惩役；

②响应敌国募兵的人，处无期惩役或 5 年以上惩役。

第 95 条【提供设施利敌】①为敌国提供船舶、飞机及其他场所、设备或建筑物，用于运送军队，作为要塞、阵地或供应军用物资的人，处死刑或无期惩役。

②为敌国提供武器、弹药及其他军用物资的人，与前款规定相同。

第 96 条【破坏设施利敌】为敌国破坏军用设施及其他物件使其丧失功能的人，处死刑或无期惩役。

第 97 条【提供物资】为敌国提供非军用的武器、弹药或可供作战用的物资的人，处无期惩役或 5 年以上惩役。

第 98 条【间谍】①为敌国从事间谍活动或帮助敌国间谍的人，处死刑、无期惩役或者 7 年以上惩役。

②向敌国泄露军事秘密的人，与前款规定相同。

第 99 条【一般利敌】除前 7 条之外损害大韩民国的军事利益或者向敌国提供军事利益的人，判处无期惩役或 3 年以上惩役。

第 100 条【未遂犯】前 8 条规定的未遂犯，予以处罚

第 101 条【预备、阴谋、煽动、宣传】①以实施第 92 条至第 99 条的犯罪为目的而预备、阴谋的人，处 2 年以上有期惩役或禁锢。但是在着手实行之前自首的，减轻或免除刑罚。

②宣传、煽动实施第 92 条至第 99 条规定犯罪的人，与前款规定相同。

第 102 条【准敌国】第 93 条至前条的罪中，与大韩民国敌对的外国或者外国人的团体视为敌国。

第 103 条【战时不履行军需契约】①在战争或事变中没有正当理由不履行有关对政府的军需品或军用工作物品契约的人，处 10 年以下惩役。

②妨害履行前款中契约的人，与前款规定相同。

第 104 条【同盟国】本章的规定适用于对同盟国的行为。

第 104 条之 2 删除（1988.12.31.）。

第 3 章　有关国旗的犯罪

第 105 条【亵渎国旗、国章】以侮辱大韩民国的目的损坏、除去或玷污国旗或国徽的人，处 5 年以上惩役或禁锢、10 年以下的资格停止或 700 万元以下罚金。（1995.12.29. 修订）

第 106 条【诽谤国旗、国章】以欠条规定的目的诽谤国旗或国徽的，处 1 年以下惩役或禁锢、5 年以下地停止资格或 200 万元以下罚金。（1995.12.29. 修订）

第 4 章　有关国交的犯罪

第 107 条【对外国元首的暴行等】①对停留在大韩民国的外国元首施以暴力或胁迫的人，判处 7 年以下惩役或禁锢。

②对前款规定的外国元首进行侮辱或损害其名誉的人，判处 5 年以下惩役或禁锢。

第 108 条【对外国使节的暴行等】①对派遣到大韩民国的外国使节施以暴力的人，判处 5 年以下惩役或禁锢。

②对前款规定的外国使节进行侮辱或损害其名誉的人，判处 3 年以下惩

役或禁锢。

第 109 条【亵渎外国国旗、国徽】以侮辱外国为目的，损坏、除掉或玷污该国公用国旗或国徽的人，判处 2 年以下惩役、禁锢或 300 万元以下罚金。（1995. 12. 29. 修订）

第 110 条【被害人的意思】第 107 条至第 109 条的罪不能违反其外国政府明示的意思而提起公诉。（修订（1995. 12. 29.）

第 111 条【对外国私战】①对外国私自战争的人，处 1 年以上的有期禁锢。

②前款的未遂犯予以处罚。

③以对外国私战为目的预备或阴谋的，判处 3 年以下禁锢或 500 万元以下罚金。但是在着手实行以前自首的，减轻或免除刑罚。（1995. 12. 29. 修订）

第 112 条【违反中立命令】在外国之间交战的情况下违反中立命令的人，判处 3 年以下禁锢或 500 万元以下罚金。（1995. 12. 29. 修订）

第 113 条【泄露外交秘密】①泄露外交秘密的人，判处 5 年以下惩役或 1000 万元以下罚金。（修订 1995. 12. 29.）

②以泄露秘密为目的探知或收集外交秘密的，与前款相同。

第5章 危害公安的犯罪

第 114 条【组织犯罪团体等】组织或加入以实施应判处死刑、无期或长期 4 年以上惩役的犯罪为目的的团体或集团或作为其组成人员实施活动的人，以其目的犯罪的法定刑处罚，但是可以减轻其刑罚。

（2013. 4. 5. 修订全文）

第 115 条【骚扰】有聚众斗殴、胁迫或破坏行为的人，判处 1 年以上 10 年以下惩役、禁锢或 1500 万元以下罚金。（1995. 12. 29. 修订）

第 116 条【聚众不解散】以实施暴力、胁迫或破坏为目的的聚众闹事，在接到有关公务员三次以上解散命令后仍不解散的人，判处 2 年以下惩役、禁锢或 300 万元以下罚金。（修订 1995. 12. 29.）

第 117 条【不履行战时供需契约】①在发生战争、天灾及事变等情况下，无正当理由不履行或妨害履行与国家或公共团体签订的供给粮食等生活必需品契约的，判处 3 年以下惩役或 500 万元以下罚金。（1995. 12. 29. 修订）

②妨害前款的契约履行的人，与前款规定相同。

③对前 2 款的情况，可以并科其所定的罚金。

第 118 条【冒充公务员】假冒公务员行使其职权的人，判处 3 年以下惩役或 700 万元以下的罚金。(1995.12.29. 修订)

第 6 章　有关爆炸物的犯罪

第 119 条【爆炸物使用】①使用爆炸物侵害他人的生命、健康、财产或者其他扰乱公共安全的，处以死刑、无期徒刑或 7 年以上的有期惩役。

②在战时或发生自然灾害等非常情况下实施前款规定行为的，处以死刑或者无期惩役。

③前 2 款的未遂犯，予以处罚。

第 120 条【预备、阴谋、煽动】①以实施前条第 1 款、第 2 款的罪为目的而预备、阴谋的人，处 2 年以上的有期惩役。但是在着手实行以前自首的人，减轻或免除处罚。

②煽动实施前条第 1 款、第 2 款规定犯罪的人，与前款规定相同。

第 121 条【战时制造爆炸物等】在战时等非常情况下没有正当的理由而制造、进出口、收受或者携带爆炸物的，处以 10 年以下惩役。

第 7 章　有关公务员职务的犯罪

第 122 条【遗弃职务】公务员没有正当理由拒绝履行其职务或遗弃其职务的，处 1 年以下的惩役、禁锢或 3 年以下资格停止。

第 123 条【滥用职权】公务员滥用职权使他人做没有义务的行为或妨害他人行使权利的，处 5 年以下的惩役并处 10 年以下的资格中止或 1000 万元以下的罚金。(1995.12.29. 修订)

第 124 条【非法逮捕、非法监禁】①从事审判、检察、警察或其他有关羁押职务的人及其辅助人员滥用其职权逮捕或监禁他人，处 7 年以下的惩役并处 10 年以下的资格停止。

②前款的未遂犯，予以处罚。

第 125 条【暴行、刑讯逼供行为】从事审判、检察、警察或其他有关羁押职务的人及其辅助人员对于犯罪被疑人或其他人实施暴行或刑讯逼供行为，处 5 年以下的惩役并处 10 年以下的资格停止。

第 126 条【公开发表嫌疑事实】检察、警察或其他从事犯罪侦查的人员及其监督、辅助人员将其履行其职务时所得知的嫌疑事实在提起公诉之前予以公开的，处 3 年以下的惩役或 5 年以下的资格停止。

第 127 条【泄露公务上的秘密】公务员或曾具有公务员身份的人泄露公务上秘密的，处 2 年以下的惩役、禁锢或 5 年以下的资格停止。

第 128 条【妨害选举】检察、警察或军职公务员就依法选举对于选举人、候选人、准候选人进行胁迫或其他方法妨害选举自由的，处 10 年以下的惩役并处 5 年以下资格中止。

第 129 条【受贿、事先受贿】①公务员或仲员在履行职务中索要、约定收受或收受财物的，处 5 年以下的惩役或 10 年以下的资格停止。

②将要成为公务员或仲裁员的人就其即将担任的职务接受他人请托后收受、索要财物或约定后成为公务员、仲裁员的，处 3 年以下的惩役或 7 年以下的资格停止。

第 130 条【向第三人提供贿赂】公务员或者仲裁员在履行职务中接受他人不当请托后让其向第三人提供财物或索要、约定提供财物的，处 5 年以下的惩役或 10 年以下资格停止。

第 131 条【受贿后徇私舞弊、事后受贿】①公务员或仲裁员实施前 2 条的罪徇私舞弊的，处 1 年以上的惩役。

②公务员或仲裁员在履行职务中徇私舞弊后收受、索要或约定收受财物或使其向第三人提供财物或索要、约定提供财物的，处 1 年以上的惩役。

③曾经为公务员或仲裁员的人其曾在公职时接受他人请托徇私舞弊后收受、索要财物或约定的，处 5 年以下惩役或 10 年以下的资格停止。

④前 3 款的情况下，可以并处 10 年以下的资格停止。

第 132 条【斡旋受贿】公务员利用其地位通过其他公务员职务上的行为为请托人谋取利益，收受、索取或约定财物的，处 3 年以下的惩役或 7 年以下的资格停止。

第 133 条【行贿等】①提供、约定提供或表示提供第 129 条至第 132 条记载财物的人，处 5 年以下的惩役或 2000 万元以下的罚金。（1995.12.29. 修订）

②以向前款的行为提供财物为目的，向第三人交付财物或明知其内情而接受交付的人，与前款的规定相同。

第 134 条【没收、追缴】犯罪人或者明知其内情的第三人收受的财物或准备供于贿赂的财物，予以没收。在对其无法没收的情况下追缴其价额。

第 135 条【对公务员职务上犯罪的刑罚加重】公务员利用其职权实施

本章之外的犯罪，其刑罚增加到其罪所定刑罚的二分之一。但是，因公务员的身份法律有特别规定刑罚的除外。

第 8 章 有关妨害公务的犯罪

第 136 条【妨害执行公务】①对于正在执行职务的公务员使用暴力或进行胁迫的，处 5 年以下的惩役或 1000 万元以下的罚金。（1995.12.29. 修订）

②对于公务员以强迫、阻止其职务上的行为或以使其辞职为目的使用暴力或进行胁迫的，处 5 年以下的惩役或 1000 万元以下罚金。

第 137 条【以伪计妨害执行公务】以伪计妨害公务员执行职务的人，处 5 年以下的惩役或 1000 万元以下的罚金。（1995.12.29. 修订）

第 138 条【侮辱法庭、国会会议场】以妨害或威胁法院的审判或国会的审议为目的，在法庭或国会议事堂及其附近实施侮辱或骚动行为的人，处 3 年以下惩役或 700 万元以下罚金。（1995.12.29. 修订）

第 139 条【妨害拥护人权职务】行使警察之职的人及其辅助人员妨害检察官执行有关人权保护内容的公务或不遵守其命令的，处 5 年以下惩役或 10 年以下资格停止。

第 140 条【公务上秘密标示无效】以损坏、隐匿或其他方法使公务员依法扣押、查封或采取其他强制处分的标示丧失其效用的人，处 5 年以下的惩役或 700 万元以下的罚金。（1995.12.29. 修订）

②非法开拆公务员依法缝合或其他秘密装置的文书或图画的人，其刑罚与前款的规定相同。（1995.12.29. 修订）

③非法以技术手段获取公务员依法缝合或其他秘密装置的文书或图画、电子记录等特殊媒体记录的内容的人，其刑罚与前款的规定相同。（1995.12.29. 增设）

第 140 条之 2【侵害不动产的强制执行效用】以侵入被强制执行并转让或者交付的不动产或其他方法破坏强制执行效用的人，处 5 年以下的惩役或 700 万元以下罚金。

（1995.12.29. 增设本条）

第 141 条【公用文书等无效、破坏公用物】①以损坏、隐匿或其他方法损坏公务文书、其他财物、电子记录等特殊媒体记录之效用的人，处 7 年以下惩役或 1000 万元以下罚金。（1995.12.29. 修订）

②破坏公务用建筑物、船舶、汽车或航空器的人，处 1 年以上 10 年以

下的惩役。

第142条【公务上的保管物无效】 以损坏、隐匿或其他方法损坏从公务所接受保管命令或按照公务所的命令由他人保管的自己财物之效用的人，处5年以下的惩役或700万元以下罚金。（1995.12.29. 修订）

第143条【未遂犯】 第140条至前条的未遂犯，予以处罚。

第144条【特殊妨害公务】 ①利用团体、众人的威力或携带危险物品实施第136条、第138条和第140条至前条之罪的人，加重到其罪法定刑的二分之一。

②实施第1款的罪伤害公务员的，处3年以上的有期惩役。致人死亡的，处无期或者5年以上的惩役。（1995.12.29. 修订）

第9章 脱逃、隐匿犯人的犯罪

第145条【脱逃、违反集合命令】 ①依法被逮捕或拘禁的人脱逃的，处1年以下惩役。

②前款被拘禁的人在因天灾、事变或其他法令而暂时被解禁的情况下，没有正当理由违反其集合命令的，处1年以下的惩役。

第146条【特殊脱逃】 以损坏收容设备、器具或对他人实施暴力、胁迫的方法或者2人以上合同实施前条第1款行为的，处7年以下的惩役。

第147条【援助脱逃】 劫取依法被拘禁的人或帮助其脱逃的，处10年以下惩役。

第148条【看守人员援助脱逃】 看守人员或护送人员帮助依法被拘禁的人脱逃的，处1年以上10年以下惩役。

第149条【未遂犯】 前4条的未遂犯，予以处罚。

第150条【预备、阴谋】 以实施第147条和第148条的犯罪预备或阴谋的人，处3年以下惩役。

第151条【隐匿犯人和亲属间的特例】 ①隐匿或帮助逃匿犯有应判处罚金以上犯罪人的人，处3年以下惩役或500万元以下罚金。（1995.12.29. 修订）

②亲属或同居的家属为了本人实施前款之罪的，不予处罚。（2005.3.31. 修订）

第10章 伪证和毁灭证据的犯罪

第152条【伪证、谋害伪证】 ①依法宣誓的证人进行虚假陈述的，处5

年以下惩役或 1000 万元以下罚金。（1995.12.29. 修订）

②在刑事案件或者惩戒案件中，以谋害被告人、犯罪被疑人或惩戒嫌疑人为目的进行虚假陈述的，处 10 年以下惩役。

第 153 条【自白、自首】实施前条之罪的人在其供述案件的裁判或惩戒处分被确定之前自白或自首的，减轻或免除处罚。

第 154 条【虚假鉴定、翻译】依法宣誓的鉴定人、翻译人作虚假的鉴定、翻译的，依照前两条之例。

第 155 条【毁灭证据与亲属间的特例】①销毁、隐匿、伪造、变造有关他人刑事案件或惩戒案件的证据或者使用伪造或变造证据的人，处 5 年以下惩役或 700 万元以下罚金。（1995.12.29. 修订）

②隐匿或帮助逃匿有关他人刑事案件或惩戒案件的证人的人，其刑罚与前款规定相同。（1995.12.29. 修订）

③以谋害被告人、犯罪被疑人或惩戒嫌疑人为目的实施本条前 2 款行为的人，处 10 年以下的惩役。

④亲属或同居的家属为了本人实施本条之罪的，不予处罚。（2005.3.31. 修订）

第 11 章 诬告犯罪

第 156 条【诬告】以使他人受刑事处分或惩戒处分为目的向公务所或公务员申告虚伪事实的人，处 10 年以下惩役或 1500 万元以下罚金。（1995.12.29. 修订）

第 157 条【自白、自首】第 153 条准用于前条规定。

第 12 章 有关信仰的犯罪

第 158 条【妨害葬礼等】妨害葬礼、祭祀、礼拜或说教的人，处 3 年以下惩役或 500 万元以下罚金。（1995.12.29. 修订）

第 159 条【侮辱尸体等】侮辱尸体、遗骨或遗发的人，处 2 年以下惩役或 500 万元以下罚金。（1995.12.29. 修订）

第 160 条【挖掘坟墓】挖掘坟墓的人，处 5 年以下惩役。

第 161 条【窃取尸体等】①损坏、遗弃、隐匿或窃取尸体、遗骨或遗发以及棺材内装置物品的人，处 7 年以下惩役。

②挖掘坟墓实施前款规定犯罪的人，处 10 年以下惩役。

第 162 条【未遂犯】前 2 条的未遂犯，予以处罚。

第 163 条【妨害对横死者的验尸】以隐匿、变更或其他方法妨害对横死者的尸体或具有横死疑点的尸体进行验尸的，处 700 万元以下的罚金。

（1995. 12. 29. 修订全文）

第 13 章　放火和失火的犯罪

第 164 条【对现住建筑物等的放火】①放火烧毁他人用于住居或正在使用的建筑物、火车、电车、汽车、船舶、航空器或矿井的人，处无期惩役或 3 年以上的惩役。

②实施第 1 款犯罪致人伤害的，处无期或 5 年以上的惩役；致人死亡的，处死刑、无期或 7 年以上的惩役。

（1995. 12. 29. 修订全文）

第 165 条【对公用建筑物等的放火】放火烧毁公用或公益性的建筑物、火车、电车、汽车、船舶、航空器或矿井的人，处无期或 3 年以上的惩役。

第 166 条【对一般建筑物等的放火】①放火烧毁第 164 条、第 165 条以外的建筑物、火车、电车、汽车、船舶、航空器或矿井的人，处 2 年以上的惩役。

②放火烧毁属于自己所有的建筑物、火车、电车、汽车、船舶、航空器或矿井导致发生公共危险的，处 1 年以上 10 年以下的惩役或 1000 万元以下罚金。（1995. 12. 29. 修订）

第 167 条【对一般物品的放火】①放火烧毁除前 3 条记载以外的财物导致发生公共危险的人，处 1 年以上 10 年以下的惩役。

②第 1 款的物品属于自己所有的，处 3 年以下的惩役或 700 万元以下的罚金。（1995. 12. 29. 修订）

第 168 条【燃烧】①实施第 166 条第 2 款或者前条第 2 款之罪燃烧第 164 条、第 165 条或者第 166 条第 1 款所记载物品的，处 1 年以上 10 年以下的惩役。

②实施前条第 2 款之罪燃烧前条第 1 款记载财物的，处 5 年以下的惩役。

第 169 条【妨害灭火】在火灾中以隐匿、损坏灭火设施、物品或其他方法妨害救火的，处 10 年以下的惩役。

第 170 条【失火】①因过失烧毁第 164 条、第 165 条记载物品或第 166 条记载的他人所有物品的，处 1500 万元以下的罚金。（1995. 12. 29. 修订）

②因过失烧毁第 166 条或第 167 条记载的自己所有的物品导致发生公共危险的，处 1500 万元以下的罚金。

第 171 条【业务上失火与重大失火】因业务上过失或重大过失实施第 170 条罪的人，处 3 年以下的禁锢或 2000 万元以下罚金。（1995.12.29. 修订）

第 172 条【爆炸性物品破裂】①使锅炉、高压气体或其他爆炸性物品破裂导致他人生命、身体发生危险的，处 1 年以上的惩役。

②实施第 1 款的罪致人伤害的，处无期或 3 年以上的惩役；致人死亡的，处无期或 5 年以上的惩役。

（1995.12.29. 修订全文）

第 172 条之 2【放流煤气、电等】①放出或散布煤气、电、蒸汽或放射线、放射性物质导致他人的生命、身体或财产发生危险的，处 1 年以上 10 年以下的惩役。

②实施第 1 款的罪致人伤害的，处无期或 3 年以上的惩役；致人死亡的，处无期或 5 年以上的惩役。

（1995.12.29. 增设本条）

第 173 条【妨害煤气、电等的供给】①以损坏、除去煤气、电或蒸汽设备或其他方法妨害煤气、电或蒸汽的供给或使用导致发生公共危险的，处 1 年以上 10 年以下的惩役。（1995.12.29. 修订）

②以损坏、除去公用的煤气、电或蒸汽设备或其他方法妨害煤气、电或蒸汽的供给或使用导致发生公共危险的，其刑罚与前款的规定相同。（1995.12.29. 修订）

③实施第 1 款或第 2 款的罪致人伤害的，处 2 年以上的惩役；致人死亡的，处无期或 3 年以上的惩役。（1995.12.29. 修订）

第 173 条之 2【过失爆炸性物品破裂】①因过失实施第 172 条第 1 款，第 172 条之 2 第 1 款，第 173 条第 1 款、第 2 款之罪的人，处 5 年以下的禁锢或 1500 万元以下罚金。

②因业务上过失或重大过失实施第 1 款之罪的人，处 7 年以下的禁锢或 2000 万元以下的罚金。

（1995.12.29. 增设本条）

第 174 条【未遂犯】第 164 条第 1 款、第 165 条、第 166 条第 1 款、第 172 条第 1 款、第 172 条之 2 第 1 款、第 173 条第 1 款和第 2 款的未遂犯，予以处罚。

（1995.12.29. 修订全文）

第175条【预备、阴谋】以实施第164条第1款、第165条、第166条第1款、第172条第1款、第172条之2第1款、第173条第1款和第2款的罪为目的而预备、阴谋的人，处5年以下的惩役。但是在着手实行犯罪之前自首的，减轻或免除处罚。（1995.12.29. 修订）

第176条【成为他人权利对象的自己物品】即使是自己所有的物品，但是在依法被抵押、强制处分或成为他人权利或保险的标的物的情况下，适用本章的规定时视为他人的物品。

第14章 有关溢水和水利的犯罪

第177条【对现住建造物等的溢水】①溢水侵害他人用于住居或正在使用的建筑物、火车、电车、汽车、船舶、航空器或矿井的人，处无期或3年以上的惩役。

②实施第1款的罪致人伤害的，处无期或5年以上的惩役；致人死亡的，处无期或7年以上的惩役。

（1995.12.29. 修订全文）

第178条【对公用建造物等的溢水】溢水侵害公用或公益性的建筑物、火车、电车、汽车、船舶、航空器或矿井的人，处无期或2年以上的惩役。

第179条【对一般建造物的溢水】①溢水侵害前2条记载以外的建造物、火车、电车、汽车、船舶、航空器或矿井的人，处1年以上10年以下的惩役。

②侵害属于自己所有的前款的物品导致发生公共危险的，处3年以下的惩役或700万元以下罚金。（1995.12.29. 修订）

③第176条的规定准用于本条的情况。

第180条【防害防水】在水灾中以损坏、隐匿防水用设施或财物或其他方法妨害防水的，处10年以下的惩役。

第181条【过失溢水】因过失侵害第177条、第178条记载的物品或侵害第179条记载的物品导致发生公共危险的，处1000万元以下罚金。（1995.12.29. 修订）

第182条【未遂犯】第177条至第179条第1款的未遂犯，予以处罚。

第183条【预备、阴谋】以实施第177条至第179条第1款的罪为目的而预备或阴谋的人，处3年以下的惩役。

第 184 条【妨害水利】以破坏堤防、水闸或用其他方法妨害水利的，处 5 年以下的惩役或 700 万元以下罚金。（1995.12.29. 修订）

第 15 章　妨害交通的犯罪

第 185 条【妨害一般交通】以损坏道路、水路、桥梁或使之无法通行或在其他方法妨害交通的，处 10 年以下的惩役或 1500 万元以下罚金。（1995.12.29. 修订）

第 186 条【妨害火车、船舶等交通】以损坏轨道、灯台、标识或其他方法妨害火车、电车、汽车、船舶或航空器交通的，处 1 年以上的惩役。

第 187 条【颠覆火车等】颠覆、埋没、坠落或破坏正在使用中的火车、电车、汽车、船舶或航空器的，处无期或 3 年以上的惩役。

第 188 条【妨害交通致死伤】实施第 185 条至第 187 条的罪致人伤害的，处无期或 3 年以上的惩役；致人死亡的，处无期或 5 年以上的惩役。（1995.12.29. 修订全文）

第 189 条【过失，业务上过失，重过失】①因过失实施第 185 条至第 187 条之罪的人，处 1000 万元以下的罚金。（1995.12.29. 修订）

②因业务上过失或重大过失实施第 185 条至第 187 条之罪的人，处 3 年以下的禁锢或 2000 万元以下罚金。（1995.12.29. 修订）

第 190 条【未遂犯】第 185 条至第 187 条的未遂犯，予以处罚。

第 191 条【预备、阴谋】以实施第 185 条至第 187 条的罪为目的而预备或阴谋的人，处 3 年以下的惩役。

第 16 章　有关饮用水的犯罪

第 192 条【妨害使用饮用水】①向日常饮用的纯净水投入污物致使无法饮用的，处 1 年以下的惩役或 500 万元以下的罚金。（1995.12.29. 修订）

②向日常饮用的纯净水投入毒物或其他有害于健康之物的，处 10 年以下的惩役。

第 193 条【妨害自来饮用水的使用】①向公用的自来饮用水或其水源投放污物致使无法饮用的，处 1 年以上 10 年以下的惩役。

②向公用的自来饮用水或其水源投放毒物或其他有害于健康之物的，处 2 年以上的有期惩役。

第 194 条【向饮用水投毒致死伤】犯妨害使用饮用水罪、妨害自来饮用水的使用罪致人伤害的，处无期或 3 年以上的惩役；致人死亡的，处无期或 5 年以上的惩役。

（1995.12.29. 修订全文）

第 195 条【妨害供水】以损坏公用自来水管道、设备或其他方法妨害供水的，处 1 年以上 10 年以下的惩役。

第 196 条【未遂犯】第 192 条第 2 款、第 193 条第 2 款和第 195 条的未遂犯，予以处罚。第 197 条【预备、阴谋】以实施第 192 条第 2 款、第 193 条第 2 款和第 195 条的罪为目的而预备、阴谋的人，处 2 年以下的惩役。

第 17 章　有关鸦片的犯罪

第 198 条【制造鸦片等】制造、走私、贩卖或以贩卖的目的持有鸦片、吗啡及其化合物的，处 10 年以下的惩役。

第 199 条【制造鸦片吸食器等】制造、走私、贩卖或以贩卖的目的持有鸦片吸食器的，处 5 年以下的惩役。

第 200 条【海关公务员进口鸦片等】海关的公务员进口或许可进口鸦片、吗啡及其化合物或者鸦片吸食器的，处 1 年以上的有期惩役。

第 201 条【吸食鸦片及提供场所】①吸食鸦片或注射吗啡的人，处 5 年以下的惩役。

②以提供吸食鸦片或注射吗啡场所获取利益的人，处 5 年以下的惩役。

第 202 条【未遂犯】前 4 条的未遂犯，予以处罚。

第 203 条【常习犯】常习地实施前 5 条的罪，加重到其罪原定刑罚二分之一处罚。

第 204 条【资格停止或罚金的并科】第 198 条至第 203 条的情况下，可以并处 10 年以下的资格停止或 2000 万元以下罚金。（1995.12.29. 修订）

第 205 条【持有鸦片等】持有鸦片、吗啡及其化合物或鸦片吸食器的人，处 1 年以下的惩役或 500 万元以下罚金。（1995.12.29. 修订）

第 206 条【没收、追缴】向本章的罪提供的鸦片、吗啡及其化合物或鸦片吸食器予以没收；在无法没收的情况下，应追缴其价额。

第 18 章　有关通用货币的犯罪

第 207 条【伪造通货等】①以行使为目的伪造或变造通用的大韩民国货币、纸币或银行券的人，处无期或 2 年以上的惩役。

②以行使为目的伪造或变造在国内流通的外国货币、纸币或银行券的人，处 1 年以上的惩役。

③以行使为目的伪造、变造在外国通用的外国货币、纸币或银行券的人，处 10 年以下的惩役。

④行使或者以行使为目的非法进口或非法出口前 3 款所记载通货的人，处以其伪造或变造之各罪规定的刑罚。

第 208 条【取得伪造的通货】以行使为目的取得伪造或变造的第 207 条记载通货的人，处 5 年以下的惩役或 1500 万元以下罚金。（1995.12.29. 修订）

第 209 条【资格停止或罚金的并科】因实施第 207 条或第 208 条之罪处以惩役时，可以并处 10 年以下的资格停止或 2000 万元以下罚金。（1995.12.29. 修订）

第 210 条【取得伪造通货后知情行使】取得第 207 条所记载通货后将其知情行使的，处 2 年以下的惩役或 500 万元以下罚金。（1995.12.29. 修订）

第 211 条【制造通货类似物等】①以贩卖为目的制造、非法进口或出口在国内或国外通用或流通的货币、纸币或类似银行券的物品的人，处 3 年以下的惩役或 700 万元以下罚金。（1995.12.29. 修订）

②贩卖前款物品的人，与前款规定相同。

第 212 条【未遂犯】第 207 条、第 208 条和前条的未遂犯，予以处罚。

第 213 条【预备、阴谋】以实施第 207 条第 1 款至第 3 款的罪为目的而预备、阴谋的人，处以 5 年以下的惩役。但是在着手实行之前自首的，减轻或免除其刑罚。

第 19 章 有关有价证券、邮票和印花的犯罪

第 214 条【伪造有价证券等】①以行使为目的伪造或变造大韩民国或外国的公债证书或其他有价证件的人，处 10 年以下的惩役。

②以行使为目的伪造或变造有关有价证券权利义务记载的人，其刑罚与前款规定相同。

第 215 条【冒用他人资格制作有价证券等】以行使为目的冒用他人的资格制作有价证券或记载有关有价证券权利义务事项的人，处 10 年以下的惩役。

第 216 条【制作虚假有价证券等】以行使为目的制作虚假有价证券或记载有价证券虚假事项的，处 7 年以下的惩役或 3000 万元以下罚金。

（1995.12.29. 修订）

第 217 条【行使伪造的有价证券等】行使或以行使为目的非法输入或输出伪造、变造或虚伪记载第 214 条、第 215 条、第 216 条所记载有价证券的人，处 10 年以下的惩役。

第 218 条【伪造印花、邮票等】①以行使为目的伪造或变造大韩民国或外国印花、邮票或邮票收据的人，处 10 年以下的惩役。（1995.12.29. 修订）

②行使或以行使为目的非法进口或出口伪造或变造的大韩民国或外国印花、邮票或邮票收据的人，其刑罚与前款规定相同。（1995.12.29. 修订）

第 219 条【取得伪造的印花、邮票等】以行使为目的取得伪造或变造的大韩民国或外国印花、邮票或邮票收据的，处 3 年以下的惩役或 1000 万元以下罚金。（1995.12.29. 修订）

第 220 条【资格停止或罚金的并科】实施第 214 条至第 219 条之罪处以惩役时，可以并处 10 年以下的资格停止或 2000 万元以下罚金。

（1995.12.29. 修订全文）

第 221 条【戳印的消抹】以行使为目的消抹大韩民国或外国的印花、邮票或其他表示邮价的票证上戳印或其他使用标志的人，处 1 年以下的惩役或 300 万元以下罚金。

（1995.12.29. 修订全文）

第 222 条【制造印花、邮票类似物等】①以贩卖为目的制造、非法输入或输出大韩民国或外国的公债证书或印花、邮票或邮票收据、类似物的人，处 2 年以下的惩役或 500 万元以下惩役。（1995.12.29. 修订）

②贩卖前款物品的人，与前款规定相同。

第 223 条【未遂犯】第 214 条至第 219 条和前条的未遂犯，予以处罚。

第 224 条【预备、阴谋】以实施第 214 条、第 215 条和第 218 条第 1 款的罪为目的而预备、阴谋的人，处 2 年以下的惩役。

第 20 章　有关公文的犯罪

第 225 条【伪造、编造公文等】以行使为目的伪造或变造公务员或公务所的文书或图画的人，处 10 年的惩役。（1995.12.29. 修订）

第 226 条【以冒用资格的方法制作公文等】以行使为目的冒用公务员或公务所的资格制作文书或图画的人，处 10 年以下的惩役。（1995.12.29.

修订）

第 227 条【制作虚假公文等】公务员以行使为目的就其职务虚假制作文书或图画或改变的人，处 7 年以下的惩役或 2000 万元以下罚金。

（1995.12.29. 修订全文）

第 227 条之 2【伪造、变造公电子记录】以贻误事务的处理为目的伪造或变造公务员或公务所的电子记录等特殊媒体记录的人，处 10 年以下的惩役。

（1995.12.29. 增设本条）

第 228 条【记载不真实的公正证书原本等】①向公务员作虚假的申告致使在公正证书原本或类似电子记录等特殊媒体记录中包含不真实内容的人，处 5 年以下的惩役或 1000 万元以下的罚金。（1995.12.29. 修订）

②向公务员作虚假的申告使得在执照、许可证、登记证或护照中记载不真实内容的，处 3 年以下的惩役或 700 万元以下的罚金。（1995.12.29. 修订）

第 229 条【使用伪造的公文】使用以第 225 条至第 228 条之行为制作的文书、图画、电子记录等特殊媒体记录、公正证书原本、执照、许可证、登记证或护照的人，处其各罪规定定的刑罚。

（1995.12.29. 修订全文）

第 230 条【不当使用公文等】不当使用公务员或公务所的文书或图画的人，处 2 年以下的惩役或者禁锢或 500 万元以下的罚金。（1995.12.29. 修订）

第 231 条【伪造、变造私人文书】以使用为目的伪造、变造有关权利、义务或事实证明的他人文书或图画的人，处 5 年以下的惩役或 1000 万元的罚金。（修订 1995.12.29.）

第 232 条【冒用资格制作私人文书】以使用为目的冒用他人的资格制作有关权利、义务或事实证明的文书或图画的人，处 5 年以下的惩役或 1000 万元的罚金。（1995.12.29. 修订）

第 232 条之 2【伪造、变造私人电子记录】以贻误处理事务为目的伪作或变造有关权利、义务或事实证明的他人电子记录等特殊媒体记录的人，处 5 年以下的惩役或 1000 万元以下的罚金。

（1995.12.29. 增设本条）

第 233 条【制作虚假的诊断书等】医师、韩医师、牙科医师或助产师制作虚假的诊断书、鉴定书或死亡证明书的，处 3 年以下的惩役或禁锢、7

年以下的资格停止或 3000 万元以下的罚金。

（1995.12.29. 修订全文）

第 234 条【使用伪造的私人文书】使用以第 231 条至第 233 条之行为制作的文书、图画、电子记录等特殊媒体记录的人，处其各罪所规定的刑罚。

（1995.12.29. 修订全文）

第 235 条【未遂犯】第 225 条至第 234 条的未遂犯，予以处罚。（1995.12.29. 修订）

第 236 条【不当使用私人文书】不当使用有关权利、义务或事实证明的他人文书或图画的人，处 1 年以下的惩役或者禁锢或 300 万元以下的罚金。（1995.12.29. 修订）

第 237 条【资格停止的并科】因实施第 225 条至第 227 条之 2 及其使用罪处以惩役时，可以并处 10 年以下的资格停止。（1995.12.29. 修订）

第 237 条之 2【复印文书等】在本章的罪中使用电子复印机、传真机以及其他类似的机器复印的文书或图画的副本，也视为文书或图画。

（1995.12.29. 增设本条）

第 21 章　有关印章的犯罪

第 238 条【伪造、不当使用公印等】①以使用为目的伪造或不当使用公务员或公务所的印章、署名、记名或记号的人，处 5 年以下的惩役。

②使用伪造或非法使用的公务员或公务所的印章、署名、记名或记号的人，处 5 年以下的惩役。

③前 2 款的情况下，可以并处 7 年以下的资格停止。

第 239 条【伪造、不当使用私印罪】①以使用为目的伪造或不当使用他人的印章、署名、记名或记号的，处 3 年以下的惩役。

②使用伪造或不当使用的他人印章、署名、记名或记号的人，处 3 年以下的惩役。

第 240 条【未遂犯】本章的未遂犯，予以处罚。

第 22 章　败坏风俗的犯罪

第 241 条【通奸】①有配偶的人与人通奸，处 2 年以下的惩役。与之相奸的人，处以相同的刑罚。

②前款的罪有配偶告诉的，才能处罚。但是配偶怂恿或宽恕通奸的，不得告诉。

{单纯的违宪，2009 宪 BA17. 2015. 2. 26. 刑法（1953. 9. 18. 法律第 293号制定）第 241 条违反了宪法}

第 242 条【中介淫行】以盈利为目的中介他人实施奸淫的人，处 3 年以下的惩役或 1500 万元以下的罚金。（1995. 12. 29. 2012. 12. 18. 修订）

第 243 条【传播淫秽书画等】传播、贩卖、租赁或公开展示、放映淫乱的文书、图画、胶卷或其他物品的人，处 1 年以下惩役或 500 万元以下的罚金。（1995. 12. 29. 修订）

第 244 条【制造淫秽书画等】以向第 243 条的行为提供为目的，制造、持有、进口或出口淫乱物品的人，处 1 年以下惩役或 500 万元以下的罚金。（1995. 12. 29. 修订）

第 245 条【公然淫乱】公然实施淫乱行为的人，处 1 年以下的惩役、500 万元以下的罚金、拘留或科料。（1995. 12. 29. 修订）

第 23 章　有关赌博和彩票的犯罪

第 246 条【赌博、常习赌博】①以财物赌博的人，处 500 万元以下的罚金或科料。但不过是一时娱乐程度的除外。

②常习地实施第 1 款犯罪的人，处 3 年以下惩役或 2000 万元以下罚金。

（1995. 12. 29. 修订全文）

第 247 条【开设赌场等】以盈利为目的开设赌博的场所或空间的人，处 5 年以下的惩役或 3000 万元以下罚金。

（2013. 4. 5. 修订全文）

第 248 条【出售彩票等】①非法销售彩票的人，处 5 年以下的惩役或 3000 万元以下的罚金。

②中介第 1 款彩票销售的人，处 3 年以下的惩役或 2000 万元以下的罚金。

③取得第 1 款彩票的人，处 1000 万元以下的罚金。

（2013. 4. 5. 修订全文）

第 249 条【罚金的并科】对第 246 条第 2 款、第 247 条和第 248 条第 1款的罪，可以并处 1000 万元以下的罚金。

（2013. 4. 5. 修订全文）

第 24 章　危害生命、健康的犯罪

第 250 条【杀人、杀害尊亲属】①杀害他人的人，判处死刑、无期惩

役或者 5 年以上的惩役。

②杀害自己或配偶的直系尊亲属的人，处死刑、无期惩役或者 7 年以上的惩役。（1995.12.29. 修订）

第 251 条【杀害婴儿】直系尊亲属为了掩盖耻辱或者预料无法抚养特别是因可以酌情考虑的动机，将分娩中或刚刚分娩后的婴儿杀死的，处以 10 年以下有期惩役。

第 252 条【依嘱托或承诺的杀人】依被害人的嘱托或承诺而杀人者，判处 1 年以上 10 年以下惩役。教唆或帮助别人杀人自杀的，判处与前款相同的刑罚。

第 253 条【依伪计等的嘱托杀人等】以诡计或威力迫使被害人嘱托、承诺杀人或决定自杀的，处死刑、无期惩役或 5 年以上惩役。

第 254 条【未遂犯】前 4 条的未遂犯，予以处罚。

第 255 条【预备、阴谋】以实施第 250 条和第 253 条的罪为目的而预备、阴谋的人，处 10 年以下惩役。

第 256 条【资格停止的并科】第 250 条、第 252 条或第 253 条的情况下，处有期惩役时可以并处 10 年以下的资格停止。

第 25 章　伤害与暴行的犯罪

第 257 条【伤害、对尊亲属的伤害】①伤害他人身体的人，处以 7 年以下的惩役、10 年以下的资格停止或者 1000 万元以下的罚金。（1995.12.29. 修订）

②对于自己或配偶的直系亲属实施第 1 款罪的人，处以 10 年以下的惩役或者 1500 万元以下的罚金。（1995.12.29. 修订）

③前 2 款的未遂犯，予以处罚。

第 258 条【重伤害、对尊亲属的重伤害】①伤害他人的身体导致其生命发生危险的人，处 1 年以上 10 年以下的惩役。

②伤害他人的身体导致残疾或不治、难治疾病的人，其刑罚与前款规定相同。

③对于自己或配偶的直系尊亲属实施前 2 款的罪，处以 2 年以上的有期惩役。

第 259 条【伤害致死】①伤害他人身体致其死亡的，处 3 年以上的惩役。（1995.12.29. 修订）

②对于自己或配偶的直系尊亲属实施前款的罪，处以无期或者 5 年以上的惩役。

第 260 条【暴行、对尊亲属的暴行】①对他人的身体施以暴行的人，处以 2 年以下惩役或 500 万元以下的罚金、拘留或者科料。（1995.12.29. 修订）

②对于自己或配偶的直系尊亲属实施第 1 款的罪，处 5 年以下的惩役或 700 万元以下的罚金。（1995.12.29. 修订）

③第 1 款、第 2 款的罪，不能违背被害人明示的意思而提出公诉。（1995.12.29. 修订）

第 261 条【特殊暴行】利用显示团体、众人的威力或者携带危险品实施第 260 条第 1 款或第 2 款的罪，处 5 年以下惩役或 1000 万元以下罚金。（1995.12.29. 修订）

第 262 条【暴行致死伤】实施前 2 条的罪致人死伤的，依照第 257 条之第 259 条之例。

第 263 条【同时犯】在独立行为之间发生竞合导致伤害结果而无法判明其原因行为时，依照共同正犯之例。

第 264 条【常习犯】常习地实施第 257 条、第 258 条、第 260 条或第 261 条的罪，加重到其罪所定刑罚的二分之一。

第 265 条【资格停止的并科】在第 257 条第 2 款、第 258 条、第 261 条第 2 款或前条的情况下，可以并处 10 年以下的资格停止。

第 26 章　过失致死伤罪

第 266 条【过失致伤】①因过失致人受伤的，处 500 万元以下的罚金、拘留或科料。（1995.12.29. 修订）

②第 1 款的罪，不能违背被害人明示的意思而提出公诉。（1995.12.29. 修订）

第 267 条【过失致死】因过失致人死亡的，处 2 年以下禁锢或 700 万元以下的罚金。（1995.12.29. 修订）

第 268 条【业务上的过失、重过失致死伤】因业务上的过失或重大的过失致人死伤的，处 5 年以下禁锢或 2000 万元以下罚金。（1995.12.29. 修订）

第 27 章　堕胎犯罪

第 269 条【堕胎】①妇女用药物或其他方法堕胎的，处 1 年以下惩役

或 200 万元以下罚金。（1995.12.29. 修订）

②接受妇女的嘱托或承诺使其堕胎的，其刑罚与前款相同。（1995.12. 29. 修订）

③实施前 3 款的罪致使妇女受伤的，处 3 年以下惩役；致妇女死亡的，处 7 年以下惩役。（1995.12.29. 修订）

第 270 条【医师等的堕胎】①医师、韩医师、助产师、药剂师等接受妇女的嘱托、承诺使其堕胎的，判处 2 年以下惩役。（1995.12.29. 修订）

②没有妇女的嘱托或承诺使其堕胎的，处 3 年以下惩役。

③实施第 1 款或第 2 款的罪导致妇女受伤的，处 5 年以下惩役；导致死亡的，处 10 年以下惩役。（1995.12.29. 修订）

④前 3 款的情况下，可以并处 7 年以下资格停止。

第 28 章　遗弃和虐待犯罪

第 271 条【遗弃、遗弃尊亲属】①在法律上或契约上负有保护老幼病残或其他需要扶助人的义务却遗弃的人，处以 3 年以下的惩役或者 500 万元以下罚金。（1995.12.29. 修订）

②对于自己或配偶的直系尊亲属实施第 1 款的罪，处以 10 年以下的惩役或者 1500 万元以下罚金。（1995.12.29. 修订）

③实施第 1 款的罪致使他人的生命发生危险的，处以 7 年以下的惩役。

④实施第 2 款的罪致使他人的生命发生危险的，处 2 年以上的有期惩役。

第 272 条【遗弃婴儿】直系尊亲属为了掩盖耻辱或者预料无法抚养或者因特别可酌量的动机遗弃婴儿的，处以 2 年以下惩役或者 300 万元以下的罚金。（1995.12.29. 修订）

第 273 条【虐待、虐待尊亲属】①虐待受自己保护或监护的人，处以 2 年以下的惩役或 500 万元以下的罚金。（1995.12.29. 修订）

②对自己或配偶的直系尊亲属实施前款的罪，处 5 年以下的惩役或者 700 万元以下罚金。（1995.12.29. 修订）

第 274 条【酷使儿童】把受自己保护或监督的未满 16 岁的人引渡给准备使用于对生命或身体有危险业务的营业主或其业务员的人，处 5 年以下的惩役。受引渡的人，其刑罚与前者的规定相同。

第 275 条【遗弃等致死伤】①实施第 271 条至第 273 条的罪致人伤害

的，处 7 年以下的惩役；致人死亡的，处以 3 年以上的惩役。

②对于自己或者配偶的直系尊亲属实施第 271 条或第 273 条的罪致人伤害的，处 3 年以上的有期惩役；致人死亡的，处无期惩役或者 5 年以上的惩役。

（1995. 12. 29. 修订全文）

第 29 章　逮捕和监禁的犯罪

第 276 条【逮捕和监禁、尊属逮捕和尊属监禁】①逮捕或监禁他人的，处 5 年以下的惩役或 700 万元以下的罚金。（1995. 12. 29. 修订）

②对自己或配偶的直系尊亲属实施第 1 款的罪，处以 10 年以下的惩役或 1500 万元以下的罚金。（1995. 12. 29. 修订）

第 277 条【重逮捕和重监禁、尊属重逮捕和尊属重监禁】①逮捕或监禁他人并施以苛酷行为的人，处以 7 年以下的惩役；

②对于自己或配偶的直系尊亲属实施前款的罪，处 2 年以上的有期惩役。

第 278 条【特殊逮捕、特殊监禁】利用团体或众人的威力或者携带危险品实施前 2 条的罪，其刑罚加重到其罪所定刑罚的二分之一。

第 279 条【常习犯】常习地实施第 276 条、第 277 条的罪，依照前条之例。

第 280 条【未遂犯】前 4 条的未遂犯，予以处罚。

第 281 条【逮捕、监禁等的致死伤】①实施第 276 条至第 280 条的罪致人伤害的，处 1 年以上的有期惩役；致人死亡的，处 3 年以上的有期惩役。

②对于自己或配偶的直系尊亲属实施第 276 条至第 280 条的罪致人伤害的，处 2 年以上的有期惩役；致人死亡的，处 5 年以上的有期惩役。

（1995. 12. 29. 修订全文）

第 282 条【资格停止的并科】本章的罪，可以并处 10 年以下的资格停止。

第 30 章　胁迫犯罪

第 283 条【胁迫、尊属胁迫】①胁迫他人的人，处 3 年以下惩役或 500 万元以下的罚金、拘留或科料。（1995. 12. 29. 修订）

②对自己或配偶的直系尊亲属实施第 1 款的罪，处 5 年以下的惩役或 700 万元以下罚金。（1995. 12. 29. 修订）

③第 1 款、第 2 款的罪，不得违背被害人明示的意思提起公诉。

（1995. 12. 29. 修订）

第 284 条【特殊胁迫】显示团体或众人的威力或者携带危险品实施前条第 1 款、第 2 款的罪，处 7 年以下的惩役或 1000 万元以下罚金。（1995. 12. 29. 修订）

第 285 条【常习犯】常习地实施第 283 条第 1 款、第 2 款的罪，其刑罚加重到其罪所定刑罚的二分之一。

第 286 条【未遂犯】前 3 条的未遂犯，予以处罚。

第 31 章　掠取和诱骗的犯罪

第 287 条【掠取、诱骗未成年人】掠取和诱骗未成年人的人，处 10 年以下的惩役。

（2013. 4. 5 修订全文）

第 288 条【以猥亵等为目的的略取、诱骗等】①以猥亵、奸淫或盈利为目的掠取、诱骗他人的人，处 1 年以上 10 年以下的惩役。

②以劳动力剥削、性交易和性剥削、摘出脏器为目的掠取、诱骗他人的人，处 2 年以上的 15 年以下的惩役。

③以移送国外为目的掠取、诱骗他人或把被掠取、诱骗的人移送国外的人，处以与第 2 款相同的刑罚。

（2013. 4. 5 修订全文）

第 289 条【人身买卖】①买卖他人的人，处 7 年以下的惩役。

②猥亵、奸淫、结婚或盈利为目的买卖他人的人，处 1 年以上 10 年以下的惩役。

③以劳动力剥削、性交易和性剥削、摘出脏器为目的买卖他人的人，处 2 年以上 15 年以下的惩役。

④以移送国外为目的买卖他人或把被买卖的人移送国外的人，处以与第 3 款相同的刑罚。

（2013. 4. 5 修订全文）

第 290 条【掠取、诱骗、买卖、移送等伤害、致伤】①实施第 287 条至第 289 条的罪把被掠取、诱骗、买卖、移送的人伤害的，处 3 年以上 25 年以下的惩役。

②实施第 287 条至第 289 条的罪致使被掠取、诱骗、买卖、移送的人受伤的，处 2 年以上 20 年以下的惩役。

（2013.4.5 修订全文）

第 291 条【掠取、诱骗、买卖、移送等杀人、致死】①实施第 287 条至第 289 条的罪把被掠取、诱骗、买卖、移送的人杀害的，处死刑、无期或 7 年以上的惩役。

②实施第 287 条至第 289 条的罪致使被掠取、诱骗、买卖、移送的人死亡的，处无期或 5 年以上的惩役。

（2013.4.5 修订全文）

第 292 条【接受、隐匿被掠取、诱骗、买卖或移送的人等】①接受、隐匿以第 287 条至第 289 条的罪被掠取、诱骗、买卖或移送之人的人，处 7 年以下的惩役。

②以实施第 287 条至第 291 条的罪招募、运送、传达的人，处以与第 1 款相同的刑罚。

（2013.4.5 修订全文）

第 293 条　删除（2013.4.5）

第 294 条【未遂犯】第 287 条至第 289 条以及第 290 条第 1 款、第 291 条第 1 款、第 292 条第 1 款的未遂犯，予以处罚。

（2013.4.5 修订全文）

第 295 条【罚金的并科】实施第 288 条至第 291 条，第 292 条第 1 款的罪和其未遂犯，可以并处 5000 万元以下的罚金。

（2013.4.5 修订全文）

第 295 条之 2【刑罚的减轻】实施第 287 条至第 290 条，第 292 条和第 294 条的罪之人把被掠取、诱骗、买卖或移送的人释放到安全的场所，可以减轻其刑罚。

第 296 条【预备、阴谋】以实施第 287 条至第 289 条，第 290 条第 1 款、第 291 条第 1 款、第 292 条第 1 款的罪为目的而预备、阴谋的人，处 3 年以下的惩役。

（2013.4.5 修订全文）

第 296 条之 2（世界主义）第 287 条至第 289 条以及第 294 条，适用于在大韩民国领域外实施犯罪的外国人。

（增设本条 2013.4.5）

第 32 章　强奸和强制猥亵的犯罪

第 297 条【强奸】以暴行或胁迫的方法强奸他人的，处 3 年以上有期

惩役。(2012. 12. 18 修订)

第 297 条之 2 【类似强奸】以暴力或胁迫的方法实施把生殖器塞入他人的口腔、肛门等身体（生殖器除外）的内部或者向生殖器、肛门塞入手指头等身体（生殖器除外）的一部或道具行为的人，处 2 年以上的有期惩役。

（增设本条 2013. 4. 5）

第 298 条 【强制猥亵】暴行或胁迫的方法对他人进行猥亵的，处 10 年以下的惩役或 1500 万元以下的罚金。(1995. 12. 29. 修订)

第 299 条 【准强奸、准强制猥亵】利用他人心神丧失或无法抗拒的状态实施奸淫或猥亵的人，依照第 297 条、第 297 条之 2 以及第 298 条之例。(2012. 12. 18. 修订)

第 300 条 【未遂犯】第 297 条、第 297 条之 2、第 298 条及第 299 条的未遂犯，予以处罚。(2012. 12. 18. 修订)

第 301 条 【强奸等伤害·致伤】实施第 297 条、第 297 条之 2 及第 298 条至第 300 条的罪之人伤害或致人受伤的，处无期或 5 年以上的惩役。(2012. 12. 18. 修订)

第 301 条之 2 【强奸等杀人·致死】实施第 297 条、第 297 条之 2 及第 298 条至第 300 条的罪之人杀害他人的，处死刑或无期惩役；致人死亡的，处无期或 10 年以上的惩役。(2012. 12. 18. 修订)

（1995. 12. 29. 增设本条）

第 302 条 【对未成年人等的奸淫】对于未成年人或者心神微弱者以伪计或威力进行奸淫或猥亵的人，处 5 年以下的惩役。

第 303 条 【利用业务上的威力等奸淫】①对于因业务、雇佣或其他关系处于自己保护或监督的人利用伪计或威力进行奸淫的人，处 5 年以下的惩役或 1500 万元以下的罚金。(1995. 12. 29. 2012. 12. 18. 修订)

②依法监护被囚禁之人的人对其实施奸淫的，处 7 年以下的惩役。(2012. 12. 18. 修订)

第 304 条 删除 (2012. 12. 18.)

第 305 条 【常习犯】常习地实施第 297 条、第 297 条之 2、第 298 条至第 300 条、第 302 条、第 303 条或第 305 条的罪之人，加重到其罪所定刑罚的二分之一。(2012. 12. 18. 修订)

（2010. 4. 15. 增设本条）

第 306 条 删除 (2012. 12. 18.)

第 33 章　损害名誉的犯罪

第 307 条【毁损名誉罪】①公开不为众人所知的事实损害他人名誉的人，判处 2 年以下惩役或禁锢或 500 万元以下罚金。(1995.12.29. 修订)

②公开捏造事实损害他人名誉的人，处 5 年以下的惩役或 10 年以下的资格停止或 1000 万元以下的罚金。(1995.12.29. 修订)

第 308 条【损害死者名誉】公开捏造事实损害死者名誉者的人，处 2 年以下的惩役或禁锢或 500 万元以下的罚金。(1995.12.29. 修订)

第 309 条【以出版物等损害名誉】①以诽谤他人为目的，以报纸、杂志或广播及其他出版物实施第 307 条第 1 款之罪的人，处 3 年以下惩役或禁锢或 700 万元以下罚金。(1995.12.29. 修订)

②以第 1 款的方法实施第 307 条第 2 款之罪的人，处 7 年以下惩役、10 年以下资格停止或 1500 万元以下的罚金。(1995.12.29. 修订)

第 310 条【违法性的阻却】第 307 条第 1 款的行为作为真实的事实只有有关于为了公共利益时，不予处罚。

第 311 条【侮辱】公然侮辱他人的人，处 1 年以下惩役或禁锢或 200 万元以下罚金。(1995.12.29. 修订)

第 312 条【告诉和被害人的意思】①第 308 条和第 311 条的罪，只有告诉才能提起公诉。(1995.12.29. 修订)

②第 307 条和第 309 条的罪，不得违反被害人明示的意思提起公诉。(1995.12.29. 修订)

第 34 章　有关信用、业务与拍卖的犯罪

第 313 条【毁损信用】以散布虚伪的事实或其他伪计的方法毁损他人信用的人，处 5 年以下惩役或 1500 万元以下罚金。(1995.12.29. 修订)

第 314 条【妨害业务】①以第 313 条的方法或以威力妨害他人业务的人，处 5 年以下惩役或 1500 万元以下罚金。(1995.12.29. 修订)

②以破坏计算机等信息处理装置或电子记录等特殊媒体记录或者对信息处理装置输入虚假的信息以及其他方法导致信息处理上的障碍而妨碍他人业务的人，其刑罚与前款的规定相同。(1995.12.29. 修订)

第 315 条【妨害拍卖、投标】用欺骗、暴力、胁迫及其他方法妨害拍卖或投标的公正性的人，处 2 年以下惩役或 700 万元以下罚金。(1995.12.29. 修订)

第35章 妨害私生活安宁的犯罪

第316条【侵害秘密】①拆开他人的封缄或秘密装置的信件、文书或图画的人，处3年以下惩役或禁锢或500万元以下罚金。（1995.12.29. 修订）

②利用技术手段获取他人的封缄，秘密放置的信件、文书或图画或电子记录等特殊媒体记录的内容的人，其刑罚与前款的规定相同。（1995.12.29. 修订）

第317条【泄露业务上秘密】①从事医师、韩医师、牙科医师、药剂师、药材商、助产士、律师、经纪人、注册会计师、公证人、代书职业人或其职务上辅助人等泄露在处理其业务中得知的他人秘密，处3年以下惩役、禁锢或700万元以下罚金。（1995.12.29. 修订）

②从事宗教职业或曾经从事过宗教职业的人泄露因其职务得知的他人秘密，处3年以下的惩役、禁锢或700万元以下罚金。

第318条【告诉】本章的罪，只有告诉才能提起公诉。（1995.12.29. 修订）

第36章 侵入住宅的犯罪

第319条【侵入住宅、拒不退出】①侵入他人的住居、有人管理的建筑物以及船舶、航空器或占有房间的人，处3年以下的惩役或者500万元以下的罚金。（1995.12.29. 修订）

②在第1款的场所中拒绝退出要求的人，其刑罚与前款的规定相同。

第320条【特殊侵入住宅】显示团体或众人的威力或者携带危险品实施前条之罪的人，处5年以下的惩役。

第321条【搜查住居、身体】搜查他人的身体、住居、有人管理的建筑物、汽车、船舶后者航空器、占有房间的人，处3年以下的惩役。（1995.12.29. 修订）

第322条【未遂犯】本章的未遂犯，予以处罚。

第37章 妨害权利行使的犯罪

第323条【妨害权利行使】拿走、隐匿或损坏由他人占有或成为他人权利标的的自己物品或电子记录等特殊媒体记录妨害他人行使权利的，处5年以下惩役或700万元以下罚金。（1995.12.29. 修订）

第324条【强要】以暴力或胁迫手段妨害他人行使权利或迫使做没有

义务事务的人，处 5 年以下的惩役。(1995.12.29. 修订)

第 324 条之 2【人质强要】逮捕、监禁、掠取或诱骗他人作为人质妨害第三人行使权利或要求第三人做无义务事务的人，处 3 年以上惩役。

(1995.12.29. 增设本条)

第 324 之 3【人质伤害·致伤】实施第 324 条之 2 罪的人伤害人质或致其受伤的，处无期惩役或 5 年以上惩役。

(1995.12.29. 增设本条)

第 324 条之 4【人质杀害·致死】实施第 324 条之 2 罪的人杀害人质的，处死刑或无期惩役；致人死亡的，处无期惩役或 10 年以上惩役。

(1995.12.29. 增设本条)

第 324 条之 5【未遂犯】第 324 条至第 324 条之 4 的未遂犯，应予以处罚。

(1995.12.29. 增设本条)

第 324 条之 6【刑罚的减轻】实施第 324 条之 2 或第 324 条之 3 罪的人及其未遂犯在把人质释放于安全的场所时，可以减轻其刑罚。

(1995.12.29. 增设本条)

第 325 条【强取占有、准强取占有】①以暴力或胁迫手段强取由他人合法占有的自己财物的人，处 7 年以下惩役或 10 年以下资格停止。

②对于由他人合法占有的自己财物，为了抗拒他人夺回、抗拒抓捕、毁灭罪证而当场使用暴力或以暴力相威胁的，处 7 年以下惩役或 10 年以下资格停止。

③前 2 款的未遂犯，予以处罚。

第 326 条【重妨害权利行使】实施第 324 条或第 325 条的罪导致他人的生命发生危险的人，处 10 年以下的惩役。(1995.12.29. 修订)

第 327 条【逃避强制执行】出于逃避强制执行之目的，以隐匿、损坏、虚假转让或承担虚假债务的手段损害债权人利益的人，处 3 年以下惩役或 1000 万元以下罚金。(1995.12.29. 修订)

第 328 条【亲属间的犯行与告诉】①直系血亲、配偶、同居亲属、同居家属或其配偶相互之间实施第 323 条的罪，免除其刑罚。(2005.3.31. 修订)

②第 1 款之外的亲属之间实施第 323 条的罪，只有告诉才能提起公诉。(1995.12.29. 修订)

③对于没有前2款身份关系的共犯，不适用前2款的规定。

第38章 盗窃和强盗的犯罪

第329条【盗窃】窃取他人财物的人，处6年以下的惩役或1000万元以下的罚金。（1995.12.29.修订）

第330条【夜间侵入住居盗窃】夜间侵入他人的住居、看守的住宅、建筑物、船舶或占有的房屋窃取财物的人，处10年以下的惩役。

第331条【特殊盗窃】①夜间破坏门窗、墙壁或其他建筑物的部分侵入他人的住居、看守的住宅、建筑物、船舶或占有的房屋窃取财物的人，处1年以上10年以下的惩役。

②携带凶器或2人以上合同窃取他人财物的人，其刑罚与前款的规定相同。

第331条之2【非法使用汽车等】未经所有权人同意暂时使用他人的汽车、船舶、航空器或者动力自行车的人，处3年以下的惩役或500万元以下的罚金。

（1995.12.29.增设本条）

第332条【常习犯】常习地实施第329条至第331条之2的罪，其刑罚加重到其罪所定刑罚的二分之一。（1995.12.29.修订）

第333条【强盗】以暴力或胁迫手段强取他人的财物或取得其他财产上的利益或使第三人取得财产上利益的人，处3年以上的有期惩役。

第334条【特殊强盗】①夜间侵入他人的住居、管理的建筑物、船舶、航空器或占有的房屋实施第333条罪的人，处无期惩役或5年以上的惩役。（1995.12.29.修订）

②携带凶器或2人合同实施前条的罪，处无期惩役或5年以上的惩役。

第335条【准强盗】盗窃犯为了夺回赃物、抗拒抓捕或毁灭罪证使用暴力或以暴力相威胁的，依照前2条之例。

第336条【人质强盗】逮捕、监禁、掠取或诱骗他人作为人质取得财物或财产性利益或者使第3人取得财产性利益的人，处3年以上的惩役。

（1995.12.29.修订全文）

第337条【强盗伤害·致伤】强盗伤害他人或致人受伤的，处无期惩役或者7年以上的惩役。（1995.12.29.修订）

第338条【强盗杀人·致死】强盗杀害他人的，处死刑或无期惩役；

致人死亡的，处无期惩役或 10 年以上的惩役。

（1995.12.29. 修订全文）

第 339 条【强盗强奸】强盗强奸他人的，处无期惩役或 10 年以上的惩役。（2012.12.18 修订）

第 340 条【海上强盗】①利用众人的威力在海上强取船舶或侵入船舶内抢劫他人财物的人，处无期惩役或 7 年以上的惩役。

②实施第 1 款之罪伤害他人或致人受伤的，处无期惩役或 10 年以上的惩役。（1995.12.29. 修订）

③实施第 1 款的罪之人杀害他人或致人死亡或强奸的，处死刑或无期惩役。（1995.12.29. 2012.12.18 修订）

第 341 条【常习犯】常习地实施第 333 条、第 334 条、第 336 条或前条第 1 款的罪，处无期惩役或 10 年以上的惩役。

第 342 条【未遂犯】第 329 条至第 341 条的未遂犯，予以处罚。

（1995.12.29. 修订全文）

第 343 条【预备、阴谋】以强盗为目的而预备、阴谋的人，处 7 年以下的惩役。

第 344 条【亲属之间的犯行】第 328 条的规定，准用于第 329 条至第 332 条的罪及其未遂犯。

第 345 条【资格停止的并科】在因实施本章的罪处以有期惩役的情况下，可以并科 10 年以下的资格停止。

第 346 条【动力】在本章的罪中能够管理的动力，视为财物。

第 39 章　诈骗和恐吓的犯罪

第 347 条【诈骗】①欺骗他人得到财物的交付或获取财产性利益的人，处 10 年以下的惩役或 2000 万元以下的罚金。（1995.12.29. 修订）

②以前款的方法使第三人得到财物的交付或获取财产性利益的人，其刑罚与前款的规定相同。

第 347 条之 2【利用计算机等诈骗】对计算机等信息处理装置输入虚假信息或不正的命令或者未经许可输入、变更信息而获取财产性利益或使第三人获取财产性利益的人，处 10 年以下的惩役或 2000 万元以下的罚金。

（2001.12.29 修订全文）

第 348 条【准诈骗】①利用未成年人的年幼无知或他人的心神障碍得

到财物的交付或获取财产性利益的人，处 10 年以下的惩役或 2000 万元以下的罚金。（1995.12.29. 修订）

②以前款的方法使第三人得到财物的交付或获取财产性利益的人，其刑罚与前款的规定相同。

第 348 条之 2【不正当利用便利设施】未支付相应代价却以不正当手段利用自动销售机、公共电话或其他有偿自动设施来获取财物或财产性利益的人，处 3 年以下的惩役或 500 万元以下的罚金。

（1995.12.29. 增设本条）

第 349 条【不当获利】利用他人穷迫的状态使自己或第三人获取显著不当利益的人，处 3 年以下的惩役或 1000 万元以下的罚金。（1995.12.29. 修订）

②以前款的方法使第三人获取不当利益的人，其刑罚与前款的规定相同。

第 350 条【恐吓】①恐吓他人得到财物的交付或获取财产性利益的人，处 10 年以下的惩役或 2000 万元以下的罚金。（1995.12.29. 修订）

②以前款的方法使第三人得到财物的交付或获取财产性利益的人，其刑罚与前款的规定相同。

第 351 条【常习犯】常习地实施第 347 条至第 350 条之罪，其刑罚加重到其罪所定刑罚的二分之一。

第 352 条【未遂犯】第 347 条至第 348 条之 2、第 350 条和第 351 条的未遂犯，予以处罚。

（1995.12.29. 修订全文）

第 353 条【资格停止的并科】对于本章的罪，可以并处 10 年以下的资格停止。

第 354 条【亲属间的犯行、动力】第 328 条、第 346 条的规定，准用于本章的罪。

第 40 章　侵占和背任的犯罪

第 355 条【侵占和背任】①对他人财物负有保管义务的人侵占其财物或拒不返还财物的，处 5 年以下的惩役或 1500 万元以下的罚金。（1995.12.29. 修订）

②对他人事务有责任管理的人以违背其责任的行为获取财产性利益或

使第三人获取财物性利益的，处 5 年以下的惩役或 1500 万元以下的罚金。

第 356 条【业务上的侵占和背任】违背业务上的任务实施第 355 条的罪的人，处 10 年以下的惩役或 3000 万元以下的罚金。（1995. 12. 29. 修订）

第 357 条【背任受贿罪】①对他人事务有责任管理的人就其事务接受非法请托而获取财物或财产性利益的，处 5 年以下惩役或 1000 万元以下的罚金。（1995. 12. 29. 修订）

②提供第 1 款的财物或利益的人，处 2 年以下的惩役或 500 万元以下的罚金。（1995. 12. 29. 修订）

③犯人取得的第 1 款的财物，予以没收。已无法没收财物或财产性利益，追缴其价额。

第 358 条【资格停止的并科】前 3 条的罪，可以并科 10 年以下的资格停止。

第 359 条【未遂犯】第 355 条至第 357 条的未遂犯，予以处罚。

第 360 条【侵占遗失物】①侵占流失物、漂流物或脱离占有人的财物的人，处 1 年以上的惩役或 300 万元以下的罚金或科料。（1995. 12. 29. 修订）

②侵占埋藏物的人，其刑罚与前款的规定相同。

第 361 条【亲属间的犯行、动力】第 328 条和第 346 条的规定，准用于本章的罪。

第 41 章　有关赃物的犯罪

第 362 条【赃物的取得、斡旋等】①取得、转让、运输或保管赃物的人，处 7 年以下的惩役或 1500 万元以下的罚金。（1995. 12. 29. 修订）

②斡旋前款行为的人，其刑罚与前款的规定相同。

第 363 条【常习犯】①常习地实施前条的罪，处 1 年以上 10 年以下的惩役。

②对第 1 款的情形，可以并处 10 年以下的资格停止或 1500 万元以下的罚金。（1995. 12. 29. 修订）

第 364 条【业务上过失、重过失】因业务上过失或重大过失实施第 362 条罪的人，处 1 年以下的禁锢或 500 万元以下的罚金。（1995. 12. 29. 修订）

第 365 条【亲属间的犯行】①实施前 3 条罪的人与被害人之间具有第 328 条第 1 款、第 2 款的身份关系的，准用同条的规定。

②实施前 3 条罪的人和本犯之间具有第 328 条第 1 款的身份关系的，减轻或免除其刑罚。但没有身份关系的共犯除外。

第 42 章　损坏犯罪

第 366 条【损坏财物】损坏他人的财物、文书或电子记录等特殊媒体记录或以隐匿等其他方法损坏其效用的人，处 3 年以下惩役或 700 万元以下的罚金。（1995. 12. 29. 修订）

第 367 条【破坏公益建筑物】破坏公益建筑物的人，处 10 年以下的惩役或 2000 万元以下的罚金。（1995. 12. 29. 修订）

第 368 条【重损坏】①实施损害财物罪、破坏公益建筑物罪导致他人的生命或身体发生危险的人，处 1 年以上 10 年以下的惩役。

②实施第 366 条或第 367 条的罪致他人受伤的，处 1 年以上的有期惩役；致人死亡的，处 3 年以上的有期惩役。（1995. 12. 29. 修订）

第 369 条【特殊损坏】①利用团体、众人的威力或携带危险物实施第 366 条的罪，处 5 年以下的惩役或 1000 万元以下的罚金。（1995. 12. 29. 修订）

②以第 1 款的方法实施第 367 条的罪，处 1 年以上的惩役或 2000 万元以下的罚金。（1995. 12. 29. 修订）

第 370 条【侵犯地界】以损坏、移动或拆除等其他方法致使无法辨认土地界限的人，处 3 年以下的惩役或 500 万元以下的罚金。（1995. 12. 29. 修订）

第 371 条【未遂犯】第 366 条、第 367 条和第 369 条的未遂犯，予以处罚。

第 372 条【动力】对本章的罪，准用第 346 条的规定。

参考文献

———— ❧◦❀◦❧ ————

韩文参考文献

金日秀/徐辅鹤：《刑法总论》（第 11 版），博英社，2006。

裴钟大：《刑法总论》（第 8 全订版），弘文社，2005。

申东云：《刑法总论》（第 7 版），法文社，2013。

任雄：《刑法总论》（改订补订版），法文社，2005。

郑永锡：《刑法总论》（第 5 全订版），法文社，1987。

郑永一：《刑法总论》（第 3 版），博英社，2010。

朴相基：《刑法总论》（第 7 版），博英社，2007。

吴永根：《刑法总论》（第 2 版），博英社，2009。

李在祥：《刑法总论》（第 5 版补订版），博英社，2005。

李在祥等：《刑法总论》（第 8 版），博英社，2015。

金勇宇、崔在天：《刑事政策》（改订版），博英社，2006。

金在中：《刑罚制度的改善方案》，韩国学术情报（株），2008。

中文参考文献

赵秉志主编《外国刑法原理》，中国人民大学出版社，2000。

陈兴良主编《刑法学》（第 2 版），复旦大学出版社，2009。

张明楷：《刑法学》（第 3 版），法律出版社，2007。

金日秀、徐辅鹤：《郑军男译韩国刑法总论》，武汉大学出版社，2008。

李在祥著、韩相敦译《韩国刑法总论》，中国人民大学出版社，2005。

图书在版编目（CIP）数据

韩国刑法总论/金昌俊著.—北京：社会科学文献出版社，2016.4
ISBN 978 - 7 - 5097 - 8250 - 7

Ⅰ.①韩… Ⅱ.①金… Ⅲ.①刑法 - 研究 - 韩国 Ⅳ.①D931.264

中国版本图书馆 CIP 数据核字（2015）第 257536 号

韩国刑法总论

著　　者／金昌俊

出 版 人／谢寿光
项目统筹／冯立君　董风云
责任编辑／柏　桐　冯立君

出　　版／社会科学文献出版社·甲骨文工作室（010）59366551
　　　　　　地址：北京市北三环中路甲 29 号院华龙大厦　邮编：100029
　　　　　　网址：www. ssap. com. cn
发　　行／市场营销中心（010）59367081　59367018
印　　装／三河市东方印刷有限公司

规　　格／开 本：787mm×1092mm　1/16
　　　　　　印 张：23.25　字 数：393 千字
版　　次／2016 年 4 月第 1 版　2016 年 4 月第 1 次印刷
书　　号／ISBN 978 - 7 - 5097 - 8250 - 7
定　　价／79.00 元